16/6/99 $ 14.45

D0594461

NIEUWE ZIJDE
Pages 70-85

OUDE ZIJDE
Pages 56-69

Nieuwe Zijde

Oude Zijde

Le quartier de Plantage

Du marché aux fleurs au Singelgracht

DU MARCHÉ AUX FLEURS AU SINGELGRACHT
Pages 114-123

LE QUARTIER DE PLANTAGE
Pages 138-147

500 m

GUIDES ❖ VOIR

AMSTERDAM

GUIDES ◉ VOIR

AMSTERDAM

Libre Expression

Ce guide Voir a été établi par
Robin Pascoe et Christopher Catling

Direction :
Isabelle Jeuge-Maynart

Édition :
Isabelle Jendron,
François Monmarché,
Hélène Gédouin,
Catherine Blanchet-Laussucq

Traduit et adapté de l'anglais par
Dominique Brolot

Mise en pages (P.A.O.) :
Ivan Rubinstein

Publié pour la première fois en Grande-Bretagne
en 1995, sous le titre :
Eyewitness Travel Guides: Amsterdam
© Dorling Kindersley Limited, London 1995
© Hachette Livre (Hachette Tourisme)
1996 pour la traduction et l'édition française.
Cartographie © Dorling Kindersley 1995

© Éditions Libre Expression Ltée, 1996
pour l'édition française au Canada.

Dépôt légal : 2e trimestre 1996
ISBN: 2-89111-658-5

Enfants en costumes traditionnels devant une église au Zuiderzee Museum

RENSEIGNEMENTS PRATIQUES

Roues de Gouda

Au parc zoologique Artis

LES BONNES ADRESSES

Le Rijksmuseum

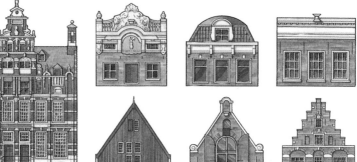

Maison de la Renaissance hollandaise et détails de corniches et de pignons

COMMENT UTILISER CE GUIDE

Ce guide a pour but de vous aider à profiter au mieux de votre séjour à Amsterdam. L'introduction, *Présentation d'Amsterdam*, situe la ville dans son contexte géographique et historique. Dans *Amsterdam quartier par quartier* – pour la cité elle-même – et dans *Les environs d'Amsterdam* – pour sa périphérie –, plans, textes et illustrations présentent en détail tous les principaux sites et monuments. *Les Bonnes adresses* vous fourniront des informations sur les hôtels, les marchés ou les restaurants, et les *Renseignements pratiques* vous donneront des conseils utiles, que ce soit pour téléphoner ou vous déplacer.

AMSTERDAM QUARTIER PAR QUARTIER

Nous avons divisé le centre d'Amsterdam en sept quartiers. Chacun des quartiers fait l'objet d'un chapitre qui débute par une description générale et une liste des monuments présentés. Des numéros les situent clairement sur un plan. Ils correspondent à l'ordre dans lequel les monuments sont décrits dans le corps du chapitre.

Le quartier d'un coup d'œil donne une liste par catégories des centres d'intérêt : églises, musées, rues, canaux et édifices.

Des repères de couleur aident à retrouver le quartier dans le guide.

Une carte de situation précise la localisation du quartier dans la ville.

1 Plan général du quartier
Des numéros désignent sur ce plan les monuments et sites de chaque quartier. Ces numéros apparaissent également sur les plans d'Amsterdam des pages 280-287.

2 Plan du quartier pas à pas
Il offre une vue aérienne détaillée du cœur du quartier.

L'itinéraire de promenade conseillé apparaît en rouge.

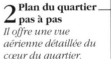

Des étoiles signalent les sites à ne pas manquer.

3 Renseignements détaillés
Chaque site est décrit dans une rubrique qui donne en outre toutes les informations pratiques telles qu'adresse, téléphone, heures d'ouverture, accès en fauteuil roulant, etc.

4 Les environs d'Amsterdam

Une carte page 165 offre un aperçu de la région qui entoure Amsterdam, décrite dans cette section du guide. Un texte de présentation introduit à son histoire et à son caractère ainsi qu'aux principaux centres d'intérêt qu'elle offre aux visiteurs. Ceux-ci comprennent aussi bien de grandes villes comme La Haye que des paysages typiques de la campagne hollandaise.

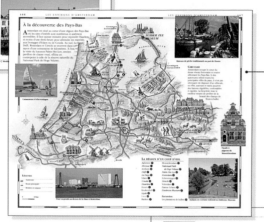

5 La carte illustrée

Elle offre une vue de toute la région et de son réseau routier. Les sites principaux sont répertoriés et numérotés. Des informations pour visiter la région en voiture, en train ou en bus sont également fournies.

6 Renseignements détaillés

Les localités et sites importants sont décrits individuellement dans l'ordre de la numérotation sur la carte illustrée. Les sites et monuments les plus intéressants sont présentés en détail et illustrés.

Des étoiles signalent les œuvres ou éléments remarquables.

Le Mode d'emploi
vous aide à organiser votre visite.

7 Les principaux sites

Deux pleines pages, ou plus, leur sont réservées. La représentation des bâtiments historiques en dévoile l'intérieur. Les plans des musées, par étage, vous aident à y localiser les plus belles expositions.

PRÉSENTATION D'AMSTERDAM

Amsterdam dans son environnement

Grand port de la mer du Nord sur l'IJsselmeer et capitale du royaume des Pays-Bas – bien que le siège du gouvernement se trouve à La Haye –, Amsterdam compte 900 000 habitants et reçoit chaque année 12 millions de visiteurs. Située au confluent de l'Amstel et de l'IJ, à 550 km de Paris, elle s'étend, à l'instar de la majorité du pays, sur un terrain gagné sur l'eau et que des digues protègent de la mer comme des fleuves. Son emplacement lui vaut de se trouver au cœur du Randstad, une conurbation en forme de croissant couvrant la majeure partie des provinces de Noord Holland, de Zuid Holland et d'Utrecht et comprenant les villes de Rotterdam, Den Haag (La Haye), Leiden, Haarlem et Utrecht.

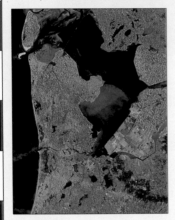

Le nord-ouest des Pays-Bas et l'IJsselmeer vus de l'espace

Hull, Harwich

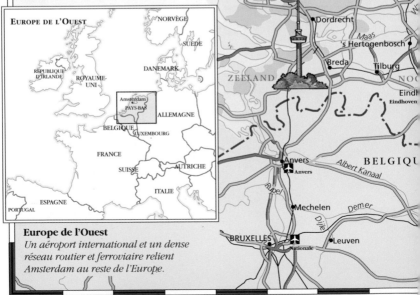

Europe de l'Ouest
Un aéroport international et un dense réseau routier et ferroviaire relient Amsterdam au reste de l'Europe.

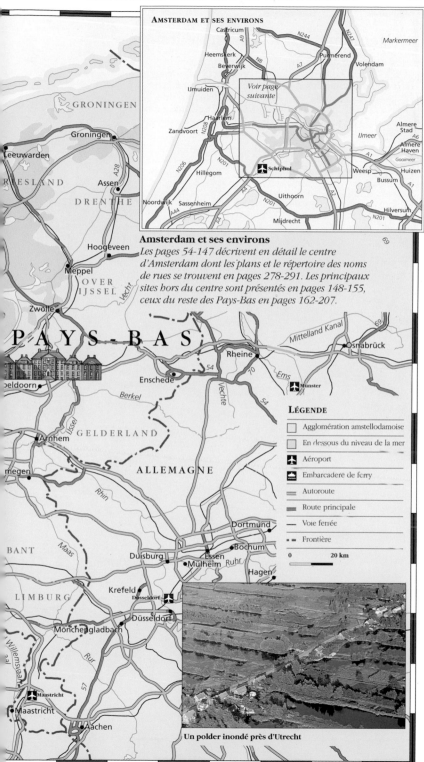

AMSTERDAM ET SES ENVIRONS

Castricum
Heemskerk
Beverwijk
IJmuiden
Haarlem
Zandvoort
Hillegom
Noordwijk
Sassenheim
Mijdrecht

Markermeer
Purmerend
Volendam

Voir page
suivante

Almere
Stad
Almere
Haven
Gooimeer
IJmeer
Schiphol
Weesp
Huizen
Bussum
Uithoorn
Hilversum

GRONINGEN
Groningen
Leeuwarden
FRIESLAND
Assen
DRENTHE
Hoogeveen
Meppel
OVER
IJSSEL
Zwolle

Amsterdam et ses environs

*Les pages 54-147 décrivent en détail le centre
d'Amsterdam dont les plans et le répertoire des noms
de rues se trouvent en pages 278-291. Les principaux
sites hors du centre sont présentés en pages 148-155,
ceux du reste des Pays-Bas en pages 162-207.*

PAYS-BAS

Mittelland Kanal
Osnabrück
Rheine
Enschede
Münster
Berkel
Vechte
Ems
Apeldoorn

Arnhem
GELDERLAND
Nijmegen
ALLEMAGNE
Rhin

Dortmund
Bochum
Essen
Duisburg
Mülheim
Ruhr
Krefeld
Hagen
Düsseldorf
Mönchengladbach

BRABANT
Maas
LIMBURG
Willemsvaart

Maastricht
Aachen

LÉGENDE

Agglomération amstellodamoise

En dessous du niveau de la mer

Aéroport

Embarcadère de ferry

Autoroute

Route principale

Voie ferrée

Frontière

0   20 km

Un polder inondé près d'Utrecht

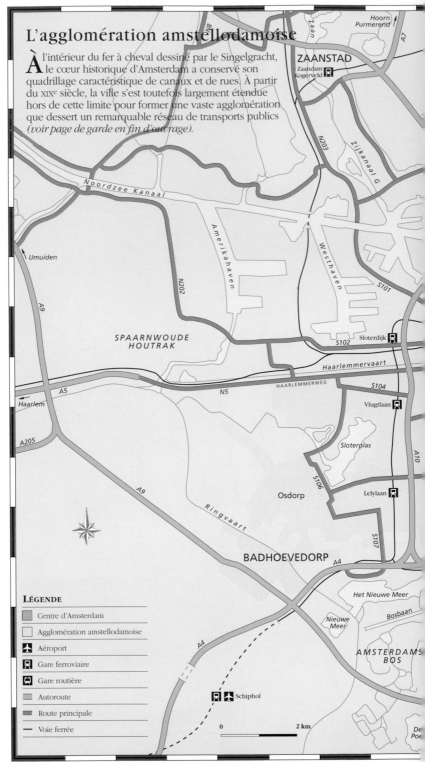

L'agglomération amstellodamoise

À l'intérieur du fer à cheval dessiné par le Singelgracht, le cœur historique d'Amsterdam a conservé son quadrillage caractéristique de canaux et de rues. À partir du XIXᵉ siècle, la ville s'est toutefois largement étendue hors de cette limite pour former une vaste agglomération que dessert un remarquable réseau de transports publics (*voir page de garde en fin d'ouvrage*).

LÉGENDE

▇	Centre d'Amsterdam
▢	Agglomération amstellodamoise
✈	Aéroport
🚆	Gare ferroviaire
🚌	Gare routière
▬	Autoroute
▬	Route principale
—	Voie ferrée

0   2 km

Le centre d'Amsterdam

**Musicien de rue
sur le Waterlooplein**

Ce guide divise le centre d'Amsterdam, qui renferme la plupart des monuments et sites touristiques de la ville, en sept quartiers décrits chacun dans un chapitre. L'Oude Zijde et le Nieuwe Zijde forment les deux moitiés de la cité médiévale tandis que le quartier des musées date du XIXᵉ siècle. Entre les deux s'étend la ceinture des canaux où subsistent de nombreux édifices élevés pendant le Siècle d'Or d'Amsterdam *(p. 24-25)*. Aménagé à la fin du XVIIᵉ siècle et aéré de nombreux espaces verts, le quartier de Plantage doit sa réputation à son jardin botanique et à son parc zoologique.

Barge pacifiste sur le Singel
Ancien fossé de rempart, le Singel (à ne pas confondre avec le Singelgracht) marque la limite entre la cité médiévale et le centre actuel de la cité et le Jordaan (p. 86-113).

Vondelpark
Ce joli parc du quartier des musées (p. 124-137) offre un cadre paisible où se détendre après la visite d'un des grands musées d'Amsterdam.

0   500

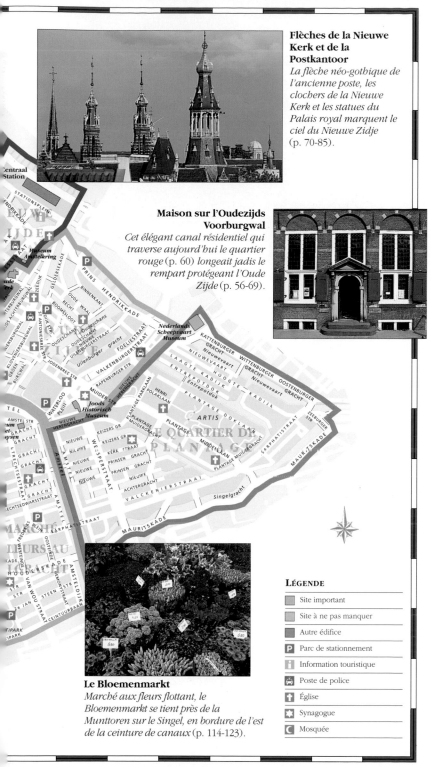

Flèches de la Nieuwe Kerk et de la Postkantoor
La flèche néo-gothique de l'ancienne poste, les clochers de la Nieuwe Kerk et les statues du Palais royal marquent le ciel du Nieuwe Zidje (p. 70-85).

Maison sur l'Oudezijds Voorburgwal
Cet élégant canal résidentiel qui traverse aujourd'hui le quartier rouge (p. 60) longeait jadis le rempart protégeant l'Oude Zijde (p. 56-69).

Le Bloemenmarkt
Marché aux fleurs flottant, le Bloemenmarkt se tient près de la Munttoren sur le Singel, en bordure de l'est de la ceinture de canaux (p. 114-123).

LÉGENDE

	Site important
	Site à ne pas manquer
	Autre édifice
P	Parc de stationnement
i	Information touristique
	Poste de police
	Église
	Synagogue
C	Mosquée

HISTOIRE D'AMSTERDAM

Il existe dans la capitale des Pays-Bas près de 3 000 maisons flottantes, un nombre qui indique bien le rôle qu'y joue l'eau. Ce rôle ne fut toutefois pas toujours bénéfique, et les pêcheurs qui s'installent au XIIIᵉ siècle à l'embouchure de l'Amstel se voient contraints de construire des digues pour protéger leur village des inondations, puis de creuser des canaux de drainage afin de rendre cultivable le terrain marécageux. Cette obligation de domestication de la nature par un travail collectif marquera tout le développement d'Amsterdam dont l'urbanisme, comme le montre le réseau régulier de canaux et de rues, fut plus planifié que dans aucune autre ville de cette importance en Europe.

Armoiries d'Amsterdam sur la Munttoren

Au XVIᵉ siècle, les Hollandais s'ouvrent à la Réforme alors que le jeu des alliances dynastiques en a fait les sujets des rois d'Espagne. Quatre-vingts ans de guerre d'indépendance et de religions en découlent, période pendant laquelle Amsterdam, à la vocation maritime et cosmopolite, acquiert un esprit de tolérance qui deviendra une tradition et qui fera en outre sa fortune. La cité voit en effet affluer de toute l'Europe juifs et protestants fortunés fuyant les persécutions catholiques. Au XVIIᵉ siècle, leurs capitaux l'aideront à se tailler un empire colonial s'étendant du Brésil à l'Indonésie. C'est au cours de ce « Siècle d'Or » que la ville se dote de la ceinture de canaux bordés de maisons patriciennes à qui elle doit toujours tant de son cachet.

Annexée par Napoléon, Amsterdam connaît ensuite une période de déclin et entre tard dans l'ère industrielle. Les drames et bouleversements qui marquent le XXᵉ siècle, notamment l'occupation nazie, ne l'amènent cependant pas à perdre son esprit de tolérance. L'autre trait de caractère qui a forgé la personnalité unique de la capitale est sa passion de l'urbanisme. Et aujourd'hui les façades bigarrées des immeubles, rachetés par leurs squatters, animent des quartiers résidentiels où le vélo reste le moyen de transport privilégié.

La Grachtengordel *(p. 44-45)* et Plantage *(p. 138-147)* sur un plan d'Amsterdam (v. 1725)

◁ *La Vierge d'Amsterdam recevant l'hommage de son peuple* (v. 1685) par Gérard de Lairesse

Les origines d'Amsterdam

A u début du XIIIᵉ siècle, un village de pêcheurs émerge sur la rive droite de l'embouchure de l'Amstel. La digue *(dam)* qui le protège des inondations lui vaut le nom d'Amstellodamme. L'agglomération devient l'enjeu de luttes féodales entre la famille van Amstel et les comtes de Hollande. Soutenus par les puissants évêques d'Utrecht *(p. 202)*, ces derniers l'emporteront et, en 1275, Floris V accorde à la ville une exemption de taxe. En 1300, elle obtient une charte d'autonomie et s'étend sur la rive gauche, le *Nieuwe Zijde* (Côté Neuf).

Des moulins drainaient les marais

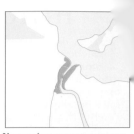

L'AGGLOMÉRATION AMSTELLODAMOISE

▮ En 1100   ▢ Aujourd'hui

Polders cultivés hors les murs

Dam

Marmite
De rustiques pots de terre servaient au XIIIᵉ siècle à la cuisson des aliments dans les cheminées.

Palissade fortifiée

Gijsbrecht van Amstel
Cette estampe du XIXᵉ siècle montre Guy de Hainaut ramenant à Utrecht l'assassin de Floris V fait prisonnier en 1298.

Le bétail broutait des marais asséchés (polders)

LE VILLAGE D'AMSTERDAM EN 1300
Cette œuvre d'un artiste du Moyen Âge représente la première colonie installée le long du Damrak qui servait de port aux pêcheurs. Une enceinte en bois protégeait le village et l'on pense que le château des van Amstel se dressait près de l'emplacement actuel du Dam *(p. 72-73)*.

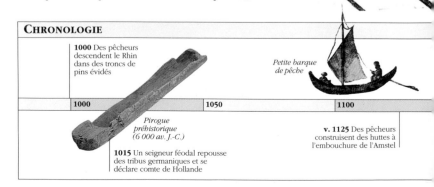

CHRONOLOGIE

1000 Des pêcheurs descendent le Rhin dans des troncs de pins évidés

Petite barque de pêche

| 1000 | 1050 | 1100 |

Pirogue préhistorique (6 000 av. J.-C.)

v. 1125 Des pêcheurs construisent des huttes à l'embouchure de l'Amstel

1015 Un seigneur féodal repousse des tribus germaniques et se déclare comte de Hollande

Exemption de taxe

C'est dans ce document, où le comte Floris V accorde une exemption des droits de douane à ses habitants, que le nom du village d'Amstellodamme apparaît pour la première fois en 1275.

Château du seigneur Gijsbrecht van Amstel

Damrak (à l'origine l'Amstel)

Nieuwendijk

Tours de défense sur le Damrak

Portrait de Floris V (XIXᵉ siècle)

Barques

Pêcheurs sur le Damrak

Ciseaux de bronze

Ils servaient aux villageois à vider les poissons, le plus souvent des harengs, qui constituaient la base de leur nourriture et de leur commerce.

Cette petite chapelle précéda l'Oude Kerk.

1204 Gijsbrecht von Amstel construit un château. Les historiens actuels se divisent sur son emplacement

1222 Écluse sur l'Amstel

1264 Début de l'endiguement de l'Amstel

1296 Gijsbrecht von Amstel IV tue Floris V. Guy de Hainaut devient seigneur d'Amstellodamme

150   1200   1250   1300

1170 Un raz de marée crée le Zuiderzee

Floris V accorde ses privilèges douaniers au village d'Amstellodamme

1275 Floris V accorde une exemption de taxes à Amstellodamme.

1300 L'évêque d'Utrecht accorde son autonomie à Amsterdam

L'Amsterdam médiévale

La petite ville à l'embouchure de l'Amstel se fortifie contre ses ennemis et les colères des eaux qui l'entourent. La découverte en 1385 d'une technique de conservation des harengs lui permet d'en accroître

Botte datant d'environ 1500 l'exportation et Amsterdam, affiliée à la Ligue hanséatique puis à la Ligue de Cologne, devient un grand port commercial. Entrepôts et habitations s'élèvent sur les quais. Dirigée par les ducs de Bourgogne à partir de 1428, les Pays-Bas passent en 1515 sous la domination des Habsbourg autrichiens.

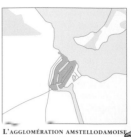

L'AGGLOMÉRATION AMSTELLODAMOISE

En 1300 *Aujourd'hui*

Miracle d'Amsterdam
Cette broderie présente le miracle qui permit à la ville d'attirer des pèlerins. En 1345, une hostie crachée dans le feu par un mourant refusa de brûler.

MAISON DE CANAL
À l'origine simples cabanes en bois aux toits de chaume, les maisons de canal deviennent plus élaborées quand le commerce apporte la prospérité… et l'obligation d'entreposer les marchandises. Celles-ci occupent rez-de-chaussée et combles, le premier étage servant d'habitation. Comme à Venise, la mobilité des sols impose de construire sur pilotis.

Les façades en bois avaient un pignon en pointe *(p. 96-97).*

Les combles servaient aussi à entreposer des marchandises.

Philippe de Bourgogne et Isabelle du Portugal
Philippe le Bon régna sur les Pays-Bas à partir de 1428. Son mariage en 1430 avec Isabelle le lia à la dynastie des Habsbourg.

Charpente en bois

CHRONOLOGIE

1304 Exil de Gijsbrecht van Amstel

v. 1310 L'Oude Kerk *(p. 68-69)* est entreprise

Miséricorde à l'Oude Kerk

1380 Construction de la Nieuwe Kerk *(p. 76-77)*

1385 Willem Beukelszoon découvre une méthode de conservation des harengs

1300	1325	1350	1375	14

1301 Guy de Hainaut devient évêque d'Utrecht

1323 Le comte de Hollande accorde un droit de péage à Amsterdam

1345 Miracle d'Amsterdam

1350 Amsterdam commerce bière et grains

Vitrail de la Nieuwe Kerk

Fabrication de la bière

L'introduction du houblon au début du XIV⁰ siècle puis le droit de péage accordé à la ville en 1323 permirent l'essor du commerce de la bière.

Toit de chaume

Le Grand Incendie de 1452
Après ce deuxième incendie dévastateur qui détruisit la Nieuwe Kerk, la loi limita l'utilisation du bois dans la construction.

Accès arrière sur un canal

Murs latéraux en pierre

Pilotis enfoncés jusqu'aux premières couches fermes.

Entrepôt

Sceau d'Amsterdam
Il porte la croix de saint André, l'écu des Habsbourg et un bateau, symbole de prospérité due au commerce.

OÙ VOIR AMSTERDAM MÉDIÉVALE

Peu d'édifices subsistent de cette période où le feu détruisit les deux tiers de la ville. L'Oude Kerk *(p. 68-69)* date du début du XIV⁰ siècle et la Nieuwe Kerk *(p. 76-77)* de 1380. Élevée en 1397, L'Agnietenkapel *(p. 61)* est l'un des très rares bâtiments d'Amsterdam à avoir conservé son caractère gothique.

Le Waag (p. 60)
Ancienne porte de l'enceinte fortifiée, elle date de 1488.

Le n⁰ 34 Begijnhof (p. 75)
Bâtie vers 1420, c'est la plus vieille maison de bois de la ville.

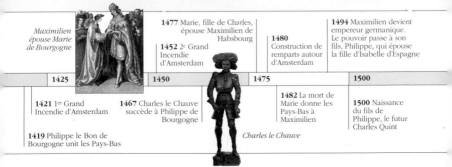

Maximilien épouse Marie de Bourgogne

1477 Marie, fille de Charles, épouse Maximilien de Habsbourg

1452 2⁰ Grand Incendie d'Amsterdam

1480 Construction de remparts autour d'Amsterdam

1494 Maximilien devient empereur germanique. Le pouvoir passe à son fils, Philippe, qui épouse la fille d'Isabelle d'Espagne

1425	1450	1475	1500

1421 1ᵉʳ Grand Incendie d'Amsterdam

1467 Charles le Chauve succède à Philippe de Bourgogne

1482 La mort de Marie donne les Pays-Bas à Maximilien

1500 Naissance du fils de Philippe, le futur Charles Quint

1419 Philippe le Bon de Bourgogne unit les Pays-Bas

Charles le Chauve

L'âge de l'intolérance

En 1500, la cité, grâce à son port, dépasse par sa richesse toutes les autres villes de Hollande. Comme partout en Europe du Nord, la Réforme s'implante mais elle est réprimée par les Habsbourg. En 1572, Guillaume d'Orange prend la direction de la révolte protestante que rallie Amsterdam en 1578, un événement qui prend le nom d'Altération. En 1585, le pillage par les Espagnols d'Anvers, la grande concurrente d'Amsterdam, inaugure le Siècle d'Or de la cité.

L'AGGLOMÉRATION AMSTELLODAMOISE

■ En 1500   □ Aujourd'hui

Insurrection des Anabaptistes *(1535)*
Nombre de ces protestants extrémistes furent exécutés après s'être emparés du Stadhuis.

Nieuwe Kerk (1395)

Rokin

Place du Dam

Oudezijds Voorburgwal

Oude Kerk (1306)

CARTE D'AMSTERDAM
La cartographie est une très ancienne tradition à Amsterdam *(p. 146)* représentée ici en vue aérienne sur une gravure sur bois réalisée par Cornelis Anthonisz en 1538.

Schreierstoren

Guillaume d'Orange *(1555)*
Peint ici par Anthonius Mor, il dirigea la lutte contre les Espagnols jusqu'à son assassinat à Delft (p. 195).

Les terres se trouvent en majeure partie en dessous du niveau de la mer.

CHRONOLOGIE

1502 Amsterdam compte 12 000 habitants

1516 Charles devient roi d'Espagne

1535 Émeute anabaptiste sur le Dam réprimée dans le sang. Début de plus de 40 ans de conflits religieux

1550 L'édit de Sang condamne à mort les hérétiques

| 1500 | 1510 | 1520 | 1530 | 1540 | 1 |

1506 Charles règne sur les 17 provinces des Pays-Bas

1519 Charles devient l'empereur Charles Quint

1543 Unification des Pays-Bas par Charles Quint

Charles Quint, empereur germanique, roi d'Espagne et souverain des Pays-Bas

1551 Amsterdam compte environ 30 000 habitants

La Guilde de Saint-Georges *(1533)*
Cornelis Anthonisz a peint un banquet d'une des corporations de défense de la ville qui se transformèrent après 1578 en gardes civiques (p. 82-83).

OÙ VOIR AMSTERDAM DU XVIᵉ SIÈCLE

Peu d'édifices du début du siècle subsistent, mais l'ancienne auberge de marins du nº 1 Zeedijk *(p. 67)* date d'environ 1550. La galerie des Gardes civiques du Musée historique *(p. 80-83)* abrite une splendide collection de grands tableaux représentant ces guildes. Les plus anciens remontent aux années 1530.

Nieuwezijds Voorburgwal
Singel

La 3ᵉ Expédition
Cette gravure (1597) de Gerrit de Veer représente Willem Barents en quête d'un passage vers l'océan Arctique.

Damrak

Montelbaanstoren
Bâtie en 1512, la partie inférieure de cette tour (p. 66) appartenait aux fortifications.

Corne en argent
Les guildes s'enrichissant, les cérémonies devinrent une part de plus en plus importante de leurs activités. Ce gobelet montre saint Georges terrassant le dragon.

Pompe
Mer

Le drainage des polders
Des « paliers » de moulins refoulaient l'eau par étapes jusqu'à ce qu'elle s'écoule dans la mer (p. 173).

Le duc d'Albe

1555 Charles Quint abdique au profit de Philippe II

1567 Le duc d'Albe impose de lourds impôts à Amsterdam

1576 Amsterdam assiégée par Guillaume d'Orange

1578 Altération : les calvinistes prennent le pouvoir à Amsterdam et chassent les catholiques

1596-1597 L'explorateur Willem Barents trouve un passage vers l'océan Arctique

1598 Mort de Philippe II

1560	1570	1580	1590	1600

1566 Des iconoclastes calvinistes détruisent des œuvres d'art religieuses

1572 Début de la révolte protestante dirigée par Guillaume d'Orange

1579 Union d'Utrecht entre les provinces du nord

1580 L'Espagne conquiert le Portugal, les Hollandais s'implantent en Orient

1584 Assassinat à Delft de Guillaume d'Orange

Guillaume fut tué sur l'escalier de son quartier général de Delft en 1584 (p. 195)

Le Siècle d'Or d'Amsterdam

Fuyant les persécutions, artisans et commerçants flamands et juifs marranes du Portugal et de l'Espagne apportent talents et capitaux à Amsterdam. La ville s'étend et l'on perce trois grands canaux concentriques *(p. 44-45)* au bord desquels s'élèvent de splendides maisons. Les arts prospèrent et des institutions charitables se créent pour aider les miséreux. La paix est signée avec l'Espagne en 1648, mais des tensions naissent avec la maison d'Orange. La révocation de l'édit de Nantes en 1685 provoque l'immigration de riches protestants français.

L'AGGLOMÉRATION AMSTELLODAMOISE

☐ *En 1600*   ☐ *Aujourd'hui*

Marché aux grains et au bétail

Autoportrait en saint Paul *(1661)*
Rembrandt (p. 62) *s'installa à Amsterdam en 1631 et y vécut jusqu'à sa mort en 1669.*

Nieuwe Kerk (1395)

Le nouveau Stadhuis (aujourd'hui Koninklijk Paleis) était encore en construction.

La Lettre d'amour *(1666)*
La société devenant plus sophistiquée, la peinture de genre (p. 194), telle cette scène d'intérieur par Jan Vermeer, acquit une grand popularité.

LA PLACE DU DAM EN 1656

Au cœur d'une ville cosmopolite et marchande où affluaient les capitaux, la place du Dam, peinte ici par Jan Lingelbach (v. 1624-1674), voyait se presser patriciens et riches négociants.

Carreaux de Delft
Les délicats motifs floraux des carreaux de faïence de Delft (p. 195) ornaient de nombreuses maisons bourgeoises au XVIIe siècle.

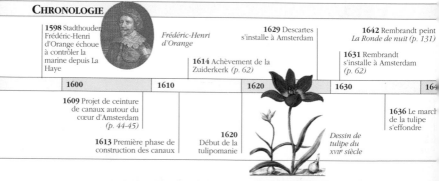

CHRONOLOGIE

1598 Stadthouder Frédéric-Henri d'Orange échoue à contrôler la marine depuis La Haye

Frédéric-Henri d'Orange

1629 Descartes s'installe à Amsterdam

1642 Rembrandt peint *La Ronde de nuit (p. 131)*

1614 Achèvement de la Zuiderkerk *(p. 62)*

1631 Rembrandt s'installe à Amsterdam *(p. 62)*

| 1600 | 1610 | 1620 | 1630 | 164 |

1609 Projet de ceinture de canaux autour du cœur d'Amsterdam *(p. 44-45)*

1636 Le march de la tulipe s'effondre

1613 Première phase de construction des canaux

1620 Début de la tulipomanie

Dessin de tulipe du XVIIe siècle

Le char de Flora *(1636)*
La « tulipomanie » suscita de nombreuses allégories. Cette peinture par H. G. Pot raille la sottise de certains investisseurs qui, avant que le marché s'effondre, payèrent des bulbes rares jusqu'à leur poids en or.

Marchandises pesées au Waag *(p. 60)*

Bateaux sur le Damrak

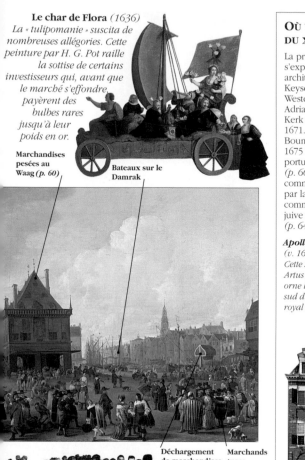

Déchargement de marchandises

Marchands turcs

L'Aumône du pain
À partir des années 1640, un système rudimentaire d'assistance vint en aide aux miséreux, tels ceux peints ici par Willem van Valckert.

OÙ VOIR AMSTERDAM DU XVIIᵉ SIÈCLE

La prospérité de la cité s'exprima dans son architecture. Hendrick de Keyser construisit la Westerkerk *(p. 90)* en 1620 et Adriaan Dortsman la Lutherse Kerk *(p. 78)* en 1671. Elias Bouman acheva en 1675 la synagogue portugaise *(p. 66)* commandée par la communauté juive séfarade *(p. 64)*.

Apollon
(v. 1648)
Cette statue par Artus Quellien orne la galerie sud du Palais royal (p. 74).

Maison de Rembrandt *(1606)*
Jacob van Campen ajouta le fronton en 1633 (p. 66).

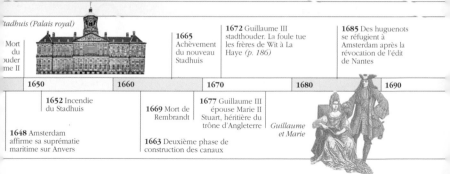

tadhuis (Palais royal)

Mort du *uder* me II

1652 Incendie du Stadhuis

1648 Amsterdam affirme sa suprématie maritime sur Anvers

1665 Achèvement du nouveau Stadhuis

1669 Mort de Rembrandt

1663 Deuxième phase de construction des canaux

1672 Guillaume III stadthouder. La foule tue les frères de Wit à La Haye *(p. 186)*

1677 Guillaume III épouse Marie II Stuart, héritière du trône d'Angleterre

1685 Des huguenots se réfugient à Amsterdam après la révocation de l'édit de Nantes

| 1650 | 1660 | 1670 | 1680 | 1690 |

Guillaume et Marie

Le Siècle d'Or sur les mers

Armoiries de la V.O.C.

Après la création en 1602 de la Compagnie des Indes orientales (V.O.C.), Amsterdam constitue un puissant empire colonial. Il lui assure une remarquable prospérité mais s'il s'avère durable en Insulinde, il n'en va pas de même pour le Nouveau Monde où les Portugais prennent le comptoir brésilien de Pernambouc en 1661. En 1664, la Nouvelle-Amsterdam (l'actuelle Manhattan), fondée en 1626 par Pieter Minuit, tombe aux mains des Anglais.

L'achat de Manhattan
En 1626, l'explorateur Pieter Minuit acheta l'île à ses occupants pour 24 dollars.

Un trésor englouti
Le Batavia *coula au large de l'Australie en 1629. Cette pomme de lit, cette carafe et cette assiette furent récupérées en 1972.*

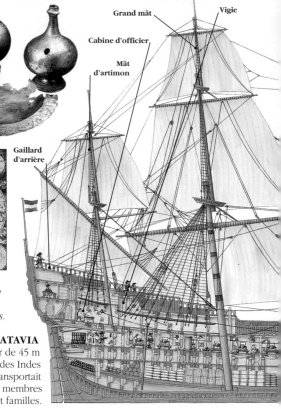

Grand mât   Vigie

Cabine d'officier

Mât d'artimon

Gaillard d'arrière

Planisphère (1676)
Cette carte de Jan Blaeu révèle que des parties de l'Asie et de l'Australie restaient inconnues.

LE BATAVIA
Trois-mâts d'une longueur de 45 m appartenant à la Compagnie des Indes orientales, le *Batavia* transportait environ 350 personnes : membres d'équipage, soldats et familles.

CHRONOLOGIE DE L'EXPLORATION

Peter Stuyvesant

1602 Fondation de Compagnie des Indes orientales (V.O.C.)

1620 Les pères fondateurs des États-Unis embarquent en Hollande *(p. 185)*

1642 Abel Tasman découvre la Tasmanie

| 1600 | 1610 | 1620 | 1630 | 1 |

1595 1er voyage en Indonésie par le cap de Bonne-Espérance

Logo de la V.O.C.

1609 Hugo Grotius défend la liberté commerciale sur mer

1626 Pieter Minuit achète Manhattan et fonde la Nouvelle-Amsterdam

1621 Fondation de la Compagnie hollandaise des Indes occidentales

Vaisseaux de guerre hollandais *(1683)*
*Ce tableau de Ludolf Backhuysen (1631-1708)
montre une victoire de la flotte hollandaise sur
les Portugais au large de la côte espagnole.*

LA COMPAGNIE DES INDES ORIENTALES

Fondée en 1602, la V.O.C. regroupe les intérêts de plusieurs compagnies maritimes et obtient un monopole sur les lignes commerciales avec l'est du cap de Bonne-Espérance. En 1611, ses navires se risquent jusqu'en Chine, au Japon et en Indonésie et elle est le plus grand importateur d'épices d'Europe. Pendant près de deux cents ans, elle dirigera un puissant empire marchand.

*Le Musée maritime
néerlandais (p. 146-147),
comprend une salle dédiée à la
V.O.C. et une réplique d'un de
ses trois-mâts : l'Amsterdam.*

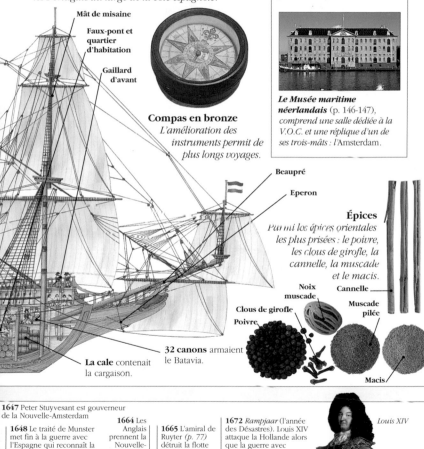

Mât de misaine

Faux-pont et quartier d'habitation

Gaillard d'avant

Compas en bronze
*L'amélioration des
instruments permit de
plus longs voyages.*

Beaupré

Eperon

Épices
*Parmi les épices orientales
les plus prisées : le poivre,
les clous de girofle, la
cannelle, la muscade
et le macis.*

Noix muscade

Cannelle

Muscade pilée

Clous de girofle

Poivre

La cale contenait
la cargaison.

32 canons armaient
le Batavia.

Macis

1647 Peter Stuyvesant est gouverneur de la Nouvelle-Amsterdam

1648 Le traité de Munster met fin à la guerre avec l'Espagne qui reconnaît la République

1664 Les Anglais prennent la Nouvelle-Amsterdam

1665 L'amiral de Ruyter *(p. 77)* détruit la flotte anglaise

1672 *Rampjaar* (l'année des Désastres). Louis XIV attaque la Hollande alors que la guerre avec l'Angleterre reprend

Louis XIV

| 1650 | 1660 | 1670 | 1680 | 1690 |

1652
1re guerre navale avec les Anglais

1667 Traité de paix de Breda avec les Anglais

1688 Guillaume III *(p. 25)* devient roi d'Angleterre

*hollandaise sur
edway en 1667*

1666 Bataille navale de 4 jours avec les Anglais

Amsterdam et les Français

L'affaiblissement de son empire colonial n'empêche pas Amsterdam de rester, au XVIIIᵉ siècle, le grand centre financier de l'Europe… Et le refuge des victimes de persécutions religieuses. Face à une bourgeoisie richissime se crée une opposition patriotique appuyée par la France. Pour soutenir le prince d'Orange, les Prussiens envahissent la ville en 1787. En 1795, les patriotes la reprennent avec les troupes de la Révolution française et fondent une République que Napoléon transformera en un royaume dirigé par son frère, Louis Bonaparte.

Ornements de Torah en argent (p. 64)

L'AGGLOMÉRATION AMSTELLODAMOISE
■ En 1700   ☐ Aujourd'hui

Antichambre ornée d'un paravent japona

Salle de bains

L'Accueil des visiteurs (v. 1713)
Cornelis Troost jetait un regard satyrique sur son époque. Ici, le prince Eugène de Savoie arrive dans une maison close.

Salon

MAISON DE POUPÉES
Fabriquée vers 1750 pour Sara Rothé, cette maison de poupées, plus faite pour l'exposition que pour le jeu, est la réplique de l'habitation d'un marchand amstellodamois de l'époque. On peut l'admirer aujourd'hui au musée Frans Hals d'Haarlem (p. 178-179)

Hiver à Amsterdam (v. 1763)
Sur cette gravure de Petrus Schenk, les gens patinent sur les canaux gelés. Des péniches brise-glace alimentent la ville en eau potable.

CHRONOLOGIE

1697 Visite à Amsterdam du tsar Pierre Iᵉʳ le Grand

1702 Mort de Guillaume III. Pas de nouveau stadhouder

1713 Le traité d'Utrecht reconnaît l'indépendance des provinces du nord

Mousquetaire français

1716 Réunis à La Haye (p. 186), des états généraux imposent des réformes radicales

Portrait du tsar Pierre Iᵉʳ le Grand (1727) sur une tabatière en or

1744 La France envahit les provinces du sud

1747 Le titre de stadhouder devient héréditaire avec Guillaume IV

1748 Émeutes contre les impôts

1751 Mort de Guillaume IV. Début de quarante ans de conflits politiques

1700   1710   1720   1730   1740

Les Troupes prussiennes entrent dans Amsterdam
Cette lithographie d'un artiste inconnu montre les troupes prussiennes, venues réprimer l'opposition patriotique, entrer dans la ville le 10 octobre 1787.

Lit à baldaquin

Chambre d'accouchement

Bibliothèque

Où voir Amsterdam du XVIIIe siècle

Le moulin De Gooyer *(p. 144)* produit de la farine depuis 1725. Une église catholique clandestine datant de 1735 abrite désormais le musée Amstelkring *(p. 84-85)*. Parmi les belles maisons de canal figurent le nº 475 Herengracht *(p. 112)* et le théâtre Felix Meritis *(p. 113)* dessiné par Jacob Otten Husly en 1787. Le Musée van Loon *(p. 122)* possède un intérieur d'époque.

Musée Willet-Holthuysen
Cet escalier au décor raffiné (p. 121) date de 1740.

Florin *(1781)*
Au milieu du siècle, Amsterdam possédait le système banquier le plus sophistiqué du monde.

Émeute contre les impôts
(1748)
Simonsz Fokke a représenté le sac de la maison d'un collecteur d'impôts en juin 1748.

Plat de porcelaine
(v. 1780)
Là richesse de la ~~bour~~geoisie entretenait un artisanat d'art de qualité, tel ce plat décoré de personnages mythologiques.

1763 Hiver particulièrement rude

1791 Début de la dissolution de la V.O.C. *(p. 26-27)*

1795 Les provinces s'unissent brièvement en une république contrôlée par les Français

1806 Napoléon prend le contrôle de la république

1760	1770	1780	1790	1800	1810

1766 Guillaume V atteint sa majorité

1768 Guillaume V épouse Wilhelmine de Prusse

1780-1784 Guerre contre l'Angleterre. Destruction de la flotte hollandaise

1787 Soulèvement patriotique maté par l'armée prussienne

Louis Bonaparte (1778-1846)

1808 Louis Bonaparte devient roi des Pays-Bas

L'âge de l'industrialisation

L es Pays-Bas reprennent leur indépendance en 1813 sous forme de monarchie dirigée par Guillaume Ier d'Orange. En 1830, les provinces du Sud deviennent un État autonome : la Belgique. L'IJmeer étant trop peu profond pour les bateaux à vapeur, Amsterdam devra attendre le percement, en 1876, d'un canal jusqu'à la mer du Nord pour retrouver sa puissance commerciale. La ville s'industrialise tardivement, mais son extension donne lieu à d'ambitieuses réalisations architecturales.

L'AGGLOMÉRATION AMSTELLODAMOISE

▥ *En 1800*   ☐ *Aujourd'hui*

Van Houten

Le cacao
Il devint l'une des principales exportations d'Amsterdam.

LA GARE CENTRALE
Achevée en 1889 *(p. 79)*, elle devint le symbole de l'entrée de la ville dans l'ère industrielle, le signe qu'Amsterdam cessait de vivre dans le souvenir du Siècle d'Or pour se tourner vers l'avenir.

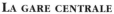

Façade de style Renaissance hollandaise

Le cadran doré
indique la direction du vent, longtemps si important pour les moulins et les navires d'Amsterdam.

Hall principal

Taille de diamants
Alimentée par les mine d'Afrique du Sud, l'industrie diamantaire se développa à la fin du XIXe siècle.

L'Atelier par H. Wolter
L'industrialisation donna naissance à une classe ouvrière exploitée.

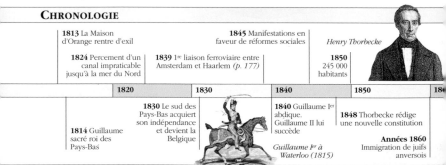

CHRONOLOGIE

1813 La Maison d'Orange rentre d'exil

1824 Percement d'un canal impraticable jusqu'à la mer du Nord

1845 Manifestations en faveur de réformes sociales

1839 1re liaison ferroviaire entre Amsterdam et Haarlem *(p. 177)*

Henry Thorbecke

1850 245 000 habitants

| | 1820 | 1830 | 1840 | 1850 | 18 |

1814 Guillaume sacré roi des Pays-Bas

1830 Le sud des Pays-Bas acquiert son indépendance et devient la Belgique

Guillaume Ier à Waterloo (1815)

1840 Guillaume Ier abdique. Guillaume II lui succède

1848 Thorbecke rédige une nouvelle constitution

Années 1860 Immigration de juifs anversois

Affiche publicitaire
La bicyclette rencontra très vite un vif succès à Amsterdam située au cœur d'un pays très plat. La ville se détache contre le ciel sur cette affiche des années 1880 par Hart Nibbrig.

Les marchandises
transitaient directement des bateaux aux trains.

La voie
longeait le Zuiderzee.

Salle d'attente du roi

Les passagers
débarquaient à l'abri.

OÙ VOIR AMSTERDAM DU XIXᵉ SIÈCLE

La fin du siècle vit s'élever d'ambitieux édifices publics aux architectures inspirées du passé, tels le Rijksmuseum *(p. 130-133)* néo-gothique de P. J. H. Cuypers inauguré en 1885 ou le Stedelijk Museum *(p. 136-137)* néo-Renaissance de A. W. Weissman ouvert en 1895. Par son modernisme, la Bourse de Berlage *(p. 79)*, achevée en 1903, allait ouvrir la voie aux créations de l'école d'Amsterdam *(p. 97)*.

Concertgebouw *(1888)*
A. L. van Gendt lui donna un style néo-Renaissance (p. 128).

Le Quartier juif *(1889)*
Le tableau de E. A. Hilverdink montre l'insalubrité de ce quartier populaire.

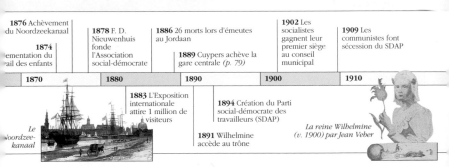

1876 Achèvement du Noordzeekanaal

1874 ...ementation du ...ail des enfants

1878 F. D. Nieuwenhuis fonde l'Association social-démocrate

1886 26 morts lors d'émeutes au Jordaan

1889 Cuypers achève la gare centrale *(p. 79)*

1902 Les socialistes gagnent leur premier siège au conseil municipal

1909 Les communistes font sécession du SDAP

1870 1880 1890 1900 1910

1883 L'Exposition internationale attire 1 million de visiteurs

1894 Création du Parti social-démocrate des travailleurs (SDAP)

1891 Wilhelmine accède au trône

Le Noordzee-kanaal

La reine Wilhelmine (v. 1900) par Jean Veber

Amsterdam en guerre

Malgré leur neutralité dans le conflit, l'économie des Pays-Bas souffrit de la Première Guerre mondiale. La paix revenue, la municipalité lance de grands programmes sociaux tel l'Amsterdamse Bos dans les années 30. Le 10 mai 1940, les nazis envahissent le pays. La population s'oppose à la déportation des juifs mais ne peut l'éviter comme l'illustre le tragique destin d'Anne Frank. Dévastés par les Allemands après un hiver dont la dureté provoque des famines, les Pays-Bas ne sont libérés que quelques jours avant l'armistice.

L'AGGLOMÉRATION AMSTELLODAMOISE

▓ *En 1945*   ☐ *Aujourd'hui*

« Votez rouge » *(1918)*
Le SDAP (p. 31) *imposa des programmes d'aide sociale après la Seconde Guerre mondiale.*

Grenier

Chambre des Van Daan

Chambre d'Anne

Chambre des Frank

Salle de bains

Bibliothèque pivotante (entrée de la cachette)

LA MAISON D'ANNE FRANK

En juillet 1942, Anne Frank, sa famille et les Van Daan se cachèrent à l'arrière de cette maison *(p. 90)*. Anne avait 13 ans et entreprit la rédaction d'un journal intime. Elle écrivit son dernier commentaire en août 1944, trois jours avant l'arrestation de sa famille, et mourut à Bergen-Belsen en mars 1945.

Émeutes de la faim *(1917)*
Ce dessin de Daan Bout montre des femmes désespérées se battant pour des pommes de terre. L'échauffourée dégénéra en émeute et l'armée dut intervenir.

CHRONOLOGIE

1915 Majoritaire au conseil municipal, le SDAP décide du programme d'urbanisme

1917 Émeutes de la faim dans le Jordaan

1920 Ouverture d'une liaison aérienne entre Schiphol et Londres

Détail de la façade de la banque ABN

1926 Construction de la banque ABN sur la Vijzelstraat

1910	1915	1920	1925

1914 Les Pays-Bas restent neutres dans le conflit qui commence

Caricature du rejet par les Pays-Bas de l'offre d'amitié allemande en 1915

1928 Jeux olympiq d'Amsterd

Années 1920 Réhabilitation du sud de la ville. Le comblement de canaux rencontre une vive opposition

Het Schip de Michel de Klerk
À la fin de la Première Guerre mondiale, les architectes de l'école d'Amsterdam (p. 97) dessinèrent des immeubles d'habitation révolutionnaires tel ce « Bateau ».

OÙ VOIR AMSTERDAM DU DÉBUT DU XXᵉ SIÈCLE

C'est dans le sud de la ville que le visiteur découvrira le plus d'exemples de l'architecture de l'école d'Amsterdam. H. P. Berlage, P. L. Kramer et Michel de Klerk contribuèrent à la réalisation du complexe d'habitations De Dageraad *(p. 151)* et jouèrent un grand rôle dans l'aménagement du Nieuw Zuid *(p. 154)*.

Amsterdamse Bos
En 1930, l'aménagement d'une zone de loisir au sud-ouest de la ville donna du travail à 5 000 chômeurs néerlandais.

Le cinéma Tuschinski *(1921)*
Il possède un décor exubérant influencé par le style Art déco.

Bureaux en façade

Façade du nᵒ 263 Prinsengracht

Statue de docker
Cette œuvre (p. 53) par Marie Andriessen commémore la grève de février 1941 des dockers et employés des transports protestant contre les persécutions envers les juifs.

La déportation des juifs
Distribués par la résistance, des tracts appelaient à ne pas laisser les nazis arrêter les juifs.

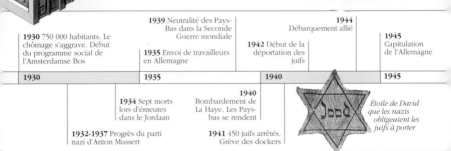

Étoile de David que les nazis obligeaient les juifs à porter

Amsterdam aujourd'hui

Tram d'Amsterdam

L'esprit de tolérance d'Amsterdam a continué à se manifester après la Seconde Guerre mondiale. Dans les années 60, les jeunes contestataires, les *provos*, siègent au conseil municipal et la ville attire pendant la décennie suivante de nombreux hippies. La population de la cité compte aujourd'hui un quart d'immigrés originaires en majorité du Surinam. Le centre-ville est difficilement accessible en voiture, le vélo est traditionnellement roi, et ruelles et quais offrent de superbes cadres de promenades à pied.

L'AGGLOMÉRATION AMSTELLODAMOISE

▧ En 1950   ▢ Aujourd'hui

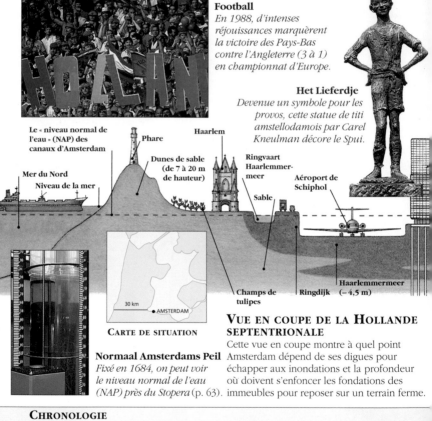

Football
En 1988, d'intenses réjouissances marquèrent la victoire des Pays-Bas contre l'Angleterre (3 à 1) en championnat d'Europe.

Het Lieferdje
Devenue un symbole pour les provos, cette statue de titi amstellodamois par Carel Kneulman décore le Spui.

Le « niveau normal de l'eau » (NAP) des canaux d'Amsterdam

Phare

Haarlem

Dunes de sable (de 7 à 20 m de hauteur)

Mer du Nord

Niveau de la mer

Ringvaart Haarlemmermeer

Aéroport de Schiphol

Sable

30 km

● AMSTERDAM

Champs de tulipes

Ringdijk

Haarlemmermeer (– 4,5 m)

CARTE DE SITUATION

Normaal Amsterdams Peil
Fixé en 1684, on peut voir le niveau normal de l'eau (NAP) près du Stopera (p. 63).

VUE EN COUPE DE LA HOLLANDE SEPTENTRIONALE
Cette vue en coupe montre à quel point Amsterdam dépend de ses digues pour échapper aux inondations et la profondeur où doivent s'enfoncer les fondations des immeubles pour reposer sur un terrain ferme.

CHRONOLOGIE

1948 Abdication de Wilhelmine après 43 ans de règne. Sacre de Juliana

1957 Les Pays-Bas signent le traité de Rome fondant la Communauté européenne

1965 Les provos siègent au conseil municipal

1963 La population atteint 868 000 h.

1966 Manifestation des provos au mariage de Beatrix avec l'aristocrate allemand Klaus von Amsberg

1950	1955	1960	1965	19

1952 Achèvement du canal Rhin-Amsterdam. Développement commercial

1967 Les hippies arrivent à Amsterdam

1949 Indépendance de l'Indonésie

1968 Le complexe résidentiel du Bijlmermeer accueille ses premiers habitants

1971 L'Aja: gagne la Coupe d'Europe

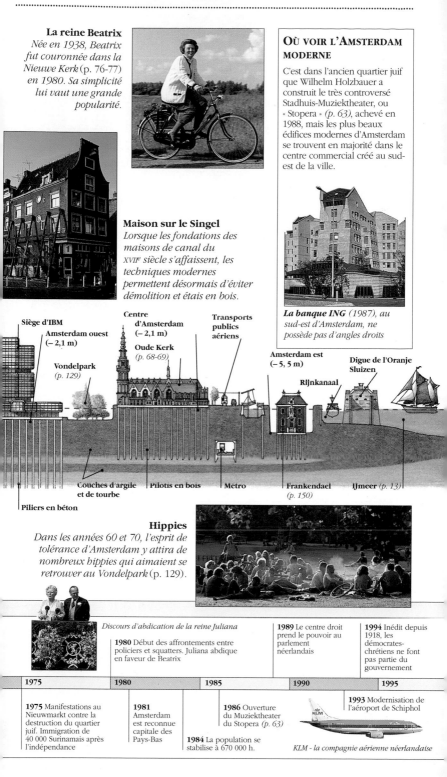

La reine Beatrix
Née en 1938, Beatrix fut couronnée dans la Nieuwe Kerk (p. 76-77) en 1980. Sa simplicité lui vaut une grande popularité.

OÙ VOIR L'AMSTERDAM MODERNE

C'est dans l'ancien quartier juif que Wilhelm Holzbauer a construit le très controversé Stadhuis-Muziektheater, ou « Stopera » (p. 63), achevé en 1988, mais les plus beaux édifices modernes d'Amsterdam se trouvent en majorité dans le centre commercial créé au sud-est de la ville.

Maison sur le Singel
Lorsque les fondations des maisons de canal du XVIIᵉ siècle s'affaissent, les techniques modernes permettent désormais d'éviter démolition et étais en bois.

La banque ING (1987), au sud-est d'Amsterdam, ne possède pas d'angles droits

Siège d'IBM
Amsterdam ouest (– 2,1 m)
Vondelpark (p. 129)

Centre d'Amsterdam (– 2,1 m)
Oude Kerk (p. 68-69)

Transports publics aériens

Amsterdam est (– 5, 5 m)
Rijnkanaal

Digue de l'Oranje Sluizen

Piliers en béton
Couches d'argile et de tourbe
Pilotis en bois
Métro
Frankendael (p. 150)
IJmeer (p. 13)

Hippies
Dans les années 60 et 70, l'esprit de tolérance d'Amsterdam y attira de nombreux hippies qui aimaient se retrouver au Vondelpark (p. 129).

Discours d'abdication de la reine Juliana

1980 Début des affrontements entre policiers et squatters. Juliana abdique en faveur de Beatrix

1989 Le centre droit prend le pouvoir au parlement néerlandais

1994 Inédit depuis 1918, les démocrates-chrétiens ne font pas partie du gouvernement

1975	1980	1985	1990	1995

1975 Manifestations au Nieuwmarkt contre la destruction du quartier juif. Immigration de 40 000 Surinamais après l'indépendance

1981 Amsterdam est reconnue capitale des Pays-Bas

1986 Ouverture du Muziektheater du Stopera (p. 63)

1984 La population se stabilise à 670 000 h.

1993 Modernisation de l'aéroport de Schiphol

KLM - la compagnie aérienne néerlandaise

DVOLCKERT ...LANDS | DIRCK DEVLA MINGH... | JACOB BACKER | PIETER HASSE LAER 1635 | GERRIT GRAP SYMONS... | GER... CLA...

CORNELIS DE GRAEF | D WOUTER VALCKENIER | CORNELIS BICKER VANSWIE | D ALBERT BAS 1641 | NICOLAES CORVER | DERA NING

FRANCK VNDER MEER | IAN BICKER | D CORNELIS WITSEN | YATN VAN DEVPOLA | DNICOLAES TVLP | ALB DIRKS...

...NELIS DE V NGH VN IVDLS | ANDRIES DE GRAEF Anno 1657 | SYMON V. HOOP Anno... | HENDRICK HOFT Anno 1663 | Jan Hialleact | GISLS V

...rardus B...uuger | Frans Reael 16 67 | Jan van Waveren | Jan Winter 16... | Johannis Hudd... 1672 | Corr gee

...n Corver | Nicolaes Opmeer 16... | Nicolaes Hasen | Gerard Bors v Waveren | John de Vries 16 86 | Willem

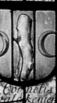

Jacob Boreel 16 91 | Jacob Jacobz Hinloopen | Jeronimo de Haze georg | Cornelis Valckenier | Dirck Bas | Fran de

EBRANT DANIELS 170.. | JAN GRAAF LANDT 1703 | Cornelis van Bambeeck 1705 | Cornelis Munter | ...ander ...ters | Ja...

AMSTERDAM D'UN COUP D'ŒIL

Dans son chapitre *Quartier par quartier*, ce guide décrit plus de 100 lieux à visiter. Musées aux prestigieuses collections d'art et d'histoire, superbes monuments telle l'Oude Kerk, curiosités comme le chantier naval Werf't Kromhout *(p. 145)* ou paysages urbains caractéristiques à l'image du Tournant d'Or *(p. 112)* sur le canal Herengracht, ils répondent à un large éventail d'intérêts. Des itinéraires de promenade vous proposent en outre de découvrir en flânant la richesse architecturale et le passé de la cité. Pour vous aider à tirer le meilleur parti de votre visite, les 12 pages qui suivent présentent un condensé de ce qu'Amsterdam a de plus intéressant à offrir. Voici, pour commencer, les visites à ne pas manquer.

LES VISITES À NE PAS MANQUER

Nederlands Sheepvaart Museum
Voir p. 146-147

Van Gogh Museum
Voir p. 134-135

Oude Kerk
Voir p. 68-69

Begijnhof
Voir p. 75

Koninklijk Paleis
Voir p. 74

Rijksmuseum
Voir p. 130-133

Stedelijk Museum
Voir p. 136-137

Museum Amstel-kring *Voir p. 84-85*

Magere Brug
Voir p. 119

Anne Frankhuis
Voir p. 32-33 et 90-91

◁ **Armoiries en vitraux à l'Oude Kerk**

Les plus beaux musées d'Amsterdam

Pour une ville de moyenne importance, Amsterdam possède un nombre étonnant de musées. Outre la richesse et la variété de leurs collections, beaucoup offrent l'intérêt d'occuper des bâtiments historiques ou d'une grande qualité architecturale. L'œuvre de Rembrandt est ainsi exposée dans la maison qu'il habita. Cette carte situe quelques musées parmi les plus remarquables présentés en pages 40-41.

Anne Frankhuis
La maison où Anne Frank se cacha des nazis est devenue un mémorial.

Le Jordaan

Amsterdams Historisch Museum
Dans un ancien orphelinat dont Adriaen Backer peignit en 1683 les régentes, il évoque le passé de la ville au travers d'une exposition didactique.

Rijksmuseum
Présentant les chefs-d'œuvre de Rembrandt et Vermeer, le Musée national expose également des tableaux d'artistes moins connus telle cette nature morte peinte vers 1730 par Jan van Huysum.

Du Bijbels Museum à Leidseplein

Le quartier des musées

Rijksmuseum Vincent van Gogh
Bâti en 1973, il abrite, parmi bien d'autres chefs-d'œuvre, cet Autoportrait au chapeau de paille.

Stedelijk Museum
Cette chaise (1963) par Gerrit Rietveld fait partie du fonds de ce musée d'art contemporain à la pointe de l'avant-garde.

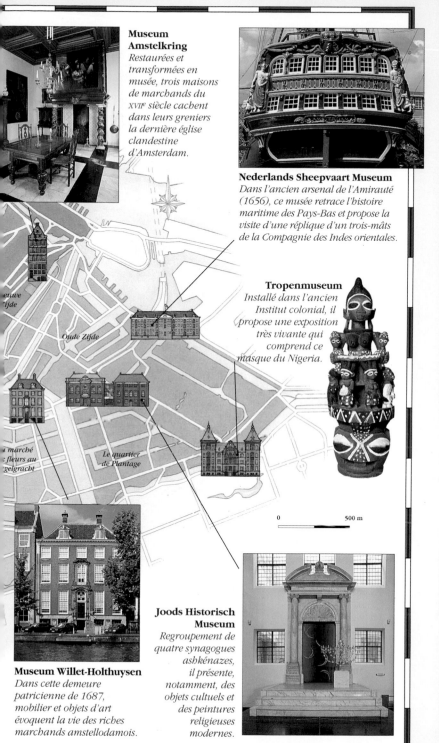

Museum Amstelkring
Restaurées et transformées en musée, trois maisons de marchands du XVIIe siècle cachent dans leurs greniers la dernière église clandestine d'Amsterdam.

Nederlands Sheepvaart Museum
Dans l'ancien arsenal de l'Amirauté (1656), ce musée retrace l'histoire maritime des Pays-Bas et propose la visite d'une réplique d'un trois-mâts de la Compagnie des Indes orientales.

Tropenmuseum
Installé dans l'ancien Institut colonial, il propose une exposition très vivante qui comprend ce masque du Nigeria.

euwe
ijde

Oude Zijde

marché
fleurs au
gelgracht

Le quartier
de Plantage

0   500 m

Museum Willet-Holthuysen
Dans cette demeure patricienne de 1687, mobilier et objets d'art évoquent la vie des riches marchands amstellodamois.

Joods Historisch Museum
Regroupement de quatre synagogues ashkénazes, il présente, notamment, des objets cultuels et des peintures religieuses modernes.

À la découverte des musées d'Amsterdam

Plaque murale
à St Luciensteeg

La richesse culturelle d'Amsterdam se reflète dans la diversité des musées qui consacrent des expositions aussi bien aux bibles ou au théâtre qu'à la bière ou encore aux technologies modernes. C'est toutefois aux amateurs d'art et d'histoire que la cité a le plus à offrir avec des musées tels le Rijksmuseum, célèbre pour des tableaux comme *La Ronde de nuit* de Rembrandt, ou le Musée maritime qui possède la plus importante collection de maquettes de bateaux du monde.

Vue d'un jardin à la française au Musée van Loon

PEINTURE ET ARTS DÉCORATIFS

Sa collection de toiles de maîtres néerlandais tels que Rembrandt, Vermeer, Frans Hals ou Albert Cuyp, la plus riche du monde, a établi la réputation du **Rijksmuseum** mais ses 5 000 tableaux, ses sculptures, ses estampes et son département des arts asiatiques recèlent bien d'autres merveilles.

En traversant le Museumplein on arrive au **musée Van Gogh** qui retrace la vie et l'œuvre du célèbre peintre. Quelque 200 toiles et 500 dessins, présentés dans un ordre chronologique, permettent de suivre son évolution. Sont également exposées sa collection privée d'estampes japonaises et des toiles de contemporains comme Gauguin ou les Nabis.

Musée aux expositions constamment renouvelées qui permettent souvent de découvrir des créations d'avant-garde, le **Stedelijk Museum**

possède un fonds comprenant des œuvres d'artistes tels que Matisse, Chagall ou Malevitch et où sont représentées la plupart des grandes tendances de l'art moderne et contemporain : expressionnisme allemand, groupe Cobra, Pop Art, Nouveau Réalisme, etc.

La **maison de Rembrandt**, que l'artiste habita vingt ans, propose, dans un cadre proche de celui dans lequel il vécut, un remarquable ensemble de gravures (près de 250) et de dessins tandis que le **musée Van Loon** et la **Collection Six** permettent de découvrir, dans de splendides demeures du XVIIᵉ siècle, les goûts de deux riches collectionneurs amstellodamois.

Masque indonésien au musée des Tropiques

En dehors d'Amsterdam, ne pas manquer le musée **Frans Hals d'Haarlem**, la **Mauritshuis** à La Haye et le **musée Boymans-van Beuningen** de Rotterdam.

HISTOIRE

Plusieurs musées illustrent la riche histoire de la capitale des Pays-Bas, à commencer par le **Musée historique d'Amsterdam** qui retrace au moyen d'objets archéologiques, de cartes, de documents et de peintures le développement de la ville depuis sa fondation au XIIIᵉ siècle. Le **Musée maritime néerlandais**, un des plus grands musées de navigation du monde, comprend une réplique d'un trois-mâts du XVIIIᵉ siècle. Installé dans l'un des rares chantiers navals de la cité encore en activité, le **Werf't Kromhout Museum** présente de son côté une collection de moteurs et d'outillage de bateaux modernes.

Le **musée Willet-Holthuysen**, aux salles décorées de tableaux de maîtres hollandais, et le **musée Amstelkring** dont les greniers abritent une église clandestine du XVIIᵉ siècle évoquent tous deux aspects contrastés du Siècle d'Or. Le **musée des Syndicats néerlandais** retrace l'évolution des revendications ouvrières aux Pays-Bas.

Par son importance, le **Joods Historisch Museum** témoigne de la vitalité de la communauté juive d'Amsterdam, tandis que la **maison d'Anne Frank** (Anne Frankhuis), où la jeune

La Fiancée juive (1663) par Rembrandt au Rijksmuseum

fille se terra pendant deux ans avec sa famille, rappelle le tragique destin que connut cette communauté pendant la Seconde Guerre mondiale, malgré la résistance des Hollandais face aux nazis dont le **Versetzmuseum Amsterdam** permet de mieux comprendre l'ampleur.

Hors de la ville, le **Zuiderzee Museum** reconstitue la vie et les traditions des riverains de cette mer intérieure devenue un lac.

Reconstitution d'un village au musée du Zuiderzee

MUSÉES SPÉCIALISÉS

Les passionnés d'Antiquité apprécieront la présentation didactique des pièces archéologiques du **musée Allard Pierson** puis se rendront au **Bijbels Museum** (musée de la Bible) tout proche, installé dans deux beaux immeubles du XVIIe siècle. Il possède entre autres la plus ancienne bible imprimée aux Pays-Bas.

Maquettes, esquisses et affiches retracent l'histoire du théâtre à Amsterdam au **Theatermuseum** tandis que le **Nederlands Filmmuseum**, l'équivalent de notre cinémathèque, organise plus de 1 000 projections de films par an. Les buveurs de bière apprendront à la **Brasserie Heineken** tout ce qu'il faut savoir sur cette boisson vieille de six mille ans.

D'un village africain à une forêt primaire indonésienne, les sons et les ambiances sont recréés au **Tropenmuseum** (le musée des Tropiques) et constituent une initiation intéressante à d'autres cultures.

Illustration du cycle de l'eau au musée géologique d'Artis

TECHNOLOGIE ET HISTOIRE NATURELLE

Le **Musée technologique NINT** propose une approche concrète de techniques comme la photographie, l'informatique ou la construction de bâtiments. Dans le même esprit, des simulateurs de vol vous permettront au **Nationaal Luchtvaartmuseum Aviodome** de tester vos qualités de pilote. Vous pourrez également y admirer plus de 30 avions anciens et une réplique de la fusée Saturne 5.

Outre des milliers d'animaux vivants, le **parc zoologique Artis** abrite un musée géologique qui ravira les amateurs de minéraux, de cristaux et de fossiles. Installé dans l'aquarium, où évoluent près de 2 000 poissons, le musée zoologique renferme une riche collection de crânes, de squelettes et de spécimens naturalisés, en provenance, notamment, d'Indonésie.

Les plus beaux canaux d'Amsterdam

Des élégantes demeures de la Grachtengordel, la ceinture de canaux percée au Siècle d'Or, aux anciens entrepôts du Brouwersgracht et aux charmantes maisons du Reguliersgracht, ce sont l'essence d'Amsterdam et son histoire qui se reflètent dans ses voies d'eau. De nombreux ponts les enjambent, dont le célèbre Magere Brug *(p. 119)*, et des centaines d'embarcations continuent à y circuler ou à servir de résidences flottantes tandis que cafés et bars jalonnent les quais.

Brouwersgracht
Le canal des Brasseurs est devenu un quartier résidentiel très prisé.

Le Jordaan

Bloemgracht
D'architecture très variée, les immeubles bordant ce canal du Jordaan arborent pour certains des façades à pignon à redents (p. 91).

Du Bijbels Museum à Leidseplein

Prinsengracht
Le vélo constitue le meilleur moyen de découvrir le plus long canal du XVIIe siècle d'Amsterdam.

Le quartier des musées

Leidsegracht
Moment de détente sur le quai de ce canal résidentiel (p. 111).

Keizersgracht
Pas moins de 14 ponts enjambent ce canal et permettent de l'admirer. Le café du Metz & Co au n° 455 (p. 112) en offre une vue splendide.

Singel
Sur cet ancien fossé des remparts de la ville dont la forme détermina celle de la ceinture de canaux, le Poezenboot accueille les chats errants.

Entrepotdok
Réhabilités dans les années 80, les entrepôts qui le bordent dominent bateaux de plaisance, maisons flottantes et, en été, des terrasses de café animées.

ieuwe Zijde

Oude Zijde

500 m

Le quartier de Plantage

marché x fleurs à gelgracht

Herengracht
Surnommées « les jumeaux », les deux maisons à pignon en cloche des n⁰ˢ 409 et 411 font partie des plus jolis immeubles du canal le plus prestigieux de la ville.

Reguliersgracht
Ce joli canal percé en 1664 a gardé un charme familial. Au n⁰ 92, une statue de cigogne commémore une loi de 1571 protégeant cet oiseau, symbole des responsabilités parentales.

Amstel
Le fleuve demeure une importante voie de circulation, pour les péniches notamment.

À la découverte des canaux d'Amsterdam

Bordées de demeures séculaires, d'anciens entrepôts ou de superbes monuments telle l'Oude Kerk *(p. 68-69)* dominant l'Oudezijds Voorburgwal, le plus vieux canal de la ville aux quais ombragés, les voies d'eaux sillonnant Amsterdam offrent de splendides promenades et un merveilleux moyen de découvrir la cité et son histoire. Avant de se lancer seul à l'aventure, une visite guidée en bateau *(p. 276-277)* permettra de se familiariser avec un réseau complexe de plus de 150 canaux qu'enjambent près de 1 300 ponts. L'*Atlas des rues* (pages 280 à 287 de ce guide) situent tous ceux présentés ici.

Lampadaire du Blauwbrug

Le Waag et un pont-levis vu depuis le Kloveniersburgwal

L'Oudezijds Voorburgwal peint par Cornelis Springer (1817-1891)

Les origines

La fondation d'un village à l'embouchure de l'**Amstel** remonterait environ à l'an 1200. Vers 1264, ses habitants se protégèrent de la rivière par une digue située entre les actuels **Damrak** et **Rokin**.

Côté mer, d'autres digues, telle la **Zeedijk**, furent également construites au XIIIᵉ siècle. Le percement des premiers canaux date du siècle suivant et l'on peut toujours se promener le long de l'**Oudezijds Voorburgwal** et du **Grimburgwal** qui font partie des plus anciens.

Premières extensions

Le développement de la ville imposa le percement de nouveaux canaux pour assurer drainage, défense et voies de circulation. Le XIVᵉ siècle vit ainsi la construction de l'**Oudezijds Achterburgwal**, à l'est du centre, et du **Nieuwezijds Achterburgwal** (aujourd'hui Spuistraat) à l'ouest, puis le XVᵉ siècle celle du **Kloveniersburgwal** et du **Geldersekade** à l'est, et du **Singel** à l'ouest et au sud. En 1481 commença la fortification de ces nouvelles voies d'eau avec des premiers remparts en pierre dont subsistent la Munttoren *(p. 123)*, la Schreierstoren *(p. 167)* et le Waag *(p. 60)*, la plus vieille porte.

L'arrivée massive de réfugiés dans les années 1580 entraîna l'extension d'Amsterdam vers l'est autour de l'**Oude Schans**. Les canaux de ce quartier forment un entrelacs paisible et plein de charme.

Les ponts d'Amsterdam

L'un des plus beaux décors créés par les quelque 1 300 ponts enjambant les voies d'eau d'Amsterdam est celui formé par les sept arches jalonnant, en rapide succession, le **Reguliersgracht**. Toutefois, la nuit, l'éclairage des ponts du centre-ville transforme en véritable enchantement une promenade en bateau. C'est sur l'Amstel que se trouve le pont le plus célèbre d'Amsterdam, le Magere Brug *(p. 119)*, un étroit pont-levis en bois. Le plus décoré, le Blauwbrug, franchit la rivière en aval. Le plus large, le Torensluis *(p. 78)*, traverse le Singel.

Quelques-unes des plus belles maisons du Singel dominent le Torensluis, le pont le plus large d'Amsterdam

LA GRACHTENGORDEL

Au début du XVIIe siècle, la population croissant, les autorités municipales décident de quadrupler la superficie de la ville grâce à un ambitieux projet d'urbanisme. En 1614 commence le percement, à partir du **Brouwersgracht**, de trois canaux résidentiels connus sous l'appellation de *Grachtengordel* (ceinture de canaux). Leurs noms, **Herengracht** (canal des Seigneurs), **Keizersgracht** (canal de l'Empereur) et **Prinsengracht** (canal des Princes) rendent hommage aux principales puissances politiques de l'époque : les familles patriciennes, l'empereur germanique et la famille d'Orange. Sur leurs quais s'élèvent les demeures des riches Amstellodamois.

Le long des fossés de drainage naît un quartier populaire, le Jordaan. Un canal fortifié, le **Singelgracht**, enserre la nouvelle agglomération urbaine.

Bateaux mouillant sur le Waalseilandsgracht

L'ÈRE INDUSTRIELLE

L'augmentation du tirant d'eau des navires, au XIXe siècle, menace la prospérité du port d'Amsterdam aux approches, par l'IJsselmeer, peu profondes. La ville réagit en perçant un accès direct à la mer du Nord, le **Nordzeekanal** achevé en 1876. La construction navale se modernise également, des chantiers comme le Werf't Kromhout *(p. 145)* s'adaptant à la fabrication et la réparation de bateaux à vapeur.

L'augmentation de la population, dans la seconde moitié du siècle, pose de graves problèmes de logement. Afin de respecter le cachet de la cité, certaines des nouvelles rues créées dans la banlieue ouest, comme la Jacob von Lennepkade, longent des canaux. Toutefois, plusieurs des plus anciennes voies d'eau du centre, comme le Nieuwezijds Voorburgwal et une grande partie du Damrak, sont comblées pour faciliter l'accès à la gare centrale *(p. 79)*.

LES CANAUX AUJOURD'HUI

Le train et l'automobile ont réduit l'intérêt commercial des 75 km de voies d'eau d'Amsterdam bien que des péniches empruntent toujours l'Amstel. Les canaux jouent cependant un rôle crucial dans l'activité touristique de la ville et offrent aux Amstellodamois des voies de circulation et une importante surface « habitable ». Malgré des arrêtés votés en 1994 par le conseil municipal afin d'en réglementer plus sévèrement l'implantation (et de réduire le trafic des bateaux de plaisance), il reste en effet environ 3 000 maisons flottantes amarrées dans les limites de la cité, notamment sur la Grachtengordel et l'Amstel ainsi que le long des quais des îles occidentales *(p. 93)* et des docks proches de la gare centrale *(p. 79)*.

Carte des canaux d'Amsterdam et du Noordzeekanaal (1876)

Les meilleurs cafés et bars d'Amsterdam

Ancienne ville de marins, Amsterdam aime les bars et en compte près de 1 500. « Cafés bruns » entretenant depuis des siècles une tradition de confort spécifiquement hollandaise, la *gezelligheid* ; établissements proposant concerts, expositions d'art ou billards ; terrasses au bord d'un canal, vous trouverez dans chaque quartier des lieux où vous détendre et vous désaltérer dans une ambiance authentique. Voici une sélection des plus caractéristiques mais pour plus de détails et d'adresses, consultez les pages 48-49 et 236-237.

De Tuin
Ce bar d'habitués fréquenté par les artistes locaux reflète l'atmosphère du Jordaan.

Le Jordaan

Du Bijbels Museum à Leidseplein

Van Puffelen
Réputé pour son restaurant, cet établissement dont l'impressionnant décor date du XIXᵉ siècle attire une clientèle élégante.

Vertigo
La terrasse du café du Filmmuseum domine le Vondelpark.

Le quartier des musées

Café Américain
Huppé, le café de l'American Hotel possède une superbe décoration Art déco.

Café du Lac
*Ce grand café sur la
Haarlemmerstraat
mêle dans son décor
éléments Art déco et
néo-gothiques.*

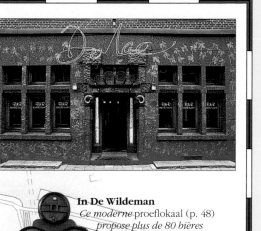

In De Wildeman
*Ce moderne proeflokaal (p. 48)
propose plus de 80 bières
du monde entier.*

Nieuwe
Zijde

Oude
Zijde

*Le quartier
de Plantage*

Du marché
aux fleurs au
Singelgracht

De Jaren
*Apprécié des étudiants,
ce café à la mode offre
une superbe vue sur
l'Amstel et une large
sélection de journaux.*

't Doktertje
*Caché dans une
petite rue de traverse,
voici le café brun
par excellence :
sombre, accueillant
et hors du temps.*

De Kroon
*Récemment restauré avec goût,
ce grand café associe musique
classique et art moderne.*

0   500 m

À la découverte des cafés et bars d'Amsterdam

O ù que vous alliez dans cette cité animée, vous ne vous trouverez pas loin d'un café ou d'un bar. Les Amstellodamois ne se montrant jamais plus amicaux qu'autour d'un verre de bière ou d'alcool de genièvre, les débits de boisson offrent souvent l'occasion de faire des rencontres. Ils ouvrent pour la plupart de 11 h à 1 h du matin bien que quelques-uns autour de Leidseplein ne ferment le week-end que vers 4 h ou 5 h. Certains servent à manger *(eetcafé)*, des plats simples en général. En terrasse, la tradition veut que l'on paie à la commande.

Moment de détente sur la terrasse du De Tuin, un café brun traditionnel

LES CAFÉS BRUNS

O uverts pour les plus anciens depuis le XVIIe siècle, les *bruine kroegen* doivent leur nom à la patine donnée à leurs boiseries par la fréquentation de générations de fumeurs. Cachés dans des ruelles transversales, à l'image du 't Dokterje, ils présentent souvent un décor évoquant les tableaux de Rembrandt.

Habitués et consommateurs occasionnels s'y retrouvent après le bureau pour bavarder, sans se soucier des origines sociales des uns et des autres. Le **De Pieper**, proche de Leidseplein, est amical et bon marché, ainsi que le **De Tuin**, fréquenté par les artistes du Jordaan. Beaucoup servent en outre des plats, généralement de qualité, et à un prix raisonnable *(p. 236-237)*.

LES PROEFLOKALEN

L a tradition des *proeflokalen*, dont le nom signifie littéralement « maisons de dégustation », remonte au Siècle d'Or et aux comptoirs où les grossistes en spiritueux invitaient leurs clients à goûter leurs produits. Le terme désigne aujourd'hui des établissements spécialisés dans un type de boisson : bière, vin ou alcool.

Parmi les plus anciens, **De Drie Fleschjes** date de 1650 et ses tonneaux renferment certaines des meilleures liqueurs de genièvre du pays. **Henri Prouvin** propose quant à lui une choix de plus de 500 vins et **In De Wildeman** des bières du monde entier, souvent à la pression *(voir aussi p. 237)*.

Le Gollem, un *proeflokael* moderne où déguster un large éventail de bières

QUE BOIRE ?

La boisson nationale hollandaise est la bière. Les blondes d'Heineken et de Grolsch font partie des bières les plus souvent servies à la pression *(pils)*, mais il existe également des brunes à la saveur plus soutenue, comme la De Koninck, ou des bières blanches et troubles telle l'Hoegaarden. La Colombus est brassée à Amsterdam. Autre spécialité traditionnelle, la liqueur de genièvre, le jenever, se consomme jeune *(jonge)* ou adoucie par l'âge *(oude)*. De nombreux amateurs l'accompagnent d'une bière, usage qui porte un nom sans équivoque : *kopstoot* (« coup sur la tête »).

Bouteille de jonge jenever

Oude jenever, plus doux

Une bière blanche belge

Une bière f d'Heineken Tarwebo

LES « GRANDS CAFÉS » ET « DESIGNER CAFÉS »

Apparus à partir du XIXᵉ siècle, ces établissements plus spacieux et plus lumineux que les cafés bruns présentent des styles variés allant de l'Art déco du **Café Schiller** au modernisme dépouillé du **De Jaren**. Très bien situé le **Café Luxembourg**, avec sa verrière, est l'exemple type d'endroit où l'on vient pour se montrer et être vu. Le **Het Land van Walem**, le **De Balie** et le **Vertigo** sont également très à la mode.

Le Café Schiller, un grand café Art déco

LES COFFEE-SHOPS

Ces établissements proposant ouvertement à leurs clients de faibles quantités de hachisch ou de marijuana ont valu à Amsterdam bien des polémiques. Ils ne sont toutefois que l'aspect le plus voyant d'une politique de

Le De Jaren, superbement restauré

tolérance dont le but est d'éviter la marginalisation d'une partie, souvent jeune, de la population. Contrairement à une idée reçue, la consommation ou la vente de quelque drogue que ce soit reste cependant illégale aux Pays-Bas *(p. 259)*. Si vous décidiez néanmoins de vous rendre dans un coffee-shop, gardez à l'esprit, sous peine de le perdre temporairement, que les produits proposés sont en général puissants. On reconnaît certains de ces établissements au volume de leur musique ou encore à leur décor psychédélique. Interdits aux moins de 16 ans, ils sont en général fréquentés par des personnes de tous âges et toutes catégories socio-professionnelles.

LES SALONS DE THÉ ET COFFEE-SHOPS TRADITIONNELS

À Amsterdam comme partout, les dames de la bonne société aiment à se retrouver pour prendre un café ou un thé accompagné de quelques douceurs. Portant généralement en enseigne *koffieshop* ou *salon de thé* pour se démarquer des coffee-shops évoqués plus haut (mais les différences sont évidentes). Ces établissements offrent un cadre idéal où se détendre après une journée de tourisme ou de lèche-vitrines. Nombreux sont ceux, tels **Berkhoff**, **Arnold Cornelis** et

Pompadour, attachés à une pâtisserie, une confiserie ou un traiteur. Plusieurs hôtels et grands magasins en comprennent également. Celui du dernier étage du **Metz & Co** commande une vue impressionnante sur Amsterdam *(p. 112)*. Le **PC**, dans le quartier des musées, est très élégant. Dans un décor verdoyant, le **Café Françoise** propose expositions d'art et musique classique tandis que le **Back Stage**, très différent, dirigé par d'anciens artistes de cabaret, est un lieu d'une grande originalité.

TROUVER LES MEILLEURS CAFÉS ET BARS

Toutes les adresses des cafés et bars décrits dans ces pages figurent dans le carnet d'adresses de la page 237. Voici ceux sélectionnés en pages 46-47.

Café Américain
American Hotel, Leidseplein 28-30. **Plan** 4 E1.
624 5322.

Cafe Du Lac
Haarlemmerstraat 118. **Plan** 1 C3.
624 4265.

't Doktertje
Rozenboomsteeg 4. **Plan** 7 B4.
626 4427.

In de Wildeman
Kolksteeg 3. **Plan** 7 C1.
638 2348.

De Jaren
Nieuwe Doelenstraat 20.
Plan 7 C4.
625 5771.

De Kroon
Rembrandtplein 17. **Plan** 7 C5.
625 2011.

De Tuin
2e Tuindwarsstraat 13 (près de Anjeliersstraat). **Plan** 1 B3.
624 4559.

Van Puffelen
Prinsengracht 377. **Plan** 4 E1.
624 6270.

Vertigo
Nederlands Filmmuseum, Vondelpark 3. **Plan** 4 D2.
612 3021.

Une brune brassée en Belgique

Une bière d'hiver, l'Amstel Bockbier

La Colombus, brassée à Amsterdam

AMSTERDAM AU JOUR LE JOUR

A voir du beau temps n'est jamais garanti à Amsterdam, mais l'ambiance cosmopolite de la ville et l'hospitalité de ses habitants rendent la visite agréable toute l'année. Même si ce sont les mois les plus doux (avril à septembre) qui attirent la majorité des touristes, les Amstellodamois, habitués à la rigueur de leur climat, entretiennent un riche programme de manifestations

Des hérons nichent sur les canaux

pendant l'hiver tandis que les journées d'automne se prêtent particulièrement bien aux promenades romantiques le long des canaux, suivies de longues conversations dans le cadre chaleureux d'un café brun. Tous les cinq ans environ, les températures tombent si bas que les voies d'eau gèlent. Onze villes hollandaises s'affrontent alors dans une course de patinage.

PRINTEMPS

J onquilles et crocus, en fleurissant partout dans la ville à la fin mars, signalent la fin de l'hiver. Une excursion à Keukenhof (p. 180-181) s'impose. En aucune autre saison, cette vitrine des horticulteurs néerlandais de 28 hectares n'est plus belle.

MARS

Stille Omgang (2e dim.), Rokin. Procession nocturne et silencieuse célébrant le Miracle d'Amsterdam (p. 20).

Festival de blues (mi-mars), Meervaart. Deux jours de grands concerts.

AVRIL

Week-end des musées nationaux (mi-avr.). Entrée libre ou demi-tarif dans beaucoup de musées nationaux néerlandais.
Koninginnedag (30 avr.). Pour l'anniversaire officiel de la reine, Amsterdam devient le plus grand marché aux puces du monde. Les transports publics s'arrêtent et deux millions de personnes emplissent les rues avant de

La fête dans les rues pour l'anniversaire de la reine

danser toute la nuit.
World Press Photo (mi-avril-fin mai), Nieuwe Kerk. Exposition des meilleures photos de presse du monde.

MAI

Herdenkingsdag (4 mai). Cérémonies dans toute la ville, et surtout sur le Dam, en souvenir des victimes de la Seconde Guerre mondiale.
Bevrijdinsdag (5 mai). Concerts et discours célèbrent la fin de l'occupation nazie.
Nationale Molendag (2e sam.). Dans tout le pays, les moulins déplient leurs ailes et s'ouvrent au public.
Boeken op de Dam (fin mai), place du Dam. Concert en plein air et bouquinistes sur la place.
Drum Rhythm Festival (fin mai), dans plusieurs lieux dont le De Melkweg (p. 110).
Jazz, blues et world-music. Spectacles en plein air au Vondelpark (fin mai-mi-août). Théâtre, musique et spectacles pour enfants (p. 128).

Champs de tulipes près d'Alkmaar

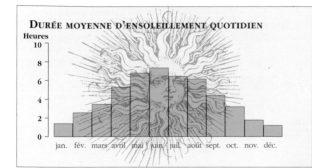

Durée moyenne d'ensoleillement quotidien

Heures

Ensoleillement

Même pendant les mois d'été, les plus ensoleillés, le temps reste changeant. Il est ainsi fréquent de voir des Amstellodamois se promener avec un parapluie au cœur d'une chaude journée de juillet, un ondée ayant précédé le matin l'arrivée du soleil.

ÉTÉ

Le Festival de Hollande ouvre une saison particulièrement riche en événements culturels de toutes sortes. En plus des manifestations indiquées ci-dessous, l'Amsterdamse Bos *(p. 155)* propose du théâtre classique et le Vondelpark *(p. 128-129)* une programmation éclectique en plein air.

Aviron sur le Bosbaan de l'Amsterdamse Bos

JUIN

Festival de Hollande *(1er-30 juin)*. Concerts, ballets, théâtre et opéra dans toutes les principales villes des Pays-Bas. Aux interprètes néerlandais se joignent certains des plus grands artistes du monde.

Kunst RAI *(1re semaine)*. Foire internationale d'art contemporain à l'Amsterdam RAI *(p. 151)*.

Fête du cerf-volant *(1re sem.)*, Halfweg. À 10 km d'Amsterdam, une manifestation qui vous permettra d'opposer vos talents à ceux d'experts.

Grachtenloop *(2e sam.)*. Courses à pied de 18, 9 et 5 km le long des canaux. La plus courte donne lieu à une chasse au trésor.

World Roots Festival *(fin juin)*, De Melkweg *(p. 110-111)*. Les artistes des pays non-occidentaux à l'honneur dans un festival de danse, de musique, de films et de théâtre.

JUILLET

Festival de jazz de la mer du Nord *(mi-juil.)*, Centre de congrès des Pays-Bas. Du Dixieland au jazz-rock, un week-end de concerts à La Haye.

Musique en plein air pour le Prinsengracht Concert

Concerts d'été *(juil-août)*, Concertgebouw *(p. 128)*. Saison de musique classique.

AOÛT

Prinsengracht Concert *(fin août)*. Musique classique jouée sur une structure flottante en face du Pulitzer Hotel *(p. 221)*.

Uitmarkt *(der. sem.)*. Coup d'envoi de la saison culturelle. Spectacles en plein air partout dans la ville.

Bains de soleil sur la terrasse du De Jaren

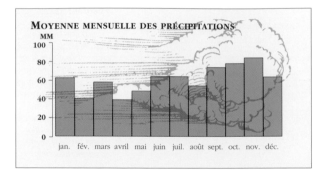

MOYENNE MENSUELLE DES PRÉCIPITATIONS

MM
100
80
60
40
20
0

jan. fév. mars avril mai juin juil. août sept. oct. nov. déc.

Précipitations

Il faut s'attendre à avoir de la pluie toute l'année à Amsterdam. Le printemps est cependant la saison la plus sèche, les plus grosses averses survenant en automne, particulièrement en novembre, un mois venteux.

AUTOMNE

L es températures baissent rapidement à la fin août mais la ville ne s'engourdit pas, et la saison de musique, de ballet, d'opéra et de théâtre entamée avec le Uitmarkt *(p. 51)* bat alors son plein. Oblique, la lumière évoque celle des tableaux de l'école hollandaise, rendant enchanteresses les promenades dans les parcs ou le long de l'Amstel. De nombreuses manifestations sportives ont lieu et, le soir, les joueurs d'échecs se retrouvent dans des cafés comme le Schaakcafé Het Hok sur la Lange Leidsedwarsstraat.

SEPTEMBRE

Kano Toertocht door de Grachten *(1re sem.)*. Défilé nocturne de quelque 500 canoës et kayaks illuminés sur les canaux d'Amsterdam.
Bloemen Corso *(1er sam.)*. Des chars fleuris paradent dans Amsterdam. Le soir, défilé illuminé dans la banlieue sud d'Aalsmeer.
Festival du Jordaan *(2e et 3e sem.)*. Attractions foraines, concerts et animations de rue dans ce quartier pittoresque. Cafés et bars ne désemplissent pas.
Monumentendag *(2e sam.)*. L'occasion de découvrir l'intérieur de monuments historiques habituellement fermés au public.
Foire internationale des livres et gravures anciens *(2e sem.)*, Amsterdam RAI *(p. 151)*.

Embarcations au mouillage un jour d'automne à Amsterdam

Marathon d'Amsterdam *(der. dim.)*. Quelque 1 500 coureurs font le tour de la ville puis gagnent le centre. 10 000 autres se joignent à eux sur une partie du parcours.

OCTOBRE

Roeisloebengrachten *(3e sam.)*, Oosterdok. L'une des nombreuses compétitions d'aviron organisées dans la ville tout au long de l'année.
Jumping Amsterdam *(oct.-nov.)*, Amsterdam RAI *(p. 151)*. Une rencontre internationale d'équitation en salle.

NOVEMBRE

Sinterklaas' Parade *(2e ou 3e sam.)*. Saint Nicolas arrive sur un bateau à vapeur près de Sint Nikolaas Kerk *(p. 79)* avec *Zwarte Pier* (Pierre le Noir) et se promène en ville en distribuant des friandises aux enfants.
Foire du camping-caravaning *(fin nov.)*, Amsterdam RAI *(p. 151)*. Tout l'équipement pour passer des vacances confortables en plein air.

Saint Nicolas dans les rues d'Amsterdam

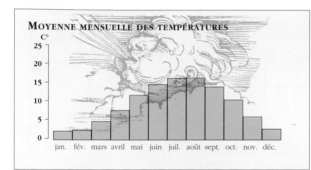

MOYENNE MENSUELLE DES TEMPÉRATURES

C°

25
20
15
10
5
0

jan. fév. mars avril mai juin juil. août sept. oct. nov. déc.

Températures
Le diagramme indique les moyennes des températures minimales et maximales. Le vent soufflant de la mer rafraîchit souvent la ville en été et, plus encore, au printemps et en automne. Il gèle fréquemment en hiver.

HIVER

Bien qu'Amsterdam soit de tradition protestante et célèbre toujours la Saint-Nicolas, Noël devient une fête de plus en plus importante et une période touristique animée. Aux coins des rues apparaissent des marchands ambulants proposant *oliebollen* et *appelflappen*, de délicieuses friandises. Après Noël, la grande question est de savoir s'il fera assez froid pour que les autorités donnent l'autorisation de patiner sur les canaux, un des plus grands plaisirs des Amstellodamois.

DÉCEMBRE

Sinterklaasavond *(5 déc.)*
Selon la tradition, saint Nicolas et des assistants maures déposent dans chaque maison un panier de présents. Les amis s'échangent des poèmes satyriques.
Noël *(25 déc.)*. De plus en

Patinage sur le Keizersgracht

plus, la principale fête de remise de cadeaux.
Saint-Sylvestre *(31 déc.)*
Grand feu d'artifice sur l'Amstel et bruyantes réjouissances dans toute la ville.

JANVIER

Nouvel An chinois *(janv. ou fév.)*, Nieuwmarkt. Danse du dragon, pétards et expositions d'art chinois.

FÉVRIER

Februaristaking *(25 fév.)*,
J. D. Meijerplein.
Commémoration de la grève des dockers contre la persécution des juifs par les nazis.

Carnaval *(fin fév.)*. Corso dans la vieille ville. Les principales célébrations ont lieu dans la province méridionale du Limburg.

JOURS FÉRIÉS

Nouvel An (1er janv.)
Eerste Paasdag (Lundi de Pâques)
Koninginnedag (30 avr.)
Bevrijdingsdag (5 mai)
Hemelvaartsdag (Ascension) (6e jeudi après Pâques)
Pinksteren (Pentecôte) (6e lundi après Pâques)
Eerste Kerstdag (Noël) (25 déc.)
Tweede Kerstdag (26 déc.)

Le Dokwerker Monument sur J. D. Meijerplein

AMSTERDAM QUARTIER PAR QUARTIER

OUDE ZIJDE

Moitié orientale de l'Amsterdam médiévale, le « Vieux Côté » n'occupait à l'origine qu'une étroite bande sur la rive de l'Amstel entre les actuels Damrak et Oudezijds Voorburgwal *(p. 42-45)*. En son centre se dressait l'Oude Kerk, la plus ancienne église de la ville. Du début du XIVᵉ siècle jusqu'au XVIIᵉ siècle, il s'étendit vers l'est, développement entretenu par l'arrivée de réfugiés juifs du Portugal. La plus ancienne

Aaron sur la Mozes en Aäronkerk

des quatre synagogues abritant aujourd'hui le Musée historique juif date de cette époque, et ces lieux de culte indiquent l'importance qu'eut longtemps la communauté juive à Amsterdam. Pendant le Siècle d'Or *(p. 24-27)*, l'Oude Zijde fut un important centre commercial. Les navires remontaient le Geldersekade jusqu'au Nieuwmarkt où leurs marchandises étaient pesées au Waag avant leur mise en vente sur le marché.

LE QUARTIER D'UN COUP D'ŒIL

Bâtiments et monuments historiques

Waag ❷
Agnietenkapel ❺
Oudemanhuispoort ❻
Oostindisch Huis ❼
Trippenhuis ❽
Pintohuis ⓰
Montelbaanstoren ⓱
Scheepvaarthuis ⓲
Schreierstoren ⓳

Opéra

Stadhuis-Musiektheater ⓫

Musées

Hash Marihuana Museum ❹
Museum Het Rembrandthuis ❿
Joods Historisch Museum p. 64-65 ⓮

Églises et synagogue

Zuiderkerk ❾
Mozes en Aäronkerk ⓭
Portugese Synagoge ⓯
Oude Kerk p. 68-69 ㉑

Rues et marchés

Quartier rouge ❶
Nieuwmarkt ❸
Waterlooplein ⓬
Zeedijk ⓴

COMMENT Y ALLER ?

On peut prendre un tram jusqu'à la place du Dam (lignes 1, 2, 4, 5, 9, 13, 14, 16, 17, 24 et 25) puis suivre à pied la Damstraat. Les trams 9 et 14, et le métro, conduisent aussi directement au Waterlooplein et au Nieuwmarkt.

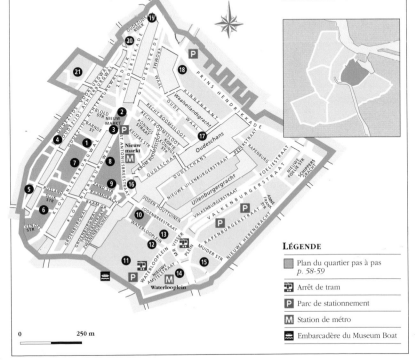

LÉGENDE

	Plan du quartier pas à pas *p. 58-59*
🚊	Arrêt de tram
P	Parc de stationnement
M	Station de métro
⛴	Embarcadère du Museum Boat

◁ **Le marché aux puces du Waterlooplein est un paradis pour les chineurs**

Le quartier de l'université pas à pas

D ans la paisible partie sud-ouest de
l'Oude Zijde, l'université
d'Amsterdam occupe les bâtiments d'un
ancien hospice ouvert en 1601. Créée en
1877, elle succédait à un collège fondé
en 1632 dans l'Agnietenkapel :
l'Atheneum Illustra. Au-delà de la
Damstraat vers le Nieuwmarkt, s'étend le
Quartier rouge, repaire de la prostitution
et des sex-shops. Au sud du
Nieuwmarkt, le musée aménagé dans la
maison de Rembrandt donne un aperçu
de la vie du célèbre peintre hollandais.

★ Le Quartier rouge
*L'industrie du sexe rappor
chaque année des million
à Amsterdam* ❶

**Hash Marihuana
Museum**
*Ce musée retrace
l'histoire du
cannabis* ❹

Agnietenkapel
*Bâtie en 1470, elle
abrite le musée de
l'université* ❺

**Maison-aux-Trois-
Canaux (1610)**

Oudemanhuispoort
*Sur cette porte
d'hospice du
XVIIe siècle, des
lunettes symbolisent
la vieillesse* ❻

VOORBURGWAL

ACHTERBURGWAL

OUDE ZIJDS

RUSLAND

OUDEZIJDS

GROENBURGWAL

**Pont-levis sur le
Groenburgwal**

À NE PAS MANQUER

★ **Le Quartier rouge**

★ **Museum Het
Rembrandthuis**

Nieuwmarkt
Ancien marché, cette vaste place reste bordée de belles maisons des XVIIᵉ et XVIIIᵉ siècles ❸

Trippenhuis
De fausses fenêtres préservent la symétrie de la façade unique de ces deux maisons du XVIIᵉ siècle ❽

CARTE DE SITUATION
Voir l'Atlas des rues, plans 7 et 8

Waag
Les tours octogonales de l'unique porte de l'enceinte médiévale à avoir subsisté abritent les escaliers menant aux étages ❷

Oostindisch Huis
Appartenant désormais à l'université, cet ancien bâtiment de la V.O.C. (p. 26-27) présente un bel exemple de façade du XVIIᵉ siècle ❼

Zuiderkerk
Cette église renferme désormais le centre d'information du service d'urbanisme de la ville ❾

0   50 m

LÉGENDE

— — — Itinéraire conseillé

★ Museum Het Rembrandthuis
Des centaines de gravures et de dessins, notamment des autoportraits, sont exposés dans l'ancienne maison de Rembrandt ❿

Le Quartier rouge ●

Plan 8 D2. 🚋 *4, 9, 16, 24, 25.*

Parfois appelé de Walletjes (les petits murs) mais plus connu sous le nom de Quartier rouge à cause de la lumière rouge baignant les vitrines où s'y exposent de jour comme de nuit, dans un décor souvent naïf, les prostituées d'Amsterdam, ce quartier se serre pour l'essentiel autour de l'Oude Kerk *(p. 68-69)* mais s'étend jusqu'à la Warmoesstraat à l'ouest, la Zeedijk au nord, le Kloveniersburgwal à l'est et la Damstraat au sud.

La réglementation de la prostitution, florissante dans un port où abondaient les marins esseulés, est une vieille tradition dans la capitale néerlandaise. En 1478, les filles de joie racolant hors des zones qui leur étaient imposées y étaient ramenées au son des flûtes et du tambour. Après leur prise de pouvoir, les calvinistes tentèrent bien d'interdire ce commerce de la chair, mais dès la seconde moitié du XVIIᵉ siècle il était de nouveau ouvertement toléré. En 1850, Amsterdam comptait 200 000 prostituées et plus de 200 maisons closes, certaines

Entrée de l'un des clubs du Quartier rouge

très luxueuses, comme Chez Madame Traese.

Aujourd'hui, le quartier forme un réseau de ruelles où sex-shops et bars louches s'intercalent entre les vitrines. Malgré une importante présence policière, mieux vaut éviter de se risquer la nuit dans les allées les plus sordides où traînent marchands de drogue et pickpockets. De jour, cependant, des flots de visiteurs créent une ambiance animée et plutôt joyeuse. De surcroît, ce dédale renferme également quelques intéressants cafés et restaurants et de belles maisons de canal.

Waag ●

Nieuwmarkt 4. **Plan** 8 D3. 🚋 *9, 14.* Ⓜ *Nieuwmarkt.* ⚫ *au public.*

Construit en 1488 et encore parfois appelé de son nom d'origine, Sint Antoniespoort, le plus vieil édifice profane d'Amsterdam est une ancienne porte des remparts médiévaux. Théâtre d'exécutions publiques, il renfermait de petites cellules où les condamnés passaient leurs dernières heures. Devenu en 1617 la balance publique *(waaggebouw)*, il accueillit au premier étage les réunions de plusieurs corporations, notamment la guilde des chirurgiens qui y avait une salle d'anatomie. C'est là que Rembrandt peignit en 1632 *La Leçon d'anatomie du professeur Tulp* exposée au Mauritshuis *(p. 188-189).* Un autre membre de la guilde lui commanda également *La Leçon d'anatomie du professeur Deijman* qui se trouve aujourd'hui au Rijksmuseum *(p. 130-133).*

La balance ferma au début du XIXᵉ siècle et le Waag a depuis abrité un magasin de meubles, une académie d'escrime, une caserne de pompiers et deux musées municipaux avant de se trouver aujourd'hui désaffecté.

Marché aux antiquités au pied du Waag (XVᵉ siècle) sur le Nieuwmarkt

Photo de manifestant dans la station de métro Nieuwmarkt

Nieuwmarkt ❸

Plan 8 D3. 🚊 9, 14. Ⓜ *Nieuwmarkt.*
Marché aux antiquités ◯ *de mai à sept. : de 9 h à 17 h le dim.*

B ordée à l'ouest par le Quartier rouge, la grande place pavée du Nieuwmarkt forme, avec l'extrémité du Geldersekade, le quartier chinois d'Amsterdam. C'est la construction du Waag, porte d'entrée dans la ville, qui amena le site à se transformer en marché au xvᵉ siècle. Quand la cité s'agrandit au xviiᵉ siècle *(p. 24-25)*, la place prit ses dimensions actuelles et son nom de Nouveau Marché. De belles maisons à pignons des xviiᵉ et xviiiᵉ siècles la bordent, et les éventaires de marchands d'antiquités s'y installent les dimanches d'été.

Prendre la Sint Antoniesbreestraat conduit dans l'ancien quartier juif, le Jodenbuurt, en grande partie détruit lors de la construction du métro dans les années 70. De violentes manifestations réussirent cependant à imposer aux autorités la sauvegarde de quelques édifices anciens. Des photos, dans la station Nieuwmarkt, entretiennent ce souvenir.

Hash Marihuana Museum ❹

Oudezijds Achterburgwal 148. **Plan** 7 C3. 📞 623 5961. 🚊 4, 9, 14, 16, 24, 25. Ⓜ *Nieuwmarkt.* ◯ *de 11 h à 22 h.* 🍴 🄾 ♿

A ttenant à une graineterie, ce musée est le seul en Europe à retracer l'histoire du cannabis, une plante déjà utilisée il y a huit mille ans par des civilisations asiatiques à des fins médicales et pour la confection de vêtements. Première référence de son usage aux Pays-Bas, un traité d'herboristerie de 1554 le recommande pour le traitement des maux d'oreilles.

Jusqu'à la fin du xixᵉ siècle, le chanvre servit toutefois essentiellement à la fabrication de cordages, une industrie vitale pour la marine néerlandaise.

Le reste de l'exposition comprend des pipes, notamment d'étranges bongs, et un petit espace de culture en lumière artificielle. Des descentes de police y créent à l'occasion des vides : tolérée dans certaines limites, la consommation de drogue reste interdite par la loi.

Agnietenkapel ❺

Oudezijds Voorburgwal 231. **Plan** 7 C4. 📞 525 3339. 🚊 4, 9, 14, 16, 24, 25. ◯ *de 9 h à 17 h du mar. au ven.* ◯ *jours fériés.* 🍴 🄾

É levée en 1397 mais entièrement reconstruite après un incendie en 1470, la chapelle Sainte-Agnès est un des rares bâtiments gothiques de la ville à s'être maintenu. Appartenant à un couvent fermé en 1578 après l'Altération *(p. 22-23)*, elle devint alors un magasin de l'Amirauté avant d'accueillir en 1632 un collège d'enseignement supérieur : l'Atheneum Illustra. Principal pôle de la vie scientifique de la cité, celui-ci conservera jusqu'en 1838 la bibliothèque municipale puis laissera la place en 1877 à l'université d'Amsterdam.

La restauration de la chapelle, entreprise de 1919 à 1921, a intégré des éléments architecturaux de l'école d'Amsterdam *(p. 97)*, mais l'Agnietenkapel garde, malgré des siècles d'usage séculier, une atmosphère franciscaine. Elle abrite désormais le musée de l'Université.

L'amphithéâtre du premier étage, la plus ancienne salle de cours de la ville, présente un superbe plafond peint de motifs Renaissance, notamment un portrait de Minerve, déesse latine de la sagesse. Aux murs, 40 tableaux rendent hommage à de grands humanistes européens tels qu'Erasme (1466-1536).

Entrée du musée de l'Université installé dans l'Agnietenkapel

Oudemanhuis-poort ❻

Entre Oudezijds Achterburgwal et Kloveniersburgwal. **Plan** 7 C4. 🚊 4, 9, 14, 16, 24, 25. **Marchés aux livres** ◯ *de 10 h à 16 h du lun. au sam.*

C ette ancienne porte ornée d'une paire de lunettes, symbole de la vieillesse, était jadis celle d'un hospice (Oudemannenhuis) construit en 1754 et qui devint propriété de l'université d'Amsterdam en 1879. Elle donne sur un passage couvert qu'occupent des marchands de livres d'occasion, une tradition qui remonte à l'année 1757. Bien que l'Oudemannenhuis soit théoriquement fermé au public, de nombreux visiteurs passent depuis l'arcade jusque dans sa belle cour du xviiiᵉ siècle.

Armoiries d'Amsterdam, Oudesmanhuispoort

Le clocher de la Zuiderkerk, point de repère familier des Amstellodamois

pilastres, présente en son centre de fausses fenêtres.

L'édifice abrita de 1817 à 1885 la collection d'art de la ville avant son transfert au Rijksmuseum (p. 130-133) et est aujourd'hui occupé par l'Académie des sciences. En face, au n° 26, se dresse la Kleine Trippenhuis, ravissante petite demeure baroque bâtie en 1698.

Zuiderkerk ❾

Zuiderkerkhof 72. **Plan** 8 D4.
(622 2962. 🚊 9, 14. ◯ de12 h à 17 h du lun. au mer. et ven., de 12 h à 20 h le jeu. 🖸 ⚫

É levée au début du XVIIe siècle par Hendrick de Keyser, « l'église du Sud », de style Renaissance, fut le premier lieu de culte protestant bâti à Amsterdam après l'Altération (p. 22-23). Son clocher élancé inspira celui de la Westerkerk (p. 90).

La Zuiderkerk perdit ses fonctions religieuses en 1929 et, restaurée en 1988, est désormais utilisée par le service d'urbanisme de la ville. Parmi les constructions modernes du voisinage figure le Pentagone, immeuble d'habitation dessiné par Theo Bosch et achevé au milieu des années 80.

Oostindisch Huis ❼

Oude Hoogstraat 24. **Plan** 7 C3.
🚊 4, 9, 14, 16, 24, 25.
Ⓜ Nieuwmarkt. ⚫ au public.

O ccupé aujourd'hui par la faculté des sciences politiques, l'ancien siège de la Compagnie des Indes orientales (p. 26-27) est attribué à Hendrick de Keyser (p. 90). Construit en 1605, il connut plusieurs agrandissements, en 1606, 1634 et 1661, afin de pouvoir contenir épices, porcelaine et soieries importées d'Orient.

Après la dissolution de la Compagnie (p. 29), les autorités douanières s'y installèrent puis les services fiscaux nationaux. À cette occasion, un lion, symbole des Pays-Bas, remplaça, en médaillon sur le portail en pierre, l'emblème de la V.O.C.

Dans les années 1890, un important remaniement détruisit la majeure partie de la décoration intérieure de l'Oostindisch Huis mais respecta la façade, si bien que les balustrades sculptées qui couronnent le toit continuent à mettre en valeur, par contraste, l'austérité du reste du bâtiment.

Trippenhuis ❽

Kloveniersburgwal 29. **Plan** 8 D3.
🚊 4, 9, 14, 16, 24, 25.
Ⓜ Nieuwmarkt. ⚫ au public.

C 'est pour deux frères enrichis dans le commerce d'armes, Lodewijk et Hendrick Trip, que Justus Vingboons dessina cette maison classique très décorée, ce qui explique probablement qu'il lui donna des cheminées en forme de canons. Les deux propriétaires disposaient de résidences séparées derrière une façade unique et celle-ci, ornée de

Balustrade de l'Oostindisch Huis

Museum Het Rembrandthuis ❿

Jodenbreestraat 4-6. **Plan** 8 D4.
(624 9486. 🚊 4, 9, 14.
Ⓜ Waterlooplein. ◯ de 10 h à 17 h du lun. au sam., de 13 h à 17 h les dim. et jours fériés. ⚫ 1er jan. 🖼 🖸

R embrandt travailla et enseigna dans cette maison du quartier juif de 1639 à 1658. Il habitait au rez-de-chaussée avec sa femme Saskia qui y mourut en 1642 après avoir donné au peintre un fils, Titus (p. 200). Le maître réalisa dans l'atelier du premier étage la plupart de ses tableaux les plus célèbres. Les cours se tenaient au grenier. Après une restauration effectuée de 1907 à 1911 qui lui

Façade de la maison de Rembrandt

rendit son aspect du Siècle d'Or, la Rembrandthuis est devenue un musée qui présente de nombreux dessins et la presque totalité de l'œuvre gravée de Rembrandt. Autoportraits, études de nus, scènes de genre ou de famille composent un ensemble extraordinaire.

Dans une des salles du rez-de-chaussée, une exposition décrit pas à pas la technique de l'eau-forte.

Stadhuis-Muziektheater **⓫**

Waterlooplein 22. **Plan** 8 D4.
🚋 9, 14. Ⓜ Waterlooplein.
Stadhuis 📞 552 9111. ⓞ de 8 h 30
à 16 h du lun. au ven., de 8 h 30 à
19 h le jeu. **Muziektheater** 📞 625
5455. Voir **Se distraire** p. 246-251.
♿ ✓

Sa construction exigeant la démolition de dizaines de maisons de l'ancien quartier juif, peu de bâtiments ont suscité à Amsterdam autant de controverses que cet immense complexe dessiné par Wilhelm Holzbauer afin d'abriter le nouvel hôtel de ville et l'Opéra. Le surnom que lui donnèrent ses détracteurs – Stopera, contraction de Stadhuis et Opéra signifiant aussi « arrêtez l'opéra » – lui est d'ailleurs resté.

Achevé en 1988, c'est un édifice massif dont une des façades de briques, de marbre et de verre domine l'Amstel. Siège de l'opéra et des ballets nationaux néerlandais, le Muziektheater possède un auditorium de 1689 places, le plus grand du pays. Des visites guidées permettent de découvrir les coulisses. Dans l'arcade qui le relie au Stadhuis, un panneau mural présente le Normaal Amsterdams Peil (p. 34-35).

Waterlooplein **⓬**

Plan 8 D5. 🚋 9, 14. Ⓜ Waterlooplein. **Marché** ⓞ de 10 h à 17 h du lun. au sam.

Le comblement de deux canaux en 1882 permit de créer au cœur du Jodenbuurt cette grande place de marché qui s'étend sur le site d'une ancienne île artificielle, la Vlooyenburg, construite au XVIIᵉ siècle pour faire face à l'afflux d'immigrants juifs (p. 64).

Du lundi au samedi, elle accueille désormais un marché aux puces moins intéressant pour les antiquités que pour des articles tels que vêtements d'occasion, tissus africains, bijoux indonésiens ou sculptures sur bois balinaises.

Mozes en Aäronkerk **⓭**

Waterlooplein 205. **Plan** 8 E4. 📞
622 1305. 🚋 9, 14. Ⓜ
Waterlooplein. ⓞ au public sauf en
cas d'expositions.

Dessinée dans le style baroque par l'architecte flamand T. Suys l'Ancien et achevée en 1841 sur le site d'un sanctuaire catholique clandestin installé dans la maison d'un marchand juif, l'église Moïse-et-Aaron doit son nom aux petites statues qui ornaient la façade de l'édifice original et qui se trouvent désormais sur le mur arrière.

Restaurée en 1990, elle accueille aujourd'hui des expositions, des spectacles et des réunions publiques.

Vêtements au marché de Waterlooplein

Joods Historisch Museum ⓮

L'étoile de David imposée aux juifs par l'occupant nazi

Inauguré en 1987, le Musée historique juif occupe quatre synagogues construites en 1671, 1686, 1700 et 1752 pour la communauté ashkénaze et désaffectées en 1943. Reliées par des verrières et des passerelles, elles offrent un cadre très lumineux à une exposition de documents, d'œuvres d'art et d'objets cultuels illustrant par thèmes l'histoire, la foi, les traditions et l'identité juives.

La Neie Sjoel ouvrit en 1752.

La Torah, ou Pentateuque, est conservée dans l'Arche d'alliance.

Entrée principale

★ **Le manuscrit de la Haggadah**
Le scribe Joseph de Leipnik réalisa en 1734 les superbes enluminures illustrant le texte lu pour la Pessah *(pâque juive).*

★ **L'Arche d'alliance**
Datant de 1791 et provenant d'une synagogue d'Enkhuizen (p. 170-171), elle domine la Neie Sjoel (Nouvelle Synagogue) et contient deux plaques décoratives de Torah en argent et trois manteaux de velours.

LES JUIFS D'AMSTERDAM

Le premier juif à obtenir la citoyenneté hollandaise, en 1597, appartenait à la communauté séfarade originaire du Portugal et de l'Espagne. Venus d'Allemagne, les Ashkénazes s'implantèrent à Amsterdam plus tard, dans les années 1630. Certaines guildes leur étaient interdites mais ils obtinrent l'égalité civique en 1796. La population juive de la ville fut décimée pendant la Seconde Guerre mondiale.

Ornement de Torah du XVIIIe s. à l'image du clocher de la Westerkerk

SUIVEZ LE GUIDE !
L'exposition présente, par thèmes, l'histoire du judaïsme aux Pays-Bas. Elle aborde dans la Neie Sjoel la question de l'identité juive et illustre dans la Grote Sjoel les traditions et la religion, la vie des juifs d'Amsterdam et le développement du quartier juif. Le café et la librairie se trouvent au rez-de-chaussée de l'Obbene Sjoel.

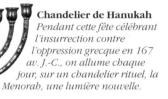

Chandelier de Hanukah
Pendant cette fête célébrant l'insurrection contre l'oppression grecque en 167 av. J.-C., on allume chaque jour, sur un chandelier rituel, la Menorah, une lumière nouvelle.

MODE D'EMPLOI

Jonas Daniel Meijerplein 2-4.
Plan 8 E5. 📞 *625 4229.* 🚋 *9, 14.* 🚊 *Amstel / Zwanenburgwal.* Ⓜ *Waterlooplein.*
🕐 *de 11 h à 17 h t.l.j. (der. entrée 16 h 30).* 🔴 *Yom Kippour, Rosh Hasana.* 🎫 📷 ♿ 🛍 🏠

Obbene Sjoel
(1686)

Café

Dritt Sjoel
(1700)

Manteau de Torah
Brodé d'or et d'argent, ce manteau de Torah du XVIIIe siècle servait au culte de la communauté séfarade d'Amsterdam.

À NE PAS MANQUER

★ **La Grote Sjoel**

★ **Le manuscrit de la Haggadah**

★ **L'Arche d'alliance**

Mikvah, ou bain rituel

★ La Grote Sjoel
Édifiée en 1671 par Elias Bouman (p. 66), la Grande Synagogue, où une grille séparait la galerie des femmes des fidèles de sexe masculin, a conservé son Arche d'origine offerte par Rabbi Abraham Auerbach.

Portugese Synagoge ⓫

Mr Visserplein 3. **Plan** 8 E5.
📞 *624 5351.* 🚃 *9, 14.*
Ⓜ *Waterlooplein.* 🕙 *de 10 h à 16 h
du dim. au ven. (d'avril à oct.), de 10 h
à 16 h du lun. au jeu., de 10 h à 15 h
le ven., de 10 h à 12 h le dim. (de nov.
à mars).* 🔴 *fêtes juives.* 🖊️ 📷 ♿

Élias Bouman s'inspira du
temple de Salomon pour
dessiner la synagogue
portugaise, immense édifice
rectangulaire commandé par la
communauté séfarade
d'Amsterdam *(p. 64)*.
72 fenêtres et, lors des grandes
cérémonies, plus de
1 000 bougies éclairent
l'intérieur splendide où quatre
hautes colonnes ioniques
soutiennent les huit voûtes en
bois du plafond.
Miraculeusement préservée
pendant la dernière guerre et
soigneusement restaurée, la
synagogue a conservé l'aspect
qu'elle avait à son inauguration
en 1675, l'Arche occupant le
coin sud-est, en direction de
Jérusalem, le *tebah*, podium
d'où est conduit le service, se
trouvant en face.

**Façade italianisante de la
Pintohuis** (xviiᵉ s.)

Pintohuis ⓰

Sint Antoniesbreestraat 69. **Plan** 8 D4.
📞 *624 3184.* 🚃 *9, 14.* **Bibliothèque**
🕙 *de 14 h à 20 h lun. et mer., de 14 h
à 17 h le ven., de 11 h à 14 h le sam.
(sauf vac. scol.).* 🔴 *jours fériés.* 🚫

Isaac de Pinto, un riche
marchand portugais, acheta
cette maison en 1651 pour la
somme exorbitante de

30 000 florins. Il la fit ensuite
remanier selon des plans
d'Elias Bouman et c'est l'une
des rares résidences privées
d'Amsterdam dont l'extérieur,
achevé en 1680, possède un
style d'influence italienne
avec sa façade crème animée
par six pilastres imposants
coiffés par une balustrade
aveugle cachant le toit.
Un projet d'aménagement
routier, dans les années 70,
faillit entraîner la démolition
de l'édifice. Sauvé par une
campagne de protestation, il
abrite aujourd'hui une
bibliothèque publique, et les
visiteurs peuvent admirer les
peintures de son plafond
d'origine orné d'oiseaux et
d'angelots.

Montelbaanstoren ⓱

Oude Waal/Oudeschans 2. **Plan** 8 E3.
🚃 *9, 14.* 🔴 *au public.*

Construite en 1512, la
partie inférieure de cette
tour faisait partie des
fortifications de la ville.
Extérieur à l'enceinte, l'édifice
protégeait les chantiers navals
et la Sint Antoniesdijk
(aujourd'hui appelée Oude
Schans) qui venait d'être
achevée.
Hendrick de Keyser *(p. 90)*
ajouta en 1606 la structure
octogonale qui la surplombe
et sa flèche ajourée en bois.
Cet embellissement ressemble
beaucoup au clocher de
l'Oude Kerk *(p. 68-69)*
dessiné par Joost Bilhamer et
élevé quarante ans plus tôt. La
tour se mit à pencher en 1661.
Grâce à des palans accrochés
à son sommet, les
Amstellodamois réussirent à la
redresser.
C'est à son pied que se
rassemblaient les marins de la
V.O.C. *(p. 27)* pour rejoindre
sur de petites embarcations
les trois-mâts mouillés à
Texel, une île en mer du
Nord, afin de partir pour
l'Orient, voyage dont
beaucoup ne revenaient pas.
Rembrandt réalisa plusieurs
dessins du bâtiment qui reste
un sujet apprécié des artistes.
Il abrite désormais le siège de
la compagnie municipale des
eaux.

**Tête de sirène ornant la façade de
la maison de la Navigation**

Scheepvaarthuis ⓲

Prins Hendrikkade 108. **Plan** 8 E2. 🚃
1, 2, 4, 5, 9, 11, 13, 16, 17, 24, 25. Ⓜ
Centraal Station. 🔴 *au public.*

Achevée en 1916 pour
abriter les bureaux de six
compagnies maritimes, la
maison de la Navigation est
considérée comme le premier
véritable exemple
d'architecture de l'école
d'Amsterdam *(p. 97)*. Ses
créateurs, Piet Kramer (1881-
1961), Johan van der May
(1878-1923) et Michel de Klerk
(1884-1923), lui ont donné une
forme pointue évoquant
l'étrave d'un bateau, image
navale que renforcent les
statues de Neptune, de sa
compagne et de quatre
allégories féminines des points
cardinaux qui coiffent son

**La Montelbaanstoren et son
clocher décoratif en bois**

sommet. À l'intérieur, d'autres figures marines, telles que dauphins et hippocampes, décorent les murs, les escaliers, les portes et les fenêtres, tandis que navires, cartes et boussoles animent de superbes verrières en vitrail dont la facture rappelle le style Art déco.

La maison de la Navigation abrite désormais les services des transports municipaux responsables, notamment, de la pose des sabots sur les voitures en stationnement interdit. Bien que le bâtiment soit fermé au public, Archivisie *(p. 270)* organise des visites guidées.

Schreierstoren ⓳

Prins Hendrikkade 94-95. **Plan** 8 E1. 🚊 *1, 2, 4, 5, 9, 11, 13, 16, 17, 24, 25.* Ⓜ *Centraal Station.* ⬤ *au public.*

Devenue un magasin d'équipement nautique, la tour des Pleureuses, construite en 1480, faisait partie des fortifications médiévales de la ville et fut un des rares éléments à échapper à la démolition quand Amsterdam s'étendit hors de son enceinte. Selon la tradition, son nom viendrait des femmes de marins qui ne pouvaient s'empêcher de pleurer (*schreien* en vieux hollandais) lorsqu'elles venaient dire ici adieu à leurs époux. Une autre hypothèse, plus probable, affirme que le nom découlerait de la position de l'édifice à la pointe d'un angle vif (*screye* ou *scherpe*) des remparts. Datée de 1599, une plaque apposée sur la tour ajoute à la confusion car une femme y est représentée en larmes à côté de l'inscription *scrayer hovk* (« coin pointu »).

Une autre plaque, en bronze, installée en 1927, évoque le voyage qu'entreprit en 1609, pour le compte de la Compagnie des Indes orientales *(p. 26-27)*, le navigateur anglais Henry Hudson. S'il ne trouva pas la route directe vers l'Orient qu'il cherchait, il explora en revanche le fleuve américain qui porte toujours son nom.

La Schreierstoren, ancien élément des fortifications de la ville

Zeedijk ⓴

Plan 8 D2. 🚊 *1, 2, 4, 5, 9, 11, 13, 16, 17, 24, 25.* Ⓜ *Centraal Station.*

À l'instar de la Nieuwendijk et de l'Haarlemmerdijk, la Zeedijk (digue de la Mer) faisait partie des toutes premières fortifications d'Amsterdam. Élevées au début du XIVᵉ siècle, quelques années après que la ville eut obtenu sa charte d'autonomie, elles prenaient la forme de talus de terre bordés de fossés et protégés par des palissades.

Plaque du Café « 't Mandje » (Petit Panier), un bar gay au 63 Zeedijk

La cité en se développant sortit de ces limites. On combla les fossés, et les talus perdirent leur utilité. Les chemins qui les longeaient devinrent les rues et allées qui portent leurs noms aujourd'hui.

Au nº 1 Zeedijk se dresse l'une des deux seules maisons en bois encore debout à Amsterdam. Ancienne auberge de marins bâtie au XVIᵉ siècle, elle a été très restaurée. L'Olofskapel lui fait face. Construite en 1445, elle porte le nom du premier roi chrétien de Norvège et du Danemark.

La Zeedijk passe en bordure du Quartier rouge et les vendeurs de drogue qui y importunaient les passants dans les années 70 lui ont valu une sinistre réputation. Rénovation et présence policière l'ont rendue aux promeneurs. Les plaques décorant le pignon de certains cafés – telle la botte rouge du nº 17, enseigne d'un cordonnier – entretiennent le souvenir des commerces qu'ils ont remplacés.

Oude Kerk ㉑

E ntrepris en 1309 à l'emplacement d'une ancienne chapelle en bois *(p. 18-19)*, ce sanctuaire, qui n'avait à l'origine qu'une seule nef, est devenu une basilique imposante où se mêlent styles gothique et Renaissance. Refuge des pauvres et église des marins, elle vit ses peintures et sa statuaire détruites après l'Altération *(p. 22-23)*. Les calvinistes iconoclastes respectèrent cependant son plafond doré et ses vitraux. Hormis l'ajout de grands orgues en 1724, l'intérieur, à l'harmonieuse austérité, a peu changé depuis le XVIe siècle.

Détail d'une miséricorde du chœur (XVe s.)

La flèche du clocher (1566) est de Joost Bilhamer. François Hemony ajouta le carillon de 47 cloches en 1658.

Tombeau de Saskia, 1re femme de Rembrandt *(p. 62-63)*

L'Oude Kerk aujourd'hui
Entourées de maisons anciennes, de cafés et de boutiques, la vieille église offre un havre de paix au cœur du Quartier rouge.

Tombeau de l'amiral Abraham van der Hulst (1619-1666)

Baptistère

★ Les grands orgues
Œuvre en chêne de Jan Westerman ornée de figures bibliques, ils possèdent huit soufflets et 54 tuyaux dorés.

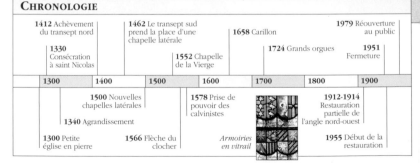

CHRONOLOGIE

	1412 Achèvement du transept nord	**1462** Le transept sud prend la place d'une chapelle latérale		**1658** Carillon		**1979** Réouverture au public
	1330 Consécration à saint Nicolas		**1552** Chapelle de la Vierge		**1724** Grands orgues	**1951** Fermeture
1300	**1400**	**1500**	**1600**	**1700**	**1800**	**1900**
	1500 Nouvelles chapelles latérales		**1578** Prise de pouvoir des calvinistes		**1912-1914** Restauration partielle de l'angle nord-ouest	
	1340 Agrandissement					
1300 Petite église en pierre		**1566** Flèche du clocher	*Armoiries en vitrail*		**1955** Début de la restauration	

★ Le plafond doré
Badigeonnées de bleu en 1755, les délicates peintures des voûtes (XVᵉ siècle) ne furent dégagées qu'en 1955.

MODE D'EMPLOI

Oudekerksplein 23. **Plan** 7 C2.
624 9183. 4, 9, 16, 24, 25.
Église mars-oct. : 11 h à 17 h
lun.-sam., 13 à 17 h le dim. ; nov.-
fév. : 13 à 17 h ven.-dim. **Clocher**
d'avril-sept. : 14 h à 16 h
juin-sept. : mer.-sam. 1ᵉʳ jan.,
30 avril. 11 h le dim.

Tombeau de l'amiral Jacob van Heemskerk (1567-1607)

★ La chapelle de la Vierge *(1552)*
La Dormition de la Vierge est l'un des trois vitraux restaurés de cette chapelle.

Piliers sculptés
Ces colonnes ornaient à l'origine des niches renfermant des statues des apôtres détruites par les iconoclastes en 1578.

Maisons des XVIIᵉ et XVIIIᵉ s.

Ancienne sacristie

Avertissement
Le linteau de la porte de l'ancienne sacristie porte en inscription : « Qui se marie en hâte, se repent à loisir. »

À NE PAS MANQUER
★ Les grands orgues
★ Le plafond doré
★ La chapelle de la Vierge

NIEUWE ZIJDE

Le Nouveau Côté forme la partie occidentale de l'Amsterdam médiévale. La ville à cette époque s'étendit cependant surtout vers l'est, et le quartier de Nieuwe Zijde tomba par endroits en déclin. Alimenté par les vieilles constructions en bois, un terrible incendie, en 1452, le ravagea presque entièrement. Le feu endommagea en particulier la Nieuwe Kerk entreprise en 1408 alors que l'Oude Kerk (p. 68-69) ne suffisait plus aux besoins d'une population croissante. Pendant la reconstruction, une large douve fut creusée. Devenue un canal, le Singel, elle vit s'élever sur ses quais entrepôts et maisons de riches marchands. Cartes et peintures, au Musée historique d'Amsterdam, installé dans un ancien orphelinat, illustrent en détail l'évolution de la ville. Une salle y est en outre consacrée au Miracle d'Amsterdam (p. 20) qui fit de la cité un lieu de pèlerinage et établit dès le XIVe siècle la vocation commerçante, toujours vivante aujourd'hui, de la Kalverstraat où les pèlerins venaient se recueillir dans une chapelle commémorant l'événement. À l'animation de cette artère s'oppose le calme du Beguinage voisin. Cette cour fermée est surtout entourée d'étroites demeures du XVIIe siècle mais elle renferme également la plus vieille maison d'Amsterdam.

Plaque murale d'une maison du Béguinage

LE QUARTIER D'UN COUP D'ŒIL

Bâtiments, monuments et ponts historiques
Koninklijk Paleis ❷
Nationaal Monument ❹
Torensluis ❾
Postkantoor ❿
Centraal Station ⓬
Beurs van Berlage ⓯

Rues et places
Nes ❺
Begijnhof ❼

Églises
Nieuwe Kerk pp 76-77 ❶
Lutherse Kerk ⓫
St Nicolaaskerk ⓭

Musées
Scenerama Madame Tussaud ❸
Amsterdams Historisch Museum p. 80-83 ❻
Museum Allard Pierson ❽
Museum Amstelkring p. 84-85 ⓮

COMMENT Y ALLER ?
À l'instar du métro, de nombreuses lignes de tram (1, 2, 4, 5, 9, 13, 16, 17, 24 et 25) ont leur terminus à Centraal Station. Vous pouvez aussi prendre un tram (1, 2, 4, 5, 9, 13, 14, 17, 24, et 25) jusqu'au Dam.

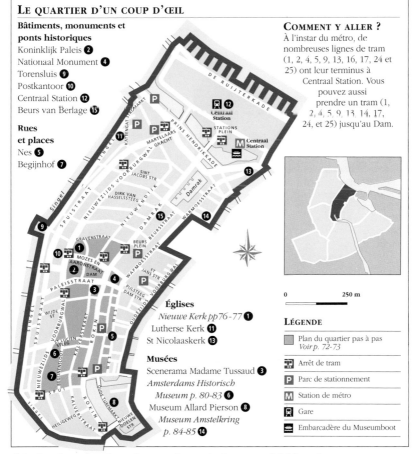

LÉGENDE

Plan du quartier pas à pas Voir p. 72-73

Arrêt de tram

P Parc de stationnement

M Station de métro

Gare

Embarcadère du Museumboot

◁ **La Chute d'Icare**, l'une des nombreuses sculptures classiques ornant le Palais royal

Le Nieuwe Zijde pas à pas

B ien que le Nieuwe Zijde du Moyen Âge ait presque entièrement disparu, le quartier reste un riche témoin du passé de la cité. Sur la place du Dam, que dominent le Palais royal et la Nieuwe Kerk, voisinent ainsi des éléments d'architecture allant du XVe au XXe siècle tandis qu'autour de la Kalverstraat, ruelles et allées ont gardé le tracé de digues et chemins très anciens. La plupart des maisons traditionnelles à pignon abritent désormais boutiques et cafés, et des rues comme le Rokin et la Nes, proches de la Bourse des valeurs, ont vu s'installer de nombreuses institutions financières. La Nes est aussi réputée pour ses théâtres dont la programmation sort des sentiers battus.

La Kalverstraat, rue animée et commerçante, doit son nom au marché au bétail qui s'y tenait au XVe siècle.

★ **Amsterdams Historisch Museum**
Dans un ancien orphelinat du XVIe siècle, anciennes plaques murales et cartes illustrent la cité médiévale ❻

Une colonne marque le site du Miracle d'Amsterdam *(p. 20)*.

★ **Begijnhof**
Cette paisible cour arborée abrite deux églises et l'une des deux dernières maisons en bois de la ville ❼

ST LUCIENSTEEG

KALVERSTRA

ROKIN

SPUI

0   50 m

LÉGENDE

– – – Itinéraire conseillé

Café Esprit *(p. 237)*

★ La Nieuwe Kerk
Le plafond sculpté et doré du chœur est l'une des rares parties épargnées par l'incendie de 1645 ❶

LE JORDAAN

NIEUWE ZIJDE

OUDE ZIJDE

DU BUBELS MUSEUM À LEIDSEPLEIN

CARTE DE SITUATION
Voir Atlas des rues, plans 7, 1 et 2

Bar De Drie Fleschjes
(p. 48)

M O Z E S E N A A R O N S T R A A T

L E I S S T R A A T

D A M

D A M R A K

Ce bas-relief de saint Nicolas, patron d'Amsterdam, daterait du XVe siècle.

SINTER CLAES

O K I N

N E S

Nationaal Monument
Deux lions de pierre symbolisent les Pays-Bas sur cet imposant mémorial aux victimes de la Seconde Guerre mondiale ❹

Scenerama Madame Tussaud
Ce musée de personnages en cire animés commande de surcroît une belle vue d'Amsterdam ❸

À NE PAS MANQUER

★ La Nieuwe Kerk

★ Amsterdams Historisch Museum

★ Begijnhof

Nes
L'une des plus vieilles rues de la ville attire les amateurs de théâtre depuis 150 ans ❺

Koninklijk Paleis
De style classique, l'ancien Hôtel de ville témoignait à son achèvement, par sa taille et sa richesse ornementale, de l'opulence de la cité ❷

La Burgzaal du Palais royal

Nieuwe Kerk ❶

Voir p. 76-77.

Koninklijk Paleis ❷

Dam. **Plan** 7 B2. ☎ *624 8698.*
🚊 *1, 2, 4, 5, 9, 11, 13, 14, 16, 17, 24, 25.* ⭕ *de juin à sept. : de 12 h 30 à 17 h t.l.j. ; d'oct. à mai : de 13 h à 16 h du mar. au jeu.* ✔ *sur rendez-vous.* ⬤ *jours fériés et séjours de la reine.* 🎦 ⌀ ♿

L a reine ne séjourne que très occasionnellement dans le Palais royal bâti à l'origine pour servir d'Hôtel de ville. Commencée en 1648 après la signature de la paix avec l'Espagne *(p. 26-27)*, sa construction demanda près de vingt ans. L'édifice, dessiné par Jaob van Campen (1595-1657) qui introduisit avec lui le style classique à Amsterdam, devait attester de la puissance d'une riche cité commerciale et il fallut enfoncer 13 659 pilotis dans le sol pour soutenir sa masse imposante. Les sculptures allégoriques d'Artus Quellin le Vieux (1609-1688) ornant l'un des frontons de la façade et les statues, et le carillon de François Hemony témoignent également de la fierté d'une ville qui vivait alors son Siècle d'Or.

Le même esprit présida à l'aménagement intérieur, notamment dans la Burgerzaal (salle des bourgeois), longue de 30 m, où le dallage du sol représente les cartes des deux hémisphères (oriental et occidental). L'essentiel du mobilier est cependant celui laissé par Louis Bonaparte *(p. 28-29)* qui fit du bâtiment sa résidence royale en 1808.

Scenerama Madame Tussaud ❸

Immeuble Peek & Cloppenburg, Dam 20. **Plan** 7 B3. ☎ *622 9239.* 🚊 *4, 9, 14, 16, 24, 25.* ⭕ *de sept. à juin : de 10 h à 17 h 30 t.l.j. ; juil.-août : de 9 h 30 à 19 h 30 t.l.j.* ⬤ *30 avril.* 🎦 📷 ♿

S itué au-dessus du grand magasin Peek & Cloppenburg, ce musée de cire propose une interprétation audiovisuelle de l'histoire d'Amsterdam qui présage même des développements du XXIᵉ siècle. Si certains tableaux animés manquent d'intérêt, les mannequins évoquant le XVIIᵉ siècle offrent un aperçu séduisant de la vie pendant le Siècle d'Or *(p. 28-29)*.

National Monument ❹

Dam. **Plan** 7 B3.
🚊 *4, 9, 14, 16, 24, 25.*

Œ uvre de l'architecte J.J.P. Oud et du sculpteur John Raedecker, le Monument national, obélisque de 22 m inauguré sur le Dam en 1956, rend hommage aux victimes néerlandaises de la Seconde Guerre mondiale. Deux lions, symbole héraldique des Pays-Bas, l'encadrent. Derrière, scellées dans un mur, des urnes contiennent de la terre des provinces et des anciennes colonies hollandaises.

La rue Nes ❺

Plan 7 B3. 🚊 *4, 9, 14, 16, 24, 25.*

D atant du Moyen Âge, cette ruelle paisible abrite plusieurs théâtres. Comme l'indique une plaque murale, la première banque d'Amsterdam ouvrit en 1614 dans une officine de prêteur sur gages au nº 57 pour aider les pauvres soumis à l'usure.

De Engelenbak, l'un des théâtres installés rue Nes

Amsterdams Historisch Museum ❻

Voir p. 80-83.

Begijnhof ❼

Spui. **Plan** 7 B4. 🚋 *1, 2, 4, 5, 9, 11, 14, 16, 24, 25.*

Cour paisible où d'harmonieuses demeures datant pour la plupart des XVIIᵉ et XVIIIᵉ siècles s'ouvrent sur une pelouse plantée d'arbres, le Béguinage fut fondé en 1346 pour fournir des logements aux béguines, femmes pieuses qui, sans entrer complètement dans les ordres, vouaient leur vie à Dieu et au service des malades et des personnes âgées. Le feu le ravagea en 1421 et 1452 et il

ne reste aucun des bâtiments d'origine bien qu'au nº 34 se dresse la plus ancienne maison d'Amsterdam. Les plaques réunies sur le mur attenant ornaient jadis des façades du beguinage et elles témoignent par leurs thèmes bibliques de sa vocation religieuse.

L'Engelse Kerk (église anglaise) qui domine le sud de la place remonte au XVᵉ siècle et, malgré d'importants remaniements, elle a conservé son clocher médiéval.

Plaque sur l'Engelse Kerk

Beaucoup plus discret, un autre sanctuaire chrétien lui fait face. Il s'agit d'une église catholique clandestine installée dans deux résidences privées aux nᵒˢ 29 et 30. Elle abrita un temps des reliques du Miracle d'Amsterdam *(p. 20-21)*, événement qu'évoquent quatre vitraux et des peintures. Restauré dans les années 80, le Begijnhof accueille toujours des femmes célibataires, personnes âgées ou étudiantes.

L'église clandestine des nᵒˢ 29 et 30 fut achevée en 1680 et abrite de nombreux souvenirs du passé catholique d'Amsterdam.

Le nº 19 porte une plaque représentant la *Fuite en Égypte*.

Les maisons du Béguinage accueillent toujours des femmes célibataires.

Des plaques couvrent le mur derrière le nº 34.

Entrée sur le Spui

Entrée sur Gedempte Begijnensloot

Het Houten Huis, au nº 34, bâtie vers 1470, est la plus vieille maison d'Amsterdam et l'une des deux dernières en bois, ce matériau ayant été interdit pour la construction en 1521 après une série d'incendies catastrophiques. La plupart des maisons du Béguinage sont postérieures au XVIᵉ siècle.

L'Engelse Kerk, élevée vers 1419, servait de lieu de culte aux béguines. Confisquée après l'Altération en 1578 *(p. 22-23)* et louée en 1607 à un groupe de protestants anglais et écossais, elle est toujours l'église presbytérienne de la ville.

Nieuwe Kerk ❶

L a construction de la Nouvelle Église, dans le style gothique flamboyant, commença en 1408 alors que l'Oude Kerk *(p. 68-69)* devenait trop petite pour accueillir les croyants d'une ville en pleine expansion. Détruit plusieurs fois par le feu, et à chaque fois rebâti, le sanctuaire se vit dépouillé de ses ornements après l'Altération *(p. 22-23)*. Il atteignit sa taille actuelle lors de la restauration menée par Jacob van Campen après l'incendie de 1645, mais son clocher resta

Angelot doré
Grimaçants, des angelots soutiennent les coins de la voûte en bois de la croisée du transept.

Baptistère

Bancs autour de la chaire

Le Nouveau Stadthuis, place du Dam
Jan van de Heyden (1637-1712) représenta la Nieuwe Kerk en arrière-plan sur ce tableau de l'actuel Palais royal (p. 74) *alors tout juste achevé.*

Fenêtre aveugle

★ **Le buffet d'orgue**
(1645)
Des sculptures en bois décorent le buffet d'orgue réalisé d'après des dessins de Jacob van Campen.

★ **La chaire (1664)**
Albert Vinckenbrinck mit quinze ans à sculpter ce meuble qui témoigne de l'importance du sermon pour les protestants.

À NE PAS MANQUER
★ Le buffet d'orgue
★ Le tombeau de De Ruyter
★ La chaire

Vitraux
Dessinée par Otto Mengelberg en 1898, la partie inférieure droite du vitrail de l'aile sud du transept représente la reine Wilhelmine (p. 31) lors de son couronnement.

MODE D'EMPLOI

Dam. **Plan** 7 B2. 638 6909.
1, 2, 4, 5, 9, 11, 13, 14, 16, 17, 24, 25. de 10 h à 17 h.

Abside

Chapelle

Lustre en bronze
Installés pendant la restauration qui suivit l'incendie de 1645, de superbes lustres à trois rangs pendent au plafond de la nef.

Entrée principale

Grille du chœur par Johannes Lutma (v. 1650)

Galerie des orphelins

★ Le tombeau de Michiel de Ruyter *(1607-1676)*
Dans l'abside, ce monument par Rombout Verhulst rend hommage à l'amiral hollandais mort dans la bataille navale de Messine contre les Français.

CHRONOLOGIE

1350	1450	1550	1650	1750	1850	1950

1421 Le feu détruit la majeure partie de l'église

1452 Dégâts lors du Grand Incendie

1540 Démolition du transept nord

Gobelet (1647) commémorant le début de la rénovation

1653 Arrêt des travaux pour une raison inconnue

1841 1re intronisation royale à la Nieuwe Kerk

1847 Une structure gothique remplace le clocher

1380 Date estimée de la 1re église sur le site

1578 L'église est dépouillée après l'Altération *(p. 22-23)*

1645 Le feu n'épargne que la façade et les murs

1646 Le clocher de Jacob van Campen est entrepris

1783 Démolition d'une partie du clocher

1907 Importante restauration

1959 Début de la rénovation qui durera vingt ans

Allard Pierson Museum ❽

Oude Turfmarkt 127. **Plan** 7 B4.
📞 *525 2556.* 🚋 *4, 9, 14, 16, 24, 25.* 🕙 *de 10 h à 17 h du mar. au ven., de 13 h à 17 h sam. et dim.* ⬤ *1er jan., 30 avril, 25 déc.*
🚫 🅾 ♿ ✦

Façade néo-classique en pierre de Bremer et de Bentheimer du musée Allard Pierson

Installé depuis 1976 dans un élégant immeuble néo-classique, ce musée, qui appartient à l'université et porte le nom de l'humaniste néerlandais Allard Pierson (1831-1896), présente au rez-de-chaussée une belle collection d'antiquités provenant d'Égypte, d'Asie Mineure, d'Iran et de Mésopotamie et, au premier étage, des pièces archéologiques chypriotes, étrusques, grecques et latines. Très didactique, l'exposition comprend des maquettes et un ordinateur permettant d'écrire son nom en hiéroglyphes.

Torensluis ❾

Singel entre la Torensteeg et l'Oude Leliestraat. **Plan** 7 B2. 🚋 *1, 2, 5, 11, 13, 17.*

Construit à l'emplacement d'une écluse du XVIIe siècle, le pont le plus large de la ville doit son nom aux deux tours démolies en 1829 qui se dressaient à cet endroit sur les rives du Singel.

L'été, les tables de café disposées sur le Torensluis permettent de jouir de la vue offerte sur le canal tout en se désaltérant au pied de la statue de Multatuli (1820-1887), auteur du roman *Max Havelaar* qui dénonçait le racisme dans les colonies.

Postkantoor ❿

Nieuwezijds Voorburgwal 182. **Plan** 7 B2.
📞 *626 9199.* 🚋 *1, 2, 5, 11, 13, 14, 17.* **Magna Plaza** 🕙 *de 11 h à 17 h le dim., de 11 h à 18 h le lun., de 10 h à 18 h mar.-mer. et ven.-sam., de 10 h à 21 h le jeu.* ⬤ *jours fériés.* 🅾 ♿

Représenté sur un panneau mural ornant la façade de l'édifice actuel, un premier bureau de poste occupa ce site de 1748 à 1854. Achevé en 1899, le bâtiment qui le remplaça valut à son architecte, C. P. Peters, bien des sarcasmes pour l'extravagance de son style qualifié par ses détracteurs de « gothique postal ». Réaménagé dans le respect des majestueuses proportions intérieures que lui avait données Peters, l'immeuble accueillit en 1990 le premier centre commercial d'Amsterdam. Il a conservé de majestueuses galeries à arcades.

Lutherse Kerk ⓫

Kattengat 2. **Plan** 7 C1. 📞 *621 2223.* 🚋 *1, 2, 5, 11, 13, 17.* 🕙 *sur r.d.v.* 🅾 ♿ *avec aide.*

Dessinée par Adriaan Dorstman (1625-1682) et inaugurée en 1671, cette ancienne église luthérienne est parfois dénommée Ronde Lutherse Kerk car elle fut le premier lieu de culte protestant à posséder en Hollande un plan circulaire et deux galeries supérieures offrant à toute la congrégation une vue dégagée sur la chaire.

En 1882, un incendie déclenché par des plombiers imprudents n'épargna que les murs extérieurs. Restauré, l'intérieur prit un aspect plus

Tables de café sur le Torensluis, pont enjambant le Singel

anguleux et plus décoré, conforme aux goûts architecturaux de l'époque. Un large dôme en cuivre remplaça son prédécesseur à nervures.

Sécularisé en 1935, l'édifice sert actuellement de salle de conférence et de banquet à l'Amsterdam Renaissance Hotel (p. 219). Le dimanche matin, il ouvre ses portes au public pour des concerts gratuits.

Centraal Station ⑫

Stationsplein. **Plan** 8 D1. 📞 06 9292 (informations). 🚊 1, 2, 4, 5, 9, 11, 13, 16, 17, 24, 25. Ⓜ Centraal Station. **Informations** ⏰ de 7 h à minuit du lun. au ven., de 8 h à minuit sam., dim. et jours fériés. 📷 ♿

Girouette à la gare centrale

À son inauguration en 1889, la Gare centrale symbolisait la volonté d'Amsterdam d'entrer dans l'ère industrielle (p. 30-31). Son implantation souleva toutefois des polémiques car elle fermait la façade maritime de la ville sur l'IJ. Conçu par P. J. H. Cuypers, l'architecte du Rijksmuseum (p. 130-133), et A. L. van Gendt, qui dessina le Concertgebouw (p. 128), l'immense édifice néo-Renaissance, dont la construction exigea sept ans de travaux, repose sur trois îles artificielles et 8 600 pilotis en bois.

La façade présente une grande richesse d'ornementation, notamment de nombreuses allégories évoquant le passé maritime et marchand de la capitale des

Motifs décoratifs en briques sur la façade de la Bourse de Berlage

Pays-Bas. Deux tours encadrent sa partie centrale monumentale.

1 400 trains (p. 268) arrivent ou partent tous les jours de la gare. Ayant remplacé le vieux port comme centre symbolique d'Amsterdam, elle est aussi le terminus des lignes de bus et de trams.

Sint Nicolaaskerk ⑬

Prins Hendrikkade 73. **Plan** 8 D1. 📞 624 8749. 🚊 1, 2, 4, 5, 9, 11, 13, 16, 17, 24, 25. Ⓜ Centraal Station ⏰ Du Ven. saint à mi-oct. : de 11 h à 16 h du lun. au sam. 📷

Saint Nicolas était le protecteur des marins et, à ce titre, une figure vénérée à Amsterdam où plusieurs églises lui furent dédiées, notamment l'Oude Kerk (p. 68-69), avant l'interdiction en 1578 (p. 22-23) du catholicisme et du culte des saints.

La liberté religieuse revenue, A.C. Bleys (1842-1912) dessina pour la communauté catholique, longtemps obligée de se réunir dans des églises clandestines (p. 84), ce sanctuaire néo-Renaissance qui dresse depuis 1887 ses hautes tours jumelles et sa silhouette imposante près du vieux port. Des piliers de section carrée et des plafonds à caissons donnent à l'intérieur un caractère monumental.

Museum Amstelkring ⑭

Voir p. 84-85.

Beurs van Berlage ⑮

Damrak 243. **Plan** 7 C2. 📞 626 5257. 🚊 4, 9, 16, 24, 25. ⏰ t.l.j. selon expositions et concerts. ⏺ 1er jan. 🎫 ⌀ ♿

Achevé en 1903, la Bourse dessinée par Hendrick Berlage marquait par sa sobriété et la simplicité de ses matériaux une nette rupture avec les styles historicistes en vogue à la fin du XIXe siècle. Il eut une grande influence sur les architectes de l'école d'Amsterdam (p. 97). À l'intérieur, une longue frise retrace l'évolution de l'homme depuis Adam jusqu'à l'agent de change. La Bourse accueille désormais concerts et expositions.

Façade néo-Renaissance de la Sint Nicolaaskerk

Amsterdams Historisch Museum ❻

Construit au XVe siècle, le couvent Saint-Lucien devint un orphelinat en 1581. Plusieurs fois agrandi, notamment par Hendrick de Keyser *(p. 90)* et Jacob van Campen *(p. 76)* qui dessinèrent de nouvelles ailes au XVIIe siècle, ce vaste corps de bâtiments aéré par des cours pavées abrite désormais le Musée historique d'Amsterdam, ouvert en 1975. Ce musée retrace l'histoire du développement de la ville.

Salle de lecture

Pot en bronze *(1736)*
Œuvre de Franciscus Schaapman (1691-1755), il fait partie d'une exposition sur l'artisanat des XVIIe et XVIIIe siècles.

2e étage

Bibliothèque

Relief des orphelins
Cette sculpture (1581) au-dessus de la porte donnant sur la Kalverstraat est une copie de l'original de Bilhamer qui orne le hall principal. Son inscription invite à financer l'orphelinat.

SUIVEZ LE GUIDE !
L'orphelinat des filles abrite les collections permanentes, celui des garçons des expositions temporaires. L'accès à la Galerie des Gardes civiques, un passage couvert, est gratuit. Particulièrement riches sur le Siècle d'Or, les expositions sont aussi légendées en anglais. Un livret en français est disponible à l'entrée.

Entrée sur la Kalverstraat (vers le Béguinage)

Goliath *(v. 1650)*
Cette statue décore le restaurant du musée.

À NE PAS MANQUER

★ Le Marché aux fleurs par Gerrit Berckheyde

★ La Galerie des Gardes civiques

★ Le coin du Miracle

LÉGENDE

▣	Galerie des Gardes civiques
▢	Salle des Régents
▢	Origines d'Amsterdam
▢	Histoire des XIVe et XVe siècles
▢	Histoire du XVIe siècle
▢	Histoire des XVIIe et XVIIIe siècles
▢	Histoire du XIXe siècle
▢	Époque moderne
▣	Expositions temporaires
▣	Parcours et services

★ Le Marché aux fleurs *(1673)*
*Ce tableau par Gerrit Berckheyde
(1638-1698) montre l'ancien marché
aux fleurs qui se tenait sur le
Nieuwezijds Voorburgwal comblé à la
fin du XIXᵉ siècle. Le Palais royal* (p. 74)
domine l'arrière-plan.

MODE D'EMPLOI

Kalverstraat 92, Nieuwezijds
Voorburgwal 357, St Luciensteeg
27. **Plan** 1 C5. 523 1822.
1, 2, 4, 5, 9, 11, 14, 16, 24, 25.
de 10 h à 17 h du lun. au
ven., de 11 h à 17 h sam. et dim.
1ᵉʳ jan., 30 avril, 25 déc.

**Éléphant
des Indes** *(v. 1700)*
*Un marin le tailla dans le
bois pour rompre l'ennui
d'un voyage au long cours.*

1ᵉʳ étage

**★ La
Galerie des
Gardes civiques**
*Ce portrait de
17 gardes de la
compagnie F
date de 1522.*

Rez-de-
chaussée

Façade en
brique du
XVIIᵉ siècle

Entrée
principale dans
la cour des filles

Entrée sur le
Nieuwezijds
Voorburgwal

Entrée sur la St
Luciensteeg

★ Le coin du Miracle
*Quatre superbes coussins d'autels
brodés à la fin du XVᵉ siècle
constituent les plus anciennes
représentations connues du Miracle
d'Amsterdam* (p. 20). *Des bannières
utilisées jadis lors de processions
sont également exposées.*

À la découverte de l'Amsterdams Historisch Museum

Les grands tableaux de la Galerie de la Garde civique constituent le clou des collections de ce musée qui retrace l'histoire de la cité depuis la fondation d'un petit village sur l'Amstel au Moyen Âge. La partie de l'exposition consacrée au Siècle d'Or *(p. 24-25)*, évoqué selon plusieurs points de vue, est de loin la plus importante, la présentation de l'époque moderne, notamment, souffrant de lacunes.

La Vierge
d'Amsterdam en
terre cuite

LA GALERIE DES GARDES CIVIQUES

La reine Juliana inaugura en 1975 ce passage couvert accessible à tous pendant les heures d'ouverture du musée. Il renferme derrière des vitres de grands portraits de groupes des XVIe et XVIIe siècles commandés par les milices des corporations de la ville aux artistes les plus prestigieux de l'époque, tels que Rembrandt, Dirck Barendsz *(p. 81)* ou Cornelis Anthonisz qui peignit entre autres *Dix-Sept Arquebusiers en tenue de guerre* (1531).

LA SALLE DES RÉGENTS

Construite en 1634, cette salle, où se réunissaient les directeurs (régents) de l'orphelinat, renferme leurs portraits ainsi que des tableaux de batailles navales

Armoiries du XVIIe siècle

peints par Abraham de Verwer en 1631 et 1634. La longue tables et les cabinets datent du XVIIe siècle.

DES ORIGINES AU XIVe SIÈCLE

Les premières salles du musée contiennent une carte lumineuse permettant de suivre le développement sur les rives de l'Amstel de la ville qui obtint son autonomie en 1300. La maquette de l'intérieur d'une maison médiévale en bois, minutieuse jusqu'à la reconstitution de petits lits clos, montre l'importance de la tourbe, utilisée pour la cuisine et le chauffage, dans la vie domestique au XIVe siècle.

XIVe ET XVe SIÈCLES

La vocation commerciale d'Amsterdam s'affirme pendant cette période *(p. 20-21)*. L'exposition comprend de nombreux objets usuels tel un chaudron servant à chauffer le goudron utilisé pour calfater les bateaux. Signe de la ferveur chrétienne de l'époque, le Miracle d'Amsterdam *(p. 20)* attire, à partir de 1345, des milliers de pèlerins dans la cité. La salle 3 présente des reliques associées à

cet événement, notamment des sculptures en bois provenant de l'église bâtie sur le site où il eut lieu. Beaucoup d'autres édifices religieux s'élevèrent au XIVe siècle, et *Le Couvent Sainte-Agnès* (v. 1490), peinture de Jacob Cornelisz van Oostanen, en est un exemple.

XVIe SIÈCLE

Entre 1500 et 1560, la population de la ville fut multipliée par trois. Milices issues des corporations, les Gardes civiques réunissaient des notables, et la salle 4 présente un riche ensemble de leurs armes et armures. Un grand relief mural y montre également la Warmoesstraat, la plus vieille rue d'Amsterdam, et ses habitants : artisans et marchands, ces derniers occupant le côté canal. La vue d'Amsterdam *(p. 22-23)* réalisée par Cornelis Anthonisz en 1538 est le plus ancien plan de la cité à nous être parvenu. À remarquer : les nombreux couvents et églises qui y figurent. Fortifiée, l'Haarlemmerpoort peinte par Hendrick Cornelisz Vroom en 1615 rappelle qu'Amsterdam était alors en guerre contre l'Espagne.

Dague en
bronze (v. 1500)

XVIIe ET XVIIIe SIÈCLES

C'est le Siècle d'Or qui donne à l'exposition sa section la plus riche. Consacrée à l'expansion maritime et coloniale, la salle 5 renferme la carte murale de l'Asie réalisée par le célèbre cartographe Willem Blaeu *(p. 146)*. Elle indique les ports les plus actifs. La salle 6, que dominent portraits et bustes de dignitaires, abrite une maquette de 1648 de l'actuel Palais royal *(p. 74)*. En salle 8, une autre maquette représente un bateau de la Compagnie des Indes reposant sur un dock flottant primitif connu sous le nom de « chameau ». Ce dispositif

Le Premier Bateau à vapeur sur l'IJ (1816) par Nicolaas Bauo

permettait aux navires de commerce lourdement chargés de traverser le Zuiderzee peu profond.

Après la salle 11, dont les tableaux rappellent qu'à côté d'immenses fortunes régnait une misère extrême, et la salle 12 où se trouve la *Vierge d'Amsterdam* (1741) par Jacob de Wit, le mobilier,

l'argenterie, et les peintures des salles 13 et 14 offrent un aperçu du raffinement de la vie familiale des grands bourgeois de l'époque. Beaucoup possédaient une maison d'été sur le Watergraafsmeer représenté sur une des nombreuses cartes de la salle 15.

L'ANCIEN ORPHELINAT

![Pensionnaires de l'orphelinat civique]

Pensionnaires de l'orphelinat civique (v. 1880) par Nicolaas van der Waay

Fondé en 1580 dans le couvent Saint-Lucien, l'orphelinat n'accueillait à l'origine que des enfants de bourgeois, à l'exclusion, donc, des plus pauvres. Malgré cela, il fallut plusieurs fois l'agrandir, notamment au XVIIe siècle où on construisit de nouvelles ailes. L'institution resta en fonction jusqu'en 1960, mais l'uniforme fut abandonné en 1919.

XIXe SIÈCLE

Au début du XIXe siècle, le déclin commercial d'Amsterdam et l'entrée dans l'ère industrielle posèrent de graves problèmes sociaux que reflètent des œuvres telles que *Le Quartier juif* (1889) *(p. 31)* par Eduard Alexander Hilverdink. Des tableaux mélancoliques de George Breitner *(p. 133)* et des photos en noir et blanc montrent le délabrement d'une partie de la cité. Des projets de développement urbain abandonnés témoignent des difficultés de la ville.

ÉPOQUE MODERNE

En trois cent cinquante ans d'existence, la communauté juive d'Amsterdam n'avait connu aucune persécution. Les occupants nazis l'extermineront presque entièrement. Si la période noire de la Seconde Guerre mondiale est relativement bien documentée, la collection permanente du musée s'avère moins riche sur le XXe siècle, mais elle est complétée par des expositions temporaires.

Museum Amstelkring ⑭

À la limite du Quartier rouge, une élégante
maison de canal construite en 1663 et
deux maisons adjacentes abritent dans les
combles une église catholique clandestine
connue sous le nom de Ons' Lieve Heer op
Solder *(le Bon Dieu au grenier)* qui a
conservé l'aspect qu'elle avait en 1735.
Transformé en musée en 1888 après que
les catholiques eurent retrouvé le droit de
pratiquer leur culte interdit suite à
l'Altération *(p. 22-23)*, le corps de
bâtiments renferme des
pièces au décor
caractéristique du Siècle d'Or et de
belles collections de peintures,
d'argenterie et d'objets religieux.

**Jésus et la colombe
de la paix**

Galerie

La chambre du chapelain
rappelle par sa petite taille
la clandestinité dans
laquelle il vivait.

Façade
*Construite en 1663 pour le
marchand Jan Hartman, la
maison principale présente,
sur le canal, une façade à
pignon pointu.*

Entrée principale

**Maison sur
le canal**

**Salle de réception
en style Louis XV**

★ Le grand salon
*Restauré avec soin, il
offre un bel exemple
d'intérieur bourgeois
néerlandais du
Siècle d'Or.*

À NE PAS MANQUER

★ Ons' Lieve Heer
op Solder

★ Le retable par
Jacob de Wit

★ Le grand salon

Sacristie

MODE D'EMPLOI

Oudezijds Voorburgwal 40.
Plan 8 D2. 624 6604. 4,
9, 16, 24, 25. de 10 h à 17 h
du lun. au sam., 13 h à 17 h le
dim. 1er jan., 30 avril

Confessionnal
*Ce petit confessionnal en
bois est installé dans
l'ancienne salle de séjour
de la maison de derrière.*

★ Le retable
Le Baptême du Christ (1716) qui domine
l'autel baroque en faux marbre fait partie d'un
triptyque peint par Jacob de Wit (1695-1754).

**Maison de
derrière**

Cuisine *(XIXe siècle)*
*Ancienne pièce de l'habitation
clandestine du sacristain, elle a
conservé ses carreaux de Delft, sa
cheminée et son dallage d'origine.*

**aison du
ilieu**

★ Ons' Lieve Heer op Solder
*Un agrandissement transforma en
1735 la chapelle aménagée en 1663
en une véritable église qui resta en
fonction jusqu'à l'achèvement de la
St Nicolaaskerk (p. 79) en 1887.*

LE JORDAAN

C'est ici que commença, au XVIIᵉ siècle, la construction de la *Grachtengordel (p. 45)* à partir du Singel. Pour compléter ces canaux destinés à la haute bourgeoisie, l'urbaniste de la ville, Hendrick Staets, aménagea à l'ouest une étendue marécageuse pour loger les ouvriers et petits artisans dont les activités étaient interdites dans le centre d'Amsterdam. Institutions charitables et riches Amstellodamois y fondèrent de nombreux hospi-

Pierre murale d'une maison du Jordaan

ces *(hofjes)* dont le Claes Claeszhofje offre un exemple caractéristique. Ce quartier dont les rues étroites suivent le tracé d'anciens fossés de drainage accueillit entre autres des réfugiés huguenots, et son nom, Jordaan, découlerait du mot français « jardin ». Beaucoup d'artistes y vivent aujourd'hui, lui donnant une atmosphère bohème. Plus au nord s'étendent les îles occidentales créées au XVIIᵉ siècle afin d'y installer chantiers navals et entrepôts.

LE QUARTIER D'UN COUP D'ŒIL

Bâtiments et monuments historiques
Huis met de Hoofden ❹
Haarlemmerpoort ⓬

Musées
Theatermuseum ❶
Anne Frankhuis ❸

Îles et canaux
Egelantiersgracht ❺
Bloemgracht ❻
Brouwersgracht ⓫
Western Islands ⓭

Églises
Westerkerk ❷
Noorderkerk ❾

Marchés
Noordermarkt ❿

Hofjes
Claes Claeszhofje ❼
De Star et Zon's Hofje ❽

COMMENT Y ALLER ?
Le Jordaan se trouve à 5 mn à pied du Dam et de la gare centrale. Les trams 13, 14 et 17 desservent le Rozengracht. Le nº 3 suit la Marnixstraat jusqu'à l'Haarlemmerpoort.

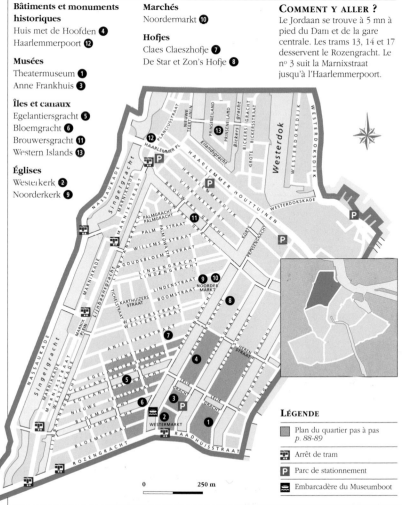

LÉGENDE

| | Plan du quartier pas à pas *p. 88-89* |
| Arrêt de tram |
| **P** | Parc de stationnement |
| Embarcadère du Museumboot |

0   250 m

◁ **La Westerkerk domine le Prinsengracht et ses maisons flottantes**

Le Jordaan pas à pas

À l'ouest de la *Grachtengordel* *(p. 45)*, le quartier du Jordaan a conservé son dense réseau de ruelles et de canaux pittoresques où le promeneur découvre des douzaines de boutiques, souvent installées dans des maisons anciennes, proposant aussi bien prêt-à-porter de luxe qu'éviers d'occasion. L'été, les terrasses des cafés bruns envahissent les trottoirs. Sur le Herengracht se dressent certaines des plus belles demeures d'Amsterdam, tel l'hôtel Bartolotti.

★ Anne Frankhuis
Pendant deux ans, 8 personnes y vécurent cachées dans une annexe exiguë **3**

Bloemgracht
Ce joli canal était jadis le cœur du quartier des teinturiers **6**

★ La Westerkerk
Rembrandt repose dans cette église dessinée par Hendrick de Keyser, mais l'emplacement de sa tombe reste inconnu. La reine Beatrix s'y maria en 1966 **2**

Egelantiersgracht
Architectures traditionnelle et moderne se côtoient sur les quais ombragés de ce charmant canal qu'enjambent de nombreux ponts **5**

Huis met de Hoofden
La Maison aux Têtes doit son nom aux six bustes représentant Apollon, Cérès, Mars, Minerve, Bacchus et Diane qui ornent l'entrée ❹

CARTE DE SITUATION
Voir Atlas des rues, plans 1 et 7

0   75 m

★ **Theatermuseum**
Hendrick de Keyser bâtit en 1617 pour Guellelmo Bartolotti, un brasseur devenu banquier, l'hôtel Bartolotti occupé désormais par le musée du Théâtre ❶

LÉGENDE

– – –   Itinéraire conseillé

À NE PAS MANQUER

★ **Theatermuseum**

★ **La Westerkerk**

★ **Anne Frankhuis**

Le siège de Greenpeace, l'association écologiste, bâti en 1905 par Gerrit van Arkel, est un des rares exemples de l'Art nouveau néerlandais.

Stucs et escalier du xviiie siècle au musée du Théâtre

Theatermuseum ❶

Herengracht 168. **Plan** 7 A2.
(623 5104. 🚋 13, 14, 17.
🚤 Prinsengracht. ◯ de 11 h à 17
du mar. au ven., de 13 h à 17 h le
sam. ● 1er jan., 30 avril, 25 déc. 🎥

L es expositions temporaires
et les costumes, décors,
marionnettes, documents et
accessoires des collections
permanentes du musée du
Théâtre occupent deux belles
maisons contiguës du
Herengracht. Celle du n° 168,
appelée Maison Blanche, fut
dessinée en 1638 dans le style
néo-classique par Philips
Vingboons *(p. 199)*.

À l'intérieur, son superbe
escalier monumental, les stucs
par Van Logteren et les
plafonds peints par Jacob de
Wit *(p. 122)* datent d'un
remaniement en 1730.
   Hendrick de Keyser (1565-
1621) réalisa en 1617 l'édifice
voisin (n°s 170-172), l'hôtel
Bartolotti à la façade
Renaissance. La décoration
intérieure est de Jacob de Wit
et Isaac de Moucheron.

Westerkerk ❷

Prinsengracht 281. **Plan** 1 B4.
(624 7766. 🚋 13, 14, 17.
◯ d'avril à sept. : de 10 h à 16 h du
lun. au sam. 📷 **Tour** 🎥 📷

C onstruite dans le cadre du
développement de la
ceinture de canaux *(p. 44-45)*,
« l'église de l'Ouest », de style
Renaissance, dresse dans le
ciel la plus haute tour (85 m)
d'Amsterdam. Le clocher
arbore la couronne impériale
de Maximilien d'Autriche
(p. 20-21) et son sommet
commande une vue
panoramique.
   Œuvre de Hendrick de
Keyser, qui mourut en 1621 un
an après le début des travaux,
la Westerkerk possède la plus
vaste nef des sanctuaires
protestants des Pays-Bas. Seuls

les panneaux du grand orgue,
peints en 1686 par Gérard de
Lairesse, atténuent quelque
peu son austérité. Rembrandt
y repose mais l'emplacement
de sa tombe reste inconnu.

Anne Frankhuis ❸

Prinsengracht 263. **Plan** 1 B4. (556
7100. 🚋 13, 14, 17. 🚤 Prinsengracht.
◯ de juin à août : de 9 h à 19 h du lun.
au sam., de 10 h à 19 h dim. et jours
fériés ; de sept. à mai : de 9 h à 17 h
lun. au sam., de 10 h à 17 h dim. et
jours fériés ● 1er jan., Jan, Yom
Kippour, 25 déc. 🎥 📷 📷

Photos de vedettes dans la chambre d'Anne Franck

P our échapper aux
persécutions des nazis
occupant Amsterdam, les
Frank et les Van Daan, deux
familles juives, se terrèrent
pendant deux ans dans la
cachette aménagée dans cette
maison, appelée désormais la

La Westerkerk peinte au xviiie siècle par Jan Ekels

Maison d'Anne Frank.
Prévenue par une dénonciation anonyme, la Gestapo les arrêta le 4 août 1944. Seul Otto Frank, le père d'Anne, revint des camps de la mort. Il retrouva à son retour le journal commencé par sa fille Anne en juillet 1942 à l'âge de treize ans et dans lequel elle relate ses longs mois d'enfermement *(p. 32-33)*. Publié en 1947 sous le titre *Het Achterhuis* (« La Maison de derrière »), ce témoignage toucha le monde entier.

La visite de la Maison d'Anne Frank commence au deuxième étage par un document vidéo d'introduction puis conduit dans l'annexe dont une bibliothèque pivotante dissimulait l'entrée. Les photos de vedettes de cinéma qu'Anne découpait dans les journaux décorent toujours sa chambre. Mieux vaut arriver tôt pour éviter la foule, le musée accueille 500 000 visiteurs par an.

Huis met de Hoofden ❹

Keizersgracht 123. **Plan** 7 A1.
📞 *020 3947.* 🚊 *13, 14, 17.*
🕐 *de 9 h à 17 h du lun. au ven.*
⦿ *jours fériés.* 📷

Construite en 1622, la Maison aux Têtes, parfois attribuée à Pieter de Keyser (1595-1676), le fils d'Hendrick, présente un beau pignon à redents et doit son nom aux six bustes ornant sa façade. Selon la légende, ces sculptures commémorent le courage d'une domestique qui, restée seule dans la maison, décapita six brigands cherchant à s'y introduire. En réalité, il s'agit de six divinités latines (de gauche à droite) : Apollon, Cérès, Mars, Minerve, Bacchus et Diane. L'édifice abrite le Monumentenzorg, une organisation qui supervise depuis 1953 l'entretien des monuments historiques de la ville.

Vélos et bateaux sur le paisible Bloemgracht

Egelantiersgracht ❺

Plan 1 B4. 🚊 *10, 13, 14, 17.*

Percé au XVIIᵉ siècle, le canal de l'Églantier suit le tracé d'un ancien fossé de drainage dans le Jordaan. Moins imposantes que les somptueuses demeures de la Grachtengordel, les maisons de ce quartier, longtemps peuplé d'ouvriers et d'artisans, deviennent de plus en plus recherchées et il a un peu perdu de son atmosphère populaire. L'Egelantiersgracht a toutefois conservé l'essentiel de son charme et de son caractère avec des bâtiments comme le Sint Andrieshofje (1617), aux nᵒˢ 107-114, auquel conduit un couloir aux parois décorées de carreaux de Delft.

Buste d'Apollon sur la Maison aux Têtes

Bloemgracht ❻

Plan 1 B4. 🚊 *10, 13, 14, 17.*

Le Bloemgracht, le « Canal des fleurs » était, au XVIIᵉ siècle, situé au cœur du quartier des teinturiers et des fabriques de peinture. Aujourd'hui, il n'existe plus qu'un seul représentant de cette activité. Classées monuments historiques, les belles maisons qui le bordent valent à ce paisible canal d'être parfois appelé l'Herengracht du Jordaan. Nombre d'entre elles portent en façade des pierres d'enseigne, qui servirent à identifier demeures et magasins jusqu'à l'instauration de la numérotation au XIXᵉ siècle, notamment les trois plus belles, aux nᵒˢ 87, 89 et 91. Construites en 1642, elles possèdent d'élégants pignons à redents et présentent, en emblèmes, un fermier, un bourgeois et un marin.

Relief sur le *hofje* fondé en 1616 par le marchand Anslo

Claes Claeszhofje ❼

1e Egelantiersdwarsstraat. **Plan** 1 B3.
3, 10, 13, 14, 17.
○ *occasionnellement.*

Cet ensemble regroupe plusieurs hospices, ou *hofjes*, dont le plus ancien fut fondé, en 1616, par un riche drapier : Claes Claesz Anslo. Gérés par la fondation Stichting Diogenes, ils abritent aujourd'hui des étudiants du conservatoire de musique.

Comme le rappelle une plaque d'enseigne représentant une main en train d'écrire, un maître d'école habitait au n° 52 d'Egelantiersstraat.

Les hofjes De Star et Zon's ❽

De Star Hofje: Prinsengracht 89-133 ; Zon's Hofje: Prinsengracht 159-171.
Plan 1 C3. *3, 10, 13, 14, 17.*
○ *occasionnellement.*

Quelques pas à peine séparent ces deux charmants anciens hospices. Une légende vaut au De Star, construit en 1804 sur le site de

la brasserie Star, d'être officiellement appelé l'hofje Van Brienen. Un riche marchand, Jan van Brienen, l'aurait en effet fondé après sa libération d'une chambre forte où il avait été emprisonné par accident. Un beau jardin floral agrémente sa cour paisible.

Dans celle du hofje Zon's, une plaque représentant l'arche de Noé rappelle que l'hospice s'étend à l'emplacement d'une ancienne église clandestine qui s'appelait à l'origine Kleine Zon (Petit Soleil). Des étudiantes occupent aujourd'hui les logements du bâtiment.

Noorderkerk ❾

Noordermarkt 44-48. **Plan** 1 C3.
626 6436. *3, 10, 13, 14, 17.*
○ *de mars à nov. : de 11 h à 13 h sam. ou sur r.d.v.* 10 h et 19 h le dim.

L'architecte de l'église du Nord, Hendrick de Keyser *(p. 90)*, mourut en 1621, un an après le début des travaux qui s'achevèrent en 1623. Le plan de la Noorderkerk, en forme de croix grecque, inspirera beaucoup d'autres sanctuaires protestants, car il permet à la congrégation d'avoir, depuis les ailes, une bonne vue sur la chaire centrale.

Près de l'entrée de ce sanctuaire toujours assidûment fréquenté par les fidèles, une sculpture représente trois silhouettes solidaires et porte l'inscription : « L'union fait la

force. » Elle commémore la révolte du Jordaan *(Jordaanproer)* qui vit en 1934 *(p. 32-33)* le quartier se soulever contre la misère et le chômage.

Sur la façade sud, une plaque évoque la grève de février 1941 contre les persécutions infligées aux juifs par les nazis. Chaque année le 4 mai *(p. 50)*, un office est en outre célébré à la mémoire des victimes juives de la guerre.

La Noorderkerk connaît actuellement une importante restauration qui devrait durer jusqu'en l'an 2000.

Chalands au marché qui se tient le samedi matin sur le Noordermarkt

Noordermarkt ❿

Plan 1 C3. *3, 10, 13, 14, 17.*
General Market ○ *de 9 h à midi le lun. ;* **Boerenmarkt** (fruits et légumes) ○ *de 10 h à 15 h sam.*

Un marché se tient sur la place entourant la Noordekerk depuis 1627. Il comprenait déjà, à l'époque, des étals de vêtements d'occasion, une coutume qu'entretient le marché aux puces qui a lieu le lundi matin. Ce même jour, sur la Westerstraat, des éventaires proposent tissus, literie, linge de maison, rideaux, passementerie et boutons, le quartier ayant regroupé au XVIIIe siècle de nombreux marchands de lits.

Vers 6 h, le samedi matin, débute le marché aux petits oiseaux *(vogeltjes)* où les chalands trouvent également de petits animaux, vers 10 h commence le *boerenmarkt* qui propose aliments diététiques, épices, huiles essentielles et artisanat.

Le café brun Hegeraad (ancien café Huysman) *(p. 237)* occupe le n° 34 de la place.

Le jardin du hofje De Star

Maison flottante fleurie sur le Brouwersgracht

Brouwersgracht ⓫

Plan 1 B2. 🚆 *3*.

Les brasseries qui s'y établirent aux XVIIᵉ et XVIIIᵉ siècles ont donné son nom au canal des Brasseurs bordé d'anciens entrepôts, transformés pour la plupart en immeubles résidentiels. Les appartements dominent les maisons flottantes amarrées entre les ponts pittoresques reliant les quais. Avec leurs pignons à palan *(p. 96-97)* et leurs volets, ceux des nᵒˢ 188 et 194 conservent un aspect très proche de celui qu'ils avaient lorsqu'ils servaient à stocker épices, café ou sucre.

La dernière distillerie du quartier, l'Ooievaar, ne se trouve pas sur le Brouwersgracht mais sur la Driehoekstraat proche. Un *proeflokaal (p. 48)* permet de goûter le *jenever* qu'elle fabrique depuis 1782.

Haarlemmer-poort ⓬

Haarlemmerplein 50. **Plan** 1 B1. 🚆 *3*. 🔘 *au public.*

Cette porte qui marque le début de la route pour Haarlem porte officiellement le nom de Willemspoort car elle fut bâtie en 1840 pour le couronnement du roi Guillaume II et son entrée triomphale dans la ville. Comme il s'agissait cependant du troisième monument de ce type élevé sur ce site ou tout près, les Amstellodamois continuèrent à l'appeler Haarlemmerpoort.

Dessiné par Cornelis Alewijn (1788-1839), l'édifice néo-classique servit à la perception des impôts jusqu'en 1864. Il abrite depuis 1986 des appartements. La circulation le contourne depuis la construction d'un pont sur le Westerkanaal. Derrière s'étend le Westerpark, l'un des plus petits parcs d'Amsterdam.

Les îles occidentales ⓭

Plan 1 C1. 🚆 *3*.

Plaque au motif marin sur une maison du Zandhoek, Realeneiland

Le déversement de remblais dans l'IJ lors du percement de la *Grachtengordel (p. 45)* est à l'origine de ces îles artificielles où s'installèrent chantiers navals et entrepôts.

Achetée en 1631 par le marchand Jan Bicker qui l'urbanisa, Bickerseiland est en majorité résidentielle, et maisons flottantes et remorqueurs bordent ses quais.

Très photogénique, Realeneiland abrite l'un des lieux les plus jolis d'Amsterdam, le quai de Zandhoek où un rang de maisons du XVIIᵉ siècle élevées par l'un des fondateurs de l'île, Jacobsz Reaal, surplombe les voiliers amarrés au Westerdok.

Prinseneiland, la plus petite des trois îles de l'ouest, doit, quant à elle, son cachet à ses entrepôts, transformés pour la plupart en immeubles d'habitation. La promenade en pages 158-159 explore le quartier plus en détail.

LES HOFJES HOLLANDAIS

Avant l'Altération de 1578 *(p. 22-23)*, l'Église catholique s'efforçait de fournir un toit aux nécessiteux, en particulier aux femmes et aux personnes âgées. Aux XVIIᵉ et XVIIIᵉ siècles, de riches marchands et des associations protestantes exercèrent ce rôle charitable et construisirent de très nombreux hospices aux logements entourant une cour intérieure, l'*hofje*. Il y en eut jusqu'à cent dans le Jordaan, le quartier où il en subsiste le plus et où quelques-uns continuent à remplir leur fonction originelle. On peut entrer dans certains à condition de respecter la vie privée des résidents.

La maison « À la main qui écrit » proche du Claes Claeszhofje

PROMENADE ARCHITECTURALE LE LONG DES CANAUX

**Plaque nº 1133
Prinsengracht**

La puissance commerciale d'Amsterdam s'affirmant au début du XVIIe siècle, les autorités municipales décident en 1610 de mettre en œuvre un ambitieux projet de développement urbain qui prévoit le percement d'une ceinture de grands canaux résidentiels. Les travaux dureront plusieurs décennies et, par la variété de leurs architectures *(p. 96-97)*, les maisons qui bordent le Singel, le Keizersgracht, l'Herengracht, le Reguliersgracht et le Prinsengracht offrent un magnifique raccourci du Siècle d'Or de la capitale néerlandaise. Les pages 98-105 vous invitent à les parcourir.

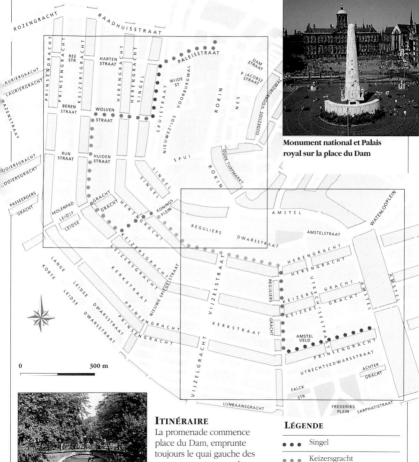

**Monument national et Palais
royal sur la place du Dam**

**Petit pont pittoresque et ombragé
sur le Reguliersgracht**

ITINÉRAIRE
La promenade commence place du Dam, emprunte toujours le quai gauche des canaux et se parcourt de gauche à droite sur les pages 96-105. Les points de couleur correspondent aux parties décrites, les points gris aux chemins qui les relient mais ne sont pas illustrés.

LÉGENDE
● ● ● Singel
● ● ● Keizersgracht
● ● ● Herengracht
● ● ● Reguliersgracht
● ● ● Prinsengracht
● ● ● Liaisons

◁ *Le Keizersgracht* (v. 1750) par Hendrick Keun – opulance et sérénité

L'architecture des maisons de canal

L'architecture d'Amsterdam a été qualifiée de « bien élevée » parce qu'elle tire son charme de l'attention portée aux détails plutôt que d'effets spectaculaires. Il est vrai qu'à partir du XVe siècle, contraintes administratives (plans d'urbanisme et taille des lots constructibles) et matérielles (instabilité du sol) lui imposent une certaine homogénéité. Construites dans des matériaux ininflammables, le plus souvent des briques, et allégées par de grandes surfaces vitrées, les façades présentent ainsi des dimensions proches. L'individualité des propriétaires s'affirme dans des éléments décoratifs, tels que pignons et corniches, et par l'ornementation des portes et des fenêtres.

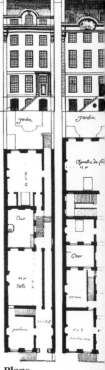

Pignon à redents **Entourage de fenêtre ouvragé**

Hôtel Bartolotti *(1617)*
Avec son pignon à redents et le contraste entre pierre et brique, il offre un exemple typique du style de la Renaissance hollandaise de Hendrick de Keyser (p. 90).

Allégories des arts et des sciences sculptées au fronton

Théâtre Felix Meritis *(1778)*
Néo-classique, la façade dessinée par Jacob Otten Husly (p. 113) évoque, avec ses chapiteaux corinthiens et son fronton triangulaire, l'architecture antique.

Plans
Une achterhuis *(maison de derrière) prolongeait maisons de canal souve hautes et étroites car les impôts dépendaient de largeur de la façade.*

CORNICHES

Ces ornements en saillie devinrent populaires à partir de 1690 quand la mode des pignons commença à faiblir. Au XIXe siècle, ils devinrent très épurés.

Style Louis XV et balustrade rococo (1739)

Toit mansardé du XIXe siècle

Corniche à denticules du XIXe siècle

PIGNONS

Également appelés gables, ils couronnent les façades des maisons et portent la poulie servant à hisser les meubles aux étages. Simplement pointus à l'origine, ils prirent des formes plus ouvragées au fil des siècles.

Pignon pointu simple

Potence de la poulie

Style de la Renaissance hollandaise

Le n° 34 Begijnhof (v. 1470) est l'une des deux dernières maisons en bois de la ville.

Le style de pignon du n° 213 Leliegracht (v. 1620) est typique des entrepôts.

Les pignons à redents, tel celui du n° 2 Brouwersgrach furent en vogue en 1600-16

açades penchées
es maisons de canal
ossédaient souvent une
açade penchée pour pouvoir
isser des objets sans accrocher
s fenêtres. Une loi de 1565
estreint cette inclinaison
1,25 m pour limiter les
isques d'effondrement.

L'ARCHITECTURE DE L'ÉCOLE D'AMSTERDAM

Groupe d'architectes partageant des opinions artistiques et des idéaux communs, les membres de l'école d'Amsterdam conçurent plusieurs ensembles de logements sociaux entre 1911 et 1923 *(p. 151)*. Proches de l'expressionnisme, ils croyaient à l'influence de l'esthétique d'un bâtiment sur la qualité de vie de ses habitants. Le RENV Bateau (Het Schip) construit en 1921 sur la Hembrugstraat, au nord-ouest de la ville, illustre bien cette conception avec ses lignes inhabituelles et ses nombreux éléments décoratifs.

Michel de Klerk (1884-1923)

Fenêtres à petits carreaux — Flèche décorative — Façade courbe

Het Schip (le Bateau), dont la forme évoque un paquebot

es hofjes
es riches bienfaiteurs qui
âtirent ces hospices (p. 93)
lans tous les Pays-Bas aux
vIIᵉ et XVIIIᵉ siècles pour
ger personnes âgées ou
nalades jetèrent les bases
lu système d'assistance
ociale néerlandais.

Enseigne d'un hôtel pour marins

Enseigne d'un laitier

L'arche de Noé, refuge pour les pauvres

PLAQUES MURALES

Ces enseignes sculptées et peintes identifiaient les maisons avant l'introduction de la numérotation par Napoléon.

Motif décoratif — Dauphins ornementaux

e nº 419 Singel a un
ignon en cou fréquent
e 1640 à 1840 environ.

Pignon en cloche simple

Le pignon en cou du nº 119
Oudezijds Voorburgwal date
du XVIIᵉ siècle.

Le nº 57 Leliegracht a un
pignon en cloche, forme
populaire à la fin du XVIIᵉ siècle

Corne d'abondance en pierre

Le pignon en cloche du
nº 298 Oudezijds Voorburgwal
date du XVIIIᵉ siècle.

Du Dam au 487 Herengracht

L a promenade le long des plus beaux canaux d'Amsterdam commence au Dam *(p. 74)* que vous quitterez, suivant les points gris de la carte, en longeant le Palais royal *(p. 74)*. Prenez la Paleisstraat, traversez le Nieuwezijds Voorburgwal et la Spuistraat, puis tournez à gauche sur la rive gauche du Singel (points rouges). De nouvelles instructions vous guideront au fil des pages.

CARTE DE SITUATION

Nº 239 Singel
C'est pour le marchand Julius Carle Bunge qu'A. L. van Gendt (p. 128) *dessina la Bungehuis, massif immeuble de bureaux en pierre achevé en 1934.*

La maison double du nº 265 Singel a connu plusieurs reconstructions depuis le XVIIᵉ siècle.

Le pignon à redents du nº 279 Singel date du XIXᵉ siècle. La plupart des autres sur le canal remonte à 1600-1665 *(p. 96)*.

Les trois pignons à cou des nᵒˢ 353-357 Keizersgracht datent du début du XVIIIᵉ siècle *(p. 96-97)*.

Huidenstraat

La maison étroite du nº 345a Keizersgracht partage une corniche avec sa voisine.

Le nº 333 Keizersgracht, reconstruit en 1708 pour le collecteur d'impôts Jacob de Wilde, a été converti en appartements.

Le Semeur (1888)
En mars 1878, Vincent van Gogh (p. 134-135) *rendit visite à son oncle qui tenait une librairie au nº 453 Keizersgracht.*

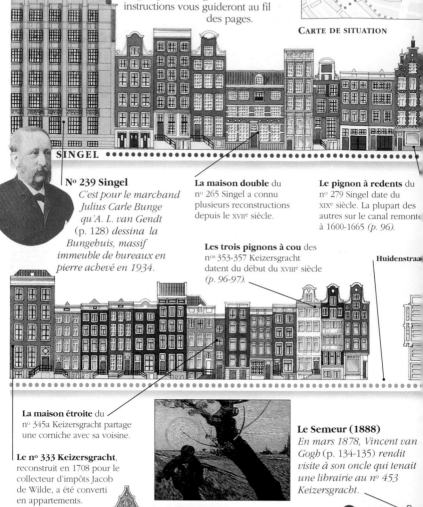

Jan Six II
Jean Coulon remania en 1739 la façade du n° 495 Herengracht pour le bourgmestre et amateur d'art Jan Six (p. 118).

Émeutes de 1696
Maison du maire Jacob Borel, le n° 507 Herengracht fut pillé pour protester contre l'instauration d'une taxe d'inhumation.

Vijzelstraat

Aux n°s 17, 19 et 21
Reguliersgracht, trois maisons à pignons à cou caractéristiques sont devenues des adresses prestigieuses.

De Nieuwe Amsterdammer
Cet hebdomadaire destiné à l'intelligentsia bolchevique d'Amsterdam parut de 1914 à 1920 au n° 19 Reguliersgracht.

Les entrepôts du XVIᵉ siècle des n°s 11 et 13 Reguliersgracht sont appelés le Soleil et la Lune.

Le Café Marcella, au n° 1047a Prinsengracht, un bar d'habitués typique, possède une terrasse en été.

Maisons flottantes sur le Prinsengracht
Toutes les maisons flottantes enregistrées ont une adresse postale et l'électricité.

Utrechtsestraat

Keizersgracht
*Le canal de l'Empereur, avec
au loin la Westerkerk (p. 90),
est vu ici au coucher du soleil
depuis le coin du Leidsegracht.*

Les nᵒˢ 317 et 319 Singel, aux
façades contrastées du XVIIIᵉ siècle,
abritent deux bouquineries qui
méritent une visite.

REJOINDRE LE KEIZERSGRACHT

À Ramsteeg, passez le
pont, prenez l'Oude
Spiegelstraat, traversez
l'Herengracht et
suivez la Wolvenstraat
jusqu'à la rive gauche
du Keizersgracht.

KEIZERSGRACHT

**Le nᵒ 399
Keizersgracht**, bâti en
1665, possède une façade
du XVIIIᵉ siècle mais a
gardé son achterhuis
(p. 96) originale.

Nᵒ 409 Keizersgracht
*Bâtie en 1671 sur un terrain
triangulaire, cette maison abrite
un beau plafond peint
découvert récemment.*

La plaque murale du nᵒ 401
Keizersgracht représente le
port de Marseille.

**Le nᵒ 403
Keizersgracht**, à pignon
pointu *(p. 96-97)*, était à
l'origine un entrepôt, une
rareté dans ce quartier
résidentiel.

Nᵒ 469 Herengracht
*Cet immeuble de bureaux par
K. L. Sijmons remplaça en 1971
des maisons du XVIIIᵉ siècle.*

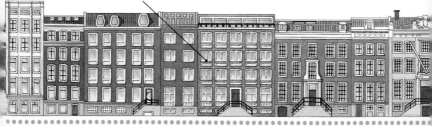

L'immeuble de bureaux (1914) du n° 313, Keizersgracht est de C. N. van Goor.

Le n° 319 Keizersgracht, œuvre de Philips Vingboons (1608-1678), présente une façade décorée de cartouches, de vases et de guirlandes.

Pierre le Grand *(1716)*
Le tsar remonta le Keizersgracht en bateau jusque chez son ami Christoffel Brants, au n° 317, avec lequel il se serait soûlé, laissant le maire l'attendre à une réception officielle.

La maison de style Louis XIV (1728) du n° 323 Keizersgracht possède à la corniche deux potences de poulie pour respecter la symétrie.

Leidsegracht
Ce canal, que bordent des maisons des XVIIe et XVIIIe siècles, marquait la fin de l'extension de la ville entamée en 1609 (p. 24).

Le mécène **Jan Gildemester** acheta en 1972 le n° 475 Herengracht attribué à Jacob Otten Husly *(p. 113).* Des stucs ornent l'entrée.

Jan Corver
Élu 19 fois bourgmestre d'Amsterdam, il fit construire le n° 479 Herengracht en 1665.

Suite de la promenade en haut de la page 102 ▷

Du n° 489 Herengracht à l'Amstel

L a seconde partie de la promenade vous entraîne jusqu'à l'Amstel le long du Herengracht, puis du Reguliersgracht et du Prinsengracht, quartiers réputés au XVIIᵉ et XVIIIᵉ siècles. Banques, bureaux et luxueux immeubles d'appartements occupent désormais la plupart de leurs élégantes demeures.

CARTE DE SITUATION

HERENGRACHT •

La façade du n° 491
Herengracht, décorée de cartouches et d'armoiries, est du XVIIIᵉ siècle, mais la maison date de 1671.

N° 493 Herengracht
Anthony van Hemert donna en 1767 une façade Louis XV à cette maison du XVIIᵉ siècle.

Le Kattenkabinet
est un musée consacré au chat, fondé en 1984 par le financier B. Meijer au n° 497 Herengracht.

REJOINDRE LE REGULIERSGRACHT

Au Thorbeckeplein, passez le pont à droite. Il marque le début du Reguliersgracht. Suivez le quai gauche.

REGULIERSGRACHT • • • • • • • • • • • • • • • • • • •

L'Amstelveld au XVIIᵉ siècle
Ce dessin montre la construction d'une église sur le « champ de l'Amstel » où paissent des moutons.

Café Kort
L'Amstelkerk (p. 119) abrite sur le côté un café où les parents peuvent se désaltérer tandis que leurs enfants jouent sur la place de l'église.

REJOINDRE LE PRINSENGRACHT

Prenez à gauche près de l'église le quai gauche du Prinsengracht vers l'Amstel.

PRINSENGRACHT • • • • • • • • • • • • • • • • • • •

Nᵒˢ 289-293 Singel
Ces maisons occupent le site de la Schoorsteenvegerstag (allée des Ramoneurs) où logeaient jadis des immigrants.

Yab Yum
Seule une énorme lanterne révèle que le nᵒ 295 abrite une maison close.

Le portail du nᵒ 365 Keizersgracht provient d'un hospice de l'Oudezijds Voorburgwal.

Jacob de Wit
L'artiste (p. 122) acheta les nᵒˢ 383 et 385 Keizersgracht et vécut au 385 jusqu'à sa mort en 1754.

tz & Co, un grand agasin, occupe le nᵒ 455 izersgracht, au coin de Leidsestraat *(p. 112)*.

Gerrit Rietveld
Il dessina la coupole du Metz & Co et une ligne de mobilier bon marché pour le magasin (p. 136).

La De Vergulde Ster (étoile dorée), construite en 1668 au nᵒ 387 Keizersgracht, possède un pignon à cou *(p. 96-97)* allongé et d'étroites fenêtres.

REJOINDRE LE HERENGRACHT

Prenez à gauche la Leidsestraat jusqu'au Koningsplein puis suivez la rive gauche du Herengracht en direction du Thorbeckeplein.

HERENGRACHT

Pierre le Grand *(p. 101)* dormit en 1716 chez l'ambassadeur de Russie, au n° 527 Herengracht, après s'être enivré au 317 Keizersgracht.

Herengracht *(1790)* Cette aquarelle délicate par J. Prins montre le canal des Seigneurs vu depuis le Koningsplein.

L'immeuble asymétrique des n°s 533-537 Herengracht, bâti en 1910 sur le site de quatre anciennes maisons, abrita les services de l'état civil de 1968 à 1988.

Les façades des n°s 37 et 39 Reguliersgracht penchent vers l'eau comme si elles voulaient s'y mirer.

Ponts du Reguliersgracht *Sept arches de pierr enjambent ce cana qui devait à l'origin être une rue.*

Keizersgracht

Les n°s 1059 et 1061 Prinsengracht ont de petites entrées en sous-sol, un trait rare sur la Grachtengordel *(p. 44)* où la hauteur de la fortune s'appréciait à celles des perrons.

Le bâtiment du n° 1075 Prinsengracht était un entrepôt en 1690.

Mes compagnons domestiques *La portraitiste Thérèse van Duyl Schwartze peignit ce tableau en 1916. Elle possédait les n°s 1087, 1089 et 1091 Prinsengracht où elle logeait toute sa famille.*

Herengracht *(v. 1670)*
*Sur cette gravure de G.A. Berckheyde,
un côté du canal n'a pas encore reçu
les ormes qui renforceront les
fondations des maisons en fixant le sol.*

La maison double construite en
1743 au n⁰ 543 Herengracht sous la
direction de son propriétaire, Sibout
Bollard, possède une balustrade et
un balcon ouvragés.

Modestes, les maisons au coin du
Herengracht et du Thorbeckeplein tranchent sur celles
des alentours.

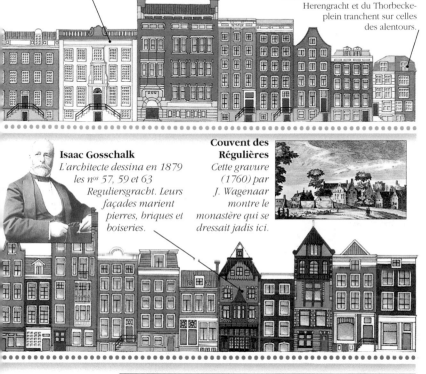

Isaac Gosschalk
*L'architecte dessina en 1879
les n⁰ˢ 57, 59 et 63
Reguliersgracht. Leurs
façades marient
pierres, briques et
boiseries.*

**Couvent des
Régulières**
*Cette gravure
(1760) par
J. Wagenaar
montre le
monastère qui se
dressait jadis ici.*

L'Amstel
*Tournez à gauche et suivez
la rivière. Vous dépasserez
le Magere Brug (p. 119) et
le Rokin avant d'atteindre
la place du Dam, début de
la promenade.*

Du Bijbels Museum à Leidseplein

Au début du XVIIe siècle, les autorités municipales d'Amsterdam planifièrent le développement de la ville en créant une ceinture de trois grands canaux : le Herengracht (canal des Seigneurs), le Keizersgracht (canal de l'Empereur) et le Prinsengracht (canal des Princes) *(p. 24-25)*. Sur leurs quais s'élevèrent les demeures de riches marchands heureux d'échapper à la promiscuité de la cité médiévale, devenue trop exiguë. Bâties dans les années 1660, les plus luxueuses

**Plaque décorative
sur le Théâtre Meritis**

se trouvent sur le Tournant d'Or du Herengracht. Dessinées et décorées par les meilleurs architectes de l'époque, tel Philips Vingboons *(p. 101)*, souvent doubles, elles appartiennent pour la plupart aujourd'hui à des institutions. Des édifices plus récents confèrent également son caractère au quartier, notamment l'imposant Paleis van Justitie, l'église néo-gothique De Krijtberg, aux flèches élancées, et l'American Hotel, de style Art nouveau, qui domine la place animée du Leidseplein.

Le quartier d'un coup d'œil

**Bâtiments et monuments
historiques**
American Hotel **2**
Paleis van Justitie **5**
Metz & Co **7**

Musées
Bijbels Museum **10**

Canaux et places
Leidseplein **1**
Leidsegracht **6**
Tournant d'Or **8**

Comment y aller ?
Par le Leidsegracht, 15 mn à pied environ séparent le Dam du Leidseplein où s'arrêtent les trams n°s 1, 2, 5 et 11 (terminus Centraal Station). Desservant le quartier du Plantage depuis le nord et l'ouest, les lignes 6, 7 et 10 passent aussi par Leidseplein.

Église
De Krijtberg **9**

Marché
Looier Kunst en
Antiekcentrum **11**

Centre culturel et théâtre
De Melkweg **3**
Stadsschouwburg **4**
Théâtre Felix Meritis **12**

Légende

Plan du quartier pas à pas
Voir p. 108-109

Arrêt de tram

P Parc de stationnement

Embarcadère du Museumboot

0   250 m

◁ À vélo sur l'un des nombreux ponts du Leidsegracht

Le Leidsebuurt pas à pas

Musicien de rue sur Leidseplein

Ses nombreux cinémas, le théâtre du Stadsschouwburg et le vaste centre culturel « alternatif » De Melkweg font du quartier entourant le Leidseplein l'un de ceux où se concentre la vie nocturne d'Amsterdam. Son architecture variée, avec l'American Hotel Art nouveau, les opulentes demeures du Tournant d'Or du Herengracht ou l'église néo-gothique De Krijtberg sur le Singel, le rend tout aussi attrayant pendant la journée.

Bijbels Museum
À côté des bibles, ce petit musée présente des vestiges archéologiques d'Égypte et du Moyen-Orient ⑩

Leidsegracht
Les péniches à destination de Leyde partaient de ce canal, percé en 1664 ⑥

Paleis van Justitie
De style Empire, il abrite la cour d'appel d'Amsterdam ⑤

Stadsschouwburg
Depuis son balcon, l'équipe de football de l'Ajax salue ses supporters après d'importantes victoires ④

★ L'American Hotel
Récemment rénové, le Café américain de l'hôtel offre un beau cadre Art déco où passer un paisible après-midi (p. 221) ②

De Melkweg
Concerts, cinéma, théâtre, vidéo et expositions font de cette ancienne laiterie l'un des plus grands centres de culture «alternative» d'Europe ③

Leidseplein
Cafés, restaurants et animations de rue font de cette place l'une des plus animées de la ville ①

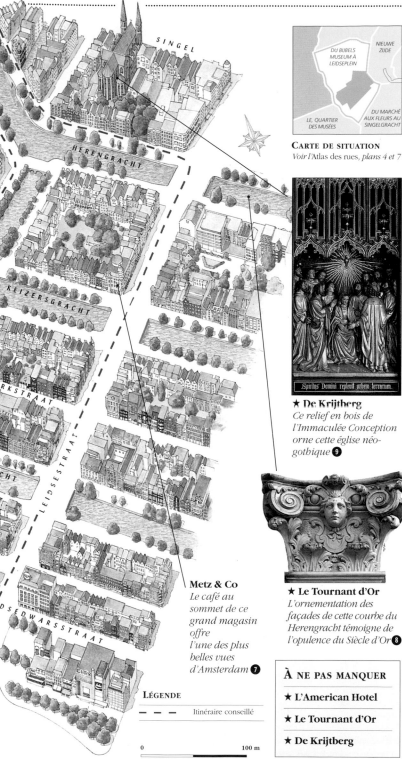

CARTE DE SITUATION
*Voir l'*Atlas des rues, *plans 4 et 7*

★ De Krijtberg
Ce relief en bois de l'Immaculée Conception orne cette église néo-gothique ❾

★ Le Tournant d'Or
L'ornementation des façades de cette courbe du Herengracht témoigne de l'opulence du Siècle d'Or ❽

Metz & Co
Le café au sommet de ce grand magasin offre l'une des plus belles vues d'Amsterdam ❼

LÉGENDE

――― Itinéraire conseillé

0   100 m

À NE PAS MANQUER

★ L'American Hotel

★ Le Tournant d'Or

★ De Krijtberg

Leidseplein ❶

Plan 4 E2. 🚊 *1, 2, 5, 6, 7, 10, 11.*

Tirant son nom de la
Leidsepoort, massive porte
de la ville démolie en 1862 qui
commandait l'accès à la route
de Leyde, cette place servait,
au XVIIᵉ siècle, au
stationnement des charrettes
des paysans venus vendre
leurs produits dans la cité. Elle
reste aujourd'hui un carrefour
important des tramways et est
bien desservie par les autobus
circulant la nuit.

Pendant la journée, quand le
temps le permet, cracheurs de
feu et chanteurs, comédiens
ou acrobates de rue se
chargent de la distraction des
clients attablés aux terrasses
des cafés tandis que le soir,
bars, restaurants, cinémas,
boîtes de nuit et concerts
attirent dans le quartier la
jeunesse d'Amsterdam et de sa
banlieue. L'animation dure
souvent jusqu'au petit matin.

Artiste de rue sur le Leidseplein

American Hotel ❷

Leidsekade 97. **Plan** 4 E2. 📞 *624
5322.* 🚊 *1, 2, 5, 6, 7, 10, 11.* 🖥
Voir **Hébergement** p. 221.

Le Leidseplein devenait un
des pôles en vogue de la
vie nocturne d'Amsterdam
quand fut construit sur la place,
en 1882, l'American Hotel. Son
architecte, W. Steinigeweg,
avait étudié aux États-Unis et il
décora sa création néo-
gothique d'un aigle en bronze,
de statues d'Indiens et de
panneaux muraux représentant
des paysages américains. Ce
style, s'il donna son nom à
l'établissement, apparut très
vite daté et condamna l'édifice
à la démolition.

Dessiné par Willem
Kromhout (1864-1940), le
bâtiment actuel offre une
représentation sculptée de son
prédécesseur sur sa façade
dominant le Leidseplein.
Achevé en 1902, il présente
dans le jeu entre courbes et
arêtes une déclinaison originale
de l'Art nouveau.

À l'intérieur, le Café
américain *(p. 46)*, où se mêlent
Amstellodamois aisés et
touristes, a conservé ses
meubles, ses fresques, ses
vitraux et ses lustres
composant un élégant cadre
Art déco. Le reste de l'hôtel a
été remanié dans les années 80,
mais le Rijksmuseum possède
quelques exemples de son
mobilier d'origine.

De Melkweg ❸

Lijnbaansgracht 234a. **Plan** 4 E2.
📞 *624 1777.* 🚊 *1, 2, 5, 6, 7, 10, 11.*
Billetterie ⬚ *de 12 h à 17 h 30, de
19 h 30 à 1 h du matin du lun. au
sam.* **Spectacles** *: 21 h 30 environ.*
🎫 📷 *Voir **Se distraire** p. 249.*

La « Voie lactée » a ouvert en
1970 dans une ancienne et
magnifique laiterie située
derrière le Stadsschouwburg
et s'est très vite imposée
comme l'un des grands
centres de rencontre et de
création « alternative ».
d'Europe. Le billet d'entrée
donne accès à toutes ses
salles proposant concerts,

L'American Hotel vu depuis le Singelgracht

cinéma, théâtre, danse, expositions et projections vidéo. En juin, le World Roots festival *(p. 51)* qui s'y tient offre un large aperçu de l'évolution artistique et musicale de nombreux pays du monde.

Façade du Melkweg

Stadsschouwburg ❹

Leidseplein 26. **Plan** 4 E2. 🄲 *624 2311.* 🚋 *1, 2, 5, 6, 7, 10, 11.* **Billetterie** ◯ *de 10 h à 18 h du lun. au sam. Voir* **Se distraire** *p. 246.* 🈴 🚫 ♿

A près que le feu eut successivement détruit les deux bâtiments précédents, la ville d'Amsterdam confia en 1894 la réalisation de ce théâtre municipal à Jan Springer, qui travailla également à la conception du Blauwbrug *(p. 118)*, et à A.L. van Gendt, architecte du Concertgebouw *(p. 128)* et d'une partie de la Centraal Station *(p. 79)*. Des restrictions budgétaires interdirent cependant l'achèvement de la décoration extérieure de cet imposant édifice néo-Renaissance en brique.

Comble de frustration pour ses architectes, le public fit un mauvais accueil au nouveau théâtre, une réaction en partie provoquée par le fait que

seuls les possesseurs de billets pour les places les plus chères pouvaient utiliser les portes de devant.

Siège de l'opéra et des ballets nationaux néerlandais jusqu'à la construction en 1986 du Muziektheater *(p. 63)*, le Stadsschouwburg présente aujourd'hui les créations de sa compagnie permanente, le Toneelgroep, et de troupes internationales. Il est aussi devenu le lieu de rencontre privilégié entre les joueurs de l'équipe de football de l'Ajax d'Amsterdam et leurs supporters. Les grandes victoires s'annoncent depuis son balcon, et la foule en liesse déborde alors de la place du Leidseplein pour manifester sa joie dans tout le quartier.

Paleis van Justitie ❺

Prinsengracht 434-436. **Plan** 4 E1. 🄲 *541 2111.* 🚋 *1, 2, 5, 11.* ⬤ *au public.*

L'orphelinat municipal qui ouvrit sur ce site en 1666 pouvait accueillir 800 enfants. En 1811, il en hébergeait plus de 2 000. Pour faire face à cet afflux croissant, un décret royal autorisa alors le déplacement des pensionnaires dans d'autres villes, une décision qui provoqua, lors de son application en 1822, un vif mouvement de protestation, les autorités étant accusées de « voler » des enfants. Vide, l'établissement put cependant fermer ses portes et l'architecte Jan de Greef acheva en 1829 sa

transformation en palais de justice.

Derrière une majestueuse façade de style Empire à la monotonie rompue par des pilastres corinthiens, le Paleis van Justitie abrite, autour de deux cours intérieures, les salles d'audience de la cour d'appel d'Amsterdam.

Leidsegracht ❻

Plan 4 E1. 🚋 *1, 2, 5, 6, 7, 10, 11.*

C e canal, percé en 1664 dans le cadre du plan de développement

Le nº 39 Leidsegracht (à droite)

d'Amsterdam dressé par Daniel Stalpaert, servit longtemps de principale voie de circulation pour les embarcations à fond plat ralliant Leyde. Il est devenu une des adresses les plus recherchées de la ville.

Cornelis Lely, maître d'œuvre de la transformation du Zuiderzee *(p. 165)* en lac d'eau douce, naquit en 1854 au nº 39. Une plaque lui rend hommage.

Façade Empire du Paleis van Justitie installé dans un ancien orphelinat

Metz & Co ❼

Keizersgracht 455. **Plan** 7 A5. ☎ 624 8810. 🚋 1, 2, 5, 11. ⬜ de 11 h à 18 h du lun. au mer., ven. et sam., de 9 h 30 à 21 h le jeu. ⬤ jours fériés. 🖥 Voir **Cafés et bars** p. 49.

La coupole (1933) du Metz & Co

Construit par J. van Looy pour la New York Life Insurance Company, dont le nom surmonte toujours l'entrée, cet édifice était, à son achèvement en 1891, le plus haut bâtiment commercial de la ville (26 m). Racheté en 1908 par le grand magasin Metz & Co, il reçut en 1933 une splendide coupole vitrée dessinée par Gerrit Rietveld *(p. 136)*. Devenue propriétaire de l'immeuble en 1973, la société Liberty of London confia à Cees Dam l'aménagement d'un café au sixième étage. Par beau temps, il offre, tout comme la coupole, un magnifique panorama d'Amsterdam.

Le Tournant d'Or ❽

Plan 7 A5. 🚋 1, 2, 4, 5, 11, 13, 14, 16, 17, 24, 25. **Kattenkabinet** Herengracht 497. ☎ 626 5378. ⬜ à l'occasion d'expositions thématiques.

Située entre la Leidsestraat et la Vijzelstraat, cette partie du Herengracht, le canal des Seigneurs, prit son surnom de Tournant d'Or dès le XVIIᵉ siècle en raison de l'immense fortune des armateurs, négociants et personnalités politiques qui s'installèrent ici, dans des maisons aux façades plus souvent en pierre, matériau importé, qu'en brique. Bien

Cariatide au nᵒ 475 Herengracht

qu'occupées désormais pour la plupart par des bureaux, des institutions ou des banques, ces opulentes demeures témoignent toujours du train de vie luxueux des notables d'Amsterdam à une époque où affluaient les richesses de l'Orient. Parmi les plus anciennes, la maison du nᵒ 412, dessinée en 1664 par Philips Vingboons, est largement préservée. L'influence française, notamment le style Louis XIV, marque les demeures bâties au XVIIIᵉ siècle, comme au nᵒ 75 où deux cariatides ornent une façade en grès datant de 1731. Le nᵒ 452 est caractéristique des remaniements effectués au XIXᵉ siècle.

Le Kattenkabinet (musée du Chat), au nᵒ 497, est l'un des rares immeubles du Tournant d'Or accessibles au public. Sa collection d'œuvres d'art et d'objets liés à la race féline, la vue sur le jardin qu'offre la salle à manger et des peintures par Jacob de Wit ajoutent au plaisir de la visite. Le musée n'est toutefois ouvert qu'à l'occasion d'expositions thématiques.

De Krijtberg ❾

Singel 442-448. **Plan** 7 A4. ☎ 623 1923. 🚋 1, 2, 5, 11. ⬜ lors des services religieux. ✝ 8 h15, 9 h 30, 12 h 30, 17 h 45 du lun. au ven. ; 17 h 15 le sam. ; 8 h, 9 h 30, 11 h, 12 h 30, 15 h 15. ♿ ⬤

Construit en 1884 sur les plans d'Alfred Tepe en remplacement d'une chapelle jésuite clandestine *(p. 84)*, ce sanctuaire néo-gothique et son presbytère se dressent sur le site de cinq anciennes maisons, dont l'une appartenait à un marchand de craie. Bien que consacrée à saint François-Xavier, l'un des fondateurs de la Compagnie de Jésus, et donc officiellement appelée Franciscus Xavierskerk, l'église a conservé le surnom

de Colline de craie (Krijtberg).

Deux flèches élancées accentuent la verticalité de la façade, plus étroite que le chevet qui empiète sur l'espace occupé jadis par les jardins des maisons.

Avec ses vitraux, les peintures colorées de ses murs et ses dorures, l'intérieur offre un contraste frappant avec l'austérité des temples protestants de la ville. Des statues de saint François-Xavier (devant et à gauche) et d'Ignace de Loyola (à droite) encadrent le maître-autel. Près de la chaire, une sculpture en bois de l'Immaculée Conception représente Marie piétinant le serpent. Elle date du XVIIIᵉ siècle et ornait déjà la chapelle clandestine.

Deux flèches encadrent la façade de l'église De Krijtberg

Bijbels Museum ❿

Herengracht 366-368. **Plan** 7 A4. ☎ 624 7949. 🚋 1, 2, 5, 11. 🚋 Herengracht/Leidsegracht. ⬜ de 10 h à 17 h du mar. au sam., de 13 h à 17 h le dim. ⬤ 1ᵉʳ jan., 30 avril. 🎦 📷

Fondé en 1860 par le révérend Leendert Schouten lorsqu'il ouvrit au public sa collection privée, ce musée occupe depuis 1975 deux maisons appartenant à une ensemble de quatre, dessinées par Philips Vingboons au XVIIe siècle. Elles marient style classique et influences baroques.

L'exposition comprend des vestiges archéologiques d'Égypte et du Moyen-Orient mais insiste pour l'essentiel sur l'importance historique de la Bible. Parmi les pièces les plus marquantes figurent une copie du Livre d'Isaïe, des manuscrits de la mer Morte et la bible de Delft, la première imprimée en Hollande en 1477. Des maquettes restituent l'aspect du temple de Salomon à différentes époques.

Looier Kunst en Antiekcentrum ⓫

Elandsgracht 109. **Plan** 4 D1. 624 9038. 7, 10, 17. de 11 h à 17 h du sam. au mer., de 11 h à 21 h le jeu. Jours fériés.
Rommelmarkt Looiersgracht 38. de 11 h à 17 h du sam. au jeu.

P rès du Looiersgracht (canal des Tanneurs), un vaste réseau de salles en rez-de-chaussée abrite ce centre de vente d'art et d'antiquités qui se présente comme le plus important des Pays-Bas. Une centaine de stands y proposent toutes sortes de choses, de la verrerie aux poupées. Les particuliers peuvent louer un stand le samedi et même en disposer gratuitement une fois par mois.

Sur le Looiersgracht, une petite porte donne sur le

Façade néo-classique du théâtre Felix Meritis (1787)

Rommelmarkt (marché au bric-à-brac), un long couloir peu éclairé où se vendent des articles moins chers tels que des vieux jouets et des disques d'occasion. Il arrive cependant parfois qu'un chanceux découvre une véritable antiquité cachée parmi le *rommel* déballé au fond du couloir. L'exposition se poursuit à l'étage.

Le Théâtre Felix Meritis ⓬

Keizersgracht 324. **Plan** 1 B5. 626 2321. 1, 2, 5, 11, 13, 14, 17. **Billetterie et renseignements** de 9 h à 21 h du mar. au sam. Voir **Se distraire** p. 246.

F ondée en 1777 par l'horloger Willem Writs alors que les Pays-Bas s'ouvraient aux idées du siècle des Lumières, la société Felix Meritis (« Heureux par le mérite ») regroupait de riches citoyens d'Amsterdam férus

d'art et de science. L'immeuble, bâti en 1787 par Jacob Otten Husly pour abriter ses activités, présente une façade néo-classique dont on apprécie mieux les proportions depuis la rive opposée du canal.

Les cinq reliefs qui l'ornent, entre le deuxième et le troisième étage, affirment l'intérêt de la fondation pour les sciences naturelles, le dessin, le commerce, la musique et les lettres. L'édifice renfermait à l'origine un observatoire, une bibliothèque, des laboratoires et une petite salle de concerts où se produisirent notamment Mozart, Edvard Grieg et Johannes Brahms.

Il devint, au XIXe siècle, l'un des grands centres de la vie musicale de la cité, et la forme elliptique de son auditorium à l'excellente acoustique inspira la conception du Concertgebouw (*p. 128*). En 1889, après la dissolution de la société Felix Meritis, un imprimeur récupéra l'immeuble.

Le Parti communiste s'y installa en 1946 puis la compagnie de théâtre expérimental Shaffy lui rendit, à partir de 1968, sa vocation culturelle qu'entretient aujourd'hui une fondation pour la promotion de la création européenne. Bien que l'université y tienne de juillet à septembre des classes d'été, les spectacles et manifestations qui ont lieu le soir sont ouverts à tous.

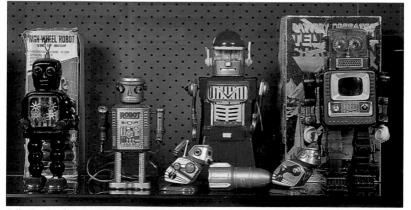

Collection de robots au Looier Kunst en Antiekcentrum

DU MARCHÉ AUX FLEURS AU SINGELGRACHT

Enseigne d'un café de la Reguliersdwarsstraat

A u sud de la Muntto-ren, ancienne tour d'angle d'une porte de l'enceinte médiévale, les travaux de construction de la Grachtengordel *(p. 43)* se poursuivirent en direction de l'Amstel à partir des années 1660. Le percement du Regu-liersgracht, avec les sept ponts qui l'enjambent, date de cette époque. Installé dans une maison bâtie en 1671, le Museum van Loon qui le borde offre un aperçu de la vie quotidienne de la haute bourgeoisie amstelloda-moise. Au-delà du Singel-gracht s'étend le quartier populaire De Pijp aménagé au XIXᵉ siècle pour faire face à l'accroissement de la population. Dans ce quartier animé et cosmopolite se tient l'Albert Cuypmarkt, le plus grand marché de la ville.

LE QUARTIER D'UN COUP D'ŒIL

Bâtiments et ponts historiques
Blauwbrug ❸
Magere Brug ❺
Amstelkerk ❻
Munttoren ⓫

Cinéma
Cinéma
Tuschinski ❿

Places et marchés
Rembrandtplein ❶
Albert Cuypmarkt ❼
Bloemenmarkt ⓬

Musées
Museum Willet-Holthuysen p. 120-121 ❷
Collection Six ❹
Heineken Brouwerij ❽
Museum van Loon ❾

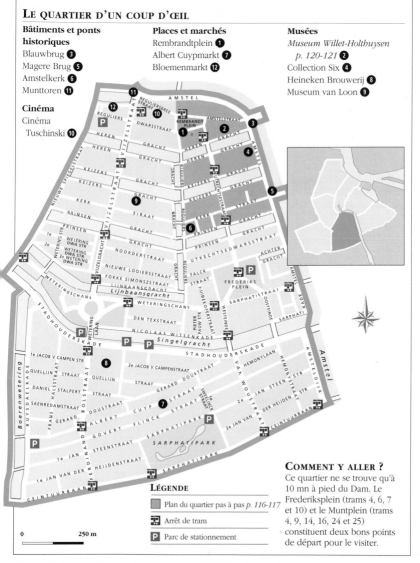

LÉGENDE

▇	Plan du quartier pas à pas *p. 116-117*
🚊	Arrêt de tram
P	Parc de stationnement

0   250 m

COMMENT Y ALLER ?
Ce quartier ne se trouve qu'à 10 mn à pied du Dam. Le Frederiksplein (trams 4, 6, 7 et 10) et le Muntplein (trams 4, 9, 14, 16, 24 et 25) constituent deux bons points de départ pour le visiter.

◁ **Roses, lis et tournesols sur un éventaire chamarré de l'Albert Cuypmarkt**

L'Amstelveld pas à pas

$\mathbf{A}$utour de l'Amstelveld *(p. 45)* que bordent
une jolie église en bois et de pittoresques maisons
flottantes, la partie est de la ceinture de canaux est
en majeure partie résidentielle. Une
promenade à pied jusqu'au
Rembrandtplein vous fera
cependant découvrir de
nombreux cafés et
boutiques. Au bord de
l'Amstel, Amsterdam
perd son atmosphère de
village et prend celle
d'une métropole.

★ Rembrandtplein
*De nombreux de cafés du XIXᵉ siècle,
notamment le De Kroon au nᵒ 17
(p. 47), entourent l'ancien
Botermarkt (Marché au beurre) et la
statue en bronze de Rembrandt* ❶

Café Schiller
(p. 49)

★ Museum Willet-Holthuysen
*Collections d'objets d'art
et de mobilier d'époque
ornent les pièces de cette
maison double, tel ce salon
qui donne sur le jardin
classique, restauré tel qu'il
était au XVIIIᵉ siècle.* ❷

Amstelkerk
*Bâti à titre temporaire
en attendant la
construction, qui ne fut
jamais réalisée, d'une
grande église sur le
Rembrandtplein, ce
sanctuaire en bois abrite
aujourd'hui des bureaux
et un café (p. 119)* ❻

Blauwbrug
*Des sculptures à thèmes marins
orment cet ouvrage d'art inspiré du
pont Alexandre-III de Paris* ❸

CARTE DE SITUATION
Voir l'Atlas des rues, plans 5 et 8

Collection Six
*Des descendants de
la famille Six habitent
toujours cette splendide
maison qui abrite un
musée privé* ❹

| 0 | 100 m |

LÉGENDE

— — — Itinéraire conseillé

À NE PAS MANQUER

★ **Rembrandtplein**

★ **Museum Willet-
Holthuysen**

★ **Magere Brug**

Le Crieur du marché est
une statue en l'honneur
du professeur Kokadorus
(1867-1934), célèbre
camelot d'Amsterdam.

★ **Magere Brug**
*Le plus célèbre pont de la ville est une
réplique moderne de l'original du XVIIᵉ siècle.
Son mécanisme date de 1994* ❺

Rembrandtplein ❶

Plan 7 C5. 🚊 *4, 9, 14.*

Cette place, où se dressaient jadis une balance publique *(waag)* et une halle, servit jusqu'au milieu du XIXᵉ siècle de cadre au marché au beurre, le Botermarkt, et elle ne prit son nom actuel qu'à l'érection, en 1876, de la statue de Rembrandt qui orne son centre.

De nombreux cafés et hôtels ouvrirent dans les années qui suivirent, en particulier le Mast (rebaptisé Mille Colonnes Hotel) en 1889 et l'hôtel Schiller Karena *(p. 221)* inauguré, comme le Café Schiller *(p. 49)*, en 1892. Exemple typique de « grand café » amstellodamois, le De Kroon date de 1898. Ces établissements attirent toujours une clientèle importante et leurs terrasses font du Rembrandtplein un lieu très animé en été.

Museum Willet-Holthuysen ❷

Voir p. 120-121.

Blauwbrug ❸

Amstel. **Plan** 8 D5. 🚊 *9, 14.*
Ⓜ *Waterlooplein.*

Le pont Bleu tirerait son nom de la couleur de l'ouvrage d'art original, en bois, qui franchissait l'Amstel à cet endroit au XVIIᵉ siècle. Construit en pierre pour l'Exposition

Détail du décor sculpté du Blauwbrug

internationale qui attira des milliers de visiteurs à Amsterdam en 1883, le pont actuel s'inspire, dans une taille modeste, du pont Alexandre-III de Paris et porte comme son homologue français des lampadaires ouvragés. Son riche décor sculpté comprend des nefs médiévales, des créatures marines et la couronne impériale.

La Collection Six ❹

Amstel 218. **Plan** 8 D5. 🎧
673 2121. 🚊 *4, 9, 14.* ◯
10 h et 11 h mer. et ven. ●
jours fériés. ⊘ 🎫 *obligatoire ;*
billets auprès du comptoir de
renseignements du Rijksmuseum.

Issu d'une famille protestante française victime de persécutions, Jan Six Iᵉʳ (1618-1700) devint un des hommes les plus riches d'Amsterdam et accéda à la charge de bourgmestre en 1691. Il ne la conserva que neuf mois mais son fils, Jan Six II, fut réélu seize fois à ce poste. Ami et client de Rembrandt *(p. 62)*, Jan Six Iᵉʳ était le gendre du professeur Tulp représenté sur le tableau du maître, *La Leçon d'anatomie du professeur Tulp*, qui se trouve à la Mauritshuis *(p. 188-189)*. Le grand peintre hollandais réalisa pour lui deux portraits : celui de Jan Six lui-même et celui de sa mère, Anna Wijmer. Le premier, considéré comme l'un des plus réussis de Rembrandt, aurait remboursé un prêt de 1 000 florins accordé à l'artiste.

Installée dans une belle maison dessinée par Adriaan Dorstman, la Collection Six comprend également des œuvres d'autres maîtres néerlandais tels que Frans Hals *(p. 178-179)*, Thomas de Keyser (1596-1667) et Albert Cruyp *(p. 120)*, ainsi que des meubles, de l'argenterie et des porcelaines, rassemblés par les membres de la dynastie dont

Deux des nombreuses terrasses de café du Rembrandtplein

les derniers représentants habitent toujours la maison. Les horaires d'ouverture sont donc réduits, ce qui oblige les visiteurs à demander au comptoir de renseignements du Rijksmuseum *(p. 130-133)* une lettre d'introduction remise sur présentation du passeport.

Magere Brug ❺

Amstel. **Plan** 5 B3. 🚊 *4.*

Des quelque 1 400 ponts d'Amsterdam, le Magere Brug (pont Maigre) est le plus célèbre. La tradition rapporte que son nom viendrait de deux sœurs appelées Mager qui vivaient chacune sur une rive de l'Amstel. Il est toutefois plus probable qu'il découle simplement de son étroitesse.

Construit en bois exotique en 1670 pour durer cinquante ans, il a connu plusieurs rénovations et bien que sa dernière version (1969) soit plus large que l'originale, elle reste fidèle à son modèle de pont double à bascule.

Environ toutes les vingt minutes, le pontier doit le

L'Amstelkerk, construite à tire temporaire au XVIIᵉ siècle

relever pour le passage d'un bateau. Il saute ensuite sur son vélo pour aller ouvrir des écluses : les Amstelsluizen *(p. 145)* et la Hoge Sluis.

Amstelkerk ❻

Amstelveld 10. **Map** 5 A3. 📞 *623 8138.* 🚊 *4.* ⬤ *au public sauf lors d'expositions mensuelles* 📷

Dessinée par Daniel Stalpaert et construite en bois en 1668, l'église de l'Amstel ne devait avoir qu'une existence temporaire en attendant qu'une collecte de fonds finance la fondation d'un sanctuaire beaucoup plus important sur le Botermarkt (l'actuel Rembrandtplein). Ce grand projet ne vit cependant jamais le jour et les autorités

ecclésiastiques durent se résoudre en 1825 à en appeler de nouveau à la générosité des fidèles pour donner à l'Amstelkerk une décoration intérieure de style néogothique. Une fois encore, les dons restèrent longtemps insuffisants... Jusqu'en 1840 où une souscription de 25 000 florins lancée par Frederica Elisabeth Cramer permit cette rénovation. L'ornement des murs, la chaire et les bancs datent de cette période. Les vitraux remontent à 1821.

Dans les années 1960, un coûteux remaniement a transformé une partie de l'édifice en bureaux. Des services religieux y ont néanmoins toujours lieu. Sur un côté, le Café Kort est aussi un excellent restaurant *(p. 235)*.

Le Magere Brug, pont à bascule traditionnel

LE FONCTIONNEMENT DU MAGERE BRUG

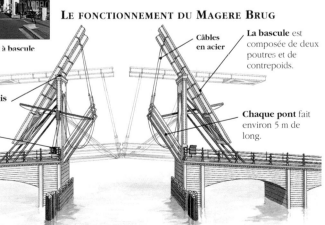

Câbles en acier

La bascule est composée de deux poutres et de contrepoids.

Un portique en bois sert de pivot à la bascule.

Treuil à chaîne

Chaque pont fait environ 5 m de long.

Museum Willet-Holthuysen ❷

Statue de Pâris de l'escalier

Cette vaste demeure bâtie en 1687 devint en 1855 la propriété d'un riche importateur de charbon, Pieter Holthuysen (1788-1858) qui la transmit à sa fille Sabrina. Celle-ci épousa l'amateur d'art Abraham Willet et ils y partagèrent ensemble leur passion de collectionneur de peintures, de verrerie, d'argenterie et de céramiques. N'ayant pas eu d'enfants, Sabrina légua à sa mort en 1895 la maison et ses trésors à la ville. Le musée ouvrit en 1962. Si certaines des pièces sont restées telles que du temps des Willet, d'autres, comme le salon du jardin et la cuisine, ont été restaurées dans le style du XVIIIe siècle.

Salon de collectionneur
Le décor de cette pièce où des tableaux couvrent les murs est caractéristique d'un cabinet de collectionneur du XIXe siècle.

Collection de verrerie

★ La collection d'argenterie
Elle est particulièrement riche en pièces des XVIe et XVIIe siècles comme ce récipient à épices (XVIIe s.) en forme d'oiseau.

Salon

Salle de bal

★ Le salon bleu
Une peinture de cheminée par Jacob de Wit (p. 122) et des tentures de damas décorent cette pièce qui était réservée aux hommes.

Entrée   **Billetterie**

Salon du jardin

Cette pièce donnant sur un superbe jardin à la française, dessiné dans le goût hollandais du XVIIIe siècle, servait à recevoir amis et connaissances pour le thé.

Chambre

Le salon des antiquités fut aménagé dans le dernier quart du XIXe siècle dans le style de la Renaissance hollandaise *(p. 96).*

(p. 96)

Escalier

Doté d'une exubérante rampe dorée, il date de 1740. Sur les murs, une patine imite le marbre.

MODE D'EMPLOI

Herengracht 605. **Plan** 8 D5.
523 1870. 4, 9, 14.
de 10 h à 17 h du lun. au ven., de 11 h à 17 h sam. et dim.
1er jan., 30 avril, 25 déc.

Entrée

★ La salle à manger

Les tentures murales en soie reproduisent fidèlement celles du XVIIIe siècle. Le service de Meissen comprend 275 pièces (pour 24 convives).

Cuisine

Des éléments d'autres maisons, tels l'évier et la pompe, ont servi à cette reconstitution d'une cuisine du XVIIIe siècle.

À NE PAS MANQUER

★ Le salon bleu

★ La salle à manger

★ La collection d'argenterie

Les porcelaines du salon bleu incluent des vases chinois datant de la dynastie des Kangxi (1662-1722).

Albert Cuypmarkt ❼

Albert Cuypstraat. **Plan** 5 A5. 🚊 *4, 16, 24, 25.* 🕐 *de 10 h à 16 h 30 du lun. au sam.*

Située dans le De Pijp, quartier populaire aménagé au XIXᵉ siècle, l'Albert Cuypstraat, large rue suivant le tracé d'un ancien canal, porte le nom du peintre paysagiste Albert Cuyp (1620-1691).

Depuis 1904 s'y tient le marché que ses forains affirment être « le plus connu du monde ». Ses 325 éventaires proposent à des prix parmi les plus bas d'Amsterdam aussi bien des vêtements ou des chaussures que poissons, volailles, fromages et fruits et légumes. Le marché attire en semaine quelque 20 000 personnes et connaît une affluence encore plus grande le samedi.

Poissons fumés à l'Albert Cuypmarkt

Heineken Brouwerij ❽

Stadhouderskade 78. **Plan** 4 F3. 📞 *523 9666.* 🚊 *6, 7, 10, 16, 24, 25.* 🕐 *de juin à mi-sept. : 9 h 30, 11 h, 14 h 30 du lun. au ven. ; juil.-août : aussi à 12 h, 14 h le sam. ; de mi-sept. à fin mai : 9 h 30, 11 h.* 🎦 📷

Gerard Adriaan Heineken fonda, en 1864, la société qui porte toujours son nom, en achetant la brasserie Hooiberg (Meule de foin) construite au XVIᵉ siècle sur le

Jardin à la française du musée van Loon

Nieuwezijds Voorburgwal. L'entreprise produit aujourd'hui environ la moitié de la bière vendue à Amsterdam, possède des unités de fabrication dans de très nombreux pays et exporte dans le monde entier. Un développement auquel ne pouvait plus répondre la vieille brasserie Heineken de la Stadhouderskade et elle fut fermée en 1988 au profit de deux usines plus modernes, l'une à Zoeterwoude, près de La Haye, l'autre à Den Bosch.

L'édifice désaffecté est devenu un musée, ouvert en 1991. Il retrace l'histoire de la société Heineken et celle de la fabrication de la bière, une tradition remontant aux Sumériens qui s'établirent en Mésopotamie au IVᵉ millénaire av. J.-C. Animée par des projections vidéo, la visite, qui peut être commentée en français pour les groupes, permet de découvrir les immenses salles de brassage et leurs cuves en cuivre. Avant la dégustation gratuite (il faut avoir plus de 18 ans) qui la conclut, la traversée des écuries rappelle que le temps où les livraisons s'effectuaient en chariots tirés par des chevaux n'est pas si lointain.

Museum van Loon ❾

Keizersgracht 672. **Plan** 5 A3. 📞 *624 5255.* 🚊 *16, 24, 25.* 🕐 *de 10 h à 17 h lun., 13 h à 17 h dim.* 🎦 📷 📋

Adriaan Dorstman construisit en 1672 pour le riche marchand flamand Jeremias van Raey cette demeure ainsi que sa voisine du nº 674. Quand ils y emménagèrent en 1752, le docteur Abraham van Hagen et sa femme Catharina Elisabeth Trip en modifièrent la décoration intérieure, et leurs noms apparaissent dans les volutes de la balustrade de l'escalier. La famille van Loon, l'une des plus prestigieuses de la ville, entra en possession de la maison en 1884. Après onze ans de restauration qui lui rendirent son aspect du XVIIIᵉ siècle, celle-ci ouvrit ses portes au public en 1974.

Des portraits y évoquent l'âge d'or d'Amsterdam, notamment celui de Willem van Loon, l'un des fondateurs, en 1602, de la Compagnie des Indes orientales *(p. 26-27)*. Meubles d'époque, porcelaines, sculptures et tentures ornent les pièces. Certaines, au premier étage, comportent de somptueuses peintures en trompe-l'œil appelées *witjes* en l'honneur de l'artiste qui les mit à la mode : Jacob de Wit (1695-1754). Dans le jardin à la française, l'ancienne maison des équipages abrite désormais une résidence privée.

Chariot à bière à l'Heineken Brouwerij

Le cinéma Tuschinsky ❿

Reguliersbreestraat 26-28. **Plan** 7 C5.
📞 626 2633. 🚊 4, 9, 14.
Billetterie ☐ de 12 h à 22 h 🖼️
juil.-août : 10 h 30 dim. et lun. 🖼️ 🚫

Construit sur un terrain vague dans le quartier de Duivelshoek (Coin du Diable), le théâtre qu'avait rêvé Abraham Tuschinsky, un immigré juif polonais, fit sensation lorsqu'il ouvrit en 1921. Dessiné par Heyman Louis de Jong et décoré par Chris Bartels, Jaap Gidding et Pieter de Besten, l'édifice présente une façade encadrée de deux tourelles coiffées de clochetons. La construction associe, en un cocktail surprenant, richesse ornementale de l'école d'Amsterdam, style Art déco et kitsch hollywoodien.

Devenu un cinéma, le bâtiment renferme aujourd'hui six salles mais la transformation a été menée dans le plus grand respect de l'intérieur. Boiseries, vitraux, lampes et tapisseries sont d'époque et le tapis du hall est une copie exacte

Détail de la façade du Tuschinsky

de l'original. S'il existe des visites guidées, la meilleure façon de découvrir le Tuschinsky reste néanmoins d'y aller voir un film. Pour quelques florins de plus vous pourrez même prendre

La Munttoren domine le Muntplein

place dans l'une des baignoires qui forment le dernier rang de la grande salle (1 472 places), la plus typique.

Munttoren ⓫

Muntplein. **Plan** 7 B5. 🚊 4, 9, 14, 16, 24, 25. **Munttoren** 🏢 au public.
Boutiques ☐ de 10 h à 17 h t.l.j.

Bâtie vers 1490, la tour de la Monnaie servait à l'origine à la défense d'une des portes de l'enceinte médiévale : la

Fleuriste arrangeant son étal au Bloemenmarkt

Regulierspoort. Un incendie la ravagea en 1618 et il ne subsista que la base polygonale sur laquelle Hendrick de Keyser (p. 90) éleva l'année suivante la tour en bois baroque dans laquelle François Hemony (p. 68) installa en 1699 un superbe carillon. Il sonne toujours tous les quarts d'heure. La Munttoren, qui abrite en rez-de-chaussée une boutique de souvenirs, prit son nom quand la Monnaie s'y réfugia pendant l'occupation des Pays-Bas par Louis XIV en 1672.

Bloemenmarkt ⓬

Singel. **Plan** 7 B5. 🚊 1, 2, 4, 5, 9, 11, 14, 16, 24, 25. ☐ de 9 h à 17 h du lun. au sam.

Sur le Singel, à l'ouest du Muntplein, le marché aux fleurs est le dernier marché flottant de la ville. Aujourd'hui, les barges restent à quai, mais leurs éventaires de fleurs coupées, de bulbes, de plantes d'ornement, d'arbustes ou de bonsaï sont magnifiques.

LE QUARTIER DES MUSÉES

Jusqu'à la fin du XIXe siècle, ce faubourg situé hors des limites de la cité marquées par le Singelgracht n'était guère plus qu'une étendue marécageuse parsemée de jardins. La ville décida alors d'en faire l'un des principaux pôles culturels d'Amsterdam et c'est ainsi qu'autour de l'esplanade du Museumplein s'élevèrent le Rijksmuseum, le Stedelijk Museum et le Concertgebouw. Le Van Gogh Museum

Décor de pignon sur la Roemer Visscherstraat

les compléta en 1973. Cadre des grandes manifestations politiques, la place renferme en outre plusieurs mémoriaux aux victimes de la Seconde Guerre mondiale et une plaque évoquant la campagne antinucléaire de 1981. Les rues du quartier portent les noms d'artistes ou d'intellectuels comme le poète du XVIIe siècle Roemer Visscher. À l'ouest, le Hollandse Manege et le Filmmuseum bordent le Vondelpark.

LE QUARTIER D'UN COUP D'ŒIL

Musées et diamantaires
Rijksmuseum p. 130-133 **1**
Coster Diamonds **2**
Van Gogh Museum
p. 134-135 **3**
Stedelijk Museum
p. 136-137 **4**
Nederlands Filmmuseum **9**

Salle de concerts
Concertgebouw **5**

Bâtiments historiques
Hollandse Manege **7**
Vondelkerk **8**

Parc
Vondelpark **6**

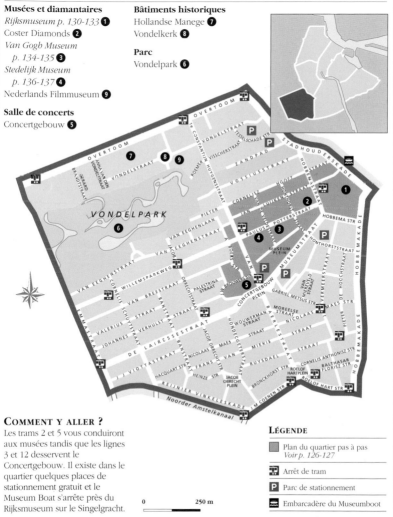

COMMENT Y ALLER ?

Les trams 2 et 5 vous conduiront aux musées tandis que les lignes 3 et 12 desservent le Concertgebouw. Il existe dans le quartier quelques places de stationnement gratuit et le Museum Boat s'arrête près du Rijksmuseum sur le Singelgracht.

LÉGENDE

▨	Plan du quartier pas à pas *Voir p. 126-127*
🚊	Arrêt de tram
P	Parc de stationnement
🚤	Embarcadère du Museumboot

0   250 m

◁ **Statue du peintre Pieter Aertsen (1509-1575) sur la façade du Stedelijk Museum**

Le quartier des musées pas à pas

Statue de la façade du Stedelijk

Traversée par une artère à la circulation si dense que les Amstellodamois la surnomment « la plus petite autoroute d'Europe », l'esplanade arborée du Museumplein, sur laquelle, étrangement, n'ouvrent pas les grands musées construits en bordure, prend souvent l'aspect désolé d'un parking d'autocars.

Pourtant, le quartier est l'un des plus cossus de la ville et après avoir admiré de superbes collections d'art, vous pourrez flâner devant les luxueuses boutiques de la P.C. Hoofstraat et de la Van Baerlestraat ou vous initier à la taille des diamants chez Coster Diamonds.

★ Van Gogh Museum
Ouvert en 1973 dans un bâtiment dessiné par Gerrit Rietveld (p. 136), il présente non seulement des tableaux et dessins de Van Gogh, mais aussi les œuvres que l'artiste collectionnait ❸

La Van Baerlestraat est bordée de luxueuses boutiques de mode *(p. 238)*.

JAN LUIJKENSTRAAT

VAN DER VELDESTRAAT

VAN BAERLESTRAAT

★ Stedelijk Museum
Ce musée abrite les collections d'art moderne de la ville et propose des expositions temporaires d'art contemporain. Un jardin de sculptures s'étend derrière le bâtiment ❹

Concertgebouw
Derrière une façade néo-classique par A.L. van Gendt, il renferme un auditorium à l'acoustique exceptionnelle ❺

Coster Diamonds
Cette société taille, polit et vend des diamants depuis 1840. Elle occupe désormais trois belles villas contiguës construites sur le Museumplein en 1896 ❷

CARTE DE SITUATION
*Voir l'*Atlas des rues, *plan 4*

HOBBEMASTRAAT

PAULUS POTTERSTRAAT

MUSEUMSTRAAT

Des statues ornent les jardins entourant le Rijksmuseum, tel ce Mercure en bronze par Ferdinand Leenhoff (1841-1914).

Un monument commémore les victimes féminines du camp de concentration de Ravensbrück.

★ Rijksmuseum
Ce musée national néo-gothique, élevé en 1885, possède quelque 5 000 tableaux, 30 000 objets d'art et 17 000 documents historiques ❶

Des sculptures, tel ce monument qui s'y dressa jusqu'en 1995, représentent dans le jardin les opinions antinucléaires des Amstellodamois.

0   50 m

À NE PAS MANQUER

★ **Rijksmuseum**

★ **Van Gogh Museum**

★ **Stedelijk Museum**

LÉGENDE

– – – –   Itinéraire conseillé

Rijksmuseum ➊

Voir p. 130-133.

Coster Diamonds ➋

Paulus Potterstraat 2-6. **Plan** 4 E3.
📞 *676 2222.* 🚊 *2, 4, 5, 6, 7, 10.*
⭕ *de 9 h à 17 h.* ● *1ᵉʳ jan., 25 déc.*
📷 ✂

Douze ans après sa
fondation en 1840, la
diamanterie Coster, une des
plus anciennes d'Amsterdam,
se vit confier par l'époux de la
reine Victoria, le Prince
Albert, la tâche délicate de
donner un nouveau poli au
célèbre Koh-i-Noor
(Montagne de lumière) après
qu'il eut été retaillé de 191 à
108 carats chez Garrards à
Londres. Le bijou fait partie
des joyaux de la Couronne
royale d'Angleterre ; une
réplique se trouve dans le
spacieux hall d'entrée de la
fabrique que visitent chaque
jours plus de 2 000 personnes.
Les visiteurs peuvent assister
au processus de calibrage, de
sciage et de polissage des
diamants. Des joailliers
sertissent ensuite les pierres,
dont la valeur dépend du
poids (un carat = 0,2 g), de la
couleur, de la clarté et de la
coupe, dans leurs montures.
Bien entendu, les visiteurs
peuvent acheter. Des salons
privés assurent la discrétion
des grosses transactions.

**Une tractation chez Coster
Diamonds**

Van Gogh
Museum ➌

Voir p. 134-135.

Stedelijk Museum ➍

Voir p. 136-137.

Façade du Concertgebouw (1881) par A.L. van Gendt

Concertgebouw ➎

Concertgebouwplein 2-6. **Plan** 4 D4.
📞 *675 4411 ou 671 8345.* 🚊 *2, 3,
5, 12, 16.* **Billetterie** ⭕ *de 10 h à
19 h du lun. au sam.* 🎵 🚫 ♿ *en
prévenant.*

Van Gendt (1835-1901)
remporta en 1881 le
concours organisé par une
association de riches
mélomanes désireux de doter
Amsterdam d'une nouvelle
salle de concerts. L'édifice,
dont la façade présente un
fronton néo-classique encadré
de tours néo-Renaissance,
renferme deux auditoriums. En
s'inspirant du plan ovale de
celui du Felix Meritis *(p. 113)*,
van Gengt réussit à donner au
plus grand, la Grote Zaal, une
acoustique renommée dans le
monde entier.

Donnée par un ensemble de
120 musiciens et 600 choristes
réunis pour l'occasion, la
représentation d'inauguration
eut lieu le 11 avril 1888. Un
orchestre s'installa à demeure
au Concertgebouw sept mois
plus tard.

Le bâtiment a connu depuis
plusieurs rénovations. La plus
récente, en 1983, devait pallier
de sérieux problèmes
d'affaissement. Pour les
résoudre, il fallut transférer sur
des tubes métalliques le poids
de la structure (10 000 tonnes).
Il fallait en effet remplacer les
2 186 pilotis en bois de 13 m de
long, assurant les fondations,
par des colonnes de béton
reposant sur une couche plus
ferme à 18 m de profondeur.
En 1988, Pi de Bruijn compléta
l'édifice par une aile vitrée et
une nouvelle entrée sur le côté.
Le Concertgebouw

n'accueille plus aujourd'hui
uniquement des concerts,
mais également des congrès,
des conférences, des
expositions, des réunions
politiques et, parfois, des
matchs de boxe.

Kiosque du Vondelpark

Vondelpark ➏

Stadhouderskade. **Plan** 4 E2. 🚊 *2, 3,
5, 12.* **Parc** ⭕ *de l'aube au
crépuscule.* **Théâtre de verdure** ⭕
de juin à mi-août : du mer. au dim.

En 1864, un groupe de
riches Amstellodamois
fonda un comité ayant pour
but la création d'un parc
public et réussit à rassembler
suffisamment de fonds pour
acheter un terrain de
8 hectares. J.D. et L.P. Zocher,
père et fils tous deux
architectes paysagistes,
aménagèrent cette étendue
marécageuse en un vaste
jardin à l'anglaise où pelouses,
étangs et allées sinueuses
imitent la nature. Il ouvrit au
public le 15 juin 1865 sous le
nom de Nieuwe Park qu'il
garda jusqu'à l'érection en
1867 d'une statue du poète
hollandais Joost van den

Vondel (1586-1679).

Le comité continua cependant à rechercher des souscriptions et le parc prit en 1877 sa dimension actuelle de 45 ha. Sur les plans d'eau et leurs îlots, dans les buissons (environ 100 espèces de plantes) et les arbres (127 essences), passereaux, écureuils, hérissons et canards cohabitent avec une bruyante colonie de perruches d'un vert éclatant qui se rassemblent tous les matins devant le pavillon pour réclamer de la nourriture. Vaches, moutons et chèvres paissent dans les prés.

Le Vondelpark accueille 8 millions de visiteurs chaque année, dont une majorité de cyclistes. Des concerts gratuits y sont donnés en été à l'Openluchttheater (théâtre de verdure).

Façade du Hollandse Manege

Hollandse Manege **❼**

Vondelstraat 140. **Plan** 3 C2. **☎** 618 0942. **🚊** 1, 6, 11. **◯** de 8 h 30 à 13 h du lun. au ven., de 8 h 30 à 18 h sam. et dim. **🖼 📷 ♿**

Inspiré de l'École d'équitation de Vienne, le Manège hollandais était installé sur le Leidsegracht *(p. 111)* jusqu'à la construction par A.L. van Gendt en 1882 d'un bâtiment spécialement conçu à son intention : une vaste arène couverte d'une toiture métallique et aux murs ornés de stucs néo-classiques, de miroirs dorés et de têtes de chevaux. Menacé de

démolition dans les années 1980, il rouvrit en 1986, superbement restauré, à l'instigation du prince Bernhard sensible aux protestations du public. Au sommet de l'escalier, une porte conduit au balcon surplombant l'arène, une autre au café.

Vondelkerk **❽**

Vondelstraat 120. **Plan** 3 C2. **☎** 689 0416. **🚊** 1, 3, 6, 11, 12. **Église ●** au public. **Galerie ◯** de 9 h à 17 h du lun. au ven. **●** vacances d'été et jours fériés. **📷**

La Vondelkerk est la plus grande église dessinée par P.J.H. Cuypers, architecte de la Centraal Station *(p. 30-31)*. Sa construction commença en 1872, mais les fonds manquèrent dès l'année suivante et il fallut attendre 1880 pour que souscriptions et

tombolas permettent de l'achever. Un incendie s'y déclara en novembre 1904 et les pompiers durent détruire le clocher pour sauver la nef. Le fils de l'architecte, J. T. Cuypers, réalisa celui qui le remplace actuellement. Désaffecté en 1979, l'édifice abrite des bureaux depuis 1985.

Nederlands Filmmuseum **❾**

Vondelpark 3. **Plan** 4 D2. **☎** 589 1400. **🚊** 1, 3, 6, 11, 12. **Bibliothèque ◯** de 11 h à 17 h du mar. au sam. **●** 1ᵉʳ jan., 25 déc. **Billetterie ◯** de 10 h à 9 h 30 du lun. au ven., de 13 h à 21 h 30 sam. et dim. **Projections**: environ 19 h, 20 h et 21 h 30 t.l.j. ; plus 13 h et 15 h le dim. **🖼** pour le cinéma **📷 ♿**

L'architecte P. J. Hamer (1812-1887) édifia avec son fils, W. Hamer (1843-1913), le pavillon du Vondelpark pour abriter un restaurant qui ouvrit le 4 mai 1881. Restauré une première fois après la Seconde Guerre mondiale, le bâtiment connut en 1991 une nouvelle réhabilitation. On y installa l'intérieur Art déco du premier cinéma d'Amsterdam, le Cinéma parisien datant de 1910. Équivalent de notre cinémathèque, le Nederlands Filmmuseum projette plus de 1 000 films par an. Il organise également des expositions et possède une bibliothèque aux nᵒˢ 69-71 Vondelstraat. Des projections gratuites ont lieu en plein air durant l'été.

La terrasse du café Vertigo au Nederlands Filmmuseum

Le Rijksmuseum ❶

S ouvent qualifié de « cathédrale gothique », l'édifice, élevé en 1885 par P. J. H. Cuypers *(p. 31)* pour abriter les collections classiques du Musée national – créé par Louis Bonaparte en 1808 –, provoqua la colère des protestants pour son ornementation beaucoup plus riche que celle du projet initial. Cet immense musée (plusieurs fois agrandi) et les chefs-d'œuvre qu'il renferme attirent des visiteurs du monde entier.

1er étage

Paysage d'hiver avec patineurs *(1618)*
Peintre muet, Hendrick Avercamp se spécialisa dans les scènes d'hiver.

La façade gothique en brique rouge porte une riche décoration.

★ La Laitière *(1658)*
Le souci du détail et la lumière baignant cette scène domestique sont typiques de l'art de Jan Vermeer (p. 194).

Entrée

Esca

LÉGENDE

- ☐ Histoire nationale
- ☐ Primitifs et écoles étrangères
- ☐ Peintures du XVIIe siècle
- ☐ Peintures des XVIIIe et XIXe siècles
- ☐ École de La Haye, impressionnistes
- ☐ Sculpture et arts décoratifs
- ☐ Cabinet des estampes
- ☐ Arts asiatiques
- ☐ Circulation et services

À NE PAS MANQUER

★ La Ronde de nuit par Rembrandt

★ L'Inondation de la Sainte-Élisabeth

★ La Laitière par Vermeer

★ L'Inondation de la Sainte-Élisabeth *(1500)*
Sur ce retable, un artiste anonyme représenta l'inondation qui emporta 22 villages le 18 novembre 1421 après la rupture des digues protégeant Dordrecht.

Entrée

Collection d'études

MODE D'EMPLOI

Stadhouderskade 42. **Plan** 4 E3.
673 2121. 2, 5, 6, 7, 10.
de 10 h à 17 h t.l.j. (der.
entrée 16 h 45). 1er jan.

★ **La Ronde de nuit** *(1642)*
*Commandé par le capitaine
d'une compagnie de miliciens,
ce tableau, le plus célèbre de
l'art néerlandais du XVIIe siècle,
marqua l'apogée de la gloire
de Rembrandt.*

Rez-de-chaussée

SUIVEZ LE GUIDE !

*Deux entrées s'ouvrent de part
et d'autre de l'allée passant sous
l'immeuble – celle de gauche
conduit au département
d'histoire nationale, celle de
droite à ceux des estampes, des
sculptures et des arts décoratifs
ainsi qu'à l'escalier. Sur le
palier du 1er étage se trouvent
une boutique et un bureau
d'information. À gauche
commence le département des
peintures du XVe au XVIIe siècle.
Les départements des arts
asiatiques et des peintures des
XVIIIe et XIXe siècles devraient
rouvrir en 1996.*

Sainte Catherine *(v. 1465)*
*Cette sculpture par le maître de
Koudewater montre la sainte
piétinant l'empereur Maxence à
qui est imputé son martyre.*

LA PEINTURE DE GENRE

Pour les contemporains de
Jan Steen (1625-1679), cette
paisible scène domestique
abondait en allusions,
obscures pour le spectateur
moderne. Évocation de la
fidélité conjugale, le chien sur
l'oreiller s'oppose ainsi aux
bas rouges de la femme
suggérant qu'il s'agit sans
doute d'une prostituée. Les
tableaux de genre avaient
souvent une intention
moralisatrice, tels ceux
illustrant des proverbes
(p. 189). Dans beaucoup, des
chandelles allumées ou des
crânes symbolisaient la
brièveté de la vie humaine.

Jan Steen peignit *La Toilette*
vers 1660

Sous-sol

À la découverte du Rijksmuseum

Ce musée est tellement vaste qu'il mérite certainement plus d'une visite. S'il doit sa réputation à la richesse de sa collection d'art néerlandais du Moyen Âge au Siècle d'Or, les départements de sculptures, d'arts décoratifs et d'arts asiatiques s'avèrent eux aussi remarquables. La section d'histoire nationale est également fascinante. Si vous ne disposez que de quelques heures pour découvrir ces trésors, commencez néanmoins par les peintures du XVIIe siècle. Les chefs-d'œuvre de grands maîtres tels Frans Hals et Vermeer vous conduiront jusqu'à la *Ronde de nuit* de Rembrandt.

L'une des *Sept Œuvres de Miséricorde* par le maître d'Alkmaar

HISTOIRE NATIONALE

Le retable médiéval de *L'Inondation de la Sainte-Élisabeth (p. 130)* rappelle l'importance du rôle de la mer dans l'histoire des Pays-Bas. Les salles suivantes exposent maquettes de bateaux du XVIIe siècle, vestiges de naufrages, portraits d'animaux ou tableaux de batailles navales. L'exposition évoque aussi la vie quotidienne des Néerlandais, les guerres terrestres, notamment contre l'Espagne et Louis XIV, et l'influence de la Révolution française.

PEINTURES DES XVe ET XVIe SIÈCLES

À côté d'une petit ensemble d'œuvres flamandes et italiennes comprenant des portraits par Piero di Cosimo (1462-1521) figurent les premières peintures spécifiquement « hollandaises », religieuses pour la plupart comme les *Sept Œuvres de Miséricorde* (1504) par le maître d'Almaar, *Marie-Madeleine* (1528) par Jan van Scorel ou le triptyque de *L'Adoration du veau d'or* (1530) par Lucas van Leyden. Au cours du XVIe siècle, les thèmes pastoraux et le réalisme s'imposent comme dans la *Danse des œufs* par Pieter Aersten (1509-1575).

PEINTURES DU XVIIe SIÈCLE

Après l'Altération de 1578 et l'interdiction de pratiquer le culte catholique, l'art néerlandais s'écarte totalement des thèmes religieux pour se tourner vers les portraits, les paysages et les scènes domestiques et de genre *(p. 131)*. Au Siècle d'Or, la richesse des Pays-Bas attire de nombreux peintres à Amsterdam. Le Rijksmuseum possède plusieurs œuvres majeures du plus célèbre Rembrandt *(p. 62)*, entre autres un *Autoportrait en saint Paul* (1661), *Les Syndics des drapiers* (1662), *La Fiancée juive (p. 40)* et, bien entendu, la *Ronde de nuit (p. 131)*. Rembrandt eut de nombreux élèves parmi lesquels Nicolas Maes qui peignit en 1655 une *Vieille Femme en prière* dont l'atmosphère contraste avec la lumière baignant *La Laitière (p. 130)* ou encore la *Femme lisant une lettre* (1662) de Jan Vermeer. Parmi les portraits exécutés par Jan Hals *(p. 178-179)*, le *Couple heureux* et *Les Joyeux Buveurs* (1630) font partie des plus connus. Avec *Le Moulin de Wijkbij-Duurstede*, Jacob van Ruysdael atteignit en 1670 le faîte de son talent de paysagiste.

D'autres grands peintres contribuent à l'éclat de la collection, notamment Pieter Saenredam, Jan van de Capelle, Jan Steen *(p. 131)* et Gerard ter Borch.

PEINTURES DES XVIIIe ET XIXe SIÈCLES

Au XVIIIe siècle, les artistes se contentèrent pour la plupart de suivre les voies ouvertes par leurs maîtres,

Couple heureux (v. 1622) par Frans Hals

notamment dans les portraits et les natures mortes telle *La Nature morte aux fleurs et aux fruits* de Jan van Huysum (1682-1749). Cornelis Troost (1696-1750), dont on peut voir de grands tableaux comme *Les Régents de l'hospice d'Amsterdam*, développa dans certaines de ses toiles un regard personnel et satyrique (p. 28), veine qui se retrouve dans *La Galerie d'art de Jan Gildemeester Jansz* (1794) où Adriaan de Lelie représenta l'aspect très chargé d'un salon d'amateur d'art du XVIIIe siècle.

L'ÉCOLE DE LA HAYE ET LES IMPRESSIONNISTES

L'école de La Haye réunit vers 1870 des peintres paysagistes qui saisirent avec talent la douceur de la lumière aux Pays-Bas, notamment dans des tableaux comme *À cheval sur une plage* ou la *Maison au bord du canal* d'Anton Mauve (1838-1888). Remarquez également *La Vue près du Geestbrug* par Hendrik Weissenbruch (1824-1903), *Le Moulin au clair de lune* de Jacob Maris (1837-1899) et *Les Canards* par Willem Maris (1844-1910). Parmi les impressionnistes, George Hendrik Breitner (1857-1923) peignit des œuvres comme *Le Pont sur le Singel* ou *Près de la rue du Palais* qui peuvent rivaliser avec celles de ses inspirateurs français.

SCULPTURES ET ARTS DÉCORATIFS

Les premières salles de ce département présentent de belles sculptures médiévales d'Europe du Nord, notamment dix statuettes en bronze fondues vers 1450 à Anvers et qui ornaient la tombe d'Isabelle de Bourbon, une *Dormition de la Vierge* (v. 1475) par Adriaen van Wesel et une *Mise au tombeau* (v. 1490) par Arnt van Kalkar. Les superbes tapisseries de *L'Arche de Noé* et du *Triomphe de Scipion l'Africain* furent tissées à Bruxelles dans la seconde moitié du XVIe siècle.

Réalisées vers 1700, deux remarquables maisons de

Nature morte aux fleurs et aux fruits (v. 1730) par Jan van Huysum (1682-1749), l'une des nombreuses natures mortes exposées au Rijksmuseum

poupées reproduisent le cadre luxueux que créaient des objets exposés au musée tels que meubles Louis XV, porcelaines de Saxe, verrerie…

CABINET DES ESTAMPES

Le Rijksmuseum possède la plupart des eaux-fortes de Rembrandt et une vaste collection d'œuvres par Hercules Seghers (v. 1589-1638). Aux réalisations de maîtres néerlandais s'ajoutent des estampes japonaises et les gravures d'artistes européens tels que Dürer, Tiepolo, Goya, Watteau et Toulouse-Lautrec. De petites expositions alternent plusieurs fois par an au rez-de-chaussée, mais on peut également admirer, sur autorisation spéciale, des œuvres dans la collection d'études au sous-sol.

ARTS ASIATIQUES

L'exposition présente des œuvres d'art de Chine, du Japon, d'Inde et d'Indonésie. Parmi les objets les plus anciens figurent de petits cavaliers et chameliers chinois façonnés sous la dynastie Tang (618-907) et de curieuses sculptures sur granite de Java remontant probablement au VIIIe siècle. Des statuettes indonésiennes de la même époque, sont d'une grande élégance.

Fondu au XIIe siècle, un superbe bronze indien représente Shiva sous sa forme de roi de la danse, symbole de la création et de la destruction du monde. Plus récents, deux paravents japonais montrent l'arrivée du bateau portugais qui, une fois par an, mouillait à Nagasaki.

Tête de Bouddha cambodgienne du VIIe siècle

Van Gogh Museum ❸

Gerrit Rietveld, architecte du groupe De Stijl *(p. 136)*, dessina en 1963 les plans de ce musée ouvert en 1973. Plus de 200 toiles et quelque 500 dessins de Vincent Van Gogh y présentent toutes les grandes tendances de l'œuvre de l'artiste, des couleurs sombres de sa période hollandaise à la palette éclatante avec laquelle il rendit la lumière de Provence. Des estampes qu'il collectionna et les peintures de contemporains complètent l'exposition en offrant un aperçu de ses influences. Les archives possèdent plusieurs centaines de ses lettres.

Escalier principal

3ᵉ étage

Les Mangeurs de pommes de terre *(1885)*
Par ses couleurs sombres et son sujet, des gens de condition modeste, ce tableau est typique de la période de Nuenen (1883-1885).

À NE PAS MANQUER

★ *Tournesols*

★ *La Chambre de Vincent à Arles*

★ *Champ de blé aux corbeaux*

2ᵉ étage

★ **Tournesols** *(1889)*
C'est à Arles, où il s'installa en février 1888, que la palette de Van Gogh prit son éclat inimitable.

Japonaiserie : la Courtisane *(1887)*
La vitalité des formes et la luminosité des couleurs de l'art japonais influencèrent Van Gogh.

VINCENT VAN GOGH

Né à Zundert en 1853, ce fils de pasteur ne commence à peindre qu'en 1880, au Pays-Bas tout d'abord pendant cinq ans, puis à Paris où il rencontre les impressionnistes. En 1888, il s'installe en Provence, mais son instabilité mentale le conduit à se mutiler l'oreille après une dispute avec Gauguin puis à se réfugier à l'asile de Saint-Rémy. Il se suicide en 1890 à Auvers-sur-Oise.

Van Gogh en 1871

★ La Chambre de Vincent à Arles
*Peinte de mémoire alors qu'il séjournait à l'asile de
Saint-Rémy, cette toile évoque la paix et le bonheur que
l'artiste avait espéré atteindre en s'installant dans sa
« maison jaune » d'Arles.*

MODE D'EMPLOI

Paulus Potterstraat 7. **Plan** 4 E3.
570 5200. 2, 3, 5, 12.
de 10 h à 17 h (dern. entrée
16 h 30). 1er jan.

SUIVEZ LE GUIDE !
*Une librairie, un café et la
présentation en alternance
d'œuvres d'artistes du
XIXe siècle occupent le rez-de-
chaussée. Le premier étage
abrite les tableaux de Van
Gogh, de sa période
hollandaise à celle d'Auvers,
tandis que les deux niveaux
supérieurs proposent études,
dessins et expositions
temporaires.*

**★ Champ de blé aux
corbeaux** *(1890)*
*Peu de tableaux illustrent
avec plus de force que
cette œuvre tardive,
peinte à Auvers,
les tourments de
Van Gogh.*

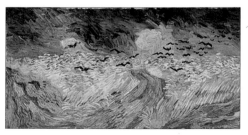

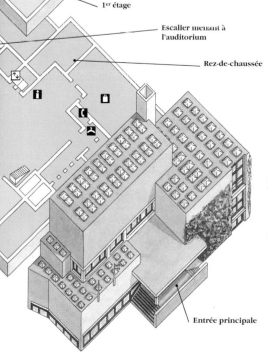

1er étage

**Escalier menant à
l'auditorium**

Rez-de-chaussée

Entrée principale

Pietà (d'après Delacroix) *(1889)*
*Sur ce tableau peint à l'asile de
Saint-Rémy, le personnage du
Christ pourrait être un
autoportrait.*

LÉGENDE

☐ Œuvres de Van Gogh

☐ Collection d'études

☐ Autres peintures du XIXe siècle

☐ Expositions temporaires

☐ Circulation et services

Stedelijk Museum ❹

Construit pour accueillir la collection léguée à la ville en 1890 par Sophia de Bruyn, le Musée municipal possède un riche fonds d'œuvres de la fin du XIXᵉ siècle et du XXᵉ siècle présentées en alternance en fonction de la place laissée libre par les dizaines d'expositions temporaires qui s'y déroulent chaque année. Cela en fait un des lieux les plus vivants d'Europe où découvrir les évolutions de l'art contemporain en peinture, sculpture, photographie, vidéo, gravure ou dessin industriel.

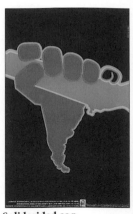

Autoportrait aux sept doigts *(1912)*
En se représentant avec sept doigts, Marc Chagall faisait référence aux sept jours de la Création et à ses origines juives. Écrits en hébreu au-dessus de sa tête, figurent les noms de Paris et de Rome où il vécut.

Solidaridad con Americana Latina *(1970)*
Les collections du Stedelijk comprennent quelque 17 000 affiches dont cette œuvre cubaine d'Asela Perez.

LE BÂTIMENT

L'intérieur ultramoderne offre un violent contraste avec la façade néo-Renaissance, ponctuée de niches contenant les statues d'artistes et d'architectes, de l'édifice dessiné en 1895 par A.W. Weissman (1858-1923). Le musée devrait être bientôt étendu.

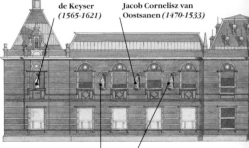

Hendrick de Keyser *(1565-1621)*

Jacob Cornelisz van Oostsanen *(1470-1533)*

Pieter Aertsen *(1509-1575)*

Joost Jansz Bilhamer *(1541-159...)*

Chaise bleue et rouge (1918) de Rietveld

LE MOUVEMENT DE STIJL

Fondé en même temps que la revue *De Stijl* (Le Style), parue de 1917 à 1931, ce mouvement regroupa des artistes néerlandais puis internationaux qui aspiraient à créer un langage universel applicable à toutes les formes de créations plastiques : peinture, sculpture, mais aussi architecture ou conception de mobilier.

Leurs recherches théoriques et leurs réalisations, telles la célèbre *Chaise bleue et rouge* de Gerrit Rietveld ou les toiles de Piet Mondriaan, initiateur du néo-plasticisme, influencèrent notamment le Bauhaus et toutes les écoles modernistes qui suivirent.

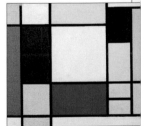

Composition rouge, noir, bleu, jaune, gris par Mondriaan

Danseuse *(1911)*
*Inspiré par les arts d'Afrique et d'Asie,
Ernst Ludwig Kirchner (1880-1938) se
laissait guider par les caractéristiques
des matériaux qu'il travaillait.*

MODE D'EMPLOI

Paulus Potterstraat 13. **Plan** 4 D3.
573 2737 ou 573 7911
2, 3, 5, 12, 16. de 11 h à
17 h (der. entrée : 16 h 45).
1er jan., 25 et 26 déc.

FONDS PERMANENT

Des œuvres du photographe
Man Ray, du peintre russe
Kazimir Malevitch et du
sculpteur Jean Tinguely sont
généralement exposées au
musée.

Homme et animaux *(1949)*
*Karel Appel (né en 1921) fit partie du
mouvement Cobra (1949-1951) qui
aspirait à redonner à l'art une
intensité échappant à toute
convention.*

— Clocheton de
l'horloge

*Man Ray (1890-1977) éleva
la photographie au rang
d'art et exerça une grande
influence sur les surréalistes.*

Thomas de Keyser
(1596-1667)

Jan van der Heyden
(1637-1712)

Jacob van Campen
(1595-1657)

*Kazimir Malevitch (1878-
1935), père du suprématisme,
visait à pousser l'abstraction
jusqu'au vide absolu.*

Untitled *(1965)*
*Cet immense tableau par
Jasper Johns (né en 1930),
artiste pivot entre
l'expressionnisme abstrait
et le pop art, invite à une
réflexion sur le
symbolisme des couleurs.*

À NE PAS MANQUER

★ **Œuvres de
Mondriaan**

★ **Collection Cobra**

★ **Œuvres de Malevich**

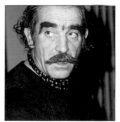

*Jean Tinguely (1925-1991)
crée à partir d'objets de
récupération des sculptures
animées et humoristiques.*

Le quartier de Plantage

Ornement du Theater Carré

Ce quartier situé à l'est du centre-ville devint, au milieu du XIXe siècle, l'une des premières banlieues d'Amsterdam. Ses rues ombragées bordant l'Hortus Botanicus ou le parc zoologique Artis constituent aujourd'hui une zone résidentielle recherchée. Une importante population juive habita longtemps le Plantage. Nombre de ses membres appartenaient à l'Union générale des tailleurs de diamant, syndicat dont le Nationaal Vakbondsmuseum retrace l'histoire. Depuis le Werf't Kromhout, un chantier naval encore partiellement en activité, la vue porte jusqu'au moulin De Gooyer, l'un des derniers de la ville. Occupant l'ancien arsenal de l'Amirauté, les collections du Nederlands Scheepvaart Museum proposent un voyage fascinant dans le passé maritime des Pays-Bas.

Le quartier d'un coup d'œil

Musées
Nationaal Vakbondsmuseum ❷
Hollandse Schouwburg ❸
Geologisch Museum ❺
Werf 't Kromhout Museum ⓫
Nederlands Scheepvaart
  Museum p. 146-147 ⓬

Bâtiments et écluses historiques
Entrepotdok ❽
Muiderpoort ❾
Moulin De Gooyer ❿
Amstelsluizen ⓮

Sites d'intérêt scientifique
Artis ❹
Aquarium ❼
Planétarium ❻

Jardin botanique
Hortus Botanicus Plantage ❶

Théâtre
Koninklijk Theater Carré ⓭

Comment y aller ?
Les trams 9 et 14 desservent Artis et l'Hortus Botanicus, les bus 22 et 28 le Scheepvaart Museum. La station de métro de Weesperplein se trouve au sud-ouest du quartier mais celle de Waterlooplein est plus rassurante la nuit.

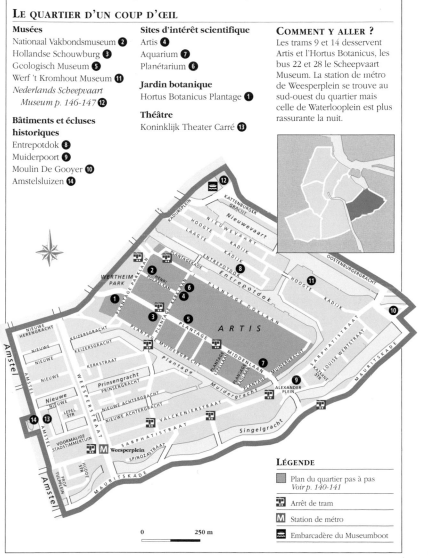

Légende
Plan du quartier pas à pas
Voir p. 140-141

🚉 Arrêt de tram

Ⓜ Station de métro

🚢 Embarcadère du Museumboot

0   250 m

◁ **Réplique de l'*Amsterdam*, un trois-mâts du XVIIIe siècle amarré près du Scheepvaart Museum**

Le quartier de Plantage pas à pas

Eléphant du zoo Artis

Malgré son aspect paisible, avec ses larges rues plantées d'arbres et ses immeubles aux façades peintes, le quartier résidentiel de Plantage propose de nombreux centres d'intérêt aux visiteurs. Ainsi, il ne faut pas manquer L'Hortus Botanicus et le parc zoologique Artis, souvent très animés les jours où le soleil brille. Les immeubles de l'Entrepotdok et leurs cafés offrent, quant à eux, un bel exemple de rénovation urbaine. Plusieurs monuments rendent hommage à la communauté juive d'Amsterdam dont tant de membres attendirent à l'Hollandse Schouwburg leur départ en déportation.

Nationaal Vakbondsmuseum
Installé dans un bâtiment par Petrus Berlage, il retrace l'histoire des syndicats néerlandais ❷

★ Artis
Installé dans un parc splendide, le jardin zoologique abrite plus de 5 000 espèces ❹

PLANTAGE PARKLAAN

PLANTAGE KERKLA

La Moederhuis, centre d'accueil pour femmes enceintes par Aldo van Eyck, présente une façade colorée et moderne.

★ Hortus Botanicus
Certaines serres ont été restaurées, et une serre plus récente abrite une collection de plantes tropicales ❶

À NE PAS MANQUER

★ Artis

★ Hollandse Schouwburg

★ Hortus Botanicus

★ Hollandse Schouwburg
Cet ancien théâtre est devenu un monument dédié aux juifs néerlandais déportés par les nazis ❸

Entrepotdok
Cafés, appartements et bureaux occupent désormais cet ensemble d'entrepôts en bordure de quai, le plus vaste d'Europe au moment de sa construction entre 1827 et 1840 **8**

CARTE DE SITUATION
Voir l'Atlas des rues, plans 5 et 6

Planétarium
Situé dans le parc Artis, il évoque les relations de l'homme avec les étoiles. Une exposition, qui comprend des maquettes d'engins spaciaux, permet de s'initier à l'astronomie, notamment grâce à des bornes interactives **6**

Geologisch Museum
Son exposition retrace l'évolution de la vie sur terre **5**

Sint Jacob se dresse sur le site d'un ancien hospice dont elle a conservé le portail.

0   100 m

LÉGENDE

– – – Itinéraire conseillé

Aquarium
Bâti dans le style néo-classique en 1882, il abrite près de 500 espèces marines et d'eau douce **7**

Plantes tropicales à l'Hortus Botanicus

Hortus Botanicus Plantage ❶

Plantage Middenlaan 2a. **Plan** 6 D2.
📞 625 8411. 🚊 9, 14. ◯ d'avril à
sept. : de 9 h à 17 h du lun. au ven., de
11 h à 17 h sam., dim. et jours fériés ;
d'oct. à mars : de 9 h à 16 h du lun. au
ven., de 11 h à 16 h sam., dim. et jours
fériés ◯ 1er jan. 🎫 📷 ♿ 🌿

Destiné à l'origine à la
culture d'essences
médicinales, ce jardin
botanique s'installa sur son
site actuel en 1682 et bénéficia
des voyages d'exploration de
la Compagnie des Indes
orientales (p. 26-27). Premier
lieu, en 1706, où la culture de
plants de café (coffea arabica)
réussit hors d'Afrique, il
possède aujourd'hui l'une des
plus riches collections
d'espèces végétales du monde
et la plus vieille plante en pot :
un cycas (palmier) vieux de
quatre cents ans qu'abrite une
serre bâtie en 1913.
   Œuvre de Moshé Zwarts et
Rein Jansma, une construction
de verre et d'aluminium la
complète depuis 1993 pour
accueillir les essences
tropicales et désertiques. Les
plantes carnivores possèdent
leur propre serre.

Nationaal Vakbonds-museum ❷

Henri Polaklaan 9. **Plan** 5 C2. 📞 624
1166. 🚊 7, 9, 14. ◯ de 11 h à 17 h
du mar. au ven., de 13 h à 17 h dim.
◯ jours fériés. 🎫 📷 ♿

Fondé en 1894, le premier
syndicat des Pays-Bas,
l'Union générale des tailleurs
de diamants néerlandais
(A.N.D.B.), comptait dès 1910
plus de 10 000 adhérents.
L'architecte Petrus Berlage
(p. 79) construisit en 1900

l'immeuble crénelé
surnommé la
« forteresse » destiné à
accueillir son siège.
L'édifice présente une
décoration intérieure
élégante, due
notamment à Rik Roland
Holst, qui symbolise
dans la cage d'escalier
l'élévation de la classe
ouvrière vers la lumière.
Le musée des Syndicats
néerlandais qu'il abrite
intéressera surtout les visiteurs
maîtrisant le hollandais.

Hollandse Schouwburg ❸

Plantage Middenlaan 24. **Plan** 5 C2.
📞 626 9945. 🚊 7, 9, 14. ◯ de
11 h à 16 h. ◯ Yom Kippur. 📷 ♿

Inauguré en 1893, ce théâtre
devint pendant la Seconde
Guerre mondiale le centre de
rassemblement des juifs
d'Amsterdam arrêtés par les
nazis. Plus de 60 000 personnes
y attendirent leur départ vers
les camps d'extermination.

Abandonné jusqu'à la création,
en 1962, d'un jardin dans
l'enceinte de son ancienne
salle de spectacle, dont il ne
subsiste que les murs, l'édifice
est devenu un mémorial aux
victimes de la déportation. Une
colonne de basalte, au socle en
forme d'étoile de David, se
dresse à l'emplacement de la
scène.
   Restauré avec la façade en
1993, le foyer présente à l'étage
des expositions destinées aux
enfants expliquant le drame
que connut la communauté
juive de la ville.

Artis ❹

Plantage Kerklaan 40. **Plan** 6 D2. 📞
523 3400. 🚊 7, 9, 14. ◯ de 9 h à
17 h t.l.j. 🎫 📷 ♿ 🌿

Fondé en 1838 par le
docteur G. F. Westerman,
président de l'association
Natura Artis Magistra (« Nature,
maîtresse de l'art »), le parc
Artis, où travaillèrent de
nombreux biologistes de
renom, est l'un des plus

L'escalier du Nationaal Vakbondsmuseum

Bassin des lions de mer du jardin zoologique

anciens jardins zoologiques européens. Outre trois vastes serres exotiques, il renferme un musée géologique, un musée zoologique, un planétarium, un aquarium et l'amfibarium abritant les espèces amphibies.

Parmi les animaux figurent entre autres félins, girafes, ours polaires, pingouins, hippopotames et lions de mer. De nombreux sentiers ornés de statues sinuent entre les enclos et les cages, conduisant à la volière, au vivarium des reptiles, à la singerie ou à l'étang des flamants. Un bâtiment où sont inversés jours et nuits permet d'observer la vie des animaux nocturnes.

Les enfants disposent d'un terrain de jeu et peuvent même aller caresser les moutons et les chèvres élevés dans la ferme.

Geologisch Museum ❺

Plantage Kerklaan 40. **Plan** 6 D2. 📞 *523 3400.* 🚋 *7, 9, 14.* ⭕ *de 9 h à 17 h t.l.j.* 📷 ♿ 🎞

Le billet d'entrée au parc Artis donne accès à ce musée géologique situé au sud-ouest de l'enceinte et dont les collections offrent un aperçu pédagogique de l'histoire de notre planète.

Au rez-de-chaussée, la première galerie présente ainsi l'évolution de la vie depuis ses formes monocellulaires jusqu'aux mammifères sans oublier les dinosaures. Consacrée aux interactions entre les forces et les éléments qui permettent à cette vie de se perpétuer, la deuxième galerie propose comme attraction principale une « Machine Terre » où des pièces en rotation figurent la biosphère (espace habité par les espèces vivantes), l'hydrosphère (l'eau), l'atmosphère et l'écorce terrestre. Fossiles et minéraux occupent le premier étage.

Fossile d'ammonite au Geologisch Museum

Le planétarium ❻

Plantage Kerklaan 40. **Plan** 6 D2. 📞 *523 3400.* 🚋 *7, 9, 14.* ⭕ *de 12 h 30 à 17 h lun., de 9 h à 17 h du mar. au dim.* 🎞 📷 ♿ 🎞

Il faudra payer un supplément (le seul exigé dans l'enceinte du parc Artis) pour assister aux projections données toutes les heures sous la vaste dôme proche de l'entrée principale du zoo. Les spectacles, proposés en alternance aux enfants ou aux adultes, reproduisent le ciel nocturne et montrent le déplacement constant des planètes par rapport aux constellations. Bien que le commentaire soit en hollandais, il en existe des résumés en français, anglais et allemand.

Autour de la salle de projection, documents, photos, vidéos, maquettes, bornes interactives et jeux informatiques permettent d'approfondir ses connaissances sur l'exploration spatiale et l'astronomie.

L'aquarium ❼

Plantage Kerklaan 40. **Plan** 6 D3. 📞 *523 3400.* 🚋 *7, 9, 14.* **Aquarium** ⭕ *de 9 h à 17 h t.l.j.* **Zoölogisch Museum** ⭕ *de 9 h à 17 h du mar. au dim.* 📷 ♿ 🎞

Ouvert en 1882 dans un imposant édifice néo-classique, il constitue sans doute la visite la plus intéressante à faire dans le parc Artis. Alimentés par quatre systèmes de circulation d'eau à des températures différentes (un d'eau douce et trois d'eau de mer), les bassins, d'une contenance de près d'un million de litres, renferment environ 500 espèces de poissons et d'animaux marins allant de simples invertébrés jusqu'aux piranhas, requins et tortues géantes. Ne pas manquer les poissons des massifs de coraux aux couleurs éclatantes.

Au sous-sol, l'amfibarium abrite une riche collection d'animaux amphibies, tels que grenouilles et salamandres, de toutes formes, tailles et coloris.

Le bâtiment contient également un petit musée zoologique (Zoölogisch Museum) aussi ancien que le parc lui-même. Plus académique dans sa présentation, il propose, outre sa collection permanente, des expositions temporaires sur des thèmes comme l'histoire du dodo.

Poisson tropical, l'une des 500 espèces visibles à l'aquarium

Entrepotdok ⓧ

Plan 6 D2. ⧉ *7, 9, 14.*

Après la décision en 1827 d'en faire une zone franche de douane pour les marchandises en transit, on éléva sur ces quais 82 magasins maritimes qui formaient, au milieu du XIXᵉ siècle, le plus grand ensemble d'entrepôts d'Europe. Pour éviter la contrebande, il ne possédait alors qu'un seul accès, au débouché du canal : la porte néoclassique du Kadijksplein.

Désaffectés, les édifices tombaient en ruine quand commença leur réhabilitation au début des années 1980. Ils abritent aujourd'hui des bureaux (principalement occupés par des architectes et des designers), des logements et des cafés et restaurants. Si les façades ont été pour la plupart préservées, le corp de bâtiments a connu un complet réaménagement avec le percement de rues ouvrant de nouveaux accès au quartier et la création d'une jolie cour intérieure au premier étage.

Aux beaux jours, les terrasses de café au bord de l'eau, les maisons flottantes multicolores amarrées de l'autre côté du canal, les hérons assoupis sur le rivage et les cris d'animaux provenant du jardin zoologique Artis *(p. 142-143)* font de l'Entrepotdok un très agréable lieu de promenade.

La coupole et l'horloge de la Muiderpoort

Muiderpoort ⓧ

Alexanderplein. **Plan** 6 E3. ⧉ *6, 9, 10, 14.* ◯ *au public.*

Édifiée vers 1770 sur des plans de Cornelis Rauws, la porte de Muiden appartenait jadis à l'enceinte de la ville. Une coupole surmontée d'une horloge domine son fronton orné d'un relief par A. Ziesenis représentant les armoires d'Amsterdam.

C'est par la Muiderpoort que Napoléon entra dans la cité en 1811. Selon la légende, les Amstellodamois se virent contraints de loger, nourrir et habiller ses grognards pour la plupart en guenilles.

La bibliothèque spécialisée de L'Académie internationale des impôts occupe désormais le bâtiment.

Le moulin De Gooyer ⓧ

Funenkade 5. **Plan** 6 F2. ⧉ *6, 10.* ◯ *au public.*

Des six moulins subsistant dans les limites de la ville, le De Gooyer, aussi connu sous le nom de Funenmolen, est le plus central. Le premier moulin à farine des Pays-Bas conçu pour utiliser un nouveau dessin d'ailes, plus aérodynamique, fut construit en 1725. Il occupait à l'origine un emplacement situé plus à l'ouest que sa position actuelle, dans le prolongement du Nieuwevaart, mais il se vit coupé du vent par l'édification, en 1814, de la caserne Oranje-Nassau. Soigneusement démontée, sa structure octogonale en bois fut alors installée sur le socle en pierre d'un moulin de pompage démoli en 1812.

En 1925, le De Gooyer menaçait ruine et le conseil municipal l'acheta et entreprit sa restauration. Celle-ci comprit la réfection complète de son balcon qui s'était effondré. La partie inférieure de l'édifice abrite aujourd'hui une résidence privée.

Attenant au moulin, les

Façades d'anciens magasins sur l'Entrepotdok

Le moulin De Gooyer (xviiie siècle) et son balcon reconstruit

anciens bains publics de la Funenkade sont devenus une brasserie. Elle produit la bière Columbus *(p. 46)* fortement alcoolisée.

Werf 't Kromhout Muscum ⓫

Hoogte Kadijk 147. **Plan** 6 D1. 627 6777. 7. 22, 28. Oosterdok or Kattenburgergracht. de 10 h à 16 h du lun. au ven. jours fériés.

En fonction depuis 1757, le Werf't Kromhout est l'un des plus anciens chantiers navals d'Amsterdam. Dans la seconde moitié du xixe siècle, alors que la marine à voile cédait le pas devant la vapeur, il adapta sa production à ces nouvelles conditions et fut l'un des premiers à s'équiper d'innovations telles que treuils à vapeur et éclairage électrique.

La taille des navires de haute mer augmentant, il dut, par manque de place, s'adapter à nouveau et se tourner vers la fabrication d'embarcations pour les voies d'eau

intérieures. Il est aujourd'hui spécialisé dans les réparations et la restauration.

Annexe du Scheepvaart Museum *(p. 146-147)*, son musée évoque le passé du chantier naval et présente une belle collection de moteurs anciens, des maquettes, des photographies et documents et de l'outillage pour la construction navale, notamment une forge richement équipée.

Le Werf't Kromhout, musée et chantier naval

Nederlands Scheepvaart Museum ⓬

Voir p. 146-147.

Koninklijk Theater Carré ⓭

Amstel 115-125. **Plan** 5 B3. 622 5225. 6, 7, 10. Weesperplein. **Billeterie** de 10 h à 19 h du lun. au sam., de 13 h à 19 h dim. Voir **Se distraire** p. 246. 15 h mer. et sam.

Devant le succès rencontré à Amsterdam par son cirque lors de sa visite annuelle, Oscar Carré édifia en 1868 une structure en bois au bord de l'Amstel pour abriter ses représentations. Les incendies menaçant, l'entreprenant directeur persuada la ville de le laisser construire un bâtiment permanent.

Dessiné par les architectes J. P. F. van Rossem et W. J. Vuyk, l'immeuble, à la façade classique décorée de têtes de danseurs, de jongleurs et de clowns, fut élevé en 1887.

Outre une arène qui accueille à Noël les spectacles de cirque qui restent un des temps forts de sa programmation, le théâtre possède une scène où se déroulent toute l'année concerts et comédies musicales.

Décor de la façade du Koninklijk Theater Carré

Amstelsluizen ⓮

Plan 5 B3. 6, 7, 10.

Ces robustes écluses en bois datent du xviiie siècle et ne furent motorisées qu'en 1994. Barrant le cours de l'Amstel, elles font partie d'un système complexe d'écluses et de stations de pompage renouvelant l'eau des canaux d'Amsterdam.

Quatre fois par semaine en été, et deux fois en hiver, elles se ferment tandis qu'afflue dans les canaux de l'eau provenant des grands lacs situés au nord de la cité, notamment l'IJsselmeer. Des stations de pompage et l'ouverture d'écluses à l'ouest de la ville assurent l'évacuation du trop-plein dans la mer du Nord.

Nederlands Scheepvaart Museum ⑫

L e Musée maritime néerlandais, le musée consacré à la navigation le plus riche du monde, occupe depuis 1981 l'ancien arsenal de l'Amirauté. Le bâtiment a été construit en 1656 par Daniel Stalpaert sur 18 000 pilotis enfoncés dans le lit de l'Oosterdok. Bateaux, maquettes, instruments, planisphères, tableaux ou figures de proue y retracent l'histoire navale des Pays-Bas, en particulier pendant le Siècle d'Or et la grande époque de la Compagnie des Indes orientales.

Sextant en laiton du XVIIe siècle

★ L'Atlas Blaeu
Publié en 1663 et comprenant 16 volumes, il témoigne du rayonnement de la cartographie hollandaise au XVIIe siècle.

1er étage

Ajax
Cette figure de proue, représentant le héros de la guerre de Troie qui se suicida quand les armes d'Achille revinrent à Ulysse, ornait un navire construit en 1832.

SUIVEZ LE GUIDE !
L'exposition respecte un ordre chronologique, le 1er étage étant consacré aux débuts de l'histoire navale néerlandaise et le second à la marine marchande depuis le XIXe siècle et aux progrès apportés par les techniques modernes. Des projections audiovisuelles ont lieu au 1er étage et l'Amsterdam est amarré à l'extérieur.

À NE PAS MANQUER

★ **La chaloupe royale**

★ **L'Amsterdam**

★ **L'Atlas Blaeu**

Façade classique

Planisphère
Cette carte d'Asie faisait partie d'une série de 5, éditée en 1780. Trop imprécises pour la navigation, elles servaient de décorations murales.

Entrée principale

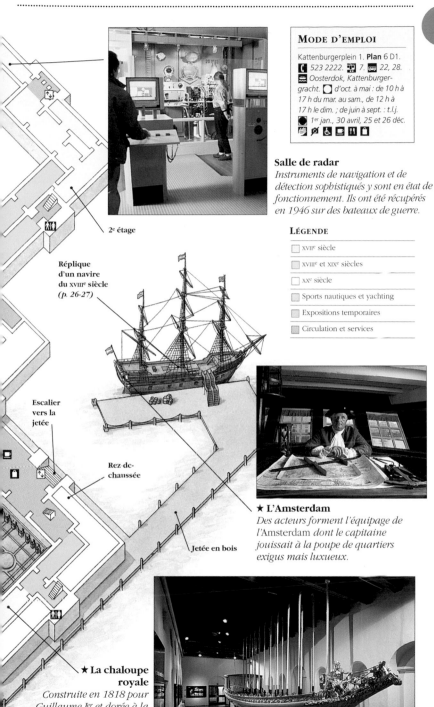

MODE D'EMPLOI

Kattenburgerplein 1. **Plan** 6 D1.
📞 523 2222. 🚇 7. 🚌 22, 28.
🚢 Oosterdok, Kattenburgergracht. 🕐 d'oct. à mai : de 10 h à
17 h du mar. au sam., de 12 h à
17 h le dim. ; de juin à sept. : t.l.j.
🔴 1er jan., 30 avril, 25 et 26 déc.
🖼 🚫 ♿ 🏪 🍴 🛍

Salle de radar
*Instruments de navigation et de
détection sophistiqués y sont en état de
fonctionnement. Ils ont été récupérés
en 1946 sur des bateaux de guerre.*

2e étage

LÉGENDE

☐ XVIIe siècle

☐ XVIIIe et XIXe siècles

☐ XXe siècle

☐ Sports nautiques et yachting

☐ Expositions temporaires

☐ Circulation et services

**Réplique
d'un navire
du XVIIIe siècle
(p. 26-27)**

**Escalier
vers la
jetée**

**Rez-de-
chaussée**

Jetée en bois

★ **L'Amsterdam**
*Des acteurs forment l'équipage de
l'Amsterdam dont le capitaine
jouissait à la poupe de quartiers
exigus mais luxueux.*

★ **La chaloupe
royale**
*Construite en 1818 pour
Guillaume Ier et dorée à la
feuille, cette embarcation servit
pour la dernière fois en 1962 lors
du 25e anniversaire de mariage
de la reine Juliana.*

En dehors du centre

Au début du siècle, la capitale néerlandaise a su s'étendre avec un sens de l'urbanisme conciliant contraintes et art de vivre qui donne tant de charme au centre. Le Nieuw Zuid (Nouveau Sud) offre ainsi l'occasion de découvrir tout ce que l'école d'Amsterdam a apporté à l'architecture moderne *(p. 97)*, notamment en se promenant dans le complexe De Dageraad et dans les rues voisines du quartier olympique. Si vous préférez des lieux chargés d'histoire ancienne, la petite localité d'Oudekerk aan de Amstel s'enor-

Sculpture de la fontaine du Frankendael

gueillit d'une fondation antérieure à celle d'Amsterdam. Plusieurs parcs aisément accessibles en transports publics offrent également des buts d'excursion hors du centre, en particulier l'Amstelpark que parcourt en été un train miniature et l'Amsterdamse Bos *(p. 32-33)* dont on peut découvrir les étangs, bosquets et prairies depuis la plate-forme d'un tram historique de l'Electrische Museumtramlijn. La périphérie de la ville compte en outre plusieurs musées dont les collections sont intéressantes et instructives.

La périphérie d'Amsterdam d'un coup d'œil

Bâtiments et quartiers historiques
Frankendael ❶
Complexe De Dageraad ❺
Ouderkerk aan de Amstel ❾
Quartier olympique ❿

Parcs
Amstelpark ❽
Amsterdamse Bos ⓬

Musées et lieux d'exposition
Tropenmuseum
   voir p. 152-153 ❷
Technologie Museum NINT ❸
Gemeentearchief Amsterdam ❹
Verzetsmuseum Amsterdam ❻
Amsterdam RAI ❼
Electrische Museumtramlijn ⓫
Nationaal Luchtvaartmuseum
   Aviodome ⓭

Légende

▇	Centre d'Amsterdam
▢	Agglomération amstellodamoise
✈	Aéroport
▬	Route principale
▬	Route secondaire

0   2 km

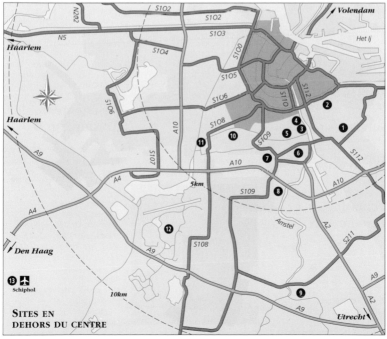

SITES EN DEHORS DU CENTRE

◁ **Voilier amarré à Ouderkerk aan de Amstel**

Frankendael ❶

Middenweg 72. **Plan** 6 F5. 🚋 *9.* 🚌
59, 120, 126, 136. **Jardins** 🕿 *596
2504.* ⚪ *de l'aube au crépuscule.*

A u début du XVIIIᵉ siècle, de
nombreux Amstellodamois
aisés construisirent des
résidences d'agrément au sud
de la Plantage Middelaan sur
les terrains drainés du
Watergraafsmeer. Il n'en
subsiste qu'une seule : l'élégant
Frankendael, de style Louis-
XIV, flanqué d'une maison des
équipages.
   L'habitation elle-même est
fermée au public, mais on
aperçoit les ornements de sa
façade depuis la Middenweg.
C'est de cette artère animée
que l'on découvre également la
fontaine dessinée en 1714 par
Ignatius van Logteren pour
décorer le jardin s'étendant
devant l'édifice.
   Les jardins de derrière, laissés
à l'abandon mais accessibles,
offrent aux visiteurs le refuge
de leurs allées bordées d'arbres
et de buissons touffus. Il est
également possible de se
promener dans de vastes
pépinières.

Façade néo-Renaissance du Gemeentearchief Amsterdam

**La fontaine d'Ignatius van Logteren
ornant le jardin du Frankendael**

Tropenmuseum ❷

Voir p. 152-153.

Technologie
Museum NINT ❸

Tolstraat 129. 🕿 *570 8170.* 🚋 *3, 4.*
⚪ *de 10 h à 17 h du lun. au ven., de
12 h à 17 h sam. et dim.* ⚫ *1ᵉʳ jan.,
30 avril, 25 déc.* 📷 ♿

I nstallé dans une ancienne
taillerie de diamants, le
Musée technique NINT
(Nederlands Instituut voor
Nijverheid en Techniek) a

pour principale ambition de
proposer aux enfants une
approche dynamique des
sciences et des
technologies.
   Le rez-de-chaussée est
ainsi organisé en
« Exploratorium » où
découvrir, le plus souvent
de manière interactive, les
grands principes de
l'utilisation de forces
telles que l'électricité ou
le magnétisme, la
construction des barrages
et des digues... ou la création
d'une bulle de savon géante.
À l'étage, des ordinateurs

**Dans une bulle de savon au
Technologie Museum NINT**

proposent des programmes
éducatifs et ludiques.
   Un nouveau centre
d'initiation aux sciences et
technologies (IMPULS) est en
cours d'élaboration sous la
direction du NINT. Il devrait
comprendre des salles de
conférence et d'exposition et
un cinéma.

Gemeentearchief
Amsterdam ❹

Amsteldijk 67. **Plan** 5 B5. 🕿 *572 0202.*
🚋 *3, 4.* ⚪ *de 8 h 45 à 16 h 45 du lun.
au ven. ; mi-août à mi-juil. : de 9 h à
12 h le sam.* ⚫ *jours fériés.* 📷 ♿

A ncien hôtel de ville de la
petite commune de
Nieuwer Amstel en partie
annexée par Amsterdam en
1869, cet édifice du XIXᵉ siècle,
à la façade néo-Renaissance
richement décorée, abrite
depuis 1914 les archives
municipales de la capitale
néerlandaise.
   Outre une importante
collection de dessins, livres,
journaux et documents
audiovisuels, les archives

incluent notamment l'acte de Floris V accordant en 1275 une exemption de taxes aux habitants d'Amstellodamme *(p. 19)* et un registre des baptêmes, mariages et enterrements datant de 1550.

Le bâtiment accueille de surcroît d'intéressantes expositions.

Le complexe De Dageraad ❺

Pieter Lodewijk Takstraat. 🚇 *4, 12, 25.* ● *au public.*

À la demande du conseil municipal d'Amsterdam, H. P. Berlage *(p. 79)* proposa en 1917 un plan d'aménagement d'un nouveau quartier devant permettre à la ville de se développer harmonieusement vers le sud. Ce projet intégrait toutes les classes sociales, en juxtaposant terrains destinés à la construction de villas ou d'immeubles résidentiels et espaces réservés aux logements sociaux.

Berlage ne réalisa personnellement aucun des immeubles du nouveau quartier. Toutefois les membres de l'école d'Amsterdam *(p. 97)* qui les dessinèrent ont su interpréter avec imagination ses idéaux, notamment Piet Kramer et Michel de Klerk. Le complexe de 350 appartements, bâti par ces derniers de 1918 à 1923 pour la coopérative immobilière De Dageraad (l'Aurore), reste un exemple pour

Une foire commerciale à l'Amsterdam RAI

de nombreux urbanistes modernes.

Tourelles, courbes, décrochages, ruptures de lignes ainsi que fenêtres et briques utilisées à des fins décoratives animent les bâtiments dont l'esthétique devait, selon les créateurs, participer à la qualité de vie des habitants.

Verzetsmuseum Amsterdam ❻

Lekstraat 63. 📞 *644 9797.* 🚇 *4, 12, 25.* 🚌 *15, 69, 169.* ⏰ *de 10 h à 17 h du mar. au ven., de 13 h à 17 h sam., dim. et la plupart des jours fériés.* ● *1er jan., 30 avril, 25 déc.* 🖼 ⊘ ♿

La visite du musée de la Résistance installé dans une ancienne synagogue du Nieuw Zuid (Nouveau Sud) complète à merveille celle de la maison d'Anne Frank *(p. 90).* Dirigé par d'anciens membres de la résistance néerlandaise, il propose

en effet des projections audiovisuelles et une exposition de documents, d'affiches et d'armes qui permettent de mieux comprendre l'héroïsme de nombreux Amstellodammois face aux nazis.

Ce courage se manifesta non seulement par des événements spectaculaires, tels que la grève des dockers et des employés des transports en 1941 protestant contre les persécutions des juifs *(p. 33),* ou la destruction par un commando des fichiers de l'état-civil, mais aussi par un engagement de la population quotidien et anonyme : celle-ci nourrissait et cachait ainsi 300 000 personnes en 1945.

Amsterdam RAI ❼

Europaplein. 📞 *549 1212.* 🚇 *4.* Ⓜ 🚉 *RAI.* 🚌 *15, 60, 69, 169.* ⏰ *selon l'exposition.* **Administration et renseignements** : *de 9 h à 17 h du lun. au ven.* 🖼 ⊘ ♿ *avec de l'aide.*

La première foire commerciale d'Amsterdam, une exposition de bicyclettes, eut lieu en 1893. Incluant les automobiles, elle devint ensuite un événement annuel connu sous le nom de « RAI » (Rijwiel Automobiel Industrie). L'actuel palais des expositions comprend 11 halls d'exposition, 22 salles de conférence et 7 restaurants. Plus de 1 000 manifestations, allant du spectacle de cabaret à la foire commerciale s'y déroulent chaque année.

Immeuble du complexe De Dageraad

Tropenmuseum ❷

Construit de 1913 à 1926 par les architectes M. A. et J. Nieukerken pour l'Institut colonial hollandais, cet imposant bâtiment abrite, depuis sa rénovation achevée en 1978, le musée des Tropiques. Il présente sur trois niveaux de galeries, entourant un vaste hall éclairé par une coupole en verre, des collections permanentes et des expositions temporaires évoquant la musique, le théâtre, l'art, les religions et l'évolution des pays des régions tropicales. Sonorisées, des reconstitutions grandeur nature offrent un aperçu de la vie quotidienne des peuples qui les habitent.

Tente de nomades
Cette tente en feutre reconstitue le cadre de vie de nomades d'Afghanistan.

Kindermuseum

★ Les pirogues sculptées du Pacifique
Les sculptures de ces barques utilisées lors de cérémonies d'initiation représentent les âmes d'anciens membres du village.

★ Les mâts Bisj
Taillés dans des racines de palétuviers, ces mâts rituels peints proviennent de Nouvelle-Guinée.

SUIVEZ LE GUIDE !
Au rez-de-chaussée, où se trouve une boutique proposant de l'artisanat de pays en voie de développement, le grand hall central accueille les principales expositions temporaires. Dans les étages, des animations sonores et une présentation très vivante rendent particulièrement agréable la découverte des collections permanentes. Le sous-sol abrite un restaurant, un café et un théâtre.

Entrée principale

Hall central

Sous-sol

2ᵉ étage

MODE D'EMPLOI

Linnaeusstraat 2. **Plan** 6 E3. **Tropen-museum** 568 8200. de 10 h à 17 h du lun. au ven., de 12 h à 17 h sam. et dim. 1ᵉʳ jan., 30 avril, 5 mai, 25 déc. **Kindermuseum** 568 8233. de 11 h à 17 du lun. au ven. pendant les vacances scolaires ; de 13 h 30 à 13 h mer., de 12 h à 17 h sam., dim. et jours fériés. 1ᵉʳ jan., 30 avril, 5 mai, 25 déc. 6, 9, 10, 14. Kindermuseum.

★ **La collection de masques**
Elle comprend des pièces africaines, asiatiques ou précolombiennes, tel ce masque d'Amérique centrale.

LÉGENDE

- Asie
- Asie du Sud-Est et Océanie
- Afrique
- Amérique centrale et du Sud
- Kindermuseum
- Expositions temporaires
- Circulation et services

1ᵉʳ étage

Bas-reliefs javanais
Les frises décorant l'escalier principal (ici deux bouddhas en prière) sont les copies de sculptures ornant un monument javanais élevé vers l'an 800.

Bidonvilles de Bombay
Petits éventaires et bicoques exiguës recréent l'atmosphère surpeuplée de l'Inde.

KINDERMUSEUM (MUSÉE DES ENFANTS)

Il faut réserver sa place pour accéder à ce musée où les adultes ne peuvent entrer qu'en accompagnant un enfant. Conçue dans un esprit pédagogique et concret, l'exposition n'est qu'en partie permanente et accorde un large espace à l'approche d'un sujet spécifique régulièrement renouvelé. Les jeunes visiteurs (de six à douze ans) y ont toute liberté pour découvrir et examiner les objets présentés de manière à rendre vivantes l'histoire et la culture auxquelles ils sont liés. Des guides se tiennent à leur disposition pour les aider à tirer le meilleur parti de leur exploration.

Dans la peau d'un tigre protecteur de Bali

À NE PAS MANQUER

- ★ **Les mâts Bisj**
- ★ **Les pirogues sculptées du Pacifique**
- ★ **La collection de masques**

Le moulin Rieker de l'Amstelpark

Amstelpark ❽

Europaboulevard. 🚊 *4.* Ⓜ 🚉 *RAI.* 🚌
69, 169. ○ *de l'aube au crépuscule.*

La création de ce vaste parc situé au sud-ouest d'Amsterdam dans la banlieue de Buitenveldert remonte à 1972. De Pâques à octobre, un petit train le parcourt. Parmi les centres d'intérêt figurent le moulin Rieker (1636) qui se dresse à sa pointe sud, une roseraie, la promenade des rhododendrons et un jardin miniature et sa pépinière.

Terrains de jeu, promenades à poney et mini-golf permettent aux enfants de se distraire. La Glazen Huis (Maison de verre) et la galerie des Papillons accueillent des expositions d'art.

Ouderkerk aan de Amstel ❾

Ⓜ 🚉 *Oranjebaan* 🚌 *175.* **Jardins de la Wester Amstel** ○ *de l'aube au crépuscule.*

Ce charmant village au confluent de l'Amstel et de la Bullewijk reçoit depuis le Moyen Âge la visite des Amstellodammois. Ceux-ci ne possédèrent en effet pas leur propre église avant 1330 *(p. 66-67)* et se déplaçaient donc jusqu'à l'Ouderkerk, élevée au XIe siècle, qui a donné son nom à la localité. Une terrible tempête détruisit en 1674 cette « Vieille Église », mais un élégant sanctuaire du XVIIIe siècle s'élève sur son emplacement. En face s'étend le terrain acheté par la communauté juive pour y enterrer ses morts, ce qu'elle n'avait pas le droit de faire à l'intérieur de la cité. Depuis 1615, 27 000 personnes ont trouvé sépulture dans le cimetière Beth Haim.

Aujourd'hui, le cadre paisible et les cafés et restaurants au bord de l'eau d'Ouderkerk aan de Amstel attirent de nombreux cyclistes. Consacrée en 1867, l'Urbanuskerk, sanctuaire catholique dessiné par P. J. H. Cuypers *(p. 30-31)*, dresse dans le ciel une flèche de 50 mètres de hauteur.

Une courte promenade vers l'amont le long de l'Amsteldijk conduit à deux maisons du XVIIIe siècle. Si l'une est entièrement fermée au public, les visiteurs peuvent jouir du jardin de l'autre, la Wester Amstel, bâtie en 1720 et restaurée en 1989.

Le quartier olympique ❿

🚊 *6, 16, 24.* 🚌 *63, 170, 179.*

L'aménagement de ce quartier situé à l'ouest du Nieuw Zuid *(p. 149)* commença pendant la préparation des Jeux olympiques d'Amsterdam en 1928, et de nombreuses places et rues, telles l'Olympiaplein ou l'Herculesstraat, portent des noms grecs.

Dessiné par J. Wils et C. van Eesteren, le stade rappelle, par ses verticales sévères, le travail de l'architecte américain Frank Lloyd Wright. Il est malheureusement menacé de démolition.

Œuvre de Pieter Kramer et du sculpteur Hildo Krop, le pont qui enjambe le Noorder Amstel Kanaal depuis l'Olympiaplein est typique du style de l'école d'Amsterdam qui marque également le lycée auquel il conduit.

Le paisible village d'Ouderkerk aan de Amstel au sud d'Amsterdam

Pédalos sur un lac de l'Amsterdamse Bos

Electrische Museumtramlijn ⓫

Amstelveenseweg 264. 🕿 673 7538.
🚊 6, 16. 🚌 15. ⏰ d'avril à oct. : de
10 h 30 à 18 h dim. ; vacances scolaires
et certains jours fériés. 📷 🅾

Contrairement à ce que le nom pourrait laisser croire, il ne s'agit pas ici d'un musée mais d'une ligne de tramway un peu particulière puisque toutes ses voitures,

Tram ancien de la Museumtramlijn

provenant des Pays-Bas, de Vienne, de Prague et de Berlin, datent de 1910 à 1950. Rassemblées, entretenues et conduites par une association de passionnés, elles circulent entre le Haarlemmermeerstation et l'extrémité sud de l'Amsterdamse Bos. Le trajet dure environ vingt minutes et offre une belle vue du stade olympique.

Amsterdamse Bos ⓬

Amstelveenseweg. 🚊 Electrische
Museumtramlijn (voir 11).
🚌 170, 171, 172. **Théâtre**
🕿 638 3847 (de mai à sept.).

Aménagé dans les années 1930 dans le cadre d'un programme de lutte contre le chômage (p. 33), puis périodiquement agrandi, l'Amsterdamse Bos atteignit en 1967 sa superficie actuelle de 800 ha. Sur un terrain drainé situé à 3 mètres en dessous du niveau de la mer, bois, prairies, lacs, voies d'eau et même une colline artificielle offrent aux citadins un espace verdoyant où oublier la pression de la ville. Animaux et oiseaux jouissent d'une totale protection dans les réserves naturelles créées dans les étendues marécageuses entourant le Nieuwe Meer et les étangs d'Amstelveense Poel et de Kleine Poel.

Parmi les autres centres d'intérêt de l'Amsterdamse Bos figurent un enclos de bisons européens, une ferme, le jardin botanique de Vogeleiland et le Bosmuseum dont l'exposition illustre l'histoire naturelle et sociale du parc.

Un théâtre de verdure accueille des spectacles en été (p. 245).

Nationaal Luchtvaartmuseum Aviodome ⓭

Westelijke Randweg 1, Schiphol-
Centrum. 🕿 604 1521. 🚉 Schiphol.
🚌 68,169,174. ⏰ d'avril à sept. :
de 10 h à 17 h t.l.j. ; d'oct. à mars :
de 10 h à 17 du mar. au ven., de 12 h
à 17 h sam. et dim. ⏺ 1ᵉʳ jan., 25 et
31 déc. 📷 🅾 🚻

Immense structure en aluminium, l'Aviodome de l'aéroport de Schiphol abrite le Musée aérospatial national dont les collections retracent l'histoire de l'aviation et de la conquête spatiale.

Les pièces comprennent l'aéroplane avec lequel les frères Wright effectuèrent leurs premiers vols en 1903, un triplan Fokker similaire à celui du fameux Baron Rouge et des appareils tels que le Spitfire anglais qui s'illustra pendant la Seconde Guerre mondiale.

Maquettes et documents illustrent les grandes étapes de l'exploration spatiale depuis le premier satellite russe lancé en 1957 jusqu'à l'actuelle navette américaine. Hors du bâtiment se trouve une réplique au 1/10 de Saturn 5, la fusée qui propulsa Armstrong, Collins et Aldrin jusqu'à la Lune en 1969.

L'amphithéâtre au centre du musée propose des documents vidéo et des simulateurs de vol.

Triplan Fokker de la Première Guerre mondiale à l'Aviodome

DEUX PROMENADES À PIED

L'absence de reliefs rend Amsterdam particulièrement agréable à parcourir à pied et, en complément des itinéraires conseillés sur les *plans pas à pas*, nous vous proposons deux promenades permettant de découvrir de beaux exemples d'architecture civile ou religieuse des XVIe et XVIIe siècles et quelques-uns des principaux jalons historiques de la cité. La première emprunte les rues du Jordaan, un quartier réputé pour son ambiance bohème, ses canaux étroits et ses maisons flottantes. Elle continue jusqu'aux îles occidentales, Bickerseiland, Realeneiland et Prinseneiland, aménagées au XVIIe siècle pour répondre au développement du commerce avec l'outremer, comme en témoignent leurs quais bordés d'anciens entrepôts. L'histoire navale de la capitale des Pays-Bas marque encore davantage le deuxième parcours puisqu'il part de la Schreierstoren où les femmes de marins venaient dire adieu à leurs maris, longe les anciennes limites de la ville puis conduit par des rues dont les noms d'épices évoquent la Compagnie des Indes orientales jusqu'au Musée maritime néerlandais. En semaine, le marché aux puces de Waterlooplein constituera une étape agréable pour les chineurs.

**Plaque murale au
n° 6 Zandhoek**

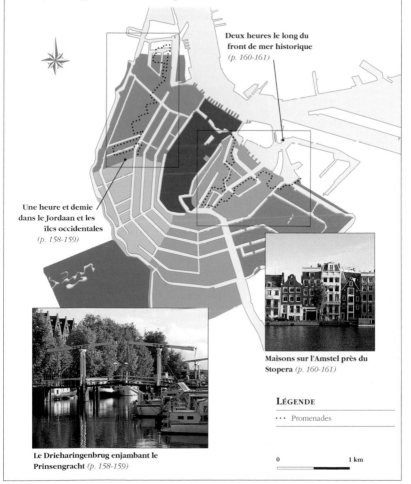

**Deux heures le long du
front de mer historique**
(p. 160-161)

**Une heure et demie
dans le Jordaan et les
îles occidentales**
(p. 158-159)

**Maisons sur l'Amstel près du
Stopera** *(p. 160-161)*

LÉGENDE

··· Promenades

0   1 km

**Le Drieharingenbrug enjambant le
Prinsengracht** *(p. 158-159)*

◁ **Le Prinsengracht et le Jordaan vus depuis la tour de la Westerkerk**

Une heure et demie dans le Jordaan et les îles occidentales

Partant de la Westerkerk, cette promenade vagabonde le long des rues et des canaux du Jordaan, quartier réputé pour son ambiance populaire, ses cafés, ses boutiques d'artisanat et ses galeries d'art, avant d'atteindre les îles occidentales dont les quais bordés d'entrepôts où s'affairaient jadis marins, dockers, charpentiers et calfats sont devenus des adresses recherchées.

Plaque du n° 8 Zandhoek, un ancien hôtel de marins

Du Prinsengracht à la Westerstraat

Devant la Westerkerk ① d'Hendrick de Keyser *(p. 90)*, tournez à gauche le long du Prinsengracht, dépassez l'Anne Frankhuis ② *(p. 90)* et traversez le canal. Revenez sur vos pas, sur le quai opposé, jusqu'à la rive la plus éloignée du Bloemgracht que vous longerez. En franchissant le deuxième pont, remarquez les trois maisons identiques (milieu du XVIIe siècle) appelées Drie Hendricken (les Trois Henri) ③ *(p. 91)*. Arrivés à l'Egelantiersgracht, tournez à droite. Juste après la 2e Leliedwarsstraat, avec ses nombreux cafés et vieilles boutiques, vous atteindrez le St Andieshofje ④, l'un des nombreux hospices du quartier. De l'autre côté du canal, au n° 360, se dresse l'un des rares exemples de maison Art nouveau de la ville.

Suivez le quai jusqu'au Prinsengracht, tournez à gauche, dépassez le Café 't Smalle puis prenez, de nouveau à gauche,

l'Egelantiersstraat. Le Claes Claeszhofje fondé au XVIIe siècle ⑤ *(p. 92)* se trouve au n° 1 Egelantiersdwarsstraat. Cette petite rue pittoresque vous conduira à la Westerstraat.

Pignon simple et sa potence de poulie sur la Westerstraat

De la Westerstraat à Bickerseiland

Traversez la rue, qui longeait jadis un canal, et prenez à droite. Les maisons à pignons sont typiques du style de la fin du XVIIe siècle répandu dans le Joordan. Tournez à gauche dans la 1e Boomdwarsstraat, puis à droite pour atteindre la Nooderkerk ⑥ *(p. 92)*. Tous les lundis matin un marché aux puces se tient sur le Noordermarkt *(p. 92)*. Suivez ensuite à droite

le Lindengracht. Le Suyckerhofje ⑦, un ancien refuge pour femmes abandonnées, occupe les n°s 149-163. Sur la plaque murale du n° 55, des poissons nagent dans un feuillage, évocation du reflet des maisons dans l'eau. La statue de l'écrivain Theo Thijssen orne le bout du Lindengracht.

Tournez à gauche le long du Brouwersgracht *(p. 93)* où s'alignent des maisons flottantes multicolores, franchissez le premier pont-levis, suivez la Binnen Oranjestraat puis passez sous le pont ferroviaire pour atteindre Bickerseiland, île qui porte le nom d'une des plus riches familles de la ville au XVIIe siècle.

Pignons à redents (1642) aux n°s 89 et 91 Bloemgracht

LÉGENDE

••• Promenade

0   200 m

Habitations flottantes et maisons à pignons vues depuis la Galgenstraat ⑨

Les îles occidentales

Iles artificielles, Bickerseiland, Prinseneiland et Realeneiland (*p. 93*) furent créées au début du XVIIᵉ siècle pour répondre aux besoins nés du développement du commerce maritime. Chantiers et entrepôts s'installèrent sur leurs quais.

Traversez l'Hendrik Jonkerplein ⑧ et suivez le Bickersgracht où se maintient une activité de construction navale. Le premier pont à gauche mène sur Prinseneiland à la Galgenstraat (rue des Gibets) ⑨, ainsi nommée car au XVIIᵉ siècle la vue y portait jusqu'aux gibets dressés de l'autre côté de l'IJ. Tournez à droite et suivez la rue jusqu'au pont-levis en bois qui vous conduira à Realeneiland. Longez à droite le Realengracht, prenez la première rue à gauche, puis tournez à droite dans la Taanstraat. Derrière vous, dans la Vierwindenstraat, se dresse une série de vieux et sombres entrepôts qui servirent à stocker grains, chanvre et lin. Au bout de la rue, tournez à droite sur le Zandhoek ⑩ (*p. 93*) où se tenait jadis un marché au sable. De charmantes maisons du XVIIᵉ siècle bordent ce quai. Au bout, franchissez le pont en bois (réplique de l'original construite en 1983), restez le long du canal et suivez le sentier parallèle au Bickersgracht. Peut-être apercevrez-vous un héron en quête d'une proie. Prenez la Grote Bickersstraat et vous rejoindrez le pont menant à Prinseneiland.

Pour quitter les îles et regagner le centre-ville, revenez jusqu'à la Binnen Oranjestraat et tournez à gauche dans l'Haarlemmerdijk.

CARNET DE ROUTE

Départ : devant la Westerkerk sur le Prinsengracht.
Itinéraire : de 4 à 5 km.
Comment y aller ? Bus 21, 47, 67, 170, 171 et 172. Trams 13, 14 et 17 depuis Centraal Station.
Où faire une pause ? Cafés et bars abondent dans le Jordaan. Sur l'Egelantiersgracht, le 't Smalle possède une atmosphère très chaleureuse. Des bars bordent le Noordermarkt, l'Haarlemmerdijk et l'Hendrik Jonkerplein. Sur le Zandhoek, le Gouden Reaal offre un cadre idéal où se reposer avant le trajet de retour.

Le paisible et ombragé Egelantiersgracht

Deux heures le long du front de mer historique

C ette promenade commence à la Schreierstoren *(p. 67)*, une ancienne tour de l'enceinte médiévale, et le parcours suit le développement qu'imposèrent à Amsterdam ses succès commerciaux et l'augmentation de sa population. Obéissant à un plan rigoureux, cette expansion vit la création, à l'est, de nouvelles îles gagnées sur les terres marécageuses pour permettre la construction de quais de débarquement, d'entrepôts et de logements. Si la puissance de la Compagnie des Indes orientales *(p. 26-27)* s'est éteinte, son souvenir reste vivant dans les collections du Nederlands Scheepvaart Museum où s'achève la promenade.

Relief en pierre du xvie siècle près de la porte de la Schreierstoren ①

Façades à pignons sur la rive droite du Krommewaal

De la Schreierstoren à la St Antoniesbreestraat

Depuis la Schreierstoren ①, la Prins Hendrikkade vous conduira au Krommewaal que vous suivrez jusqu'à la Lastageweg ② où vous tournerez à droite. Quartier créé après l'incendie de 1452 *(p. 21)*, le Lastage se retrouva intégré dans les murs lors de l'extension de la ville au xvie siècle *(p. 23)*.

Continuez jusqu'au Rechtboomsloot que vous longerez à droite jusqu'à la Geldersekade, l'une des limites de la cité au xve siècle. Suivez l'autre rive du Rechtboomsloot puis celle du Kromboomsloot jusqu'aux entrepôts Schottenburg ③ construits aux n{os} 18-20 en 1636 et transformés en appartements. À côté se dresse une ancienne église arménienne aménagée au milieu du xviiie siècle dans un entrepôt. Longez le Snoekjesgracht avant de tourner à droite dans la St Antoniesbreestraat ④.

De la St Antoniesbreestraat à l'île Uilenburg

Sur la St Antoniesbreestraat, traversez la chaussée en face de la Pintohuis ⑤ *(p. 66)*, seul bâtiment de la rue originelle à avoir survécu, et franchissez le portail orné d'un crâne du jardin de la Zuiderkerk ⑥. Cette église, construite en 1603 par Hendrick de Keyser *(p. 90)*, abrite désormais une exposition sur la rénovation de la ville. Traversez le jardin, sortez par l'issue donnant sur la Zanddwar-straat puis

Pont-levis de la Staalstraat franchissant le Groenburgwal

LÉGENDE

••• Promenade

Ⓜ Station de métro

0   200 m

tournez à droite dans Zandstraat que vous suivrez jusqu'au Kloveniersburgwal. Tournez à gauche pour longer le canal puis de nouveau à gauche pour passer devant la Saaihal ⑦ (halle du Drapier), couronnée d'un inhabituel pignon trapézoïdal. Le premier pont franchit le Groenburgwal et offre une splendide vue à droite sur l'Amstel, le deuxième conduit au Stopera ⑧ *(p. 63)* et au marché aux puces de Waterlooplein ⑨ *(p. 63)*. Longez les éventaires jusqu'à la Jodenbreestraat que vous traverserez. Laissant le Museum Het

Plaque murale au Museum Het Rembrandthuis

Rembrandthuis ⑩ *(p. 62)* sur votre gauche, poursuivez jusqu'à la Nieuwe Uilenburgstraat puis l'île d'Uilenburg, créée à la fin du XVIᵉ siècle pour loger les pauvres. Sur la droite se trouve la taillerie de diamants Gassan ⑪. Les deux synagogues qui se dressent dans l'enceinte de l'entreprise rappellent que le travail du diamant était l'une des rares activités permises aux juifs *(p. 64)*.

D'Uilenburg aux îles orientales

Prenez à gauche dans la Nieuwe Batavierstraat puis à droite le long de l'Oude Schans, un large canal bordé d'anciens entrepôts. Sur l'autre quai s'élève la Montelbaanstoren ⑫ *(p. 66)*, une tour de défense construite au XVIᵉ siècle.

La Montelbaanstoren, tour de défense du XVIᵉ siècle ⑫

(p. 26-27) par le commerce des épices. Tournez ensuite à droite sur la Prins Hendrikkade puis dans la Nieuwe Foliestraat (nouvelle rue du Macis). Les entrepôts du nᵒ 176 servaient jadis au stockage du vin du Cap et de l'arak. Sur le Rapenburgerplein, prenez à gauche, puis encore à gauche le long du Schippersgracht afin d'atteindre le pont franchissant le Nieuwe Herengracht jusqu'à l'entrée de l'Entrepotdok ⑬ *(p. 144)*. Tournez à gauche sur le Kadijksplein, reprenez la Prins Hendrikkade puis empruntez le pont du Nieuwewaart depuis lequel s'aperçoit l'Oosterkerk en forme de croix grecque. Poursuivez jusqu'aux îles orientales créées en 1658. Le Nederlands Scheepvaart Museum ⑭ *(p. 146-147)* domine, à gauche, l'Oosterdok. La Prins Hendrikkade vous ramènera à l'ouest jusqu'au centre-ville.

[Carte : osterdok, Oosterdok, Scheepvaart Museum ⑭, PRINS HENDRIKKADE, IJ TUNNEL, RAPENBURG, FOELIESTRAAT, NIEUWE FOELIE, RAPEN BURGER PLEIN, SCHIPPERS GRACHT, KATTENBURGER STRAAT, BLAUWE DJESPAD, KATTENBURGER GRACHT, HOOGTE KADIJK, LAAGTE KADIJK, ENTREPOTDOK ⑬, HERENGRACHT, ANNE FRANK STR., BURGERSTRAAT]

Au tournant, franchissez le pont du Rapenburgwal pour atteindre la Peperstraat (rue du Poivre) dont le nom entretient le souvenir de la richesse apportée à la VOC

Antiquités et brocante au marché aux puces de Waterlooplein ⑨

CARNET DE ROUTE

Départ : de la Schreierstoren sur la Prins Hendrikkade.
Itinéraire : 6 km.
Comment y aller ? Certains bus suivent la Prins Hendrikkade, mais il est plus simple de prendre un tram jusqu'à Centraal Station (p. 79) et de longer l'IJ à pied. La ligne 9 dessert le Waterlooplein, à mi-parcours de l'itinéraire proposé.
Où faire une pause ? Vous trouverez d'accueillants cafés bruns (p. 48 et 236) au début de la promenade et au Stopera (p. 63) et des bars le long du Schippersgracht et à l'intérieur de l'Entrepotdok.

Les environs d'Amsterdam

LES ENVIRONS D'AMSTERDAM

L*a capitale néerlandaise occupe le cœur du Randstad, zone très urbanisée qui constitue le poumon économique des Pays-Bas et s'étend au sud jusqu'à Rotterdam, grand port moderne riche en architecture d'avant-garde. De belles villes anciennes, telles que La Haye et Haarlem, réputées pour leurs musées, ou Leyde et Utrecht, ne se trouvent également qu'à quelques kilomètres d'Amsterdam.*

La majeure partie du Randstad a été gagnée sur les eaux au cours des trois derniers siècles et le sol fertile des polders se prête à une exploitation agricole intensive, pour l'essentiel primeurs en serres et, bien entendu, plantes à bulbes. Au printemps, ces dernières créent, au sud-ouest, d'immenses étendues multicolores et prennent leurs plus beaux atours dans les splendides jardins de Keukenhof *(p. 181)*.

Cette extension territoriale se poursuit et le drainage depuis 1950 de 1 000 km² de l'IJsselmeer a permis la création de la Flevoland, la région la plus récente des Pays-Bas. Ses terrains plats et marécageux offrent un refuge à de nombreux oiseaux tels qu'hérons, cygnes et grèbes qui nichent dans les roseaux bordant ses canaux. À l'est d'Utrecht s'étend une région moins peuplée où forêts, marais et tourbières abritent cerfs et sangliers, notamment dans le Nationaal Park de Hoge Veluwe, la plus vaste réserve naturelle du pays.

Au nord d'Amsterdam, les villages de pêcheurs ruinés par la fermeture, en 1932, du Zuiderzee et sa transformation en un lac d'eau douce, l'IJsselmeer *(p. 170-171)*, se sont aujourd'hui reconvertis dans le tourisme et les activités nautiques.

Battue en hiver par les tempêtes de la mer du Nord, la côte ouest offre de longues étendues de plages de sable et de dunes, également refuge d'oiseaux. Les alentours de la station balnéaire de Zandvoort sont très populaires en été.

Le Zuiderzee Museum *(p. 170-171)* **attire de nombreux visiteurs à Enkhuizen**

◁ **Moulins encore en fonctionnement à Zaanse Schans** *(p. 172)*

À la découverte des Pays-Bas

Amsterdam est situé au cœur d'une région des Pays-Bas où les sites d'intérêt sont nombreux et aisément accessibles. Il faut quinze minutes pour rejoindre Haarlem et moins d'une demi-heure pour atteindre les marchés aux fromages d'Edam ou de Gouda. Au sud, La Haye, Delft, Rotterdam et Utrecht se trouvent dans un rayon d'une soixantaine de kilomètres. À l'est, la visite du luxueux Paleis Het Loo, ancien pavillon de chasse royal, offrira un contrepoint à celle de la réserve naturelle du Nationaal Park de Hoge Veluwe.

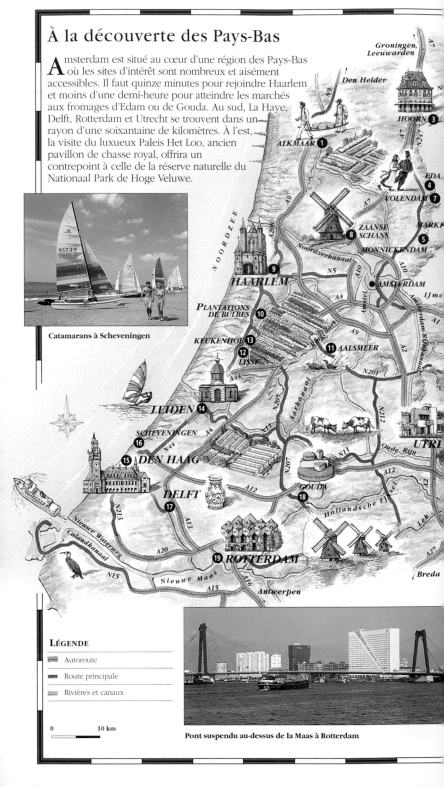

Catamarans à Scheveningen

Pont suspendu au-dessus de la Maas à Rotterdam

LÉGENDE

- Autoroute
- Route principale
- Rivières et canaux

0   10 km

Bateaux de pêche traditionnels au port de Hoorn

ZUIDERZEE MUSEUM

MARKER MEER

Groningen, Leeuwarden

CIRCULER

Amsterdam occupe le cœur du dense réseau ferroviaire et routier sillonnant les Pays-Bas. Si des autoroutes relient toutes les principales villes du pays, il n'est pas nécessaire de disposer d'un véhicule, en effet, autocars et trains assurent des liaisons régulières, confortables et rapides. La bicyclette reste le meilleur moyen de profiter de la beauté des champs de fleurs à bulbe.

PALEIS HET LOO ㉓

APELDOORN●

Enschede

DE HOGE VELUWE ㉑

AMERSFOORT

ARNHEM ㉒

Düsseldorf

Neder-Rijn

Façade à pignons de Monnickendam

LA RÉGION D'UN COUP D'ŒIL

Enfants en costume national au Zuiderzee Museum

Façade Renaissance et clocher du Waaggebouw (1582) d'Alkmaar

Alkmaar ❶

40 km au nord-ouest d'Amsterdam.
🚶 90 000. 🚉 🛈 Waaggebouw,
Waagplein 2. (072) 5114 284. 🚢
marché aux fromages : de mi-avril à
mi-sept. de 10 h à 12 h le ven. ;
marché général : le sam.

C ette jolie bourgade, que
les Espagnols assiégèrent
en vain en 1573, a conservé
son centre historique et le
rituel traditionnel de son
marché aux fromages qui a
lieu le vendredi matin sur le
Waagplein. Après qu'acheteurs
et producteurs sont tombés
d'accord sur le prix des boules
de Gouda et d'Edam mises en
vente, des porteurs vêtus de
costumes blancs et de
chapeaux de paille emportent
celles-ci à la pesée sur des
traîneaux. Divisés en quatre

compagnies, différenciées par
la couleur de leur chapeau, ils
se livrent pour le bénéfice des
spectateurs à une compétition
amicale. Des étals de produits
variés emplissent les rues
autour de la place.

🏛 **Waaggebouw**
Waagplein 2. (072) 5114 284.
Waaggebouw ◯ de mi-avril à mi-
sept. : de 9 h 30 à 13 h le ven.
Hollandse Kaasmuseum ◯ d'avril à
oct. : du lun. au sam. 🖼 ♿
Cette ancienne chapelle du
XIVᵉ siècle, remaniée en
1582 pour abriter
la balance publique,
domine le Waagplein.
L'édifice renferme
désormais l'Hollandse
Kaasmuseum dont
l'exposition présente des
appareils, ustensiles et
documents relatifs à la
fabrication du fromage.
Pour marquer chaque
heure, des automates
miment un bref tournoi
de chevalerie autour
de la tour tandis que
s'époumone un
sonneur de trompette.

🛈 **Grote Kerk**
Kerk Plein, Koor Straat. (072)
5159 979. ● jusqu'en 1996 pour
restauration.
Cette imposante église gothique
renferme le tombeau de Floris V
(p. 19). De grandes orgues
construites au XVIIᵉ siècle par
Jacob van Campen (p. 74) et
peintes par Cesar van
Everdingen dominent la nef.

Zuiderzee
Museum ❷

Voir p. 170-171.

Hoorn ❸

40 km au nord d'Amsterdam.
🚶 60 000. 🚉 🛈 Veemarkt 4.
(0229) 231 055. 🚢 mer.

C apitale de l'ancienne
province de la Frise
occidentale, Hoorn s'illustra
lors des grandes campagnes
maritimes du Siècle d'Or et
donna naissance à
plusieurs marins illustres,
notamment Abel
Tasman (p. 26-27) et
Willem Schouten
(1580-1625), lequel
nomma d'après sa
ville natale la pointe
de l'Amérique du
Sud, le cap Horn.
Sur la place
principale, la Rode
Steen, une statue
rend hommage au
célèbre explorateur
Jan Pietersz Coen
(1587-1629),

**Licorne peinte,
Westfriies Museum**

premier Européen à débarquer
à Batavia, l'actuelle Jakarta,
capitale de l'Indonésie. De
belles maisons aristocratiques
bordent les rues entourant la
place.

🏛 **Westfriies Museum**
Rode Steen 1. (0229) 215 783.
◯ t.l.j. ● 1ᵉʳ jan., 30 avril, 15 août,
25 déc. 🖼
Ce musée occupe, sur la Rode
Steen, une ancienne prison
bâtie en 1632. La place prit
d'ailleurs le nom de Pierre
Rouge à cause du sang versé
lors des exécutions publiques.
Décoré de figures héraldiques,
le pignon à redents de l'édifice
porte les armoiries des villes
qui appartenaient à la
province de la Frise
occidentale.
Des vestiges archéologiques,
présentés au sous-sol,
jusqu'aux antiquités et
meubles d'époque emplissant
des pièces du XVIIᵉ siècle, les
collections qu'il abrite ont peu
changé depuis que l'écrivain
anglais Aldous Huxley les
décrivit avec affection en 1925
comme « un fatras de
vieilleries ».

Porteurs de fromages au marché traditionnel d'Alkmaar

Sabots devant une maison de pêcheur de Monnickendam

Edam ❹

22 km au nord d'Amsterdam. 🚗
7 000. 🚌 ℹ️ Damplein 1. (0299)
371 727. 🧀 marché aux fromages :
juil.-août : de 10 h à 12 h mer. ;
marché général tous les mer.

S es boules de fromage, enveloppées de cire (rouge pour l'exportation, jaune pour la consommation locale), ont rendu mondialement célèbre cette bourgade où se tient toujours en été le *kaasmarkt* (marché aux fromages), occasion d'entretenir comme à Alkmaar un rituel séculaire devant la balance publique édifiée en 1592 et ornée de fresques. Quelques fromageries en périphérie proposent des visites guidées aux visiteurs désireux d'assister à leur fabrication aujourd'hui automatisée.

Le village lui-même possède un charme particulier avec ses canaux étroits jalonnés de ponts-levis en bois et bordés d'élégantes maisons à pignons du Siècle d'Or. De style gothique flamboyant, la Grote Kerk est réputée pour son carillon du XVIᵉ siècle et ses vitraux (1606-1624) qui font partie des plus beaux des Pays-Bas. À l'est de la ville, le port rappelle l'époque où Edam était un centre important de la pêche à la baleine.

🏛 **Edams Museum**
Damplein 8. 📞 (0299) 372 644.
🔓 d'avril à oct. : t.l.j. 🔴 30 avril,
1ᵉʳ mai. 🈴
Présentant notamment les portraits d'anciennes célébrités locales tel Trijntje Kever qui aurait mesuré près

de 2,80 m, ce petit musée occupe un étonnant édifice gothique bâti vers 1530. Sa structure intérieure en bois et sa curieuse cave flottante – caisson étanche et carrelé montant ou descendant avec le niveau de la nappe d'eau souterraine – ont donné naissance à une légende selon laquelle un capitaine à la retraite, qui ne supportait pas de dormir sur la terre ferme, construisit la maison.

Monnickendam ❺

16 km au nord d'Amsterdam. 🚗
10 000. 🚌 ℹ️ De Zarken 2. (0299)
651998. 🧀 sam.

F ondé au XIIIᵉ siècle par des moines frisons qui lui laissèrent son nom de Digue des moines, ce petit port est remarquablement préservé. Il attire de nombreux visiteurs qui viennent se promener dans ses rues sinueuses bordées de maisons à pignons, acheter les anguilles fumées sur place ou déguster la cuisine de ses restaurants de poissons.

Consacré à l'histoire de la ville, le Museum de Speeltoren occupe la tour de l'ancien hôtel de ville dont le carillon date de 1595. La parade de petits chevaliers mécaniques en armure accompagne la sonnerie des heures.

🏛 **Museum de Speeltoren**
Noordeinde 4. 📞 (0299) 652203.
🔓 de mai à août : t.l.j. 🈴

Pont-levis sur un canal d'Edam

Zuiderzee Museum ❷

En isolant le golfe du Zuiderzee de la mer du Nord, la construction, en 1932, de la digue de l'Afsluitdijk ruina les villages de pêcheurs qui l'entouraient. Enkhuizen n'échappa pas à la règle, mais sa transformation en port de plaisance et la création du musée du Zuiderzee lui rendirent sa prospérité. Alors que le Binnenmuseum (musée couvert) présente une collection de bateaux anciens, le Buitenmuseum (musée en plein air) propose la reconstitution d'un village typique de la région à partir d'édifices originaux.

★ **Les maisons de l'île d'Urk**
Des acteurs reproduisent la vie quotidienne en 1905 sur la petite île d'Urk dont les maisons ont été reconstruites au musée.

Fumoirs
de Monnickendam

Reconstruction du
port de Marken

★ **La halle de la marine**
Cet ancien entrepôt de la Compagnie des Indes orientales (p. 26-27) abrite des voiliers et des bateaux de pêche. Un navire de plaisance est gréé pour permettre aux enfants de s'amuser.

Voilerie
Le moteur ne s'imposa pour les bateaux de pêche qu'au début du siècle. Cet atelier entretient la tradition artisanale de la fabrication des voiles.

Des bacs emmènent les visiteurs au musée en plein air.

★ **Les fours à chaux**
Ces fours en forme de bouteille proviennent d'Akersloot, en Hollande du Nord. On y cuisait des coquillages pour obtenir la chaux qui liait le mortier fixant les briques.

★ **Enseignes de pharmacie**
*La pharmacie présente une superbe façade Art nouveau
et renferme une collection de bustes peints de
couleurs vives qui servaient d'enseignes au
XIXe siècle.*

MODE D'EMPLOI

50 km au nord-est d'Amsterdam.
Wierdijk 12-22, Enkhuizen. ▐
(0228) 310 122. **Musée couvert**
◯ de 10 h à 17 h t.l.j. (der.
entrée : 16 h). ▤ Enkhuizen. ▨
▣ ▨ ▨ ▨ **Musée en plein air**
◯ d'avril à oct. : de 10 h à 17 h
(der. entrée : 16 h). ▨ Depuis
l'embarcadère situé derrière la gare.
▨ ▣ ▤ ▮▮ ▨ pour les deux
musées ◯ 1er jan., 25 et 26 déc.

Fumage de poissons
*Les harengs pêchés dans le
Zuiderzee étaient fumés pour
la conservation puis
transportés dans des tonneaux.*

**Hangar de
radoub**

**Maisons de
l'île d'Urk**

Un moulin en activité
montre comment
fonctionnait le système
de drainage des polders
(p. 22-23).

Les maisons de ce
quartier proviennent de
Zoutkamp, un ancien
village de pêcheurs du
Zuiderzee.

**Entrée du
musée en
plein air**

Église
*L'orgue de cette église,
construite à la fin du XIXe siècle
sur l'île de Wieringen, était
caché dans un placard pour
éviter les taxes exigées à
l'époque pour cet instrument.*

À NE PAS MANQUER

★ **Les maisons d'Urk**

★ **La halle de la marine**

★ **Les enseignes de
pharmacie**

Marken ❻

16 km au nord-est d'Amsterdam.
🏠 *2 000.* 🚐 🚤 ℹ️ *De Zarken 2.*
(0299) 651998.

L
a vocation touristique de
cet ancien village de
pêcheurs lui donne parfois un
aspect un peu artificiel mais,
bien qu'une digue relie depuis
1957 l'île de Marken à la côte,
ses habitants n'en ont pas
moins gardé une authentique
singularité et portent encore
pour les fêtes leur costume
traditionnel. Jusqu'à la
fermeture du Zuiderzee en
1932, la fréquence des
inondations obligeait les
maisons, au premier étage en
bois, à se serrer sur des tertres.
Havenbuurt, le quartier du
port, reste notamment marqué
par cette configuration.

Proche de l'église, le
Marker Museum occupe une
de ces anciennes habitations
et présente meubles peints et
ustensiles de la vie
quotidienne.

🏛 Marker Museum

Kerkbuurt 44. 📞 *(0299) 651904.*
⭕ *d'avril à oct. : t.l.j.* 📷

Bateaux de plaisance dans le port de Volendam

Volendam ❼

18 km au nord-est d'Amsterdam.
🏠 *18 000.* 🚐 ℹ️ *Zeestraat 37.*
(0299) 363747. 📅 *Sat.*

S
i les rues et canaux étroits
du quartier de Doolhof,
s'étendant derrière les digues
principales, justifient une
visite à Volendam, les
boutiques de souvenirs qui
bordent la rue principale
longeant le port lui ôtent
beaucoup de son charme.
Difficile de savoir si les
costumes traditionnels,
comprenant des bonnets
ronds pour les hommes et des
coiffes à ailes relevées pour
les femmes, ne sont pas juste
portés pour le bénéfice des
touristes.

Au n° 15 Haven, le café de
l'hôtel Spaander a gardé, en
revanche, son charme du
XIXe siècle.

Zaanse Schans ❽

13 km au nord d'Amsterdam.
🏠 *130 000.* ℹ️ *1509 AV Zaandam,
Zaandijk.* 📞 *(075) 6168 218.*

S
ur le site d'une ancienne
redoute *(schans),* ce village
créé en 1950 regroupe des
habitations, des boutiques, des
ateliers et des moulins
historiques soigneusement
restaurés de la région du Zaan.
Ses habitants s'efforcent de
garder vivaces des activités et
un mode de vie traditionnels.
Les très nombreux visiteurs de
cette communauté un peu
particulière peuvent ainsi
assister à la fabrication de
sabots, de fromages ou
d'objets en étain. En été, des
promenades en bateau sur le
Zaan longent les digues des
environs.

Le village compte en outre
plusieurs musées, dont un
musée de l'Horloge, et
quelques restaurants.

Plusieurs moulins y sont
encore en fonctionnement.
L'un sert à la production de
moutarde, un autre à celle
d'huile et un troisième au
broyage de pigments. Le
moulin de Poelenburg, dont
l'atelier tourne avec les ailes
en fonction de la direction du
vent, fournit en énergie une
scierie.

Cette maison typique de Marken date du XVIIe siècle

Le fonctionnement des moulins

L e premier souci des habitants des Pays-Bas fut de se protéger de l'eau et ils construisirent dans ce but digues et écluses. À partir du XIIIᵉ siècle, ils s'efforcèrent en outre de gagner sur les lacs ou les marécages des terres cultivables : les polders. Mais quand ces terres se trouvaient en dessous du niveau de la mer, des canaux de drainage ne pouvaient suffire à les assécher. Grâce à des moulins souvent étagés en paliers successifs, la force

Meunier en costume

du vent permit de remonter l'eau par le biais de canaux jusqu'à une hauteur où elle s'évacuait. Le vent actionnait également d'autres moulins servant à la fabrication d'huile ou de farine et c'est par milliers qu'ils jalonnèrent la campagne hollandaise de leurs calottes caractéristiques. Aujourd'hui, une grande partie du drainage est effectuée par des pompes et des moteurs. Il en subsiste environ 950, la plupart en état de marche.

Des éoliennes modernes, très appréciées aux Pays-Bas pour leurs vertus écologiques, ont pris le relais des moulins. Elles ne transmettent pas l'énergie du vent mais la transforment en électricité.

Armature et toile de l'aile

Les moulins à calotte pivotante *servirent à partir du XVIIᵉ siècle au drainage. Souvent organisés en paliers, ils utilisaient une vis sans fin pour remonter l'eau.*

Arbre de transmission

Vis sans fin

Canal supérieur

Des engrenages en bois *transmettaient aux meules ou à la pompe le mouvement de l'axe moteur, mis en rotation par les ailes.*

Aile au repos

La calotte tournait pour faire face au vent.

Arbre principal

Deux meules broyaient le grain.

La toile se réglait selon la force du vent.

Armature en bois

Des gouttières guidaient la farine dans des sacs.

Les moulins à farine, *souvent à couverture de chaume comme celui-ci, avaient une importance cruciale pour la population dont blé, avoine et orge constituaient la base de l'alimentation.*

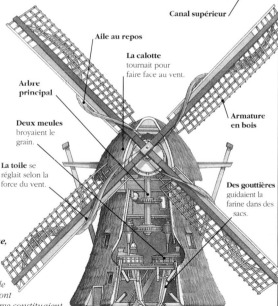

Haarlem pas à pas ❾

Miséricorde de la Grote Kerk

Capitale de la province de Hollande du Nord et huitième ville des Pays-Bas, Haarlem est le centre néerlandais de l'imprimerie, de la pharmacie et du commerce des plantes à bulbe. La ville a su préserver, malgré son dynamisme économique et industriel, la beauté de son centre historique aux rues piétonnes. La plupart des sites les plus intéressants se trouvent à une courte distance à pied du Grote Markt, place animée bordée d'édifices anciens, de cafés et de restaurants. De charmantes boutiques abondent dans les rues voisines.

Statue de Lorens Coster
Ce monument du XIXᵉ siècle sur le Grote Markt entretient une légende locale selon laquelle Laurens Jansz Coster (1370-1440) aurait inventé l'imprimerie en 1413, seize ans avant Gutenberg.

Le n° 39 Nieuwe Groenmarkt est une fromagerie exceptionnelle.

Le Hoofd-wacht est un ancien corps de garde du XVIIᵉ siècle.

Stadhuis
Cette allégorie de la Justice (1622) par Lieven de Key domine l'entrée principale de l'hôtel de ville.

Vleeshal (1603)
L'ancienne halle aux viandes appartient au Frans Hals Museum.

Grote Markt
Cette belle place où s'étalent les terrasses de cafés est depuis des siècles le centre de la vie sociale de la ville.

★ **Grote Kerk**
L'orgue (1735) dont le
buffet baroque domine
le chœur de cette vaste
église (p. 176) attira
de célèbres
compositeurs à
Haarlem.

MODE D'EMPLOI

20 km à l'ouest d'Amsterdam.
🏙 153 000. 🚉 Stationsplein.
🏠 Stationsplein 1. (06) 320
24043. 🏪 lun. et sam. 🎭
Haarlem Jazz Festival : fin août ;
Bloemen Corso : fin avril.

**Boutiques et
maisons** s'accrochent
à la Grote Kerk.

★ **Teylers Museum**
Ce générateur électrostatique
(1784), fabriqué par
Pieter van Marum, fait
partie de la collection
d'instruments
scientifiques
anciens de ce
musée fondé en
1778 (p. 177).

Gravenstenenbrug
Ce pont à bascule franchit la rivière
Spaarne. Sur le quai sud se trouve
l'embarcadère des bateaux-promenades
empruntant la rivière et les canaux.

LÉGENDE

– – Itinéraire conseillé

0   50 m

À NE PAS MANQUER

★ **Grote Kerk**

★ **Teylers Museum**

À la découverte de Haarlem

Fondée avant Amsterdam puisqu'un village existait déjà sur ce site au Xᵉ siècle, Haarlem obtint le statut de cité indépendante en 1245 et devint un important centre drapier au XVᵉ siècle. Mise à sac par les Espagnols en 1573 puis ravagée par plusieurs incendies en 1576, la ville ne retrouva la prospérité qu'au Siècle d'Or *(p. 24-27)*. Lieven de Key (1560-1627) participa alors activement à la rénovation du centre qui a depuis gardé son cachet. Un des nombreux hospices *(hofjes)* construits à cette époque abrite aujourd'hui le musée consacré au peintre de génie qui y finit ses jours : Frans Hals (1580-1666).

Grote Markt, Haarlem (v. 1668) par Gerrit Berckheyde

🏛 Frans Hals Museum
Voir p. 178-179.

🔒 Grote Kerk
Oude Groenmarkt. 📞 (023) 5324 399. ⭕ du lun. au sam. 📷 ♿
Immense édifice gothique entrepris en 1390 et achevé vers 1550, la « Grande Eglise », consacrée à saint Bavon, qui domine la place du marché, fut un des sujets favoris de Pieter Saenredam (1597-1665) et Gerrit Berckheyde (1639-1698), peintres de l'école d'Haarlem. Son élégante tour en bois, qui remplaça en 1520 le clocher original en pierre, s'élève à 80 m de hauteur.

Contre le mur sud se serrent des boutiques et des maisons datant du XVIIᵉ siècle et dont le loyer contribuait à l'entretien du sanctuaire. L'une de ces constructions sert aujourd'hui d'entrée à la Grote Kerk, formant une petite antichambre qui ouvre directement dans la vaste nef.

Vingt-huit colonnes aux décors verts, rouges et ors soutiennent une remarquable voûte à nervures en cèdre. Le maître ferronnier Jan Fyerens réalisa vers 1510 la grille du chœur qui représente le *Buisson ardent* ainsi que le remarquable lutrin en laiton. Des armoiries décorent les stalles (XVIᵉ siècle) aux accoudoirs et miséricordes sculptés de figures animales et humaines satyriques. Non loin se trouve la simple dalle sous laquelle repose Frans Hals. Dans le transept sud, un tableau par Geertgen Tot Sint Jans montre l'aspect de la Grote Kerk au XVᵉ siècle.

Œuvre de Christiaan Müller, les grandes orgues (1735) font partie, avec leurs 68 registres et 5 000 tuyaux, des plus belles d'Europe. Haendel aurait vanté leur qualité musicale en 1738 et Mozart donné un récital en 1766. Restauré en 1868, l'instrument sert toujours, pour des enregistrements, des cours, et lors des nombreux concerts donnés dans la cathédrale.

Détail de la façade de la Vleeshal

🚩 Stadhuis
Grote Markt 2. 📞 (023) 5113 000. ⭕ sur r.d.v. ♿
L'hôtel de ville de Haarlem était à l'origine un des pavillons de chasse des comtes de Hollande *(p. 19)* et leurs portraits, peints au XVᵉ siècle, ornent la Gravenzaal (Salle des comtes) où avaient lieu les réceptions. La tradition fait remonter la construction de l'édifice à 1250, mais elle date plus probablement du XIVᵉ siècle. Deux grands incendies ravagèrent ce bâtiment gothique en 1347 et 1351 et il connut ensuite de nombreux remaniements. Ils expliquent le mélange de styles qui le caractérise aujourd'hui.

Lieven de Key dessina en 1622 l'aile, typique de la Renaissance hollandaise avec ses pignons ouvragés, qui borde le Grote Markt. Dans une niche au-dessus de l'entrée principale, une allégorie de la Justice rappelle que les exécutions publiques se tenaient jadis sur la place. À gauche, dans la Koningstraat, une arcade conduit aux bâtiments de l'université situés derrière le Stadhuis. Ils comprennent un cloître et une bibliothèque du XVIᵉ siècle.

🏛 De Hallen (Vleeshal et Verweyhal)
Grote Markt 16. 📞 (023) 5164 200. ⭕ t.l.j. ⬤ 1ᵉʳ jan, 25 déc. 📷
Le Frans Hals Museum *(p. 178-179)* a récemment aménagé l'intérieur de ces deux halles bordant le Grote Markt pour y organiser des expositions d'art moderne. On peut désormais y découvrir aussi bien l'œuvre d'expressionnistes néerlandais ou de membres du mouvement Cobra que celle de peintres et de sculpteurs contemporains.

Lieven de Key dessina, en 1602, dans le style de la Renaissance flamande, la Vleeshal (Halle aux viandes) dont la façade très ornementée dresse, près de la Grote Kerk, son pignon à redents agrémenté de

Le portail ouest de l'Amsterdamse Poort (1355)

pinacles. Éléments de sa décoration foisonnante, une grande tête de bœuf et des cornes de bélier rappellent la fonction originale de l'édifice.

Construite en 1879, la Verweyhal porte le nom du peintre impressionniste Kees Verwey dont les natures mortes occupent une place importante dans les collections du musée.

🏛 Amsterdamse Poort

Nr Amsterdamsevaart. ◐ au public.
Proche du quai ouest de la Spaarne, la porte d'Amsterdam était l'une des douze entrées de l'enceinte fortifiée qui commandaient, au Moyen Âge, l'accès à la ville. Entreprise en 1355, reconstruite dans sa majeure partie au XVe siècle puis restaurée au XVIIIe siècle,

elle garde, avec son imposant donjon en brique et ses tourelles en encorbellement, l'aspect général qu'elle avait lorsque les Espagnols assiégèrent Haarlem en 1572 et 1573 au début de la guerre d'indépendance *(p. 22-23)*.

Après sept mois de résistance face aux troupes du duc d'Albe dirigées par Frédéric de Tolède, la cité dut se rendre. Alors qu'ils s'étaient engagés à laisser la vie sauve à ses habitants, les vainqueurs massacrèrent près de 2 000 personnes… La quasi-totalité de la population de la ville.

🏛 Teylers Museum

Spaarne 16. 【 (023) 5319 010. ◐ du mar. au dim. ◑ 1er jan., 25 déc. 🎟 ♿

Les sommes, léguées à sa mort en 1778 par Pieter Teyler van der Hulst, permirent la fondation de ce musée, le plus ancien des Pays-Bas. Dans le cadre néo-classique d'un hôtel particulier du XVIIIe siècle, les collections de minéraux, de fossiles, d'appareils scientifiques ou d'instruments médicaux possèdent un charme suranné dû notamment à leur présentation,

Décor de la Haarlem Station

comme dans les vitrines de la salle ovale aménagée en 1779. Les collections de dessins et gravures exposées en alternance comprennent cependant des œuvres de Michel-Ange et de Rembrandt.

🏛 St Elisabeth's Gasthuis

Groot Heiligland. 【 (023) 5340 584.
◐ du mar. au dim. ◑ 1er jan., 25 déc.
Après l'Altération de 1578 *(p. 22-23)*, de riches citadins et des fondations charitables remplirent le rôle d'assistance traditionnellement joué auparavant par les monastères. À Haarlem comme à Amsterdam, le XVIIe siècle vit la création de nombreux hospices, ou hofjes *(p. 93)*. Le Frans Hals Museum occupe l'un d'eux. Juste en face s'ouvre l'ancien hôpital Sainte-Elisabeth. Surmonté d'un relief sculpté en 1612, représentant le transport d'un malade, son portail principal conduit à une jolie cour intérieure. Après une importante rénovation, les douze maisons qui l'entourent accueilleront le musée historique de la Ville.

🚉 Haarlem Station

Stationsplein. 【 (023) 5319 059.
L'inauguration de la première ligne de chemin de fer des Pays-Bas, reliant Haarlem et Amsterdam, eut lieu en 1839 *(p. 30-31)*.
Construite en 1842, la gare originale connut, entre 1905 et 1908, un remaniement dans le style Art nouveau. Cet imposant édifice en brique présente à l'intérieur une décoration de carreaux de couleurs vives illustrant les différents modes de transport. À remarquer également, les boiseries des bureaux et les ferronneries des escaliers.

Maisons à pignons des XVIIe et XVIIIe siècles sur une rive de la Spaarne

Frans Hals Museum

Frans Hals était considéré par les impressionnistes comme le premier peintre « moderne » pour sa technique où le pinceau s'exprime à grands traits rapides. L'artiste sut avec génie saisir les émotions de ses contemporains du Siècle d'Or, qu'il s'agisse de bons vivants comme lui ou des austères régentes de l'hospice des vieillards (1664) où il finit ses jours après avoir conçu dix enfants dont plusieurs deviendront peintre. Outre ses tableaux, le musée, créé en 1913 dans l'hospice, présente une sélection d'œuvres néerlandaises du XVIᵉ siècle à nos jours.

Mère allaitant
Après l'Altération (p. 22-23) apparurent des versions séculières de thèmes religieux comme ce tableau peint en 1622 par Pieter de Grebber (1600-1653) qui évoque une Vierge à l'Enfant.

À NE PAS MANQUER

★ *Banquet des officiers de corps* par Frans Hals

★ *Nature morte* par Floris van Dijck

★ *Mercure* par Hendrick Goltzius

LÉGENDE

☐ Œuvres de Frans Hals

☐ Galerie Renaissance

☐ Vieux maîtres

☐ Arts décoratifs et design

☐ Art moderne

☐ Expositions temporaires

☐ Circulation et services

Chapelle

Portraits des gardes civiques

Maison de poupées du XVIIIᵉ siècle *(p. 28-29)*

Cour centrale

★ Banquet des officiers du corps des archers de Saint-Georges *(1616)*
Sur ce tableau de commande, Frans Hals a su merveilleusement rendre l'opulence du décor et l'animation des convives de ce repas arrosé.

Assiette de Delft
(1662)
Son décor par M. Eems représente le Grote Markt et la Grote Kerk d'Haarlem (p. 176).

Portrait d'Else Berg
*Léo Gestel (1881-1941)
joua un rôle de premier
plan dans l'introduction
du cubisme aux Pays-bas.
Ce portrait date de 1913.*

MODE D'EMPLOI

Groot Heiligland 62, Haarlem. 🇨
(023) 5164 200. 🚊 Haarlem. 🕐
de 11 h à 17 h du lun. au sam. (der.
entrée 16 h 30) ; de 13 h à 17 h dim.
et jours fériés. 🔴 1er jan., 25 déc.
📷 🅿 ♿ 🎫 13 h 30 dim. 🍴 🛍

★ Mercure *(1611)
Surtout connu pour ses
études de nus classiques,
Hendrick Goltzius (1558-
1617) réalisa ce tableau
dans le cadre d'une série de
trois commandée par un
bourgmestre d'Haarlem.*

SUIVEZ LE GUIDE !
*L'entrée donne dans une aile moderne
abritant les expositions temporaires.
Visiter le musée dans le sens contraire
des aiguilles d'une montre permet de
découvrir les œuvres de Frans Hals et
des autres artistes dans un ordre à peu
près chronologique. Sur le Grote Markt,
les De Hallen (Vleeshal et Verweyhal
p. 176) présentent de l'art moderne.*

Petite cour

**Animaux
nocturnes** *(1946)
Membre fondateur du
groupe Cobra,
Constant privilégiait
dans sa peinture la
spontanéité.*

Entrée
principale

★ Nature morte *(1613)
Floris van Dijck (1575-1651) excellait
dans le rendu des textures. La nappe
de damas, représentée sur ce tableau,
offre un exemple de la production
textile d'Haarlem à l'époque.*

Une excursion dans les plantations de bulbes ⑩

Entre Haarlem et Leyde s'étend sur une trentaine de kilomètres la Bloembollenstreek, la plus importante région de culture de plantes à bulbe des Pays-Bas. Sur ces polders, la floraison commence dès la fin janvier avec les premiers crocus, atteint son apothéose vers la mi-avril avec les tulipes et se poursuit jusqu'à fin mai avec des fleurs tardives comme les lis. Si vous ne disposez pas d'une voiture, le VVV *(p. 256)* vous renseignera sur les visites organisées. Vous pouvez aussi louer à la gare d'Haarlem une bicyclette que vous rendrez à celle de Leyde.

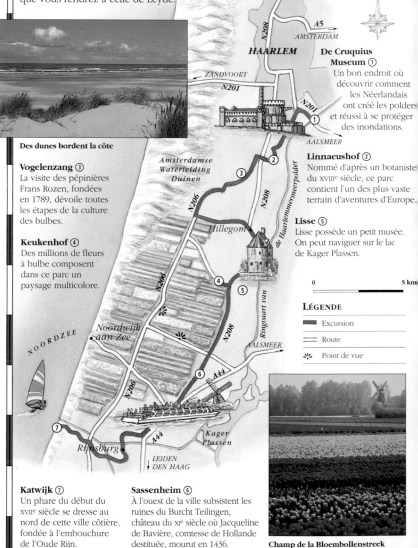

CARNET DE ROUTE

Départ : Haarlem.
Itinéraire : environ 30 km.
Où faire une pause ? Toutes les localités citées ci-dessous possèdent restaurants, cafés et bars. Noordwijk aan Zee mérite de surcroît un détour. Ses splendides plages bordées de dunes offrent un cadre idéal pour un pique-nique. La carte indique de beaux points de vue.

Des dunes bordent la côte

De Cruquius Museum ①
Un bon endroit où découvrir comment les Néerlandais ont créé les polders et réussi à se protéger des inondations.

Vogelenzang ③
La visite des pépinières Frans Rozen, fondées en 1789, dévoile toutes les étapes de la culture des bulbes.

Linnaeushof ②
Nommé d'après un botaniste du XVIIIᵉ siècle, ce parc contient l'un des plus vaste terrain d'aventures d'Europe.

Keukenhof ④
Des millions de fleurs à bulbe composent dans ce parc un paysage multicolore.

Lisse ⑤
Lisse possède un petit musée. On peut naviguer sur le lac de Kager Plassen.

0		5 km

LÉGENDE

▬▬ Excursion
═══ Route
✽ Point de vue

Katwijk ⑦
Un phare du début du XVIIᵉ siècle se dresse au nord de cette ville côtière, fondée à l'embouchure de l'Oude Rijn.

Sassenheim ⑥
À l'ouest de la ville subsistent les ruines du Burcht Teilingen, château du XIᵉ siècle où Jacqueline de Bavière, comtesse de Hollande destituée, mourut en 1436.

Champ de la Bloembollenstreek

LES PLANTES À BULBE

Si les Néerlandais cultivent glaïeuls, lis, narcisses, jacinthes, iris, crocus et dahlias ; c'est la tulipe, originaire de Turquie et implantée aux Pays-Bas en 1593 par Charles de Lécluse *(p. 184)*, qui reste de loin la plus importante de leurs productions horticoles.

Tulipes Aladin

Tulipes roses de Chine

Narcisses Tahiti

Narcisses communs

Jacinthes bleues

Parterres de fleurs à bulbe dans le parc Keukenhof

Aalsmeer ⓫

10 km au sud d'Amsterdam. 🏠 22 000. 🚇 🛈 *Driekolommenplein 1 (02977) 25374.* 🅿 *du lun. au ven.*

Dans une région parsemée de lacs, la plus grande vente de fleurs à la criée du monde, le Bloemenveiling, se tient à Aalsmeer. Les visiteurs peuvent y assister depuis une galerie réservée à leur intention, en surplomb de l'activité frénétique du marché. Au-dessus du vendeur, un cadran affiche le montant des enchères qui se déroulent dans une précipitation plus aisée à comprendre lorsqu'on sait que 3,5 milliards de fleurs coupées et 400 millions de plantes en pot sont négociées ici chaque année.

Lisse ⓬

35 km à l'ouest d'Amsterdam. 🏠 25 000. 🚇 🛈 *Grachtweg 53a. (02521) 14262.* ⚫ *lun.*

La fin du mois d'avril est la meilleure saison pour visiter Lisse, car la ville organise alors plusieurs corsos fleuris.

Le **Museum voor Bloembollenstreek** propose une exposition sur les plantes à bulbe et leur histoire. Elle évoque notamment la tulipomanie qui saisit les Pays-Bas au XVIIᵉ siècle *(p. 24-25)*. À son paroxysme, entre 1634 et 1637, des bulbes de tulipe rares s'échangèrent contre leur poids en or.

🏛 Museum voor Bloembollenstreek

Heereweg 219. 🛈 *(02521) 17900.* ⚪ *du mar. au dim.* 🖼

Keukenhof ⓭

Stationsweg, Lisse. 🛈 *(02521) 19034.* ⚪ *du 23 mars au 25 mai : t.l.j.* 🖼

Installé à l'ouest de Lisse dans un parc boisé de 28 ha, Keukenhof, fondé en 1949 pour servir de vitrine aux horticulteurs néerlandais, est, avec ses quelque 7 millions de plantes à bulbe, l'un des jardins floraux les plus spectaculaires du monde. C'est de fin mars à fin mai que le spectacle est le plus enchanteur quand narcisses, jacinthes et tulipes jettent leurs couleurs vives sur le vert des pelouses. La floraison de cerisiers japonais, en début de saison, puis celle de massifs d'azalées et de rhododendrons ajoutent à la beauté du tableau.

Leyde pas à pas ⑭

L es origines de Leyde (Leiden en néerlandais) remontent à l'époque romaine. Sa situation sur un bras du Rhin, l'Oude Rijn, en fit de tout temps un important carrefour commercial, notamment au Siècle d'Or *(p. 24-25)* où s'accrut le renom de son université fondée en 1575. Riche en musées, Leyde est toujours une ville universitaire et voit pendant l'année scolaire ses rues, ses cafés et ses librairies se remplir d'étudiants. Sur le Weddesteeg, une plaque murale indique la maison où naquit Rembrandt en 1606 *(p. 62)*.

Statue de la Justice ornant le Stadhuis

★ Rijksmuseum van Oudheden

Cette statue de scribe assis fait partie de la riche collection égyptienne du musée des Antiquités.

John Robinson
(p. 185) habita le Jan Pesjinhofje.

LANGEBRUG

PAPENGRACHT

SCHOOLSTEEG

RAPENBURG

HOUTSTRAAT

GERECHT

★ Hortus Botanicus

C'est dans ce jardin botanique (p. 184) de l'université, fondé en 1587, que Charles de Lécluse cultiva les premières tulipes hollandaises.

KLOKSTEEG

NONNENSTRAAT

Maisons néo-classiques du Rapenburg

Bibliothèque de l'université

Oude Rijn

Nombre des maisons de canal de Leyde abritent au rez-de-chaussée boutique ou café.

Het Gravensteen

Derrière cette façade classique s'étendent les bâtiments, bâtis du XIIIᵉ au XVIIᵉ siècle, de la faculté de droit.

Hoogstraat

Au confluent des canaux du Rhin (Rijn),
cafés et restaurants flottants attirent une
clientèle animée.

MODE D'EMPLOI

35 km au sud-ouest d'Amsterdam.
🏛 *113 000.* 🚉 *Stationsplein.*
ℹ *Stationsplein 210. (071) 5146*
846. 🛒 *mer., sam.* 🎭 *Leidse*
Lakenfeesten : 2e sem. de juil. ;
Viering van Leidens Ontzet : 3 oct.

Pieterskerkhof, place
pavée, est bordée de
bouquinistes.

Korensbeursbrug

Une halle aux grains
néo-classique couvre
depuis 1825 ce pont
en pierre du Nieuwe
Rijn.

Stadhuis (1595)
par Lieven de Key

★ Pieterskerk

Ce relief délicat marque la
plus vieille tombe intacte
des Pays-Bas, celle du
marchand Floris
van Boschuysen et de sa
femme, morts au XVe siècle.

À NE PAS MANQUER

★ **Rijksmuseum van**
   Oudheden

★ **Pieterskerk**

★ **Hortus Botanicus**

LÉGENDE

– – – Itinéraire conseillé

0   50 m

À la découverte de Leyde

En 1574, la résistance héroïque de Leyde, assiégée par les Espagnols *(p. 22-23)*, permit à Guillaume le Taciturne de venir à son secours et de sauver la ville. L'année suivante, pour récompenser ses habitants de leur courage, il leur offrit le choix entre une exemption de taxes et la fondation d'une université. Leyde opta pour la deuxième solution et ainsi naquit la plus ancienne université des Pays-Bas. Ce choix judicieux établit la réputation de la cité comme un grand centre intellectuel, et des puritains anglais victimes de persécutions s'y établirent au XVIIe siècle. Certains d'entre eux en repartiront pour fonder en Amérique la Nouvelle Angleterre.

Belvédère d'un jardin clos de l'Hortus Botanicus

🏛 Stedelijk Museum De Lakenhal

Oude Singel 28-32. 📞 *(071) 5165 360.* ⬤ *du mar. au dim.* ⬤ *lun., 1er jan., 3 oct., 25 déc.* 🎫 ♿ 🎦 📷
📷 ↗️

Arent van's Gravesande dessina en 1640, dans le style classique hollandais, la halle aux draps (Lakenhal) qui abrite aujourd'hui le musée municipal. Le triptyque Renaissance du *Jugement dernier* (1526-1527) peint par Lucas van Leyden en constitue la plus belle pièce. Sauvé des troubles de 1566 *(p. 22-23)* qui virent la destruction de nombreuses œuvres d'art religieux, il provient de la Pieterskerk.

Construite dans les années 1920, une aile présente une collection de mobilier et d'argenterie et une exposition sur l'industrie textile

locale. À ne pas manquer le grand chaudron, ou *hutspot*, qui aurait été retrouvé après que Guillaume le Taciturne eut brisé le siège espagnol. La population affamée se jeta sur le pot-au-feu qu'il contenait et ce plat commémore désormais, tous les 3 octobre, l'anniversaire de cette victoire.

🌿 Hortus Botanicus der Rijksuniversiteit Leiden

Rapenburg 73. 📞 *(071) 5277 249.* ⬤ *t.l.j.* ⬤ *8 fév., 3 oct., 25 déc. 1er lun. de jan.* 🎫 ♿ *partiel.*
Fondé en 1587, le jardin botanique de l'université de Leyde renferme des arbres et arbustes pour certains très anciens, notamment un cytise vieux de 350 ans.

Le premier professeur de botanique de l'université fut Charles de Lécluse, d'origine française, et l'Hortus Botanicus contient une reconstruction du jardin enclos de murs, appelé Clusiustuin, où il acclimata une tulipe en 1593, la première à pousser au Pays-Bas *(p. 24-25)*. À voir également : les roseraies, les serres où s'épanouissent des orchidées et les parterres de tulipes entourant les plans d'eau.

🏛 Museum Boerhaave

Lange St Agnietenstraat 10. 📞 *(071) 5214 224.* ⬤ *du mar. au dim.* ⬤ *1er jan., 3 oct.* 🎫
Professeur de l'université de Leyde de renom international, Herman Boerhaave (1668-1738) publia en 1707 un important traité médical : *Institutiones medicae*. Le musée qui

Triptyque du *Jugement dernier* par Lucas van Leyden au Stedelijk Museum De Lakenhal

porte son nom propose des expositions consacrées au développement des sciences aux Pays-Bas. Organisées par ordre chronologique, elles comprennent des horloges fabriquées par Christiaan Huyghens (1692-1695), qui découvrit les anneaux de Saturne, et des thermomètres par Gabriel Fahrenheit (1686-1736). La collection d'instruments chirurgicaux est à déconseiller aux âmes sensibles.

🏛 Rijksmuseum voor Volkenkunde

Steenstraat 1. 📞 *(071) 5168 800.* ⭕ *du mar. au dim.* 🌑 *lun., 1er jan., 3 oct.* 📷 ♿

Ce remarquable musée ethnologique, fondé en 1837, connaît actuellement une restauration qui devrait durer jusqu'en 1996. Ces travaux limitent l'accès aux collections permanentes, mais le musée organise des expositions temporaires illustrant les conditions de vie des hommes depuis les déserts arctiques jusqu'aux montagnes de Chine. Ces expositions, éclectiques, instructives et vivantes, s'adressant aux personnes de tous âges, justifient à elles seules la visite.

🏛 Stedelijk Molenmuseum de Valk

2e Binnenvestgracht 1. 📞 *(071) 5165 353.* ⭕ *du mar. au dim.* 🌑 *1er jan., 3 oct., 25 déc.* 📷 📹

Construit en 1743, ce moulin à farine haut de 7 étages est le dernier à subsister à Leyde. Une visite guidée permet de découvrir les quartiers d'habitation au rez-de-chaussée, l'atelier de réparations et une exposition sur l'histoire des moulins néerlandais.

⛪ Pieterskerk

Pieterskerkhof 1a. 📞 *(071) 5124 319.* ⭕ *t.l.j.* 🌑 *Ven. saint, 3 oct.* ♿

Cette église gothique, construite au XVe siècle en briques roses, domine une place ombragée

entourée de belles maisons. Bien qu'elle ait perdu sa fonction religieuse, elle mérite une visite pour l'élégance de son intérieur austère et pour son orgue, fabriqué par les frères Hagenbeer en 1642, au buffet en boiseries dorées. Sur le sol de la nef, des dalles usées marquent l'emplacement des tombes de personnalités du XVIIe siècle telles que John Robinson, Herman Boerhaave et Jan Steen (*p. 133*).

Le *Mayflower* traversant l'Atlantique

♣ De Burcht

Nieuwe Rijn. Battlements ⭕ *t.l.j.* ♿

Cette forteresse du XIIe siècle aux murs crénelés se dresse entre deux canaux du Rijn (Rhin). Il faut franchir un portail en fer forgé, orné de symboles héraldiques, pour atteindre la citadelle qui offre une vue splendide sur la ville.

Lion héraldique à la De Burcht

🏛 Rijksmuseum van Oudheden

Rapenburg 28. 📞 *(071) 5163 163.* ⭕ *du mar. au dim.* 🌑 *1er jan., 3 oct. 25 déc.* 📷 ♿

Fondé en 1818, le musée national d'Antiquités constitue le principal centre d'intérêt de Leyde, notamment pour la richesse de ses collections égyptiennes. Elles occupent la majeure partie des deux niveaux inférieurs, avec un bel ensemble d'instruments de musique, des vestiges du Moyen-Orient et des sculptures et céramiques grecques et romaines. Reconstruit dans le grand hall en 1978, Le temple de Taffeh (Ier siècle) en constitue le clou mais elles comprennent aussi la reconstitution de deux tombes, des statues et bas-reliefs et des objets funéraires.

L'étage supérieur présente des vestiges archéologiques néerlandais couvrant une période allant de la préhistoire au Moyen Âge.

Pont à bascule au-dessus de l'Oude Rijn

La Haye ⑮

Statue de la cour du Binnenhof

La Haye ('s-Gravenhage ou Den Haag en néerlandais) n'était qu'un village entourant le château des comtes de Hollande quand elle devint en 1586 le siège du gouvernement des Pays-Bas. L'agglomération compte aujourd'hui plus d'un demi-million d'habitants. Depuis 1946, le Vredespaleis (*p. 190*), achevé en 1913, abrite la Cour internationale de justice. Bordé au nord par le lac de Hofvijver qu'entourent plusieurs musées dont le Mauritshuis (*p. 188-189*), l'ancien palais comtal a connu bien des reconstructions depuis le XIIIᵉ siècle mais occupe toujours le centre de la ville. Sur le littoral s'étendent les plages de la station balnéaire de Scheveningen (*p. 191*).

🏛 Mauritshuis

Voir p. 188-189.

⚖ Ridderzaal

Binnenhof 8a. 📞 *(070) 364 6144.* ⭕ *du lun. au sam.* ⬤ *1ᵉʳ jan., 25 déc.* 📷 🎫

Au centre de la cour du Binnenhof se dresse le château gothique entrepris en 1247 par Guillaume II et achevé par son fils Floris V (*p. 19*). Restaurée en 1900, la Salle des chevaliers qui lui donne son nom et où se tenaient, à l'origine, les fêtes et banquets des comtes de Hollande, sert aujourd'hui de cadre à diverses cérémonies officielles. En particulier, chaque année en septembre, la reine y prononce un discours, ouvrant la session parlementaire.

Une visite guidée permet de la visiter ainsi qu'une exposition retraçant le développement de la démocratie aux Pays-Bas.

🏛 Museum Bredius

Lange Vijverberg 14. 📞 *(070) 362 0729.* ⭕ *du mar. au dim.* ⬤ *1ᵉʳ jan., 25 déc.* 📷

Historien et collectionneur d'art, Abraham Bredius dirigea le Mauritshuis (*p. 188-189*) de 1895 à 1922. À sa mort en 1946, il légua sa vaste collection d'œuvres du Siècle d'Or à la ville. En bordure du Hofvijver, une élégante maison de marchand du XVIIIᵉ siècle abrite ces peintures de maîtres néerlandais tels que Rembrandt (*p. 66*) et Jan Steen (*p. 133*), mais aussi d'artistes moins connus, et généralement absents des grands musées, bien que le regard qu'ils portèrent sur leur époque demeure fort intéressant.

Depuis une importante rénovation, le musée propose en outre une riche exposition de meubles, de porcelaines et d'argenterie.

🏛 Grote Kerk

Rond de Grote Kerk 10. 📞 *(070) 365 8665.* ⭕ *juil.-août : du lun. au sam.* ♿

Si la construction de sa tour hexagonale commença en 1420, la « Grande Église » de La Haye remonte pour l'essentiel au début du XVIIᵉ siècle. Elle a connu une importante restauration entre 1985 et 1987. De splendides vitraux y représentent Charles Quint (*p. 22-23*) s'agenouillant devant la Vierge. De belles galeries d'art bordent les rues commerçantes et piétonnes qui l'entourent.

Armoiries sur la façade du Rijksmuseum Gevangenpoort

🏛 Rijksmuseum Gevangenpoort

Buitenhof 33. 📞 *(070) 346 0861.* ⭕ *du dim. au ven.* ⬤ *1ᵉʳ jan., 25 et 26 déc.* 📷 *seulement.*

La porte des Prisonniers servait au XIVᵉ siècle d'entrée principale au château des comtes de Hollande. Transformée en lieu de détention, elle eut notamment comme captif le bourgmestre Cornelis de Witt avant que la foule ne le mette à mort en 1672 avec son frère Jan (*p. 25*), grand pensionnaire considéré comme responsable de l'invasion du pays par Louis XIV. La mort de ces républicains ouvrit à la famille d'Orange la voie du retour au pouvoir.

L'édifice présente une impressionnante exposition d'instruments de torture, sonorisée par des hurlements enregistrés.

Le Hofvijver et le siège du Parlement

Dans la Galerij Prins Willem V

120 tableaux exposés à la Galerij Prins Willem V, principalement des paysages typiques du Siècle d'Or néerlandais, des scènes de genre et des évocations d'événements historiques, figurent des peintures par Jan Steen, Paulus Potter (1625-1654) ou Willem van de Velde.

La présentation des œuvres – les toiles sont serrées très haut les unes contre les autres – est caractéristique d'un cabinet d'amateur d'art du XVIIIe siècle (p. 133), les mettant peu en valeur pour un regard contemporain.

MODE D'EMPLOI

56 km au sud-ouest d'Amsterdam. 🚊 450 000. 🚆 Koningin Julianaplein 10 ; Stationsplein 25. 🛈 Koningin Julianaplein 30. 06 340 35051. 🏛 lun., mer., ven., sam.🎭 Vlaggetjesdag Scheveningen : dernier sam. de mai ; North Sea Jazz Festival : 2e wee-kend de juil. ; Swinging Scheveningen : 3e wee-kend de juil.

🏛 Galerij Prins Willem V

Buitenhof 35. 🕿 (070) 318 2486. 🕐 du mar. au dim. ⚫ 1er jan., 25 déc. 🎟 Collectionneur enthousiaste, le stadhouder Guillaume V (p. 28) installa les plus belles pièces de sa collection privée dans cette ancienne auberge qu'il ouvrit au public à partir de 1774, créant ainsi la plus ancienne galerie d'art publique des Pays-Bas.

Une grande partie de ces œuvres se trouvent aujourd'hui au Mauritshuis (p. 188-189). Toutefois, parmi les quelque

🏛 Haags Historisch Museum

Korte Vijverberg 7. 🕿 (070) 364 6940. 🕐 t.l.j. ⚫ 1er jan., 25 déc. 🎟 ♿ Le musée historique de La Haye occupe la Sebastiaansdoelen, l'ancien quartier général de la compagnie des arbalétriers de Saint-Sébastien construit en 1636.

Organisées à partir des collections permanentes de vestiges archéologiques, de peintures, de mobilier, les expositions, qui retracent

l'histoire de la ville depuis le Moyen Âge, changent périodiquement. Elles comprennent toujours cependant une maison de poupée du XIXe siècle luxueusement aménagée.

Façade du XVIIe siècle du Haags Historisch Museum

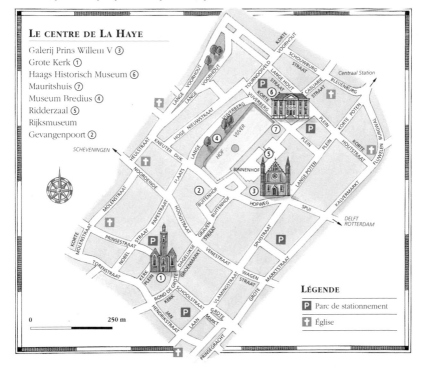

LE CENTRE DE LA HAYE

Galerij Prins Willem V ③
Grote Kerk ①
Haags Historisch Museum ⑥
Mauritshuis ⑦
Museum Bredius ④
Ridderzaal ⑤
Rijksmuseum Gevangenpoort ②

LÉGENDE

🅿 Parc de stationnement

✝ Église

0 _____ 250 m

Mauritshuis

Johann Maurits, comte de Nassau fit bâtir pour y prendre sa retraite cette élégante demeure dessinée par Jacob van Campen dans le style classique hollandais. Pieter Post acheva sa construction en 1644. Légué à l'État à la mort de son propriétaire en 1679, le bâtiment, qui offre une vue magnifique sur le Hofvijver *(p. 186)*, abrite depuis 1821 le musée royal de Peinture. La collection compte moins de 300 tableaux, principalement de maîtres flamands et hollandais, mais presque chacun d'eux est une œuvre majeure. La décoration des salles d'exposition concourt en outre à faire du Mauritshuis l'un des plus beaux musées des Pays-Bas.

★ **La Leçon d'anatomie du Dr Nicolaes Tulp** *(1632)*
Tout le talent de Rembrandt et sa maîtrise de la lumière s'expriment dans ce portrait de chirurgiens, peint à l'âge de 26 ans.

SUIVEZ LE GUIDE !

L'exposition occupe les trois niveaux d'un édifice relativement exigu et couvre toute la place disponible sur les murs. Une liste des principales œuvres est disponible à l'entrée, mais l'accrochage change régulièrement pour présenter toutes les tendances de la collection et certains tableaux ne possèdent pas d'intitulé. En cas de doute, renseignez-vous auprès d'un des gardiens, très bien informés, du musée.

Portrait de Cornelis Schellinger *(1584)*
L'inscription sur ce tableau de Pieter Pietersz évoque le meurtre de Guillaume le Taciturne (p. 195).

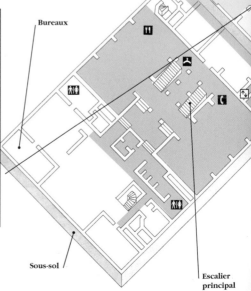

Rez-de-chaussée

Bureaux

Bouquet dans une niche *(1618)*
Malgré la beauté de ces fleurs, saisie par Ambrosius Bosschaert, les mouches qui tournent autour nous rappellent notre mortalité.

Sous-sol

Escalier principal

Le Chardonneret *(1654)*
*Carel Fabritius
(1622-1654), un élève
de Rembrandt, peignit
ce petit tableau l'année
de sa mort.*

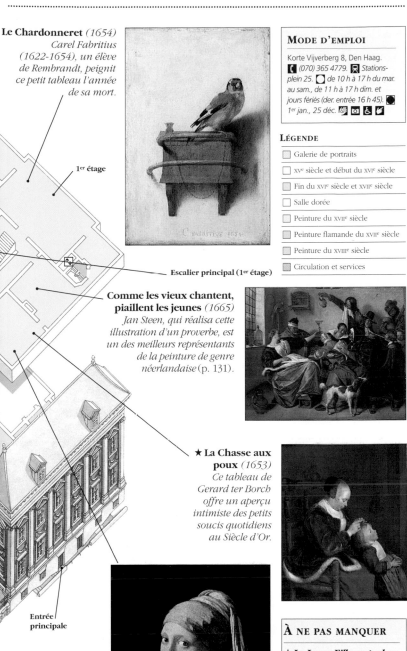

1er étage

Escalier principal (1er étage)

MODE D'EMPLOI

Korte Vijverberg 8, Den Haag.
📞 (070) 365 4779. 🚊 Stationsplein 25. 🕐 de 10 h à 17 h du mar.
au sam., de 11 h à 17 h dim. et
jours fériés (der. entrée 16 h 45). ⬤
1er jan., 25 déc. 🖼 📷 ♿ 🚻

LÉGENDE

☐	Galerie de portraits
☐	XVe siècle et début du XVIe siècle
☐	Fin du XVIe siècle et XVIIe siècle
☐	Salle dorée
☐	Peinture du XVIIe siècle
☐	Peinture flamande du XVIIe siècle
☐	Peinture du XVIIIe siècle
☐	Circulation et services

**Comme les vieux chantent,
piaillent les jeunes** *(1665)*
*Jan Steen, qui réalisa cette
illustration d'un proverbe, est
un des meilleurs représentants
de la peinture de genre
néerlandaise* (p. 131).

**★ La Chasse aux
poux** *(1653)*
*Ce tableau de
Gerard ter Borch
offre un aperçu
intimiste des petits
soucis quotidiens
au Siècle d'Or.*

**Entrée
principale**

**★ La Jeune Fille
au turban** *(1660)*
*Le modèle de ce
fascinant portrait
par Jan Vermeer
pourrait être sa
fille, Maria.*

À NE PAS MANQUER

★ *La Jeune Fille au turban*
  par Jan Vermeer

★ *La Chasse aux poux*
  par Gerard ter Borch

★ *La Leçon d'anatomie
  du Dr Nicolaes Tulp*
  par Rembrandt

♛ Vredespaleis

Carnegieplein 2. 📞 *(070) 302 4242.*
⭕ *du lun. au ven.* 📷 *sur r.d.v.* ⭕
jours fériés et séances de la Cour. 📷 ♿

La Haye accueillit en 1899 la
première conférence
internationale de la Paix qui
décida de la création de la
Cour permanente d'arbitrage,
destinée à offrir un autre
recours que la guerre aux
pays en litige. Pour lui
procurer un cadre digne de
ses objectifs, le philanthrope
américain Andrew Carnegie
(1835-1918) finança la
construction, de 1907 à 1913,
d'un imposant édifice dessiné
dans le style de la
Renaissance flamande par le
Français Louis Cordonnier.
Plusieurs nations participèrent
à la décoration intérieure et
extérieure de ce palais de la
Paix.

Instance judiciaire des
Nations unies, la Cour
internationale de justice a
remplacé en 1946 la Cour
permanente.

Le Vredespaleis où siège la Cour internationale de justice

⛪ Haags Gemeentemuseum

Stadhouderslaan 41. 📞 *(070) 338
1111.* ⭕ *du mar. au dim.* ⭕ *1ᵉʳ jan.,
25 déc.* 📷 ♿

Cet édifice de deux étages en
béton et brique claire achevé
en 1935, un an après la mort de
son architecte, fut la dernière
œuvre de H. P. Berlage,
inspirateur de l'école
d'Amsterdam *(p. 97).* Il abrite
les collections éclectiques du
Musée municipal de La Haye.

Le département des arts
décoratifs présente
notamment des verreries de
Venise, de superbes maisons
de poupées, des porcelaines
de Delft et des céramiques
musulmanes et orientales.
Une annexe au bâtiment
principal propose une

exposition sur le vêtement et
les accessoires de mode, en
particulier les bijoux, depuis
le XVIIIᵉ siècle.

Si la section d'art moderne
du musée s'enorgueillit de
posséder le plus riche
ensemble du monde d'œuvres
par Piet Mondriaan *(p. 136),*
c'est sans doute la collection
d'instruments de musique
datant du XVᵉ au XIXᵉ siècle
qui attire le plus de visiteurs.
À côté d'instruments
européens tels que le clavecin
d'autres plus exotiques
comme le gamelan javanais y
figurent.

⛪ Panorama Mesdag

Zeestraat 65. 📞 *(070) 364 2563.*
⭕ *t.l.j.* ⭕ *25 déc.* 📷

Sous le dais de cette
rotonde subsiste un
remarquable exemple
des panoramas (tableaux
circulaires en trompe-l'œil)
qui enchantaient le XIXᵉ siècle.
Haut de 14 m et long de
120 m, celui-ci représente
l'ancien village de pêcheurs
de Scheveningen, station
balnéaire située à 10 km au
nord de la ville.

Réalisé en 1881 par
des membres de l'école
La Haye dirigés par
H.W. Mesdag (1831-1915)
et son épouse Sientje (1834-
1909), il surprend par son
réalisme et sa maîtrise
de la perspective.
La lumière du jour tombant
à la verticale et le sable
jonché d'épaves, amassé
au pied de la peinture,
ajoutent à l'illusion. George
Hendrik Breitner (1857-1923)
apporta sa touche personnelle
en représentant la charge
d'un groupe d'officiers de
cavalerie.

Le Haags Gemeentemuseum (1935) dessiné par H. P. Berlage

🏛 **Omniversum**

President Kennedylaan 5. 📞 *(070) 354 5454.* ⭕ *d'avril à sept. : t.l.j. ; d'oct. à mars : du mar. au dim.* 🎫 ♿

Tenant du planétarium et d'un cinéma du XXIᵉ siècle, l'Omniversum, doté d'un système de sonorisation extrêmement sophistiqué, séduit tout particulièrement les enfants. La projection de films et d'effets spéciaux sur un écran hémisphérique donne l'impression de se retrouver au cœur d'une éruption volcanique ou d'un voyage d'exploration spatiale ou sous-marine.

🏛 **Madurodam**

Haringkade 175. 📞 *(070) 355 3900.* ⭕ *t.l.j.* 🎫 ♿

Maduro créa en mémoire de son fils George, mort en déportation à Dachau, cette ville miniature (au 1/25) inaugurée par la reine Juliana en 1952.

Outre les répliques de maisons de canal d'Amsterdam, de l'Europort de Rotterdam *(p. 199)*, de l'aéroport de Schiphol *(p. 266-267)*, le visiteur y découvre des moulins à vent, des champs de tulipes et même une plage naturiste. La nuit, 50 000 petites ampoules illuminent rues et bâtiments.

Tous les bénéfices vont à des œuvres charitables.

En visite à la ville miniature de Madurodam

Scheveningen ⑯

45 km au sud-ouest d'Amsterdam. 🚉 17 800. 🚋 🛈 *Gevers Deyjnootweg 1134. (06) 3403 5051* ⬛ *jeu*

Depuis le centre de La Haye, quinze minutes en tram suffisent pour rejoindre la station balnéaire de Scheveningen. Comme beaucoup de villes côtières des Pays-Bas, elle connut son âge d'or au tournant du siècle, et quelques belles villas de cette époque subsistent. De plus en plus d'immeubles sans grâce s'élèvent cependant sur le front de mer.

Les Néerlandais se pressent aux beaux jours sur ses longues plages de sable et, parmi les nombreux restaurants ouverts à leur intention, quelques-uns servent de bonnes spécialités de poisson. Palace construit dans le style Empire en 1885, l'hôtel Kurhaus abrite un casino. Une jetée datant du début du siècle est en cours de restauration.

De création bien plus récente, le **Sea Life Centre**, permet à ses visiteurs de découvrir, dans des tunnels vitrés, des poissons tels que raies et requins. Il sert aussi de refuge à de nombreux animaux marins blessés.

La ville a absorbé le village de pêcheurs de Scheveningen Haven mais celui-ci a réussi à entretenir, ou à adapter, une partie de son activité traditionnelle. Au sud du port se trouve le point de départ des bateaux proposant aux touristes des expéditions de pêche. À proximité se trouve le petit Zee Museum installé dans l'ancienne halle aux poissons.

🐟 **Sea Life Centre**

Strandweg 13. 📞 *(070) 354 2100.* ⭕ *t.l.j.* ⬛ *25 déc.* 🎫 ♿ 📷

🏛 **Zee Museum**

Dr Lelykade 39. 📞 *(070) 350 2528.* ⭕ *t.l.j.* 🎫

Vacanciers sur la plage de Scheveningen

Delft pas à pas ⓱

**Carreau de Delft
du XIXe siècle**

Les origines de Delft remontent à 1075, mais la localité n'obtint le droit de cité qu'en 1246. Au Moyen Âge, ses brasseurs et ses drapiers fondent la prospérité de la ville, mais un terrible incendie en 1536 et l'explosion de l'arsenal en octobre 1645 causèrent de terribles destructions. Le centre de Delft a peu changé depuis la reconstruction qui suivit, et de belles maisons gothiques et Renaissance bordent toujours ses canaux ombragés. Autour de la place du marché qu'encadrent le Stadhuis et la Nieuwe Kerk, de nombreuses boutiques proposent antiquités et faïences décorées à la main. Certaines fabriques se visitent et vendent sur place leur production à des prix souvent raisonnables.

★ **Stedelijk Museum Het
Prinsenhof**
*L'ancien couvent Sainte-
Agathe (XIVe siècle) abrite
un musée d'histoire
néerlandaise.*

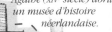

**Volkenkundig
Museum Nusantara**

★ **Oude Kerk**
*Entreprise au
XIIIe siècle, l'Ancienne
Église abrite notamment
la tombe d'Antonie van
Leeuwenhoek, inventeur
du microscope.*

L'Oude Delft est bordé
de maisons Renaissance.

Chapelle Saint-Hippolyte
*Ce sanctuaire gothique
(1396) de brique rouge
servit d'arsenal après
l'Altération (p. 22-23).*

À NE PAS MANQUER

★ **Oude Kerk**

★ **Nieuwe Kerk**

★ **Stedelijk Museum
Het Prinsenhof**

LÉGENDE

– – – Itinéraire conseillé

0   50 m

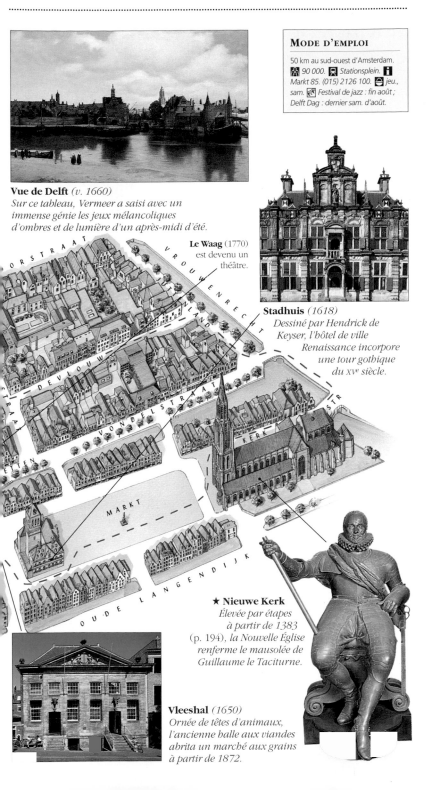

Vue de Delft *(v. 1660)*
Sur ce tableau, Vermeer a saisi avec un immense génie les jeux mélancoliques d'ombres et de lumière d'un après-midi d'été.

MODE D'EMPLOI

50 km au sud-ouest d'Amsterdam.
🚶 90 000. 🚉 Stationsplein. 🛈
Markt 85. (015) 2126 100. 🛒 jeu.,
sam. 🎷 Festival de jazz : fin août ;
Delft Dag : dernier sam. d'août.

Le Waag (1770)
est devenu un
théâtre.

Stadhuis *(1618)*
*Dessiné par Hendrick de
Keyser, l'hôtel de ville
Renaissance incorpore
une tour gothique
du XVe siècle.*

★ Nieuwe Kerk
*Élevée par étapes
à partir de 1383
(p. 194), la Nouvelle Église
renferme le mausolée de
Guillaume le Taciturne.*

Vleeshal *(1650)*
*Ornée de têtes d'animaux,
l'ancienne halle aux viandes
abrita un marché aux grains
à partir de 1872.*

À la découverte de Delft

S i c'est sa faïence à décors bleus sur fond blanc qui vaut à Delft d'être connue dans le monde entier, cette charmante cité ancienne est aussi celle où repose Guillaume le Taciturne (1533-1584). Le prince d'Orange, qui prit la tête de la révolte contre les Espagnols, ouvrit la voie à l'indépendance religieuse et politique des Pays-Bas *(p. 22-23)*. Delft est, en outre, la ville où naquit, vécut et mourut Jan Vermeer (1632-1675), l'un des grands maîtres du Siècle d'Or bien qu'il soit resté longtemps méconnu et n'ait peint qu'une trentaine de tableaux.

Chaire Renaissance (1548) de l'Oude Kerk

⌂ Oude Kerk

Oude Delft. ☎ *(015) 2123 015.* ○
d'avril à nov. : du lun. au sam. 🚻 ♿
Une église se dresse sur ce site depuis le XIIIᵉ siècle, mais l'édifice original a connu bien des reconstructions et ajouts. Élevé en 1325, son clocher présente une inclinaison marquée. Anthonis Keldermans bâtit au début du XVIᵉ siècle le transept nord, de style gothique flamboyant, qui abrite le tombeau baroque de l'amiral Maarten Tromp (1598-1653) orné d'un bas-relief décrivant la bataille navale où il périt.

Si, dans la nef, la chaire et son baldaquin attirent tout d'abord le regard, le sol mérite qu'on baisse les yeux vers ses dalles funéraires du XVIIᵉ siècle, souvent sculptées de squelettes ou d'armoiries. Dans le chœur, le gisant du tombeau de l'amiral Piet Heyn (1577-1629) le représente en armure. À l'extrémité est du bas-côté nord se trouve la modeste sépulture de Jan Vermeer.

⌂ Nieuwe Kerk

Markt. ☎ *(015) 2123 025.* ○ *du lun. au sam.* 🚻
Construite entre 1383 et 1510, la Nouvelle Église a connu depuis plusieurs restaurations, notamment après l'incendie de 1536 et l'explosion de l'arsenal en 1654.
P. J. H. Cuypers *(p. 30-31)* n'éleva qu'en 1872 l'impressionnante tour (100 m) qui domine la façade gothique.

Dans le chœur se dresse le majestueux mausolée de Guillaume Iᵉʳ d'Orange-Nassau, dit le Taciturne. Hendrick de Keyser *(p. 90)* réalisa de 1614 à 1620 ce monument en marbre noir et blanc dont le gisant du Stadhouder, représenté en tenue de parade, constitue la pièce maîtresse. Des allégories en bronze de Vertus l'entourent et, au pied du tombeau, un ange sonnant de la trompette symbolise la Renommée. L'artiste a également représenté le chien du prince qui aurait succombé au chagrin, quelques jours après l'attentat qui mit fin aux jours de son maître.

Sous le monument, une crypte abrite le caveau de la famille royale.

La Nieuwe Kerk domine à Delft la place du marché

LA FAÏENCE DE DELFT

La faïence qui fait aujourd'hui la réputation de la ville s'est développée à partir de la majolique, céramique aux motifs Renaissance importée aux Pays-Bas au XVIe siècle par des immigrants italiens qui s'installèrent dans la région de Delft et d'Haarlem. Fabriquant à l'origine des carreaux muraux et des objets utilitaires ornés le plus souvent d'oiseaux ou de fleurs, ils se sont inspirés, au cours du siècle suivant, de la porcelaine chinoise rapportées par les navires qui commerçaient avec l'Orient. Les faïenciers de Delft parent assiettes, plats et vases de paysages ou de scènes bibliques ou de genre qui assurent leur réputation. En 1652, la cité comptait 32 fabriques, notamment De Poerceleyne Fles, toujours en activité, qui propose des visites guidées.

Carreaux de Delft du XVIIe siècle

🏛 Koninklijk Nederlands Legermuseum

Korte Geer 1. 📞 *(015) 2150 500.* 🕐 *du mar. au dim.* ⬤ *1er jan., 25 déc.*

Le musée royal de l'Armée occupe l'Armamentarium, arsenal des anciennes provinces de la Hollande et de la Frise occidentale. Ce bâtiment, construit en 1692, renferme toujours de nombreuses armes qui illustrent, avec des uniformes, des maquettes de batailles et des véhicules blindés, l'histoire militaire néerlandaise depuis le Moyen Âge jusqu'à l'engagement actuel des Pays-Bas pour la défense de la paix dans le cadre des Nations unies.

Armoiries sur la façade du Legermuseum

🏛 Stedelijk Museum Het Prinsenhof

St Agathaplein 1. 📞 *(015) 2602 358.* 🕐 *du mar. au dim.* ⬤ *1er jan., 25 déc.*

Guillaume le Taciturne réquisitionna en 1572 les bâtiments gothiques de l'ancien couvent Sainte-Agathe pour y établir son quartier général pendant la révolte contre les Espagnols *(p. 22-23)*. C'est là que l'assassina, en 1584, un catholique fanatique aux ordres de Philippe II, Balthasar Geraerts. L'escalier principal porte toujours les traces des impacts de balle.

Restauré après la Seconde Guerre mondiale, l'édifice abrite désormais le musée historique de Delft où carrelages inégaux et fenêtres plombées offrent un cadre approprié à des collections de faïences, de tapisseries, d'argenterie, de sculptures médiévales et de portraits de membres de la famille royale, de Guillaume Ier à nos jours.

🏛 Volkenkundig Museum Nusantara

St Agathaplein 4. 📞 *(015) 2602 358.* 🕐 *du mar. au dim.* ⬤ *1er jan., 25 déc.*

Quand Guillaume le Taciturne s'installa dans le couvent Sainte-Agathe, les nonnes déménagèrent dans une annexe de l'autre côté de la place. Ce bâtiment abrite aujourd'hui le musée ethnologique Nusantara. Bien que modestes, ses collections comprennent de superbes masques, sculptures, tissus, marionnettes, bijoux et instruments de musique rapportés d'Indonésie.

Sa boutique vend de l'artisanat indonésien intéressant mais un peu cher.

🏛 Museum Lambert van Meerten

Oude Delft 199. 📞 *(015) 2602 358.* 🕐 *du mar. au dim.* ⬤ *1er jan., 25 déc.*

Ce petit musée, installé dans une demeure du XIXe siècle, présente une riche collection de faïences illustrant l'histoire de cet art dans le monde entier.

Dans le centre, de belles maisons bordent le Binnenwaterslot

St Janskerk, Gouda

ondée au XIIIe siècle, l'église Saint-Jean connut plusieurs reconstructions, jusqu'à celle qui lui donna son style gothique actuel. De 1555 à 1572, les frères Crabeth, commandités par de riches donateurs catholiques tel que Philippe II d'Espagne, dotèrent le sanctuaire de si merveilleux vitraux que les iconoclastes protestants ne purent se résoudre à les briser. Au contraire, une fois l'église affectée au culte réformé après l'Altération *(p. 22-23)*, les édiles de plusieurs villes néerlandaises comme Rotterdam financèrent jusqu'en 1603 l'installation de nouveaux vitraux. Au travers de scènes historiques ou bibliques, ceux-ci évoquent la guerre de libération qui opposa à partir de 1572 les provinces des Pays-Bas aux Espagnols.

Armoiries d'un donateur (1601)

La nef
Dallée de pierres tombales, elle est la plus longue des Pays-Bas (123 m).

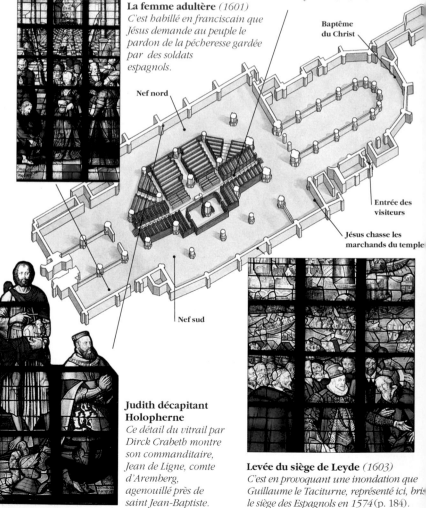

La femme adultère *(1601)*
C'est habillé en franciscain que Jésus demande au peuple le pardon de la pécheresse gardée par des soldats espagnols.

Baptême du Christ

Nef nord

Entrée des visiteurs

Jésus chasse les marchands du temple

Nef sud

Judith décapitant Holopherne
Ce détail du vitrail par Dirck Crabeth montre son commanditaire, Jean de Ligne, comte d'Aremberg, agenouillé près de saint Jean-Baptiste.

Levée du siège de Leyde *(1603)*
C'est en provoquant une inondation que Guillaume le Taciturne, représenté ici, bris le siège des Espagnols en 1574 (p. 184).

Jésus chasse les marchands du temple
Ce vitrail offert par Guillaume le Taciturne en 1567 exprime l'aspiration des réformistes à une Église moins corrompue.

Baptême du Christ *(1555)*
Offert par l'évêque d'Utrecht, ce vitrail, le plus ancien de l'église, montre Jésus se purifiant dans le Jourdain.

Le clocher de la St Janskerk domine les toits de Gouda

Gouda 🔞

50 km au sud d'Amsterdam.
🏘 70 000. 🚉 ℹ *Markt 27.*
☎ *(01 825) 136 66.* 🛒 *marché aux fromages : juil. et août : de 10 h à 12 h le jeu. ; marché général : jeu. et sam.*

Après avoir obtenu en 1272 ses droits de cité du comte Floris V de Hollande *(p. 19)*, Gouda, située au confluent de deux rivières, la Gouwe et la Hollandse IJssel, assit au XVe siècle sa prospérité sur la fabrication de la bière. La réputation des fromages qui la rendirent célèbre se forgea au XVIIe siècle. En plus du marché spécialisé organisé en été, deux marchés hebdomadaires offrent l'occasion d'en acheter. Ils proposent également de l'artisanat, en particulier des pipes, autre spécialité traditionnelle de la ville.

Ces marchés se tiennent sur la vaste place qui s'étend autour du Stadhuis. Construit en 1450, cet édifice gothique à la façade décorée de pignons, de gables et de statues est l'un des plus vieux hôtels de ville des Pays-Bas. Le monument le plus remarquable de Gouda demeure néanmoins la St Janskerk, décorée de superbes vitraux.

🏛 Stedelijk Museum Het Catharina Gasthuis
Oosthaven 10. ☎ *(01 825) 884 40.*
○ *t.l.j.* ● *1er jan., 25 déc.* 📷
Un portail de 1609 orné d'un bas-relief provenant d'une léproserie ouvre sur le jardin de cet ancien hospice. Bâti au XIVe siècle pour accueillir les voyageurs, il fut transformé plus tard en un asile de vieillards. Depuis 1910, les bâtiments abritent les collections variées d'un musée municipal. Celles-ci comprennent notamment une série de portraits de gardes civiques, des tableaux de l'école de La Haye et des œuvres d'art religieux.

🏛 Stedelijk Museum De Moriaan / The Blackamoor
Westhaven 29. ☎ *(01 825) 884 44.*
○ *t.l.j.* ● *1er jan., 25 déc.* 📷
Derrière une façade Renaissance datant de 1617, ce petit musée présente, dans un débit de tabac reconstitué, une belle collection de pipes, de carreaux de faïence et de pots à tabac anciens.

Portail du Stedelijk Museum Het Catharina Gasthuis

Rotterdam ⑲

Péniches fluviales et cargos de haute mer se rejoignent à Rotterdam qui jouit d'une position stratégique au débouché du Rhin et de la Meuse en mer du Nord. Cette situation lui a permis de devenir le plus grand port du monde, mais lui a aussi valu de subir pendant la Seconde Guerre mondiale de terribles bombardements qui détruisirent presque entièrement le centre historique. Sa reconstruction a offert un vaste espace de création à de nombreux architectes, et la cité offre aujourd'hui l'un des visages les plus modernes d'Europe. Près de 300 000 personnes travaillent dans les installations portuaires.

Vieux bateaux et Kijk-Kubus futuristes sur l'Oudehaven

À la découverte de Rotterdam

Les bombardements de la dernière guerre ont détruit la majeure partie d'Oudehaven, l'ancienne zone portuaire, et sa reconstruction a donné lieu à l'édification de bâtiments avant-gardistes. Bien que de forme pyramidale, la **Gemeente-bibliotheek** (bibliothèque publique) ressemble en un point au centre Georges-Pompidou de Paris : ses architectes ont repoussé à l'extérieur ses conduites d'aérations et ses tuyauteries. Bâties en 1956, les **Kijk-Kubus** (maisons cubiques) de Piet Blom possèdent des murs inclinés qui imposent aux habitants des appartements d'avoir des meubles fabriqués sur mesure pour s'adapter aux angles inhabituels formés par les parois. Sur les quais, où s'étalent les terrasses des cafés, des immeubles abritant des galeries marchandes ont désormais remplacé les anciens entrepôts en bois.

Pour disposer d'un port, les habitants de Delft *(p. 192-195)* percèrent au Siècle d'Or un canal de 12 km de long jusqu'à la Meuse où ils fondèrent **Delfshaven**. C'est un des quartiers les plus agréables de la ville avec ses anciens entrepôts du XVIIIᵉ siècle.

🏛 Museum Boymans-van Beuningen
Voir p. 200-201

Cabine du *De Buffel*

🏛 Maritiem Museum Prins Hendrik

Leuvehaven 1. 📞 *(010) 413 2680.* ⬤ *t.l.j. (de sept. à mai : du mar. au dim.).* ⬤ *1ᵉʳ jan., 30 avril, 25 déc.* 📷 🔲

Fondé en 1873 par le frère du roi Guillaume III *(p. 30-31)*, le Musée maritime propose des expositions sur l'histoire de la navigation et la visite de plusieurs bateaux amarrés sur le Leuvehaven, en particulier le remorqueur à vapeur *Pieter Boele* et le navire de guerre *De Buffel* (1868) dont les quartiers des officiers surprennent par leur luxe.

🏛 Historisch Museum het Schielandshuis

Korte Hoogstraat 31. 📞 *(010) 217 6767.* ⬤ *t.l.j.* ⬤ *1ᵉʳ jan., 30 avril, 25 déc.* 📷

Gracieuse maison classique bâtie en 1665 par Jacob Lois et restaurée en 1986, la Schielandshuis est l'un des rares édifices du XVIIᵉ siècle ayant subsisté à Rotterdam. Peintures, documents, objets d'art, vêtements, vestiges architecturaux et reconstitutions d'intérieurs y évoquent l'histoire de la ville et de ses habitants.

Maisons de canal dans un coin tranquille de Delfshaven

🏛 Museum de Dubbelde Palmboom

Voorhaven 12. 📞 *(010) 477 2664.*
🔵 *du mar. au dim.* ⚫ *1er jan.,
30 avril, 25 déc.* 🖼 ♿ 🖥 🔵

Le musée du Double Palmier occupe un entrepôt en bois à deux pignons datant de 1825. Sous les poutres des vastes salles de ses cinq niveaux, de riches collections de photographies, maquettes et objets d'art et d'artisanat retracent l'histoire de l'implantation humaine à l'embouchure de la Meuse depuis les premières colonies de pêcheurs de l'âge de fer.

🏛 Museum voor Volkenkunde

Willemskade 25. 📞 *(010) 411 1055.*
🔵 *du mar. au dim.* ⚫ *1er jan.,
30 avril, 25 déc.* 🖼 ♿ 🍴

Les édiles de Rotterdam ont réuni au XVIIe siècle une intéressante collection ethnologique. Présentée dans un immeuble de 1851 dont l'aménagement intérieur moderne permet la diffusion de documents audiovisuels, elle comprend des instruments de musique, des objets d'art, des masques et des sculptures.

La tour Euromast

🚇 Euromast

Parkhaven 20. 📞 *(010) 436 4811.*
🔵 *t.l.j.* 🖼 🍴 🔵

Une terrasse panoramique, d'où on peut admirer la vue depuis une table de restaurant, couronne, à 100 m de hauteur, la partie inférieure de cette tour construite en 1960. Elle grandit encore de 85 m en 1970 avec l'ajout de la Space Tower qui en fit le plus haut édifice des

MODE D'EMPLOI

65 km au sud-ouest d'Amsterdam.
🏘 *580 000.* 🚆 *Stationsplein.*
✈ *6 km au nord-ouest.* ℹ
Coolsingel 67. (010) 402 3200.
🔵 *mar., sam.* 🎬 *Festival du film :
fév. ; festival de jazz et de blues :
fin août ; Uitgaansmarkt :
1er week-end de sept.*

Pays-Bas. Depuis la cabine vitrée qui s'élève le long de cet axe, le panorama sur la ville et le port est extraordinaire, en particulier la nuit.

Europoort

Leuvehoofd 5. 📞 *(010) 413 5400.*
Europoort 🔵 *t.l.j.* 🚢 *Voir Aller à
Amsterdam p. 268.* **Promenades en
bateau** 🔵 *juil. août : mar.* 🖼

Si une promenade en bateau reste le meilleur moyen de découvrir les installations portuaires de la porte de l'Europe construites de 1958 à 1975, cyclistes et automobilistes peuvent également se risquer sur la Haven Route (route du port), longue de 48 km, qui longe la Nieuwe Mass (Nouvelle Meuse).

LE CENTRE DE ROTTERDAM

Historisch Museum
   het Schielandshuis ②
Kijk-Kubus ①
Maritiem Museum
   Prins Hendrik ③
Museum Boymans-van
   Beuningen ④
Museum voor
   Volkenkunde ⑤

0   250 m

LÉGENDE

M	Station de métro
🚢	Embarcadère
P	Parc de stationnement
✝	Église

Museum Boymans-van Beuningen

Fondé à l'origine dans la Schielandhuis voisine, ce musée, installé depuis 1935 dans un bâtiment spécialement construit pour l'abriter, porte le nom de deux amateurs d'art, le juriste F. J. O. Boymans et l'homme d'affaires D. G. van Beuningen, qui léguèrent leurs collections à la ville. Réparties en quatre départements, art ancien, art moderne, arts décoratifs et estampes, les œuvres forment un des ensembles les plus remarquables et les plus variés des Pays-Bas, allant pour la peinture de Brueghel et Bosch à Kandinsky et Andy Warhol.

La Méditerranée (1905)
Ce bronze acquis par le musée en 1961 témoigne de la simplicité de l'art d'Aristide Maillol qui ne sculpta que des nus féminins.

À NE PAS MANQUER

★ *La Tour de Babel*
  par Pieter Brueghel

★ *Étude de deux pieds*
  par Albrecht Dürer

★ *Titus à l'écritoire*
  par Rembrandt

Escalier principal

1ᵉʳ étage

★ **Titus à l'écritoire** (1655)
Rembrandt a représenté son fils à l'âge de 13 ans dans une lumière qui accentue sa pâleur et son expression méditative.

SUIVEZ LE GUIDE !
Le musée est vaste et il peut s'avérer difficile de s'y repérer, d'autant que les œuvres présentées changent régulièrement. Une signalisation claire conduit toutefois aux quatre principaux départements, et les gardiens se montrent empressés à guider les visiteurs. Le pavillon accueille des expositions temporaires.

Trois Marie au tombeau (1430)
Les frères Jan et Hubert van Eyck collaborèrent pour exécuter cette œuvre superbe d'une facture aussi minutieuse que colorée.

Mère et enfant *(1951)*
*Membre fondateur du mouvement Cobra,
C. J. Constant cherchait à retrouver
l'authenticité de l'art primitif.*

Horloge *(1750)*
*Lourens Eichelar
dessina ce meuble
en ronce de noyer
haut de 2,15 m.*

LÉGENDE

☐ Cabinet des estampes

☐ Vieux maîtres

☐ Peinture des XIXᵉ et XXᵉ siècles

☐ Arts décoratifs et design

☐ Art moderne

☐ Circulation et services

Pavillon

Rez-de-chaussée

Tour

Cour

★ La Tour de Babel *(v. 1553)*
*Sur ce chef-d'œuvre inspiré de
l'Ancien Testament, Pieter
Brueghel l'Ancien a peint près
de 1 000 personnages.*

Accès à la cour

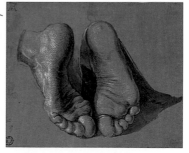

**★ Étude de
deux pieds**
*(1507)
Cette esquisse à
l'encre par Albrecht
Dürer appartient
à la série de celles qu'il
réalisa sur le thème
de l'Assomption pour le
retable Heller de Francfort.*

Entrée principale

Utrecht ⑳

F ondée en 47 par les Romains pour protéger sur le
Rhin un gué *(trajectum)* qui lui donna son nom,
Utrecht devient en l'an 700 un centre de diffusion de la
foi chrétienne quand un missionnaire anglo-irlandais,
saint Willibrord (658-739), y fonde un évêché : Het
Sticht. Son importance religieuse permet à la cité
d'étendre son influence tout au long du Moyen Âge, et
l'évêché d'Utrecht contrôle une grande partie des Pays-
Bas quand l'évêque Henri de Bavière est obligé en 1527
de renoncer à ses pouvoirs temporels en faveur de
Charles Quint *(p. 22-23)*. Églises et monastères de cette
époque glorieuse subsistent en grand nombre, mais
ils voisinent aujourd'hui avec des immeubles
modernes et des galeries marchandes. Coulant à
5 m en dessous du niveau des rues pour éviter
les inondations, l'Oudegracht (Vieux canal)
traverse tout le centre-ville.

retraçant l'histoire du train aux
Pays-Bas et illustrant le
fonctionnement du réseau
ferroviaire actuel.

À l'extérieur, locomotives à
vapeur, tramways, vieux
wagons et aiguillages offrent
sur les voies désaffectées un
merveilleux terrain de jeu aux
enfants. Un simulateur permet
à tous de se croire dans la
cabine de pilotage d'un
express.

Orgue au Speelklok museum

🏛 Domtoren

Domplein 1. 📞 *(030) 2919 540.*
🔵 *t.l.j.* ⬤ *jours fériés, sauf sur r.d.v.*
📷 *Toutes les heures.* 🖼

La Domtoren gothique

Un violent ouragan détruisit en
1674 la nef de la cathédrale,
mais seule une arche la reliait
au clocher achevé en 1382 sur
le site de la petite église
fondée au VIIIᵉ siècle par saint
Willibrord. Par miracle, la tour,
l'une des plus hautes des Pays-
Bas, résista. Chef-d'œuvre
gothique mariant brique et
pierre, la Domtoren domine
toujours de ses 112 m les toits
de la ville. Après 465 marches,
on atteint sa galerie
panoramique qui offre une
vue magnifique sur Utrecht et
ses environs.

⛪ Domkerk

Achter den Dom 1. 🔵 *de
mai à oct. : t.l.j. ; de nov. à
avril : du lun. au sam.* ♿
La construction de l'ancienne
cathédrale d'Utrecht
commença en 1254, mais il ne
subsiste de l'édifice original
que les transepts nord et sud,
le chœur et deux chapelles.
Le cloître et la salle capitulaire
où le frère de Guillaume le
Taciturne, Jean de Nassau,
signa en 1579 l'Union
d'Utrecht *(p. 23)* datent du
XVᵉ siècle.

   La salle fait désormais partie
de l'université. Devant le cloître
se trouve la réplique d'un
monolithe gravé en 980 de
runes évoquant l'évangélisation
du peuple danois par des
missionnaires venus d'Utrecht.

🏛 Nederlands
Spoorwegmuseum
Maliebaanstation. 📞 *(030) 2306
206.* 🔵 *du mar. au dim.* ⬤ *jours
fériés.* 🖼 ♿
Dans les locaux de l'ancienne
gare Maliebaan (XIXᵉ siècle),
ce riche musée des Chemins
de fer propose une exposition

🏛 Nationaal Museum van
Speelklok tot Pierement
Buurkerkhof 10. 📞 *(030) 2312 789.*
🔵 *du mar. au dim.* ⬤ *jours fériés.* 📷
🖼 ♿
Installé dans la Buurkerk, une
église du XIIIᵉ siècle, ce musée,
dont le nom signifie
littéralement « de l'horloge
musicale à l'orgue de
Barbarie », présente une
collection d'instruments
mécaniques du XVIIIᵉ siècle à
nos jours. Mis en marche
pendant la visite guidée,
orgues de foire, carillons,
boîtes à musique ou automates
rivalisent de sonneries,
tintements ou gazouillis. Les
visiteurs sont cordialement
invités à pousser la
chansonnette ou esquisser un
pas de danse sur les mélodies.

🏛 Centraal Museum
Agnietenstraat 1. 📞 *(030) 2362 362.*
🔵 *du mar. au dim.* ⬤ *1ᵉʳ jan.,
25 déc.* 🖼
À dix minutes à pied du centre-
ville, ce musée présente une
belle collection de
peintures
anciennes,
notamment

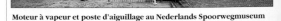

Moteur à vapeur et poste d'aiguillage au Nederlands Spoorwegmuseum

La Schröderhuis (1924) de Gerrit Rietveld, annexe du Centraal Museum

MODE D'EMPLOI

57 km au sud-est d'Amsterdam.
🚉 232 000. 🚆 Hoog
Catharijne. ℹ️ Vredenburg 90.
06 340 340 85. 📅 mer. et sam.
🎭 Hollands Festival Oude
Muziek : fin août ; Paper Note
Jazz Route : début sept. ;
Nederlandse Filmdagen : fin sept.

par Jan van Scorel (1495-1562). Cet artiste influencé par la Renaissance italienne fut le premier à réaliser des portraits de groupes aux Pays-Bas. Au rez-de-chaussée, six salles proposent des reconstitutions d'intérieurs néerlandais du Moyen Âge au XVIIIe siècle tandis que l'entresol et les anciennes écuries servent de cadre à une exposition d'art moderne.

Annexe du musée ouverte au public au nº 50 Prins Hendriklaan, la Schröderhuis dessinée en 1924 par Gerrit Rietveld offre un superbe exemple d'architecture De Stijl.

🔒 Pieterskerk

Pieterskerkhof. 🔲 par intermittence. Construite en tuf, cette église aux colonnes de grès rouge achevée en 1048 est un des rares édifices romans à subsister aux Pays-Bas. D'élégantes maisons du Siècle d'Or l'entourent.

🏛 Museum Catharijneconvent

Nieuwegracht 63. 📞 (030) 2313 835. 🔲 du mar. au dim. 🔲 1er jan. 🈲 ♿ Dans le cadre de l'ancien couvent Sainte-Catherine (1562), ce musée retrace l'histoire mouvementée du christianisme

aux Pays-Bas et possède une remarquable collection d'art médiéval.

Au rez-de-chaussée, les salles entourant le cloître mettent en valeur sculptures sur bois et sur pierre, manuscrits, vêtements liturgiques, argenterie et orfèvrerie, peintures et miniatures.

Aux étages, les reconstitutions d'intérieurs d'églises témoignent de la diversité des philosophies religieuses qui prévalurent aux Pays-Bas. À l'ornementation des sanctuaires catholiques s'oppose l'austérité de la plupart des lieux de culte protestants.

Sculpture au Catharijneconvent

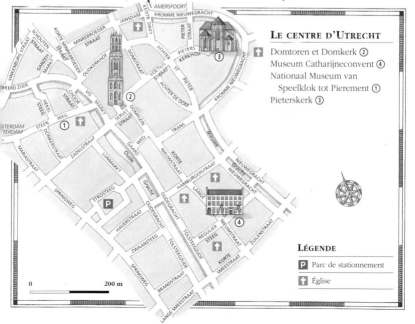

LE CENTRE D'UTRECHT

Domtoren et Domkerk ②
Museum Catharijneconvent ④
Nationaal Museum van
   Speelklok tot Pierement ①
Pieterskerk ③

LÉGENDE

🅿 Parc de stationnement
✝ Église

0   200 m

Nationaal Park de Hoge Veluwe ㉑

S ur plus de 5 500 hectares, les marais, dunes, landes de bruyères et forêts de la plus vaste réserve naturelle des Pays-Bas offrent un sanctuaire à des milliers de plantes rares, d'animaux sauvages et d'oiseaux. Le parc renferme en outre un jardin de sculptures, le Beeldenpark, et le Museum Kröller-Müller qui possède, entre autres, 278 peintures de Van Gogh. Sous le Centre des visiteurs se trouve le Museonder aux expositions audiovisuelles consacrées à l'écorce terrestre. Il propose notamment un simulateur de séismes.

Jachthuis St Hubertus
H. P. Berlage (p. 79) *acheva en 1920 ce pavillon de chasse pour les Kröller-Müller.*

★ Museum Kröller-Müller
La Terrasse du café le soir *(1881) de Van Gogh fait partie de la riche collection de maîtres flamands et d'artistes modernes du musée.*

★ Beeldenpark
Le Jardin d'émail *de Jean Dubuffet est l'une des étonnantes sculptures modernes disséminées sur les 11 ha de ce parc. Le visiteur peut y admirer entre autres des œuvres d'Auguste Rodin, Alberto Giacometti et Barbara Hepworth.*

Entrée par Otterlo

Centre des visiteurs et Museonder

OTTERLOSE ZAND

De Wetweg

Houtkampweg

Mouflon

Kronkelweg

Poste d'observation Nieuwe Plijmen

PLIJMEN

Chevreuil

FRA
BE

OUD-REEMSTER ZAND

Sanglier

Reemsterweg

Poste d'observation Bosje van Staf

OUD-REEMS
VELD

Pique-niquer
On peut pique-niquer sur les tables proches du Centre des visiteurs et également dans tout le parc, sauf dans les zones réservées aux animaux.

OUD-REEMST

Chevreu

Bicyclettes gratuites
*Des vélos sont mis à disposition
au Centre des visiteurs.*

Camping

Entrée par
Hoenderloo

Chevreuil

Poste
d'observation
De Klep

Cerf

*DEELENSE
WAS*

*LENSE
ELD*

Entrée par
Rijzenburg

BERG

MODE D'EMPLOI

80 km au sud-est d'Amsterdam.
Arnhem. **Accès** à Schaarsbergen,
Otterlo, Hoenderloo. **Centre des
visiteurs** Houtkampweg, Otterlo.
(0318) 591 627. ○ d'avril à
oct. : de 8 h au crépuscule ; de nov.
à mars : de 9 h au crépuscule.
**Museum Kröller-
Müller** Houtkampweg 6, Otterlo.
(0318) 591 041. ○ d'avril à
oct. : de 10 h à 17 h du mar. au
sam., de 11 h à 17 h dim. et jours
fériés ; de nov. à mars : de 10 h à
17 h du mar. au sam., de 13 h à
17 h dim. et jours fériés.
Règlement : interdiction de
camper, d'importuner les animaux,
de quitter la route avec un véhicule,
d'allumer des feux hors des aires
désignées. Tenir les chiens en laisse.

LÉGENDE

━━━ Route principale

••• Sentier pédestre

▨▨ Piste cyclable

☐ Forêt

▨ Lande

☐ Dune

▨ Accès interdit

0   2 km

Postes d'observation
*Plusieurs postes d'observation (voir
carte) permettent de contempler cerfs,
mouflons ou oiseaux sans les déranger.*

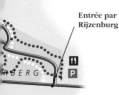

À NE PAS MANQUER

★ **Museum
Kröller-Müller**

★ **Beeldenpark**

Arnhem ㉒

80 km au sud-est d'Amsterdam.
🏠 *133 000.* 🚉 🚌 ℹ *Stationsplein
45. (0264) 420 330.* 🛍 *sam.*

Capitale de la province de
la Gueldre, Arnhem fut du
17 au 27 septembre 1944 le
théâtre d'une des plus
tragiques batailles de la
Seconde Guerre mondiale. Un
corps de parachutistes
britanniques devait y assurer
une tête de pont, en attendant
le renfort de 23 000 soldats
américains et polonais venus
du sud. L'opération échoua, et
la ville, presque entièrement
détruite, ne fut libérée que le
8 avril 1945.

🏛 Airborne Museum
Utrechtseweg 232, Oosterbeek.
(0263) 337 710. ○ *t.l.j.* 📷 ♿ *avec
de l'aide*
Dans la villa d'Oosterbeek, où
le général Urquhart de la
Iʳᵉ division aéroportée
britannique établit le quartier
général d'où il dirigea
l'attaque d'Arnhem, ce musée
évoque au travers de
souvenirs et de documents la
terrible bataille. Plus de
1 700 soldats alliés reposent
dans le cimetière voisin.

John Frostburg, Arnhem

🏛 Nederlands
Openluchtmuseum
Schelmseweg 89. *(0263) 576 123.*
○ *d'avril à oct. : t.l.j.* ♿
Dans un parc de 44 ha, le
Musée néerlandais en plein
air, fondé en 1912, réunit près
de 100 fermes, granges,
ateliers et moulins typiques de
l'architecture des campagnes
néerlandaises entre 1800 et
1950. Leur mobilier recrée le
cadre où vivaient leurs
occupants, et les
démonstrations du personnel
du musée, en costumes
traditionnels, offrent un
aperçu de la vie quotidienne
de ces communautés rurales.

Paleis Het Loo 🔞

L e Stadhouder Guillaume III *(p. 28)*, époux de Mary II Stuart, entreprit en 1685 la construction de ce luxueux pavillon de chasse dont la façade austère ne laisse en rien présager du faste des appartements. La famille d'Orange l'utilisera pendant des siècles comme palais d'été. Si son principal architecte fut Jacob Roman (1640-1716), c'est un Français, Daniel Marot (1661-1752), qui réalisa la décoration intérieure et l'aménagement des jardins, restaurés avec les bâtiments lors de la transformation du palais en musée, inauguré en 1984.

Armoiries (1690) de Guillaume et Mary, futurs souverains d'Angleterre.

Chambre du roi Guillaume III

★ **La chambre du Stadhouder Guillaume III** *(1713)*
Tentures murales et draperies y jouent des couleurs de la famille royale néerlandaise, le bleu et l'orange.

Jardin du roi

Cabinet privé du Stadhouder Guillaume III
(1690)
Les peintures et faïences de Delft préférées du souverain sont exposées dans cette pièce damassée de rouge.

Voitures anciennes
Propriété du Prince Henri, cette Bentley de 1925, surnommée Minerve, fait partie de la collection de véhicules de prestige présentée dans les écuries (1910).

À NE PAS MANQUER

★ **L'ancienne salle à manger**
★ **La chambre de Guillaume III**
★ **Les jardins**

MODE D'EMPLOI

85 km au sud-est d'Amsterdam.
Koninklijk Park 1, Apeldoorn.
(055) 212 244. Arnhem. **Palais**
de 10 h à 17 h du mar. au dim.
(der. entrée à 16 h 30). **Jardins**
de 10 h à 18 h. 25 déc.
jardins seulement.

★ L'ancienne salle à manger
(1686)
*Elle est ornée de tapisseries
tissées à Anvers illustrant des
poèmes d'Ovide.*

Jardin de la reine

Galerie de tableaux

Bibliothèque

**La salle
du trône** renferme
les plans
originaux
des jardins.

Chambre de la
reine Mary II

Entrée principale

★ Les jardins
*Statues et fontaines, telle la
fontaine de la Sphère céleste
dans le jardin inférieur,
ornent parterres et allées.*

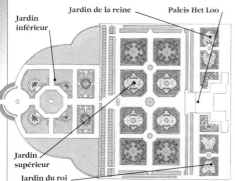

Jardin
inférieur

Jardin de la reine   Paleis Het Loo

Jardin
supérieur

Jardin du roi

LES JARDINS

Un parc à l'anglaise avait enseveli, au
XVIIIᵉ siècle, les jardins classiques créés
par Daniel Marot. Toutefois, des
documents d'époque, notamment des
plans, et les traces mises au jour en
déblayant la terre qui les recouvrait
ont permis de leur rendre, à partir de
1975, leur aspect original. Séparés en
quatre jardins occupant une superficie
de plus de 6 ha, ornés de statues et de
fontaines, ils associent parterres
géométriques et à l'anglaise en une
quête d'harmonie entre art et nature.

Plan des jardins classiques

LES BONNES ADRESSES

HÉBERGEMENT

Des ors et velours de palaces 5 étoiles jusqu'au confort plus spartiate de dortoirs d'auberges de jeunesse, le centre d'Amsterdam propose un éventail d'hébergements pouvant satisfaire toutes les bourses. Dans une gamme de prix moyens, de nombreux hôtels occupent de belles maisons à pignons bordant souvent un canal. Sur des dizaines d'établissements testés dans toutes les catégories de prix, nous en avons sélectionné 59, décrits en pages 218-233, pour la chaleur de leur accueil, leur confort ou l'intérêt de leur rapport qualité/prix. Un tableau en pages 216-217 vous aidera à effectuer un premier choix.

Le Van Ostade Bicycle Hotel dans le sud d'Amsterdam *(p. 223)*

CHOISIR UN HÔTEL

La plupart des hôtels touristiques d'Amsterdam se trouvent dans trois quartiers d'où il est possible de rejoindre à pied la majorité des sites et monuments intéressants : le centre historique, la ceinture de canaux et le quartier des musées. Un peu plus éloigné, le Nieuw Zuid (Nouveau Sud) propose la plupart des établissements destinés à une clientèle en voyage d'affaires.

Entre succursales de chaînes hôtelières, chambres tristes au-dessus d'un café ou hôtels bas de gamme du quartier rouge et des alentours de la Centraal Station, les hébergements dans le centre historique s'avèrent souvent décevants. Heureusement, il existe quelques exceptions que nous vous recommandons.

C'est la ceinture de canaux qui recèle les hôtels possédant le plus de cachet. Toutefois pour la beauté d'une façade à pignons ou celle d'un intérieur préservé, il vous faudra parfois renoncer à certains éléments de confort : les chambres peuvent être exiguës, les équipements limités et les escaliers raides et étroits.

Bien qu'en général moins pittoresques, les nombreux hôtels modestes mais confortables bordant les rues entre le Leidseplein et le Vondelpark ont l'avantage d'être situés à proximité des principaux musées de la cité.

Vous pouvez vous procurer auprès des bureaux de l'Office néerlandais du tourisme *(p. 256)* des brochures gratuites présentant une sélection d'hôtels à Amsterdam ou aux Pays-Bas. Cette présentation comprend descriptions, photos, tarifs et liste des services disponibles. Vous trouverez également ces documentations auprès des bureaux du VVV à Amsterdam *(p. 256)*.

LE PRIX DES HÔTELS

Outre les taxes, le prix de la chambre comprend généralement un petit déjeuner simple. Pour les budgets réduits, beaucoup de petits hôtels privés proposent des chambres sans sanitaire à un prix modique. Se loger au bord d'un canal peut s'avérer coûteux, en

Arena Budget Hotel *(p. 223)*

particulier si vous désirez une chambre avec vue sur la voie d'eau.

Si vous voyagez seul, les auberges de jeunesse offrent une solution économique. Les hôtels ne proposeront, en revanche, qu'une réduction d'environ 20 % aux couples. Toutefois, de nombreux établissements disposent de grandes chambres à des prix intéressants pour les familles.

De l'Europe sur le Muntplein *(p. 219)*

Salle de petit déjeuner du Prinsenhof *(p. 221)*

LES RÉDUCTIONS

La plupart des hôtels privés baissent leurs prix d'un quart à un tiers du début du mois de novembre à la fin mars (sauf pendant la période de Noël et du jour de l'An). Certains offrent même de surcroît une promenade en bateau gratuite et des billets de musée. Renseignez-vous auprès de l'Office néerlandais du tourisme ou consultez son service Minitel (3615 HOLLANDE) pour connaître les offres spéciales éventuellement proposées en hiver.

En plus des opérations relayées par l'Office du tourisme, des chaînes d'hôtels internationales comme **Best Western** ou **Holiday Inn** proposent, en basse saison ou pour le week-end, des tarifs particulièrement avantageux.

LES RÉSERVATIONS

Pendant la saison des tulipes (avril et mai) et en juillet et août, mieux vaut réserver plusieurs semaines à l'avance, en particulier si vous comptez profiter d'une réduction pour le week-end. Cette précaution est recommandée toute l'année pour les hôtels en bordure de canal les plus réputés.

Dans tous les établissements d'Amsterdam, vous trouverez une personne parlant anglais et vous pourrez faire directement vos réservations. Si la plupart des hôtels acceptent les arrhes par carte bancaire, certains parmi les moins importants demanderont un chèque d'avance ou un virement postal, généralement du montant de la première nuit de votre séjour. Le **Nederlands Reserverings Centrum** (NRC) est un service de réservations gratuit où vous pourrez joindre un interlocuteur francophone.

À Amsterdam, le comptoir KLM de l'aéroport de Schiphol effectue gratuitement des réservations hôtelières. Les bureaux du VVV disposent d'un service informatisé extrêmement efficace mais prélèvent une petite commission.

LE CLASSEMENT DES HÔTELS

Le nombre d'étoiles (de 1 à 5) n'indique que son niveau d'équipement. Maints petits hôtels de charme ne possèdent ainsi que peu d'étoiles malgré leur confort et la chaleur de leur accueil.

L'élégant foyer de l'Amstel Inter-Continental *(p. 223)*

Salle à manger du Canal House sur le Keizersgracht *(p. 220)*

LES SERVICES

En règle générale, seuls les établissements de standing possèdent un restaurant. Dans la plupart des hôtels, les parties communes se limitent à une salle de petit déjeuner que peut compléter un bar et parfois un salon. Si le petit déjeuner traditionnel néerlandais inclut viande froide, œufs à la coque ou fromage, celui compris dans le prix d'une chambre bon marché correspond à ce qu'on vous servirait en France.

En prenant votre réservation, demandez une description complète de la chambre. Certaines sont vraiment exiguës, en particulier dans les anciennes maisons de canal. Si vous utilisez le téléphone, attendez-vous à payer le double ou le triple d'une communication normale.

VOYAGER AVEC DES ENFANTS

Si quelques rares hôtels apprécient peu les enfants, d'autres accueillent gratuitement ceux de moins de 12 ans partageant la chambre de leurs parents. Le tableau des pages 216-217 précise les établissements de notre sélection offrant cette gratuité. Certains étendent cette possibilité, ou proposent un demi-tarif, aux moins de 18 ans. Les bébés ne paient pratiquement nulle part, bien que la mise à disposition d'un berceau donne parfois lieu à un supplément.

HÔTELS GAY

Un couple homosexuel risque peu d'encourir un signe de désapprobation dans une ville aussi tolérante qu'Amsterdam, et des établissements exclusivement gay comme l'élégant **New York** sont des mines d'informations. Parmi les hôtels accueillants volontiers les homosexuels, le **Quentin** connaît une grande popularité auprès des femmes tandis que le Waterfront *(p. 220)* attire une clientèle plutôt masculine.

Disponibles dans des librairies comme **Intermale**, des publications en anglais telles que *Men to Men* ou *Best Guide to Holland* proposent des listes d'adresses.

Ornement de façade du SAS Royal *(p. 218)*

VOYAGEURS HANDICAPÉS

Les informations données en pages 218-223 sur les accès en fauteuil roulant ont été fournies par les établissements eux-mêmes. Les brochures de l'Office néerlandais du tourisme indiquent quels hôtels proposent des chambres adaptées. Le **SGOA** (Stichting Gehandicapten Overleg Amsterdam) vous fournira des renseignements supplémentaires sur les hébergements convenant aux personnes handicapées.

LES AUBERGES DE JEUNESSE

Les quatre meilleures auberges de jeunesse d'Amsterdam figurent dans notre sélection des pages 218-223, mais la ville en compte beaucoup d'autres. Si certaines possèdent quelques chambres, elles proposent pour l'essentiel des lits en dortoir mais comprennent en général un café où rencontrer d'autres voyageurs et s'informer des bonnes adresses où sortir. Un couvre-feu, variable selon les endroits, est parfois imposé. Les bureaux du VVV vous renseigneront sur tous les établissements.

Seules deux auberges de jeunesse appartiennent à la

NJHC (Nederlandse Jeugherberg Centrale) et offrent une réduction aux membres de la Fédération internationale (IYHF).

LES CAMPINGS

La brochure gratuite sur les hôtels d'Amsterdam de l'Office néerlandais du tourisme indique les dates d'ouverture des cinq campings de l'agglomération amstellodamoise. Parmi ceux-ci, le **Vliegenbos** et le **Zeeburg** sont les plus proches (environ 5 km) du centre-ville. Comme le **Gaasper Camping**, ils attirent une clientèle plutôt jeune et les nuits se révèlent souvent animées. En famille, vous préférerez sans doute une ambiance plus calme comme à l'**Amsterdamse Bos**. La proximité de l'aéroport rend toutefois le site bruyant.

Il existe aux Pays-Bas de nombreux campings proposant des gîtes en bois. Renseignez-vous auprès de l'Office du tourisme ou du VVV.

LES LOCATIONS

La brochure sur les hôtels d'Amsterdam de l'Office du tourisme donne une liste d'agences proposant des locations d'appartements ou d'habitations flottantes, généralement pour des séjours d'au moins une semaine. Vous en trouverez toutefois une plus complète dans les pages jaunes *(Gouden Gids)* de l'annuaire néerlandais.

Parmi les hôtels sélectionnés dans ce guide, l'Amsterdam Renaissance *(p. 219)*, le Waterfront *(p. 220)* et l'Acacia *(p. 220)* proposent également des locations.

SÉJOUR CHEZ L'HABITANT

Une publication intitulée **Bed & Breakfast Holland** fournit, en anglais, une brève description de foyers néerlandais accueillant des hôtes. Une vingtaine se trouvent à Amsterdam. La plupart ne possèdent que deux chambres et exigent un séjour d'au moins deux nuits. Certains proposent une demi-pension. Les prix sont indiqués par personne.

EN DEHORS D'AMSTERDAM

L'office du tourisme publie une brochure gratuite présentant en anglais 450 hôtels des Pays-Bas et une autre, en français, recensant des organismes de location de bungalows. Les informations générales données dans ce guide s'appliquent également aux hébergements hors d'Amsterdam.

Le bar de l'Arena *(p. 223)*, une auberge de jeunesse proche de l'Oosterpark

---

CARNET D'ADRESSES

RENSEIGNEMENTS

NBT (Office néerlandais du tourisme)
31-33, av. des Champs-Élysées, 75008 Paris
📞 *(1) 42 25 72 21.*
📠 *(1) 42 25 78 85.*
Minitel : *3615 HOLLANDE*

HÔTELS ET LIBRAIRIE GAY

New York
Herengracht 13, 1015 BA, Amsterdam. **Plan** 1 C3.
📞 *624 3066.* 📠 *620 3230.*

Quentin
Leidsekade 89, 1017 PN, Amsterdam. **Plan** 4 D1.
📞 *626 2187 ou 627 4408.*
📠 *622 0121.*

Intermale
Spulstraat 251, 1012 CR Amsterdam. **Plan** 7 B3.
📞 *625 0009.*
📠 *620 3163*

CHAÎNES D'HÔTELS

(Appels gratuits aux Pays-Bas.)

Best Western
📞 *(06) 022 1455.*

Holiday Inn
📞 *(06) 022 1155.*

RÉSERVATIONS

Netherlands Reservering Centrum
P. B. 404, 2260 AK Leidschendam.
📞 *(70) 320 2500.*
📠 *(70) 320 2611.*

VOYAGEURS HANDICAPÉS

SGOA (Stichting Gehandicapten Overleg Amsterdam)
Keizersgracht 523, 1017 DP, Amsterdam. **Plan** 4 F2.
📞 *638 3838.*

AUBERGES DE JEUNESSE

NJHC (Nederlandse Jeugdherberg Centrale)
Prof. Tulpplein 4, 1018 GX, Amsterdam. **Plan** 5 B4.
📞 *551 3155.*

CAMPINGS

Gaasper Camping
Loosdrechtdreef 7, 1108 AZ, Amsterdam. 📞 *696 7326.*

Amsterdamse Bos
Kleine Noorddijk 1, 1432 CC, Aalsmeer.
📞 *641 6868.*
📠 *640 2378.*

Vliegenbos
Meeuwenlaan 138, 1022 AM, Amsterdam.
Plan 2 F2.
📞 *636 8855.*

Zeeburg
Zuider IJ Dijk 44, 1095 KN, Amsterdam.
📞 *694 4430.*

SÉJOURS CHEZ L'HABITANT

Bed & Breakfast Holland
Theophile de Bockstraat 3, 1058 TV, Amsterdam.
📞 *615 7527.*
📠 *669 1573.*

Les meilleurs hôtels d'Amsterdam

Que vous préfériez la simplicité, le luxe ou l'originalité, Amsterdam offre une palette d'hébergements susceptibles de vous satisfaire. Voici un choix des meilleurs parmi la sélection que nous avons effectuée. Somptueux palaces ou établissements familiaux, ils possèdent tous une atmosphère typiquement néerlandaise, et certains présentent un intérêt historique. Beaucoup occupent des maisons de canal du XVIIᵉ siècle magnifiquement restaurées et le plus souvent dotées d'un jardin. Au charme de la vue et du décor s'ajoutera toutefois celui d'escaliers raides et étroits.

Canal House
Son accueillant propriétaire américain a magnifiquement restauré cet hôtel plein de charme. (p. 220.)

Le Jordaan

Pulitzer
24 maisons de canal et leurs jardins ont été réunis pour créer cet établissement calme et confortable. (p. 221.)

Du Bijbels Museum à Leidseplein

De Filosoof
Probablement l'hôtel le plus original de la ville. Les chambres y possèdent un décor à thème en relation avec le penseur dont elles portent le nom. (p. 222.)

HOTEL DE FILOSOOF

Le quartier des musées

Ambassade
Un choix idéal si vous souhaitez résider dans une maison de canal du Siècle d'Or sans renoncer au confort. (p. 220.)

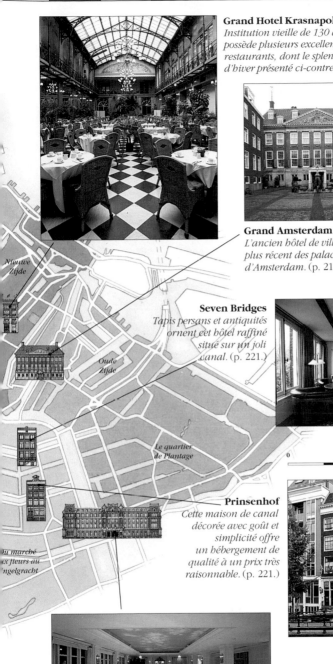

Grand Hotel Krasnapolsky
Institution vieille de 130 ans, il possède plusieurs excellents restaurants, dont le splendide jardin d'hiver présenté ci-contre. (p. 219.)

Grand Amsterdam
L'ancien hôtel de ville abrite le plus récent des palaces d'Amsterdam. (p. 218.)

Seven Bridges
Tapis persans et antiquités ornent cet hôtel raffiné situé sur un joli canal. (p. 221.)

Nieuwe
Zijde

Oude
Zijde

Le quartier
de Plantage

0   500 m

u marché
x fleurs au
ngelgracht

Prinsenhof
Cette maison de canal décorée avec goût et simplicité offre un hébergement de qualité à un prix très raisonnable. (p. 221.)

Amstel Inter-Continental
Au bord de l'Amstel, ce palace du XIXe siècle est paisible, d'une beauté à couper le souffle et extrêmement luxueux. (p. 223.)

Choisir un hôtel

L es hôtels et auberges de jeunesse décrits plus en détail dans les pages 218-213 ont tous été évalués spécifiquement pour ce guide. Ils sont classés par quartier et par ordre alphabétique dans leurs catégories de prix. Ce tableau résume les principaux éléments susceptibles d'influencer votre choix.

	Prix	NOMBRE DE CHAMBRES	GRANDES CHAMBRES	SERVICE AFFAIRES	GRATUITÉ POUR LES MOINS DE 12 ANS	PROCHE DES COMMERCES ET DES RESTAURANTS	SITUATION CALME	VUE SUR UN CANAL
OUDE ZIJDE *(p. 218)*								
Amstel Botel	ƒƒ	174						■
Doelen Karena	ƒƒƒ	85				■		■
Raeisson SAS Royal	ƒƒƒƒ	243		■		■		
Grand Amsterdam	ƒƒƒƒ	166	●	■		■	●	■
NIEUWE ZIJDE *(p. 218-219)*								
Amsterdam Classic	ƒƒ	33			●	■	●	
Avenue	ƒƒ	50				■		
Rho	ƒƒ	160				■	●	
Singel	ƒƒ	32				■	●	■
Estheréa	ƒƒƒ	73			●	■	●	
Die Port van Cleve	ƒƒƒ	99			●	■		
De Roode Leeuw	ƒƒƒ	80		■		■		
Sofitel	ƒƒƒ	148		■		■		
Amsterdam Renaissance	ƒƒƒƒ	425		■	●	■		
Golden Tulip Barbizon Palace	ƒƒƒƒ	268		■	●	■		
Grand Hotel Krasnapolsky	ƒƒƒƒ	322	●	■		■		
Holiday Inn Crowne Plaza	ƒƒƒƒ	270		■	●	■		
Swissôtel Amsterdam Ascot	ƒƒƒƒ	109		■	●	■		
Victoria	ƒƒƒƒ	306		■	●	■		
De l'Europe	ƒƒƒƒƒ	100	●	■		■		■
LE JORDAAN *(p. 220)*								
Acacia	ƒ	17				■		■
Eben Haëzer	ƒ					■	●	
Van Onna	ƒ	38				■	●	■
Canal House	ƒƒ	26	●			■	●	■
Toren	ƒƒ	43				■	●	
DU BIJBELS MUSEUM À LEIDSEPLEIN *(p. 220-221)*								
Hans Brinker	ƒ					■		
Agora	ƒƒ	16				■		■
Amsterdam Weichmann	ƒƒ	38				■		■
Waterfront	ƒƒ	9				■		■
Ambassade	ƒƒƒ	52	●			■	●	■
Dikker & Thijs	ƒƒƒ	25		■	●	■		■
American	ƒƒƒƒ	188		■	●	■		■
Pulitzer	ƒƒƒƒ	232	●	■	●	■	●	■
DU MARCHÉ AUX FLEURS AU SINGELGRACHT *(p. 221)*								
De Admiraal	ƒƒ	9	●			■		■
Asterisk	ƒƒ	28				■	●	
De Munck	ƒƒ	14				■	●	
Prinsenhof	ƒƒ	10				■		■
Seven Bridges	ƒƒ	11	●			■	●	■
Mercure Arthur Frommer	ƒƒƒ	90	●		●	■	●	
Schiller Karena	ƒƒƒ	95				■		

Catégories de prix pour une chambre pour deux personnes, petit déjeuner, taxes et services compris.
ⓕ moins de 125 FL
ⓕⓕ 125 FL à 250 FL
ⓕⓕⓕ 250 FL à 400 FL
ⓕⓕⓕⓕ 400 FL à 600 FL
ⓕⓕⓕⓕⓕ plus de 600 FL

GRANDES CHAMBRES
L'hôtel propose des chambres pour plus de deux personnes.

NOMBRE DE CHAMBRES
Ce tableau ne précise que le nombre de chambres des hôtels. Le nombre de lits des auberges de jeunesse est indiqué dans les rubriques des pages 218-223.

SERVICE AFFAIRES
L'hôtel possède des salles de réunion (mais pas obligatoirement de conférence) et un service de messagerie et de télécopie. Chaque chambre est équipée d'un bureau et d'un téléphone.

	NOMBRE DE CHAMBRES	GRANDES CHAMBRES	SERVICE AFFAIRES	GRATUITÉ POUR LES MOINS DE 12 ANS	PROCHE DES COMMERCES ET DES RESTAURANTS	SITUATION CALME	VUE SUR UN CANAL
LE QUARTIER DES MUSÉES *(p. 221-222)*							
NJHC Hostel Vondelpark ⓕ							
Wynnobel ⓕ	11	●			▪	●	
Acro ⓕⓕ	51				▪		
Atlas ⓕⓕ	23		▪		▪		
De Filosoof ⓕⓕ	27					●	
Owl ⓕⓕ	34				▪		
Sander ⓕⓕ	20	●			▪		
Jan Luijken ⓕⓕⓕ	63		▪		▪		
Amsterdam Marriott ⓕⓕⓕⓕ	392		▪		▪		
LE QUARTIER DE PLANTAGE *(p. 222-223)*							
Adam and Eva ⓕ						●	
Fantasia ⓕ	19					●	▪
Kitty Muijzers ⓕ	10	●					
Bridge ⓕⓕ	27	●					▪
Amstel Inter-Continental ⓕⓕⓕⓕⓕ	79	●	▪			●	▪
EN DEHORS DU CENTRE *(p. 223)*							
Arena Budget Hotel ⓕ							
Van Ostade Bicycle Hotel ⓕ	15				▪	●	
Toro ⓕⓕ	22	●				●	▪
Villa Borgmann ⓕⓕ	15	●				●	▪
Amsterdam Hilton ⓕⓕⓕⓕ	271		▪	●		●	▪
Okura ⓕⓕⓕⓕ	370	●	▪	●		●	▪

OUDE ZIJDE

Amstel Botel

Oosterdokskade 2-4, 1011 AE.
Plan 8 E1. **[** 626 4247.
FAX 639 1952. **174 ch.**  *AE, DC, MC, V, JCB.* **ⒻⒻ**

Ce grand bateau moderne amarré près de la Centraal Station est le dernier hôtel flottant d'Amsterdam. Propre mais exigu et sans réel cachet, l'aménagement intérieur se révèle décevant. Si les cabines du côté de l'eau ne sont pas plus spacieuses que les autres, elles offrent, en revanche, une vue superbe sur l'Oosterdok et la cité.

Doelen Karena

Nieuwe Doelenstraat 24, 1012 CP.
Plan 7 C4. **[** 622 0722.
FAX 622 1084. **85 ch.** *AE, DC, MC, V, JCB.* **ⒻⒻⒻ**

En souvenir de l'original qui y resta suspendu de 1642 à 1712, une reproduction de *La Ronde de nuit (p. 131)* de Rembrandt orne l'intérieur de cet imposant édifice néo-classique. Bien que l'état de ses stucs, de ses escaliers en marbre et de ses lustres révèle qu'il a connu des jours meilleurs, le Doelen Karena est l'un des rares établissements calme et raisonnables du centre d'Amsterdam à avoir conservé son décor de caractère. Réservez l'une des chambres dominant l'Amstel (sans supplément) ou offrez-vous le luxe d'une des suites en angle qui commandent les plus belles vues. Certaines ont un balcon.

Raeisson SAS Royal

Rusland 17, 1012 CK. **Plan** 7 C4.
[623 1231. **FAX** 520 8200.
TX 10365. **243 ch.** *AE, DC, MC, V, JCB.* **ⒻⒻⒻⒻ**

Occupant la majeure partie de la rue, cet établissement calme et confortable, inauguré en 1990, s'organise autour d'un bel atrium. Malgré son aspect essentiellement moderne, il incorpore des éléments de certains édifices plus anciens dont il occupe l'emplacement, notamment un bar aménagé dans les vestiges d'un presbytère du XVIIIe siècle. De styles scandinave, oriental, Art déco ou hollandais, les chambres présentent des décors à thème. L'hôtel dispose également de son propre centre de remise en forme ainsi que des salles de conférence dans un bâtiment situé de l'autre côté de la rue – ces lieux sont reliés entre eux par un tunnel.

Grand Amsterdam

Oudezijds Voorburgwal 197, 1012 EX.
Plan 7 C3. **[** 555 3111.
FAX 555 3222. **TX** 13074. **166 ch.**  *AE, DC, MC, V, JCB.* **ⒻⒻⒻⒻⒻ**

En bordure d'un canal paisible, juste au sud du quartier rouge, le plus récent des hôtels de prestige de la ville a été inauguré en 1992 mais occupe un site et un bâtiment chargés d'histoire. Sur son emplacement se dressa en effet, au début du XVe siècle, un couvent qui devint au siècle suivant une hôtellerie royale. Construit en 1661 pour l'Amirauté, l'édifice actuel servit un temps d'hôtel de ville. Entourant une cour et un jardin intérieurs, il propose de somptueuses salles de réception et des chambres luxueuses meublées pour certaines dans le style anglais. Dans un beau décor Art déco, le Café-Roux sert une cuisine française d'excellente qualité pour son prix.

NIEUWE ZIJDE

Amsterdam Classic

Gravenstraat 14-16, 1012 NM.
Plan 7 B2. **[** 623 3716.
FAX 638 1156. **33 ch.** *AE, DC, MC, V.* **ⒻⒻ**

Le pittoresque *proeflokaal* De Drie Fleschjes *(p. 48)* jouxte cet hôtel installé dans une ancienne distillerie construite en 1880. Sa situation, en bordure d'une des places pavées les plus agréables de la ville, constitue le principal intérêt de l'Amsterdam Classic et il est difficile de ne pas regretter, en entrant, l'aménagement fonctionnel de la vaste salle réunissant réception et bar. Moderne elle aussi, la décoration des plus belles chambres s'avère cependant élégante.

Avenue

Nieuwezijds Voorburgwal 27, 1012 RD.
Plan 7 C1. **[** 623 8307.
FAX 638 3946. **50 ch.** *AE, DC, MC, V, JCB.* **ⒻⒻ**

Dans un ancien entrepôt de six étages en brique noire, cet établissement sans prétention propose des chambres accueillantes avec leurs poutres apparentes et leur mobilier en osier. Mieux vaut toutefois éviter les chambres en façade, bruyantes. Aux étages supérieurs, celles donnant sur l'arrière offrent une

belle vue sur les toits environnants. Exiguë, la salle de petit déjeuner est avant tout fonctionnelle.

Rho

Nes 5-23, 1012 KC. **Plan** 7 B3.
[620 7371. **FAX** 620 7826. **160 ch.** *AE, MC, V.* **ⒻⒻ**

Sur la Nes *(p. 74)*, une rue étroite courant au sud de la place du Dam, le Rho concilie calme et position centrale. Du bâtiment original, un théâtre construit en 1908, subsistent les voûtes de l'entrée et des traces de décoration Art nouveau. Fonctionnelles et modernes, les chambres ne possèdent pas l'atmosphère des salles du rez-de-chaussée, mais, compte tenu de l'éventail des services proposés, cet établissement est d'un bon rapport qualité/prix.

Singel

Singel 15, 1012 VC. **Plan** 7 B1.
[626 3108. **FAX** 620 3777. **32 ch.** *AE, DC, MC, V.* **ⒻⒻ**

Dominant la portion du Singel où flotte le Poezenboot, barge servant de refuge aux chats abandonnés, ce petit hôtel récemment rénové occupe trois maisons du XVIIe siècle. Petites mais gaies avec leurs édredons jaunes, les chambres disposent toutes d'une douche à l'exception de celles, destinées aux familles, qui possèdent une baignoire. Un buffet permet le matin de composer des petits déjeuners variés et savoureux.

Estheréa

Singel 303-309, 1012 WJ. **Plan** 7 A3.
[624 5146. **FAX** 623 9001. **73 ch.** *AE, DC, MC, V, JCB.* **ⒻⒻⒻ**

Installé dans quatre demeures du XVIIe siècle en brique rouge bordant une partie élégante du Singel, l'Estheréa, meublé de bois sombre, se trouve à proximité de la place du Dam et du Spui. Beaucoup de chambres de cet établissement, très apprécié des groupes, offrent une vue sur le canal, mais les pièces de l'arrière sont souvent plus spacieuses.

Die Port van Cleve

Nieuwezijds Voorburgwal 178-180, 1012 SJ. **Plan** 7 B3. **[** 624 4860.
FAX 622 0240. **TX** 13129. **99 ch.** *AE, DC, MC, V, JCB.* **ⒻⒻⒻ**

Proche de la galerie marchande Magna Plaza *(voir Postkantoor, p. 78)*, cet hôtel abrite deux restaurants spécialisés dans la cuisine hollandaise : le De Poort, réputé pour ses steaks, et le De Blauwe Parade, plus chic et décoré d'une superbe frise en carreaux de Delft. Les deux rues animées qui le bordent rendent cependant ses chambres parfois bruyantes. Mieux vaut choisir celles donnant lieu à supplément, les autres ne possèdent en effet qu'un ameublement et un équipement spartiates.

De Roode Leeuw

Damrak 93-94, 1012 LP. **Plan** 7 B2.

555 0666. FAX 620 4716.
TX 10569. 80 **ch.** 1 TV AE, DC, MC, V.

C'est sa terrasse couverte d'où l'on peut, à toute heure du jour, regarder le monde s'agiter tout en dégustant une pâtisserie ou en buvant une bière qui donne son intérêt au De Roode Leeuw. Derrière s'étend le restaurant où est dressé le buffet du petit déjeuner. Les chambres sont bien équipées, mais mieux vaut en choisir une donnant sur l'arrière.

Sofitel

Nieuwezijds Voorburgwal 67, 1012 RE.
Plan 7 B1. 627 5900.
FAX 623 8932. TX 14494. 148 **ch.** 1 TV AE, DC, MC, V.

Voici un bon hôtel de chaîne offrant le confort moderne dans des bâtiments anciens, mais sa situation, sur une rue où la circulation est dense, le rend quelque peu bruyant. Les voûtes de la douzaine de chambres du dernier étage leur donnent un cachet échappant à l'aspect standardisé de ce genre d'établissement. La salle possédant le plus de caractère reste néanmoins le bar, décoré comme un ancien wagon-restaurant de l'Orient Express.

Amsterdam Renaissance

Kattengat 1, 1012 SZ. **Plan** 7 C1.
621 2223. FAX 627 5245.
TX 17149. 425 **ch.** 1 TV AE, DC, M, V, JCB.

Spacieux, l'Amsterdam Renaissance offre une large gamme de services pour des prix de chambre accessibles. Outre une discothèque, et des équipements de remise en forme, il comprend un café brun (p. 48) et plusieurs restaurants et bars. Il loue également 43 appartements dans des maisons anciennes situées à proximité et dispose d'un centre de conférence et d'affaires dans la Lutherse Kerk (p. 78) qui se dresse de l'autre côté de la rue.

Golden Tulip Barbizon Palace

Prins Hendrikkade 59-72, 1012 AD.
Plan 8 D1. 556 4564.
FAX 624 3353. TX 10487 GTPAL.
268 **ch.** 1 TV  AE, DC, MC, V, JCB.

Malgré son aspect extérieur moderne, cet hôtel occupe 19 maisons du XVIIe siècle et les piliers crème de l'entrée, les antiquités de l'élégant restaurant Vermeer (p. 231) et les boiseries du bar donnent un cachet certain à ses parties communes tandis que beaucoup de ses chambres, toutes parfaitement équipées, possèdent de beaux plafonds. Salles de conférence et de réunion sont disponibles à la St Olofskapel.

Grand Hotel Krasnapolsky

Dam 9, 1012 JS. **Plan** 7 C2.
554 9111. FAX 622 8607.
TX 12262 KRASNL. 322 **ch.** 1 TV AE, DC, MC, V, JCB.

Simple café à son inauguration en 1866, ce palace a reçu depuis des célébrités aussi diverses que James Joyce, les Rolling Stones ou le président Mitterrand. Il offre le meilleur choix de restaurants des hôtels d'Amsterdam avec les buffets servis dans son jardin d'hiver, sa brasserie française Belle Époque et un restaurant japonais. Bien équipé pour les conférences et les réunions d'affaires, il possède des chambres confortables mais souvent bruyantes.

Holiday Inn Crowne Plaza

Nieuwezijds Voorburgwal 5, 1012 RC.
Plan 7 C1. 620 0500.
FAX 620 1173. TX 15183. 270 **ch.** 1 TV AE, DC, MC, V, JCB.

Un cran au-dessus des habituels Holiday Inn, le Crowne Plaza propose à ses hôtes une piscine et un service affaires efficace. Couvert, son ancien jardin est devenu un café et le Dorrius, restaurant séculaire (p. 231), sert à proximité de savoureuses spécialités hollandaises. Les chambres sont petites mais, un supplément modique donne droit à beaucoup plus d'espace.

Swissôtel Amsterdam Ascot

Damrak 95-98, 1012 LP. **Plan** 7 C2.

626 0066. FAX 627 0982.
TX 16620. 109 **ch.** 1 TV AE, DC, MC, V, JCB.

Cet établissement élégant, situé à l'angle de la place du Dam, comblera les hommes d'affaires en quête d'un cadre plus intime que celui offert par les grands hôtels de chaîne. Servis dans une brasserie française, petits déjeuners et repas se prennent dans une atmosphère détendue. Du marbre décore les salles de bains modernes et bien équipées. Bien que les chambres donnant sur la place soient plus chères, celles de l'arrière offrent plus de calmes.

Victoria

Damrak 1-5, 1012 LG. **Plan** 7 C1.
623 4255. FAX 625 2997.
TX 16625. 306 **ch.** 1 TV AE, DC, MC, V, JCB.

Alors que trains, tramways et bateaux-promenades ont leur terminus près de son entrée, le Victoria est un havre de paix malgré l'animation de la Centraal Station et du Damrak voisins. Ce majestueux édifice néo-classique abrite un centre de remise en forme doté d'une piscine, un restaurant agréable et un bar chaleureux avec ses canapés en cuir. Fraîches et colorées, les chambres sont équipées d'un double vitrage.

De l'Europe

Nieuwe Doelenstraat 2-8, 1012 CP.
Plan 7 C4. 623 4836.
FAX 624 2962. TX 12081. 100 **ch.**
 AE, DC, MC, V, JCB.

Cet hôtel de prestige, inauguré en 1896, se dresse en face du Muntplein et le bruit causé par les véhicules circulant sur les voies d'eau et les rues qui y convergent peut gêner. Le De l'Europe vous ravira néanmoins si vous aimez les lustres, les lourdes draperies, la musique classique, les salles de bains en marbre et les chambres tapissées de fleurs de lys et dotées de chaises longues. À ces atouts s'ajoutent un restaurant français exceptionnel et une étonnante piscine entourée de colonnes et de statues. Beaucoup de chambres possèdent un balcon dominant la terrasse au bord de l'Amstel.

Légende des symboles p. 211

LE JORDAAN

Acacia

Lindengracht 251, 1016 KH.
Plan 1 B3. **C** *622 1460*. **FAX** *638 0748. 17 ch.* 🛏 🗋 ⚙ 📺 🛎 **P** 🖥 *MC, V.* Ⓕ

Dans cette partie paisible du Jordaan, un escalier particulièrement raide grimpe aux chambres de cet immeuble en forme de coin. Elles ne contiennent guère plus qu'une table, un lit en pin et une douche, mais les jeunes propriétaires, les van Vliet, sont charmants. Ils louent aussi, sur un canal voisin, une maison flottante dotée de quatre couchages et d'une kitchenette.

Eben Haëzer

Bloemstraat 179, 1016 LA. **Plan** 1 A4. *Auberge de jeunesse.* **C** *624 4717*. **FAX** *627 6137. 114 lits.* 🗐 🗋 Ⓕ

Cette auberge de jeunesse chrétienne ne conviendra pas aux couche-tard (couvre-feu à minuit en semaine et à 1 h le week-end), mais elle offre un hébergement en dortoirs, très économique.

Van Onna

Bloemgracht 102/104/108, 1015 TN.
Plan 1 A4. **C** *626 5801. 38 ch.* 🛏 *21.* 🗋 ⚙ Ⓕ

L'expansif Loek van Onna tire une fierté justifiée de la récente modernisation de la partie centrale de son hôtel, installé dans trois maisons de canal. Elle renferme la salle de petit déjeuner et des chambres rénovées qui disposent de leur propre salle de bains. Les chambres des deux bâtiments latéraux ne proposent qu'un confort plus rustique.

Canal House

Keizersgracht 148, 1015 CX.
Plan 7 A1. **C** *622 5182*.
FAX *624 1317. 26 ch.* 🛏 🗋 📺 🛎 🖥 *AE, DC, MC, V.* ⒻⒻ

De tous les hôtels abordables de la ville, le Canal House, qui occupe deux maisons de canal, est le plus élégant et celui qui possède le plus de charme. Au rez-de-chaussée, des miroirs dorés ornent le bar et un piano à queue trône sous le lustre et le plafond stuqué de la salle de petit déjeuner. Antiquités et mobilier d'époque ornent également les chambres qui donnent soit sur le canal, soit sur un joli jardin. Pour préserver l'ambiance feutrée, pas un téléviseur en vue, et les propriétaires, par ailleurs très accueillants, préfèrent les hôtes sans enfants.

Toren

Keizersgracht 164, 1015 CZ. **Plan** 7 A1.
C *622 6033*. **FAX** *626 9705. 43 ch.* 🛏 🗋 ⚙ 📺 🛎 🛎 Ⓨ 🖥 *AE, DC, MC, V.* ⒻⒻ

La classe du Canal House voisin fait de l'ombre aux deux vieilles maisons du Toren sur cette portion très sophistiquée du Keizersgracht. Les chambres possèdent un mobilier moderne mais daté. Mieux vaut éviter celles du milieu du bâtiment, elles sont dépourvues de fenêtres. Un petit supplément vous donnera vue sur le canal. Au rez-de-chaussée, la salle à manger et le bar ont plus de caractère avec leurs lustres et leurs boiseries. Le personnel se montre serviable.

DU BIJBELS MUSEUM À LEIDSEPLEIN

Hans Brinker

Kerkstraat 136-138, 1017 GR.
Plan 7 A5. *Auberge de jeunesse.*
C *622 0687*. **FAX** *638 2060. 536 lits.* 🗋 🛎 🗗 Ⓨ ⚙ 🖥 *AE, DC, MC, V.*

À proximité du Leidseplein et de sa vie nocturne, cet établissement très apprécié des routards, malgré ses tarifs un peu élevés, propose de petits dortoirs et possède sa propre discothèque. Pas de couvre-feu.

Agora

Singel 462, 1017 AW. **Plan** 7 B5.
C *627 2200*. **FAX** *627 2202. 16 ch.* 🛏 *12.* 🗋 ⚙ 📺 🛎 🛎 🖥 *AE, DC, MC, V.* ⒻⒻ

Dans un édifice ancien rénové dominant le Singel près du Bloemenmarkt *(p. 123)*, deux propriétaires accueillants proposent des chambres simples mais agréablement meublées. Celles donnant sur le canal peuvent toutefois se révéler bruyantes. Le salon et la salle de petit déjeuner présentent une décoration élégante.

Amsterdam Wiechmann

Prinsengracht 328-332, 1016 HX.
Plan 1 B5. **C** *626 3321*. **FAX** *626 8962. 38 ch.* 🛏 🗋 ⚙ 🖥 ⒻⒻ

Originaire de l'Oklahoma, le charmant monsieur Boddy préside depuis quelque quarante ans à la destinée de cet hôtel installé dans trois maisons de canal. Ancien café ouvert en 1912, celle du coin abrite la salle de petit déjeuner décorée de carreaux de faïence. Le reste de l'établissement paraît beaucoup plus vieux. Tapis persans sur un parquet sombre, poutres apparentes et même une armure donnent leur caractère à la réception et au bar. Des antiquités ornent aussi les chambres accueillantes qui dominent pour la plupart le canal.

Waterfront

Singel 458, 1017 AW. **Plan** 7 B5.
C *623 9775*. **FAX** *620 7491. 9 ch.* 🛏 🗋 ⚙ 📺 🛎 🖥 *AE, DC, M, V.* ⒻⒻ

Près du Bloemenmarkt *(p. 123)*, les fenêtres en saillie de cet immeuble étroit dominent une partie animée du Singel. Apprécié des homosexuels bien qu'ils ne composent pas la totalité de sa clientèle, l'hôtel ne propose quasiment que des lits à eau dans ses chambres à la décoration simple et délibérément moderne. Saucisses et œufs brouillés complètent le petit déjeuner traditionnel hollandais *(p. 212)*. Ses propriétaires, les Van Huizen, louent également trois studios avec kitchenette sur l'Amstel.

Ambassade

Herengracht 335-353, 1016 AZ.
Plan 7 A4. **C** *626 2333*.
FAX *624 5321*. **TX** *10158. 52 ch.* 🛏 🗋 ⚙ 24 📺 🛎 🗗 🛎 🖥 *AE, DC, MC, V.* ⒻⒻⒻⒻ

L'hôtel de charme le plus luxueux d'Amsterdam occupe huit belles maisons patriciennes du Siècle d'Or et compte parmi sa clientèle des écrivains aussi illustres qu'Umberto Eco. Lustres, antiquités françaises, parquets et tapis créent l'atmosphère des salons. Les plus belles chambres, au dernier étage, possèdent des plafonds voûtés. Celles des niveaux inférieurs sont souvent spacieuses et certaines ouvrent jusqu'à quatre fenêtres sur le Herengracht. Plats simples et boissons sont servis à toute heure du jour ou de la nuit.

Dikker & Thijs

Prinsengracht 444, 1017 KE.
Plan 4 E1. **C** *626 7721*.
FAX *625 8986. 25 ch.* 🛏 🗋 ⚙ 📺 🛎 🗗 ⚙ Ⓨ 🛎 🖥 *AE, DC, MC, V, JCB.* ⒻⒻⒻⒻ

Situé près du Leidseplein, cet établissement luxueux, récemment rénové, possède son propre restaurant et offre une ambiance très différente de celle des hôtels de canal traditionnels. Les trois étages de chambres présentent en effet une décoration stylisée, où dominent le noir, rose et gris, qui rappelle l'architecture Art déco du bâtiment. Les chambres donnant sur le Prinsengracht sont les plus calmes.

American

Leidsekade 97, 1017 PN. **Plan** 4 E2.
624 5322. FAX 625 3236.
TX 12545 CBONL. 188 **ch.** 1
TV 188 P 11
AE, DC, MC, V, JCB. FFFF

Datant du tournant du siècle
(p. 110), l'American dresse sur le
Leidseplein son impressionnante
façade Art nouveau. Si les
chambres ont gagné, lors de leur
modernisation, un double vitrage
qui atténue les bruits venant de
l'extérieur, elles ont, en revanche,
perdu leur décoration d'origine.
Heureusement, ce n'est pas le cas
du célèbre Café américain (p. 46),
dont l'élégant cadre Art déco attire
toujours une importante clientèle
d'intellectuels et de touristes. La
terrasse de l'hôtel occupe un coin
de la place la plus animée
d'Amsterdam, en particulier la nuit.

Pulitzer

Prinsengracht 315-331, 1016 GZ.
Plan 1 B5. 523 5235.
FAX 627 6753. TX 16508. 232 **ch.**
1 24 TV P
11 AE, DC, MC, V, JCB.
FFFF

Le Pulitzer constitue probablement
la reconversion la plus imaginative
de maisons de canal. Pas moins
de 24 demeures patriciennes
abritent des chambres dont
l'aménagement associe avec goût
mobilier et art modernes et
architecture des XVIIe et
XVIIIe siècles. Elles entourent un
délicieux jardin intérieur où l'on
peut dîner en été. À noter
également : un restaurant français
installé dans une ancienne
pharmacie, une brasserie carrelée,
une salle Art nouveau et un bar
chaleureux. Aux beaux jours, des
croisières au champagne partent
de l'embarcadère privé de l'hôtel.

DU MARCHÉ AUX FLEURS
AU SINGELGRACHT

De Admiraal

Herengracht 563, 1017 CD. **Plan** 7 C5.
626 2150. FAX 623 4625. 9 **ch.**
6. 1 TV AE, DC, MC,
V. FF

Installé dans une maison bâtie en
1666 près du Rembrandtplein, cet
hôtel est attenant à un cabaret et
donc plutôt à conseiller aux lève-
tard qu'aux couche-tôt. Servi dans
une pièce étonnamment
encombrée de plantes, pendulettes
et tableaux, le petit déjeuner n'est
d'ailleurs pas compris dans le prix
de la nuitée. Les chambres sont
pour la plupart spacieuses et la

nº 12 possède un balcon. Les
paiements par carte bancaire
donnent lieu à un supplément de
5 %.

Asterisk

Den Texstraat 14-16, 1017 ZA.
Plan 5 A4. 626 2596.
FAX 638 2790. 28 **ch.** 22. 1
TV MC, V. FF

Situé un peu hors du centre sur
une rue résidentielle proche de
l'Heineken Brouwerij (p. 122),
l'Asterisk se caractérise par un bon
rapport qualité/prix. Dans une
belle maison du XIXe siècle,
meubles modernes de qualité et
reproductions d'œuvres
impressionnistes composent le
décor de chambres relativement
spacieuses. Compris dans la nuitée
si vous réglez en liquide, le petit
déjeuner est en supplément si vous
payez par carte bancaire.

De Munck

Achtergracht 3, 1017 WL. **Plan** 5 B3.
623 6283. FAX 620 6647. 14 **ch.**
13. 1 TV AE, DC,
MC, V, JCB. FF

Au coin d'une petite place
ombragée et d'un canal en cul-de-
sac, cet hôtel installé dans deux
maisons à pignons appartient à un
passionné de la musique des
années 50 et 60. Un disque d'or
d'Elvis Presley et un juke-box
trônent donc en bonne place dans
la salle du petit déjeuner située au
sous-sol. La décoration des autres
pièces privilégie la simplicité.

Prinsenhof

Prinsengracht 810, 1017 JL. **Plan** 5 A3.
623 1772. FAX 638 3368. 10 **ch.**
2. 1 AE, MC, V.
F

Bien tenu, ce bel hôtel est à
recommander pour son rapport
qualité/prix si partager une salle
de bains ou grimper des escaliers
étroits ne vous gêne pas. La
première volée de marches
commence juste après la porte
d'entrée, commandée depuis la
réception au premier étage. Salle
de petit déjeuner et chambres
présentent toutes une décoration
soignée et les nombreux bistrots
bordant l'Utrechtsestraat ne se
trouvent qu'à quelques pas. Le
paiement par carte bancaire donne
lieu à 5 % de supplément.

Seven Bridges

Reguliersgracht 31, 1017 LK. **Plan** 5 A3.
623 1329. 11 **ch.** 6. 1
TV AE, MC, V. FF

Situé sur l'un des plus jolis canaux
d'Amsterdam, le Seven Bridges est
devenu au fil des ans l'un des
hôtels bon marché les plus stylés de

la ville. Malgré des escaliers pentus,
l'absence de pièces communes et
une attitude peu accueillante envers
les enfants, il vous faudra
probablement réserver au moins un
mois à l'avance pour obtenir l'une
de ses chambres décorées de tapis
persans et de meubles anciens. Le
petit déjeuner, copieux, y est servi
dans de la porcelaine.

Mercure
Arthur Frommer

Noorderstraat 46, 1017 TV. **Plan** 4 F2.
622 0328. FAX 620 3208.
TX 14047. 90 **ch.** 1 TV
P AE, DC, MC, V.
FFF

Éditeur américain de guides de
voyage, M. Frommer aménagea cet
hôtel, au cours des années 60,
dans un pâté de maisons du
XVIIIe siècle. Bien que trop
aseptisées pour avoir du cachet,
les chambres sont spacieuses, bien
équipées et dotées de douches. En
comparaison, la salle du petit
déjeuner paraît sombre. Comme il
est en supplément, mieux vaut le
prendre dans un café voisin.

Schiller Karena

Rembrandtplein 26-36, 1017 CV.
Plan 7 C5. 623 1660.
FAX 624 0098. 95 **ch.** 1 TV
11 AE, DC,
MC, V. FFFF

Les tableaux qui ornent toutes les
parties communes de cet
établissement de la fin du
XIXe siècle en constituent le trait le
plus distinctif. Ils sont l'œuvre de
son premier propriétaire, Fritz
Schiller. L'hôtel possède son
propre café en terrasse sur le
Rembrandtplein. Derrière s'étend
une vaste et lumineuse salle à
manger agréablement décorée de
vitraux et de boiseries de chêne.
Les chambres montrent quelques
signes de décrépitude. Pour dormir
au calme, mieux vaut en prendre
une donnant sur l'arrière.

LE QUARTIER DES MUSÉES

NJHC Hostel
Vondelpark

Zanndpad 5, 1054 GA. **Plan** 4 D2.
Auberge de jeunesse. 683 1744.
FAX 616 6591. 350 **lits.** 1
11 F

Ce vaste bâtiment à la lisière
orientale du Vondelpark est l'une
des auberges de jeunesse
d'Amsterdam gérées par la
fédération néerlandaise (NJHC).
Elle propose un logement en
dortoirs et accorde une petite
réduction aux membres affiliés.

Légende des symboles p. 211

Wynnobel

Vossiusstraat 9, 1071 AB. **Plan** 4 E2.
[662 2298. 11 **ch.** 1 ⊞ ⊞ Ⓕ

Confort rustique et prix modiques
attirent dans cet hôtel, situé sur
une rue calme proche du
Vondelpark, une clientèle assez
bohème. Un escalier raide conduit
aux chambres souvent spacieuses
et meublées simplement. Aucune
ne dispose de sa propre salle de
bains et les hôtes doivent partager
celle qui se trouve à chaque étage.
Le petit déjeuner est servi dans les
chambres.

Acro

Jan Luijkenstraat 44, 1071 CR.
Plan 4 E3. **[** 662 0526.
FAX 675 0811. 51 **ch.** 🖼 1 ⊞ TV
🏃 ⤢ Ⓨ 🍽 AE, DC, MC, V. ⒻⒻ

À défaut de cachet historique,
l'Acro offre à proximité des
boutiques chic de la PC Hooftstraat
(p. 242) un bon rapport
qualité/prix qui le rend populaire
auprès des organisateurs de
voyage. Un coquet petit bar ouvre
sur la réception, et le sous-sol
abrite la salle de petit déjeuner.
Petites mais lumineuses et propres,
les chambres disposent toutes
d'une douche.

Atlas

Van Eeghenstraat, 1071 GK.
Plan 3 C3. **[** 676 6336.
FAX 671 7633. **TX** 17081. 23 **ch.** 🖼
1 ⊞ 24 TV 🏃 ⤢ 🍴 Ⓨ 🍽 🏠
AE, DC, MC, V. ⒻⒻ

Joyau architectural méconnu, ce
vaste édifice Art nouveau présente,
à la lisière sud du Vondelpark, une
façade où se côtoient ornements
floraux et surplombs de fenêtres
dignes de Gaudi. La décoration
intérieure se révèle plus commune,
mais toutes les chambres sont
élégantes et dotées de salles de
bains modernes. Quelques plats
hollandais sont servis dans la salle
à manger ou dans les chambres. Le
personnel est expérimenté et
chaleureux.

De Filosoof

Anna van den Vondelstraat 6, 1054 GZ.
Plan 3 C2. **[** 683 3013.
FAX 685 3750. 27 **ch.** 🖼 23. 1 ⊞
TV 🏃 ⤢ Ⓨ 🍽 AE, MC, V. ⒻⒻⒻ

Calme et dotée d'un charmant
jardin, cette maison de la fin du
XIXᵉ siècle se dresse au nord du
Vondelpark. Elle est un des lieux
d'hébergement les plus originaux
d'Amsterdam. Sa propriétaire, Ida
Jongsma, s'attache en effet à
promouvoir la philosophie dans la
vie quotidienne et toutes les
chambres de son hôtel présentent
une décoration organisée autour

d'un thème en rapport avec cette
discipline. Peinte en blanc et noir,
la chambre Platon est ainsi ornée
de peintures en trompe-l'œil
posées sur des piédestaux. Tendue
de draperies de velours, la salle du
petit déjeuner abrite une
bibliothèque d'œuvres de
réflexion. Le bar au décor de
marbre noir et blanc proposent des
morceaux de jazz en musique de
fond.

Owl

Roemer Visscherstraat 1, 1054 EV.
Plan 4 D2. **[** 618 9484.
FAX 618 9441. 34 **ch.** 1 ⊞ TV
🏃 ⤢ ⤢ 🍴 P 🍽 🍽 MC, V, JCB.
Ⓕ

Dans une rue paisible entre le
Leidseplein et le Vondelpark, un
hibou naturalisé placé dans une
niche du mur extérieur donne son
nom à cet hôtel où la famille Kos-
Brals offre depuis des années un
accueil chaleureux. Le bar et la
salle du petit déjeuner conduisent
à un joli jardin, et des fleurs
apportent leurs touches de couleur
aux chambres meublées en pin.
Celles-ci montrent toutefois par
endroits des signes d'usure.

Sander

Jacob Obrechtstraat 69, 1071 KJ.
Plan 4 D4. **[** 662 7574.
FAX 679 6067. **TX** 18456. 20 **ch.** 🖼
1 ⊞ TV 🏃 ⤢ Ⓨ 🍽 AE, DC,
MC, V. Ⓕ Ⓕ

Dans l'Oud Zuid (Vieux Sud), non
loin des grands musées, ce petit
hôtel bien tenu possède un bar et
une salle de petit déjeuner
agréables donnant sur un
charmant jardin. Quoique sans
grand cachet, les chambres sont
confortables, et les plus spacieuses
possèdent une baie assez vaste
pour contenir des sièges.

Jan Luijken

Jan Luijkenstraat 58, 1071 CS.
Plan 4 E3. **[** 573 0730.
FAX 676 3841. **TX** 16254 HTJLNL.
63 **ch.** 🖼 1 ⊞ TV Ⓨ ⤢ 🍴 🏃
⤢ 🍴 Ⓨ 🍽 AE, DC, MC, V.
ⒻⒻⒻ

Installé dans trois élégantes
demeures du XIXᵉ siècle à un jet de
pierre des grands musées, cet
établissement s'emploie à satisfaire
une clientèle variée. Outre
d'excellentes prestations d'affaires,
il propose un service en chambre
pendant la majeure partie de la
journée et des repas légers au bar
et dans le patio du jardin. Un thé
est offert l'après-midi dans le salon
au décor couleur pêche. Des
vitraux ornent la salle où est dressé
le buffet du petit déjeuner. Le prix
des chambres, confortables et bien

équipées, dépend de leur taille.
Celles destinées aux familles
offrent un canapé-lit.

Amsterdam Marriott

Stadhouderskade 19-21, 1054 ES.
Plan 4 D2. **[** 607 5555.
FAX 607 5511. 392 **ch.** 🖼 1 ⊞ 24
TV Ⓨ ⤢ 🍴 🍽 🏃 ⤢ 🍴 🍽
P 🍴 🍽 🍽 AE, DC, MC, V, JCB.
ⒻⒻⒻⒻ

L'architecture du Marriott
d'Amsterdam n'en fait pas un
fleuron de cette chaîne américaine,
mais il propose tous les services
attendus d'un grand hôtel
international, notamment de
spacieuses salles de conférence. Il
renferme également des boutiques
et un bon restaurant de grillades et
de spécialités de poissons. Les
chambres en façade dominent le
Leidseplein, mais la circulation les
rend bruyantes. Plus calmes, celles
donnant sur l'arrière offrent une
belle vue sur le Vondelpark. Des
réductions sont accordées si vous
réservez au moins trois semaines à
l'avance.

LE QUARTIER
DE PLANTAGE

Adam en Eva

Sarphatistraat 105, 1018 GA.
Plan 5 B4. *Auberge de
jeunesse* **[** 624 6206, **FAX** 638 7200.
78 **lits.** Ⓨ 🍽 Ⓕ

À dix minutes à pied du
Rembrandtplein, cette petite
auberge de jeunesse n'impose pas
de couvre-feu en été.
L'hébergement est prévu en
dortoirs et la cafétéria reste ouverte
jusqu'à 2 h du matin.

Fantasia

Nieuwe Keizersgracht 16, 1018 DR.
Plan 5 B3. **[** 623 8259.
FAX 622 3913. 19 **ch.** 🖼 1 ⊞ 🍽
MC, V. Ⓕ

Sur la partie orientale de l'Amstel,
où le rythme de vie est plus
paisible car le quartier est moins
en vogue que les environs du
Rokin, cet immeuble bâti en 1773
fait face à l'Amstelhof, une
majestueuse maison de retraite.
Bien que relativement proche du
centre-ville, le Fantasia a le mérite
de louer à des prix très
raisonnables ses chambres sans
prétention. L'atmosphère de l'hôtel
est tranquille et familiale,
notamment dans la salle à manger
décorée de boiseries où le chat de
la maison passe beaucoup de
temps à sommeiller parmi les
plantes en pot.

Kitty Muijzers

Plantage Middenlaan 40, 1018 DG.
Plan 6 D2. 【 *622 6819*. *10 ch.* 1
日 ⑥

En face du zoo, à quinze minutes à
pied du centre, la pension que
tient Kitty Muijzers semble
appartenir à une autre époque.
Plantes vertes et statues religieuses
et classiques décorent cette maison
datant du début du siècle que la
verrière de l'escalier baigne d'une
lumière chaleureuse. Confortables,
les vastes chambres paraissent
elles aussi hors du temps, certaines
contenant des téléviseurs ou des
réfrigérateurs vieux de dizaines
d'années. Aucune ne possède de
salle de bains, et le lavabo se
cache souvent dans un meuble.
Les enfants de moins de 12 ans ne
sont pas les bienvenus.

Bridge

Amstel 107-111, 1018 EM. **Plan** 5 B3.
【 *623 7068*. ☒ *624 1565*. *27 ch.*
日 1 日 日 ⑥ *AE, DC, MC, V.*
⑥⑥

Moins de dix minutes de
promenade le long de l'Amstel
séparent le Bridge de l'animation
du Rembrandtplein. Comparées aux
hôtels souvent exigus du centre-
ville, ces trois maisons de brique se
révèlent agréablement spacieuses.
Les chambres, de bonne taille, ont
un mobilier en pin, tandis que la
l'agréable salle de petit déjeuner est
meublée en rotin. Les propriétaires
louent un local en rez-de-chaussée
à un restaurant italien qu'ils
déconseillent toutefois à leurs
hôtes.

Amstel Inter-Continental

Prof. Tulpplein 1, 1018 GX. **Plan** 5 B4.
【 *622 6060*. ☒ *622 5808*.
☒ *11004 AMSOTNL*. *79 ch.* 日 1
日 24 TV 𝖸 ☀ 🐾 ▤ 🈂 🐕
🏊 🔒 P 𝙸 🈂 *AE, DC, MC, V.*
⑥⑥⑥⑥⑥

Voici sans conteste le plus luxueux
des hôtels d'Amsterdam. Ouvert en
1867 et soigneusement restauré en
1992 pour un coût de quelque
70 millions de florins, il est d'une
somptuosité à couper le souffle.
Deux étages de colonnes et
d'arcades décorent le hall d'entrée
au plafond doré, et superbes tissus,
meubles précieux et peintures
ajoutent à la beauté des chambres.
Chacune possède une magnifique
salle de bains, avec un casier à boissons
garni de carafes en cristal et un
télécopieur. Le salon, la piscine et
le restaurant La Rive *(p. 235)*,
réputé pour sa grande cuisine
française, donnent tous trois sur
une terrasse bordant l'Amstel.
Parmi les autres commodités

offertes aux hôtes figurent un bain
turc, la location de Rolls Royce ou
de canots à moteur et un service de
limousines pour rejoindre
l'aéroport de Schiphol. Bien que
l'Amstel Inter-Continental se trouve
à quinze minutes à pied du centre-
ville, le coût de quelques trajets en
taxi est insignifiant par rapport à
celui du séjour et ne dissuade en
rien sa clientèle. Il faut souvent
réserver longtemps à l'avance pour
obtenir une chambre, car l'hôtel
n'est pas immense.

EN DEHORS DU CENTRE

Arena Budget Hotel (Sleep-In)

's-Gravesandestraat 51, 1092 AA.
Plan 6 D4. *Auberge de jeunesse*
【 *694 7444*. ☒ *663 2649*. *600 lits*.
日 日 ⑥ 🐾 𝖸 𝙸 ⑥

Près du paisible Oosterpark, cette
vaste auberge de jeunesse propose
un hébergement très bon marché
dans des dortoirs de 6 à
50 personnes. Bien qu'éloignée du
Leidseplein, elle est desservie par le
bus de nuit n° 77 *(p. 272-273)* et ne
pratique pas de couvre-feu. En
outre, le bar reste ouvert jusqu'à 2 h
le week-end, et l'Arena organise en
été des concerts, des projections de
films ou des expositions.

Van Ostade Bicycle Hotel

Van Ostadestraat 123, 1072 SV.
Plan 4 F5. 【 *679 3452*.
☒ *671 5213*. *15 ch.* 日 *8*. 1 日
P ⑥

Une bicyclette accrochée à 6 m du
sol sert d'enseigne à cet hôtel très
accueillant situé dans le quartier
De Pijp au sud du Sarphatipark.
Ses prix modiques pour des
chambres spartiates mais propres,
l'atmosphère décontractée de sa
jolie salle de petit déjeuner et la
possibilité de louer sur place des
vélos y attirent une clientèle jeune.
Cordiaux, les propriétaires
fournissent plans et
renseignements pour découvrir la
cité en deux roues.

Toro

Koningslaan 64, 1075 AG. **Plan** 3 A4.
【 *673 7223*. ☒ *675 0031*. *22 ch.*
日 1 日 TV 𝖸 🐾 日 🈂 *AE, DC,
MC, V.* ⑥⑥

Situé dans un élégant quartier
résidentiel au sud-ouest du
Vondelpark, le Toro jouit d'un grand
calme mais se trouve à quelque
distance du centre (quinze minutes
à pied ou quelques arrêts de tram).
En conséquence, ses tarifs sont d'un
excellent rapport qualité/prix.

Vitraux, lustres, antiquités et
tableaux donnent son cachet à cette
villa du XIXe siècle. Certaines des
chambres, toutes très confortables,
dominent le canal du Vondelpark et
possèdent un balcon. Ses portes-
fenêtres permettent d'admirer la
même vue depuis la salle de petit
déjeuner.

Villa Borgmann

Koningslaan 48, 1075 AE. **Plan** 3 B4.
【 *673 5252*. ☒ *676 2580*. *15 ch.*
日 1 日 TV 𝖸 🐾 🈂 *AE,
DC, MC, V, JCB.* ⑥⑥

Sans pouvoir rivaliser avec
l'élégance du Toro voisin, cette
grande maison bâtie en 1905
partage avec lui la même situation
paisible en bordure du canal du
Vondelpark. Meubles en osier et
dessus-de-lit fleuris donnent le ton
de la décoration des chambres,
pour certaines très spacieuses. Le
propriétaire apprécie peu les
enfants et les sacs à dos.

Amsterdam Hilton

Apollolaan 138, 1077 BG. **Plan** 3 C5.
【 *678 0780*. ☒ *662 6688*.
☒ *11025 HILANL*. *271 ch.* 日 1 日
24 TV 𝖸 🐾 🐕 🐾 🔒 🐕 P
🈂 *AE, DC, MC, V, JCB.*
⑥⑥⑥⑥

Cet hôtel dresse dans le Nieuw Zuid
(Nouveau Sud) un monument à la
gloire de la laideur verticale et seuls
les deux étages spécialement dédiés
aux hommes d'affaires sont à
recommander. Curieusement, c'est
dans une de ses suites que John
Lennon et Yoko Ono décidèrent de
s'enfermer en 1969 dans le cadre de
leur campagne « Donnez une
chance à la paix ». Aujourd'hui
décorée tout en blanc, elle renferme
de nombreux souvenirs liés à
l'événement et à l'ancien groupe
des Beatles. Vous pourrez l'occuper
pour une somme astronomique.

Okura

Ferdinand Bolstraat 333, 1072 LH.
Plan 4 F5. 【 *678 7111*.
☒ *671 2344*. ☒ *16182*. *370 ch.*
日 1 日 24 TV 𝖸 🐾 ▤ 日
🐾 *Cots.* 🔒 🐾 P 𝙸 🈂 *AE,
DC, MC, V, JCB.* ⑥⑥⑥⑥

Cet hôtel moderne de 23 étages se
trouve à cinq minutes à pied du RAI
Congresgebouw *(p. 151)*.
Totalement dédié aux séjours
d'affaires, il offre d'excellentes
prestations pour l'organisation de
conférences ou de banquets. Il
abrite également une galerie
marchande, deux restaurants
japonais et un restaurant français
commandant une vue panoramique
sur la ville. Le tarif de la plupart des
chambres baisse de moitié les
week-ends.

RESTAURANTS, CAFÉS ET BARS

I l est partout possible à Amsterdam de se nourrir pour un prix raisonnable. Cafés et bars vendent des en-cas variés et savoureux tandis que les *eetcafés (p. 236-237)* proposent des plats plus consistants. Les portions sont traditionnellement généreuses dans les restaurants de spécialités hollandaises. Les Pays-Bas ne jouissent pas d'une réputation gastronomique comparable à celle de la France ni même de l'Italie, mais il est possible d'y déguster des cuisines du monde entier, notamment d'Indonésie. Les pages suivantes vous aideront à faire votre choix selon vos goûts et votre budget. Un tableau en pages 228-229 résume les principales caractéristiques des restaurants que nous avons sélectionnés dans ce guide pour leur qualité dans toutes les gammes de prix. Les pages 230-235 les décrivent plus en détail.

Chandelles et boiseries créent l'atmosphère du Gauguin *(p. 233)*

OÙ MANGER ?

A msterdam est une petite ville et la plupart des établissements cités dans ce guide occupent une position centrale aisément accessible. Les plus fortes concentrations de restaurants se trouvent dans le Jordaan, le long de la Van Baerlestraat dans le quartier des musées, sur la Spuistraat et dans le quartier rouge dans le Nieuwe Zijd, et sur la Reguliersdwarsstraat pour la ceinture de canaux.

QUE MANGER ?

J adis, les *eetcafés* proposaient des en-cas et des spécialités hollandaises, les restaurants les plus chics de la cuisine française et les restaurants indonésiens les repas complets les plus accessibles. Le choix est aujourd'hui beaucoup plus vaste. De nombreux chefs associent notamment techniques culinaires françaises et produits du terroir néerlandais.

Pour les puristes, la cuisine indonésienne a tendance à Amsterdam à se mâtiner d'influences chinoises. La ville compte néanmoins quelques chefs épris d'authenticité tandis que les restaurants japonais et thaïlandais y connaissent une popularité grandissante à l'instar des meilleures adresses italiennes. Il existe également des restaurants indiens, mexicains et africains mais de qualité très variable.

Quel que soit le type de cuisine, les végétariens sont rarement oubliés comme l'indique le tableau des pages 228-229.

QUE BOIRE ?

L a bière est la boisson favorite des Néerlandais, et cafés et bars proposent un large éventail de marques nationales et étrangères *(p. 48-49)*. Presque tous les restaurants offrent un choix de vins, le plus souvent des crus français bien que les établissements italiens et espagnols mettent aussi à la carte leurs productions nationales. Un symbole indique les établissements

Le Sea Palace *(p. 230)*, célèbre restaurant chinois flottant d'Amsterdam

sélectionnés dans ce guide qui possèdent une cave exceptionnelle.

Les amateurs de *jenevers* *(p. 48-49)* trouveront les meilleures sélections dans les restaurants hollandais.

COMBIEN PAYER ?

P resque tous les établissements affichent une carte en vitrine donnant les prix des plats, TVA (BTW) et service compris. Ces prix varient grandement et un repas dans un restaurant de luxe peut revenir à plus de 185 FL par personne. Vous trouverez cependant à Amsterdam un choix étendu d'endroits où manger à votre faim pour moins de 50 FL. Les boissons sont en supplément et la marge appliquée par le restaurateur s'avère souvent élevée, en particulier sur les vins bon marché.

Le client, à Amsterdam, a droit à un service attentif

HORAIRES D'OUVERTURE

L es Néerlandais déjeunent légèrement, d'un en-cas le plus souvent, et peu de restaurants ouvrent pendant la journée. De nombreux bars et cafés bruns *(p. 236-237)* servent toutefois des repas de midi à 14 h. Le soir, le dîner se prend tôt, à partir de 18 h, et il est rarement possible de commander après 10 h. Cette habitude change cependant et de plus de plus de restaurants, en particulier dans le centre, servent jusqu'à 11 h et pour quelques-uns beaucoup plus tard. Le jour de fermeture traditionnel est le lundi.

Pour plus de détails sur les

Sur le bord du Prinsengracht, à la terrasse du Kort *(p. 234)*

horaires d'ouvertures des cafés et bars voir *Repas légers et snacks* p. 236-237.

RÉSERVER

M ieux vaut réserver si vous souhaitez dîner dans un des restaurants les plus réputés ou dans un de ceux que nous vous recommandons par une étoile en pages 228-229.

Les cafés bruns et les bars peuvent aussi être bondés le soir mais peu acceptent les réservations.

LIRE LA CARTE

L es cartes des restaurants touristiques sont souvent rédigées en néerlandais, en anglais et en français. Beaucoup de serveurs parlent en outre au moins une langue étrangère et commander pose rarement problème, surtout si l'on se débrouille en anglais. Les pages 226-227 présentent quelques spécialités.

COMMENT S'HABILLER ?

I l règne une atmosphère détendue dans la plupart des restaurants d'Amsterdam et aucun n'exigera de vous une cravate même si rien ne vous interdit de vous habiller spécialement pour sortir. Si des enfants vous accompagnent, vous trouverez des conseils à la page 253.

FUMEURS, NON-FUMEURS

S auf rares exceptions, il n'y a pas d'espaces non fumeurs dans les bars, cafés et restaurants d'Amsterdam.

ACCÈS EN FAUTEUIL ROULANT

S i l'accès de la majorité des restaurants en rez-de-chaussée pose peu de problèmes, il n'en va pas de même des toilettes auxquelles conduisent souvent des escaliers pentus.

POURBOIRES

L es tarifs incluent automatiquement 15 % de service, mais les Amstellodammois ont l'habitude d'arrondir les petites notes au florin supérieur et les grosses à 5 FL. Il est préférable alors de laisser du liquide.

LÉGENDE DES TABLEAUX

Symboles des tableaux des pages 228-229.

|🍽| menu à prix fixe
|V| spécialités végétariennes
|⑃| accès handicapés
|▦| tables en terrasse
|♟| bonne cave
|♫| orchestre d'ambiance
|★| vivement recommandé
|▨| cartes bancaires acceptées :
AE American Express
DC Diners Club
MC Master Card/Access
V Visa
JCB Japanese Credit Bureau

Catégories de prix pour un repas avec entrée et dessert, taxes et service compris mais sans vin ou autre boisson :
Ⓕ moins de 50 FL
ⒻⒻ de 50 FL à 60 FL
ⒻⒻⒻ de 60 FL à 75 FL
ⒻⒻⒻⒻ plus de 75 FL

Que manger à Amsterdam ?

De nombreux kiosques vendent des frites

L es Néerlandais prennent de solides petits déjeuners où viande froide, jambon et fromage accompagnent café ou thé, mais ils se contentent à midi de sandwiches, de pâtisseries ou d'un plat chaud dans un *eetcafé*. Composé de mets nourrissants préparés avec des produits simples, le dîner est leur principal repas. La cuisine d'Indonésie, une ancienne colonie, fait désormais partie des traditions.

Petit déjeuner hollandais
Il comprend habituellement du pain, de jambon et de fromage.

Bitterballen en Frikadellen
Ces boulettes de viande frites et ces croquettes se dégustent avec de la moutarde.

Uitsmijter
Ce plat simple se compose d'un œuf à cheval sur une tartine de fromage ou de jambon.

Copeaux de chocolat
Appelés hagelslag, *ils parfument biscuits et tartines.*

Hareng cru
Salé, il se mange en entrée ou en en-cas avec des rondelles d'oignons ou des cornichons.

Café et speculaas
Biscuits épicés, les speculaas *sont délicieux avec un café noir.*

Gouda frais   **Gouda persillé**

Edam   **Pain de seigle**

Pains et fromages
Outre l'Edam et le Gouda, les Pays-Bas produisent 24 sortes de fromages à déguster avec du pain blanc, complet ou de seigle.

Crevettes —   — **Coquille Saint-Jacques**

Huîtres —   — **Bouquet**

Fruits de mer
Les produits de la mer sont très prisés à Amsterdam, notamment crevettes, huîtres et coquilles Saint-Jacques.

Sole
Le poisson se sert souvent grillé et accompagné de pommes de terre et de carottes bouillies.

Stamppot
Plat typique, ce ragoût associe pommes de terre, légumes et saucisse fumée.

Asperges
Avec une noisette de beurre, elles peuvent servir d'accompagnement à du jambon.

Erwtensoep
De la charcuterie fumée parfume cette épaisse soupe de pois cassés.

Crêpe au sirop
Nappées de sirop, ou stroop, les pannekoeken *sont un dessert très apprécié.*

Limburgse Vlaai
Ce gâteau du Limbourg à pâte levée garnie de fruits se sert chaud ou froid.

Fraises au yaourt
Fruits et yaourt associés composent un dessert très digeste.

LA CUISINE INDONÉSIENNE

Introduite à Amsterdam à l'époque coloniale, la cuisine indonésienne se consomme souvent sous forme de rijsttafel, ou table de riz, pouvant comprendre en accompagnement jusqu'à 25 petits plats de viande, poisson et légumes servis avec diverses sauces.

Nouilles frites aux œufs

Bami goreng (nouilles frites, poulet, crevettes, ail, piment et légumes)

Satay daging (bœuf mariné)

Satay ayam (poulet aux arachides)

Babi asam pedas (porc pimenté)

Udang bakar (crevettes grillées)

Ayam panike (poulet en sauce)

Sambal (sauce aux piments rouges)

ce aux chides

Sauce au soja pimentée

Gado gado (salade à la sauce aux arachides)

Nasi goreng (riz, bœuf ou porc, champignons, sauce de soja et pâte de crevettes)

Choisir un restaurant

Classés par quartier et dans l'ordre alphabétique par catégorie de prix, les restaurants présentés dans ce chapitre ont été sélectionnés pour leur bon rapport qualité/prix. Ils sont décrits en pages 230-235, mais ce tableau résume quelques éléments permettant de faire votre choix. Pour les bars et cafés, voir en pages 236-237.

	Prix	CUISINE EXOTIQUE	OUVERT TARD LE SOIR	MENU À PRIX FIXE	SPÉCIALITÉS VÉGÉTARIENNES	TABLES EN TERRASSE	BONNE CAVE	CADRE AGRÉABLE
OUDE ZIJDE *(p. 230)*								
Oriental City *(chinois)*	€	●	■	●	■			
A Road to Manila *(philippin)* ★	€	●	■	●	■			
Hemelse Modder *(européen)*	€€				■	●		
Sea Palace *(chinois)*	€€	●	■	●	■			●
Tom Yam *(thaïlandais)*	€€	●		●	■			
Café Roux *(français)* ★	€€€		■			■	●	■
NIEUWE ZIJDE *(p. 230-231)*								
Beaume *(méditerranéen/européen)* ★	€		■	●	■	●		
Centra *(espagnol)*	€		■					
Kantjil & de Tijger *(indonésien)* ★	€	●	■	●	■	●		
Krua Thai *(thaïlandais)* ★	€	●	■	●	■			
Luden *(français/hollandais)*	€		■	●	■			
Treasure *(chinois)* ★	€	●	■	●				
De Compagnon *(français)*	€€		■	●	■			
Dorrius *(hollandais)*	€€		■	●	■		■	●
De Kooning van Siam *(thaïlandais)*	€€	●	■	●	■			
Lucius *(poissons)* ★	€€		■	●		●		●
De Silveren Spiegel *(français)* ★	€€€			●	■		●	●
Vasso *(italien)* ★	€€€		■	●	■			●
D'Vijff Vliegen *(hollandais)*	€€€			●	■		●	●
Vermeer *(français/hollandais moderne)* ★	€€€€		■	●	■			
LE JORDAAN *(p. 231-232)*								
Burger's Patio *(italien)*	€		■			■	●	
Speciaal *(indonésien)* ★	€	●	■	●	■			
Claes Claesz *(hollandais)*	€€		■	●	■			
Prego *(italien)*	€€		■	●	■		■	
Taddy Zemmel *(français/hollandais)* ★	€€		■	●	■	●	■	
D'Theeboom *(français)* ★	€€		■	●	■			
Bordewijk *(français)* ★	€€€		■	●	■			●
Chez Georges *(belge)* ★	€€€		■	●	■			
Toscanini *(italien)*	€€€		■	●	■			
Christophe *(français)* ★	€€€€		■	●	■			
DU BIJBELS MUSEUM À LEIDSEPLEIN *(p. 232-234)*								
Café Cox *(européen)*	€		■		■			
De Expressionist *(français)*	€		■	●	■			
Lulu *(français)* ★	€		■	●	■			
Mayur *(indien)*	€	●	■	●				
Swaagat *(indien)* ★	€	●	■	●	■			
Tout Court *(français)*	€€		■	●	■			
Zomer's *(français/hollandais)* ★	€€		■	●	■			
Dynasty *(asiatique)* ★	€€€	●	■	●	■	●	■	
Gauguin *(asiatique/européen)*	€€€	●	■	●	■			
Sichuan Food *(chinois)*	€€€	●	■	●				
Het Tuynhuys *(français/hollandais)* ★	€€€		■	●	■		■	●
Hosokawa *(japonais)*	€€€€	●	■	●				●
't Swarte Schaep *(français/hollandais)*	€€€€		■	●	■		■	●

Catégories de prix pour un repas avec entrée et dessert, couverts, taxe et service compris mais sans le vin :

F moins de 50 FL
FF de 50 FL à 60 FL
FFF de 60 FL à 85 FL
FFFF plus de 85 FL

★ Vivement recommandé

MENU À PRIX FIXE
Outre la carte, le restaurant propose un menu de 2 ou 3 plats comprenant le café mais pas le vin ou d'autres boissons.
SPÉCIALITÉS VÉGÉTARIENNES
L'établissement propose une sélection particulièrement riche de plats végétariens.
OUVERT TARD LE SOIR
Commandes jusqu'à 22 h 30 au moins.
CADRE AGRÉABLE
Restaurant offrant une belle vue ou occupant un site agréable sur un quai.

	CUISINE EXOTIQUE	OUVERT TARD LE SOIR	MENU À PRIX FIXE	SPÉCIALITÉS VÉGÉTARIENNES	TABLES EN TERRASSE	BONNE CAVE	CADRE AGRÉABLE
DU MARCHÉ AUX FLEURS AU SINGELGRACHT *(p. 234)*							
An *(japonais)* ★ — *F*	●		●	■			
Indrapura *(indonésien)* ★ — *FF*	●	■	●	■	●		●
Kort *(français)* ★ — *FF*			●	■	●		
Tempo Doeloe *(indonésien)* ★ — *FF*	●	■	●	■			
Le Zinc… et les Dames *(français)* — *FF*		■	●	■		■	
Van Vlaanderen *(français/belge)* ★ — *FFF*		■	●	■		■	
LE QUARTIER DES MUSÉES *(p. 234-235)*							
Overakker *(français/hollandais)* — *F*		■	●	■			
Brasserie Bark *(poissons)* — *FF*		■		■	●		
Bartholdy *(méditerranéen)* — *FF*		■	●	■			
Zabar's *(méditerranéen)* — *FF*		■		■			
Le Garage *(français)* ★ — *FFF*		■	●			■	●
Raden Mas *(indonésien)* ★ — *FFF*	●	■	●	■		■	
Beddington's *(français/européen)* ★ — *FFFF*		■	●	■		■	●
De Trechter *(français)* — *FFFF*		■	●	■		■	
LE QUARTIER DE PLANTAGE *(p. 235)*							
La Rive *(français)* ★ — *FFFF*		■	●	■	●	■	●
EN DEHORS DU CENTRE *(p. 235)*							
Beau Bourg *(français/européen)* — *FF*		■	●				
Kaiko *(japonais)* ★ — *FF*	●	■	●				
Mangerie de Kersentuin *(français/hollandais)* — *FF*		■	●	■		■	

OUDE ZIJDE

Oriental City

Oudezijds Voorburgwal 177–179.
Plan 7 C3. **[** 626 8352. **†⊘! V**
⊠ AE, DC, MC, V. **◻** de 11 h 30 à
23 h t.l.j. **(F)**

Très apprécié de la population
asiatique de la ville, ce grand
restaurant chinois animé propose
une carte immense. L'un des
meilleurs moments pour s'y rendre
est le dimanche midi quand les
familles s'y retrouvent pour des
dim sum accompagné de thé.
Recommandés : le canard rôti, la
soupe *won ton* et les plats de
nouilles *(bami)*. Le même
propriétaire dirige le Golden
Chopsticks voisin.

A Road to Manila

Geldersekade 23. **Plan** 8 D2.
[638 4338. **†⊘! V** ★ **⊠** AE,
DC, MC, V. **◻** de 17 h à 23 h t.l.j. **(F)**

Ce restaurant philippin, situé en
bordure du quartier rouge, est un
des secrets bien gardés
d'Amsterdam. La décoration et
l'accueil reflètent la personnalité
extravertie de son chef et
propriétaire, Toni Moralsi. Sa carte
associe spécialités asiatiques et
espagnoles, et il est conseillé de
commencer par des tapas avant de
passer à un *adobong manok*
(poulet mariné dans du vinaigre de
noix de coco parfumé à l'ail, au
laurier et au poivre noir) ou à un
asadong kambing (chevreau en
sauce aux champignons et au
poivre d'Espagne).

Hemelse Modder

Oude Waal 9. **Plan** 8 E3. **[** 624 3203.
V 🖩 **◻** de 18 h à 22 h du mar. au
dim. **(F)(F)**

En bordure d'un joli et paisible
canal, ce restaurant est dirigé par
d'anciens squatters pour qui la
cuisine fut un passe-temps de
week-end avant de devenir une
activité professionnelle il y a sept
ans. D'inspiration principalement
française et italienne, leur carte
comprend des plats de viandes et
de poissons et des spécialités
végétariennes, notamment
indonésiennes.

Sea Palace

Oosterdokskade 8. **Plan** 8 E1.
[626 4777. **†⊘! V** **⊠** AE, DC,
MC, V. **◻** de 12 h à 23 h t.l.j. **(F)(F)**

Amarré sur l'Oosterdok près de la
Centraal Station, ce restaurant
chinois flottant commande une vue
superbe sur la ville. Les
Amstellodammois l'ont longtemps
plutôt considéré comme un lieu

pittoresque où passer une soirée
entre amis que comme un temple
de la gastronomie orientale
toutefois, la qualité de la nourriture
s'est récemment améliorée. La
carte offre une intéressante
sélection de vins et un très large
éventail de mets allant des
spécialités cantonaises comme la
soupe *won ton* à des recettes
pékinoises.

Tom Yam

Staalstraat 22. **Plan** 7 C4. **[** 622
9533. **†⊘! V** **⊠** AE, DC, MC, V.
◻ de 18 h à 23 h t.l.j. **(F)(F)**

Réputé à l'origine pour sa cuisine
française, le chef hollandais Jos
Boomgaardt s'est tourné, après
avoir voyagé en Asie, vers la
gastronomie thaïlandaise et ses
recettes épicées. Tirant son nom
du *Tom Yam Kung* (une soupe de
crevettes aromatisée à la
citronnelle, aux piments, à la
menthe, à la coriandre et à l'ail),
son petit restaurant propose un
assortiment de plats exotiques à
même de satisfaire aussi bien les
experts que les novices.
Imaginative, la carte des vins est
adaptée aux menus.

Café Roux/ Grand Amsterdam

Oudezijds Voorburgwal 197.
Plan 7 C3. **[** 555 3560. **V** 🖩
★ **⊠** AE, DC, MC, V. **◻** de 12 h à
15 h, de 18 h à 23 h t.l.j. **(F)(F)(F)**

Si la nostalgie des saveurs des
terroirs français s'empare de vous,
n'hésitez pas à aller déguster la
cuisine d'Albert Roux dans un
décor de brasserie du début du
siècle. Pour un prix très
raisonnable, vous pourrez ainsi
apprécier ses deux boudins aux
deux pommes, ses coquilles Saint-
Jacques à la parisienne ou sa tarte
Tatin. Mieux vaut réserver tôt car
les Amstellodamois comme les
habitués de l'hôtel Grand
Amsterdam *(p. 218)* ont découvert
qu'il s'agit là d'une des meilleures
tables de la ville.

NIEUWE ZIJDE

Beaume

Spuistraat 266. **Plan** 7 A3. **[** 422
0423. **†⊘! V** 🖩 ★ **⊠**
(seulement à partir de 50 FL) AE, DC,
MC, V. **◻** de 12 h à minuit t.l.j. **(F)**

Réputé pour ses recettes inspirées
de la tradition méditerranéenne et
du Sud-Ouest de la France, salades
au confit de canard par exemple,
ce restaurant s'applique à garder
des prix bas, et mieux vaut
réserver pour être sûr d'obtenir

une table. La carte change
fréquemment, mais le meilleur
moyen d'apprécier la qualité de la
cuisine consiste à prendre l'un des
plats du jour, notamment la
« pêche du jour » : poisson arrivant
tout droit du marché.

Centra

Lange Niezel 29. **Plan** 8 D2. **[** 622
3050. **◻** de 13 h à 23 h t.l.j. **(F)**

Certains établissements ont le
talent de savoir survivre aux
caprices de la mode et aux
engouements du public. Ce
restaurant espagnol, situé au cœur
du quartier rouge, ce qui lui vaut
une clientèle où se mêlent
touristes et habitués, en fait partie.
Son décor austère reflète une
approche sans fioritures de plats
classiques tels que la *tortilla* ou la
paella. De bons crus espagnols les
accompagnent.

Kantjil & de Tijger

Spuistraat 291-293. **Plan** 7 A3. **[** 620
0994. **†⊘! V** 🖩 ★ **⊠** AE, DC,
MC, V. **◻** de 17 h à 23 h t.l.j. **(F)**

Malgré un intérieur moderne, le
Kantjil & de Tijger est l'un des
rares restaurants d'Amsterdam à
proposer une cuisine indonésienne
authentique. La carte propose des
plats devenus des classiques tels
que le *nasi goreng (p. 227)*, mais
aussi des spécialités régionales
moins connues. Pour une première
expérience, n'hésitez pas à opter
pour un *rijsttafel (p. 227)*. Le
service est parfois un peu long,
mais la qualité des mets vous
récompensera de l'attente.

Krua Thai

Spuistraat 90a. **Plan** 7 B1. **[** 620
0623. **†⊘! V** 🖩 ★ **⊠** MC, V.
◻ de 17 h à 22 h 30 t.l.j. **(F)**

L'hospitalité thaïlandaise ajoute
beaucoup au plaisir de déguster
les spécialités épicées de ce petit
restaurant sans prétention. Si le
moyen le plus simple de
commander consiste à choisir un
des menus, rien ne vous interdit de
demander l'aide du serveur pour
composer un assortiment plus
personnel à partir des soupes,
salades et plats principaux en
grand nombre sur la carte.

Luden

Spuistraat 306. **Plan** 7 A4. **[** 622
8979. **†⊘! V** 🖩 **⊠** AE, DC, MC,
V. **◻** de 12 h à 15 h du lun. au ven.,
de 18 h à 23 h t.l.j. **(F)**

Le Luden comprend une brasserie
servant essentiellement des plats
italiens et un restaurant plus
élégant qui propose à des prix très
raisonnables une cuisine associant
spécialités françaises et

hollandaises. La possibilité offerte aux dîneurs de composer un menu à prix fixe à partir d'un éventail de mets a suscité des émules à Amsterdam, mais le Luden, où le service est cordial, reste très apprécié. Il vaut mieux réserver sa table.

Treasure

Nieuwezijds Voorburgwal 115. **Plan** 7 B2. 626 0915. ★ AE, DC, MC, V. de 12 h à 15 h, de 17 h à 22 h 30 t.l.j.

La cuisine des restaurants chinois d'Amsterdam est souvent mâtinée d'influences indonésiennes et le Treasure est un des rares endroits où déguster d'authentiques recettes du Sichuan ou des provinces de Canton, de Pékin ou de Shanghai. Préparées avec attention, elles sont servies dans un cadre agréable. Pour un repas léger, vous pourrez en outre essayer ses spécialités de *dim sum*, en-cas frits ou cuits à la vapeur.

De Compagnon

Guldehandsteeg 17 (près de Warmoesstraat). **Plan** 8 D1. 620 4225. AE, MC, V. de 18 h à 23 h du mer. au lun.

Bien que difficile à trouver dans une petite allée proche de la Centraal Station, ce minuscule restaurant a su se constituer une clientèle de fidèles mieux vaut réserver tôt pour obtenir une des tables qui se serrent sur deux niveaux. La carte propose des spécialités françaises et le personnel est serviable.

Dorrius

Nieuwezijds Voorburgwal 5. **Plan** 7 C1. 420 2224. AE, DC, MC, V, JCB. de 12 h à 23 h t.l.j.

Un restaurant nommé Dorrius ouvrit à la fin du XIXᵉ siècle, mais resta ensuite fermé de longues années avant que les propriétaires de l'établissement actuel ne rachètent son nom. Alors qu'ils effectuaient cette démarche, on découvrit dans un dépôt l'intérieur original du premier Dorrius et ils utilisèrent ce mobilier et ces éléments de décoration pour aménager les locaux de son successeur. Celui-ci est un des rares endroits d'Amsterdam servant encore une authentique cuisine hollandaise et vous pourrez y déguster des plats typiques tels qu'*erwtensoep (p. 227)*, *paling* (anguille) et *stokvis* (morue salée). Le choix de dessert comprend un parfait à la cannelle nappé de crème de cassis. Conformément à la tradition, les portions sont généreuses.

De Kooning van Siam

Oudezijds Voorburgwal 42. **Plan** 8 D2. 623 7293. AE, DC, MC, V. de 18 h à 22 h 30 t.l.j.

Une atmosphère détendue règne dans ce restaurant thaïlandais dont le décor évoque aussi bien le Siam d'antan que l'Amsterdam du Siècle d'Or. Malgré sa richesse, la carte fait peu de concessions aux goûts européens. Currys multicolores, soupe de poulet au lait de coco ou plats parfumés au basilic thaï se prêtent toutefois à de délicieuses découvertes.

Lucius

Spuistraat 247. **Plan** 7 B3. 624 1831. ★ AE, DC, MC, V. de 17 h à minuit du lun. au sam.

Amsterdam compte peu de restaurants de poissons et de fruits de mer au regard de l'extraordinaire éventail de produits frais disponibles. Lucius est un des meilleurs et vous pourrez y déguster saumon, moules ou huîtres dans un cadre rustique. Parmi les spécialités du jour, on trouve des poissons plus rares tels que l'espadon. La carte comprend toujours un plat de viande.

De Silveren Spiegel

Kattengat 4 **Plan** 7 C1. 624 6589. ★ AE, DC, MC, V. de 18 h à 22 h du lun. au sam.

Plusieurs restaurants se sont succédés depuis deux cents ans dans cet immeuble bâti en 1614 et il règne dans la salle à manger, qui a retrouvé son aspect du XVIIᵉ siècle, une atmosphère très intime. Le personnel est enthousiaste et le chef interprète avec imagination les traditions culinaires hollandaises, qu'il prépare des coquilles Saint-Jacques ou de l'agneau. Il a su en outre composer une excellente cave

Vasso

Rozenboomsteeg 12–14. **Plan** 7 B4. 626 0158. ★ AE, MC, V. de 18 h à 22 h 30 t.l.j.

Simplicité et fraîcheur des ingrédients sont les bases d'une bonne cuisine italienne, et ce restaurant rustique offre le cadre idéal, avec ses murs délavés et son sol en parquet, pour la déguster. Proposés à la carte, comme plats du jour ou dans les menus, des mets comme le risotto au crabe ou la crème glacée à l'anis nappée de chocolat tenteront tous ceux qui

lassent pizzas et pâtes. La carte des vins, étendue, change régulièrement. Il est impératif de réserver tôt.

D'Vijff Vliegen

Spuistraat 294-302. **Plan** 7 A3. 554 6015 ou 624 8369. AE, DC, MC, V. de 17 h 30 à 22 h 30 t.l.j. (22 h en hiver).

Le restaurant des Cinq Mouches existe depuis trois cent cinquante ans et n'utilise que des produits locaux et frais pour préparer des plats traditionnels hollandais et des recettes modernes plus légères. Dans la salle à manger, des plaques de laiton sur les sièges donnent le nom de célébrités qui y dînèrent… ou y dégustèrent l'un des 50 *jenevers* disponibles.

Vermeer/Golden Tulip Barbizon Palace

Prins Hendrikkade 59-72. **Plan** 8 D1. 556 4885. ★ AE, DC, MC, V. de 12 h à 15 h du lun. au ven., de 18 h à 22 h 30 du lun. au sam.

Voici l'une des meilleures tables où apprécier, dans un cadre luxueux, une cuisine moderne alliant influences néerlandaises et françaises. À midi, un menu de deux plats offre une bonne introduction aux créations du chef Ron Schouwenburg. À noter parmi ses spécialités : le soufflé au fromage de chèvre frais, les escargots à la hollandaise et le saumon au paprika braisé. Le service est attentif et la carte des vins, particulièrement riche, comprend quelques joyaux.

LE JORDAAN

Burger's Patio

2e Tuindwarsstraat 12 (près de Westerstraat). **Plan** 1 B3. 623 6854. AE, DC, MC, V. de 18 h à 23 h t.l.j.

Ce café-restaurant tient avantageusement la comparaison avec beaucoup de ses concurrents plus onéreux. Préparées avec des ingrédients de qualités, des spécialités italiennes comme le *carpaccio* (fines tranches de bœuf cru marinés dans de l'huile d'olive), le *saltimbocca* (veau et jambon de Parme) ou le *tiramisu*, délicieuse pâtisserie au café, se dégustent dans une salle au décor des années 50. Le service est si amical que si vous devez attendre, le propriétaire viendra vous chercher dans le bar situé de l'autre côté de la rue.

Légende des symboles *p. 225*

Speciaal

Nieuwe Leliestraat 142. **Plan** 1 B4.
🅒 *624 9706.* 🄸🄸 ★ 🄴 *AE,
MC, V.* 🄾 *de 17 h 30 à 23 h t.l.j.* 🄵

Quinze ans d'expérience ont
solidement établi la réputation du
meilleur restaurant indonésien du
Jordaan dont jouit le Speciaal et
une foule animée s'y presse dans
une ambiance bon enfant. Outre
une intéressante sélection de mets
traditionnels, la carte propose
deux *rijsttafels (p. 227)* qui
peuvent inclure *satay (p. 227)*,
ayam (poulet), *ikan* (poisson),
telor (œuf) et *rendang* (bœuf)
accompagnés de divers
condiments tels que noix de coco
râpée ou légumes aigres-doux. Il
est conseillé de réserver.

Claes Claesz

Egelantiersstraat 24-26. **Plan** 1 B4.
🅒 *625 5306.* 🄸🄸 🄵 🄴 *AE, MC,
V.* 🄾 *de 18 h à 23 h du jeu. au dim.*
🄵🄵

Installé dans un ancien hospice
construit en 1616, ce petit
restaurant reste fidèle à la
réputation de fantaisie et de
créativité du Jordaan. De petits
seaux de jardin y servent de seaux
à glace tandis que les assiettes sont
décorées d'une leçon d'alphabet.
Qu'il s'agisse du pâté fermier, du
saumon poché ou des crêpes
fourrées à la crème glacée à la
vanille, les portions sont
généreuses et vous aurez peut-être
besoin du secours d'un des
nombreux *jenevers* disponibles
pour faciliter votre digestion.

Prego

Herenstraat 25. **Plan** 7 A1. 🅒 *638
0148.* 🄸🄸 🄴 *AE, MC, V.*
🄾 *de 18 h à 22 h 30 du lun. au sam.*
🄵🄵

Les recettes de famille de sa
cuisinière sarde attirent au Prego
une clientèle fidèle à d'habitués. Affichés
sur une ardoise, les plats de viande
et de poisson, toujours d'une
grande fraîcheur, changent
fréquemment en fonction des
arrivages. Le personnel se montre
extrêmement serviable, notamment
pour vous aider à effectuer votre
choix dans une riche carte des vins
qui ne comprend pas que des crus
italiens. Réservation
recommandée.

Taddy Zemmel

Prinsengracht 126. **Plan** 1 B4. 🅒 *620
6525.* 🄸🄸 🄴 *AE,
MC, V.* 🄾 *de 18 h à 22 h 30 du mar.
au dim.* 🄵🄵

Depuis son décor théâtral
jusqu'aux bonbons et gâteaux
casher préparés par Constant

Fonk, chef à Hoorn d'un restaurant
étoilé par le guide Michelin, le
Taddy Zemmel a un caractère tout
à fait particulier. À cela s'ajoutent
une ambiance et un accueil
chaleureux, des plats principaux
cuisinés avec soin, des desserts qui
méritent qu'on leur réserve un
petit creux et une intéressante
carte des vins comprenant de
nombreux crus de terroir français à
des prix abordables. En été, la
vaste terrasse est toujours pleine.

D'Theeboom

Singel 210. **Plan** 7 A3. 🅒 *623 8420.*
🄸🄸 🄴 ★ 🄴 *AE, DC, MC,
V.* 🄾 *de 18 h à 22 h 30 du mar. au
dim.* 🄵🄵

Dans un ancien entrepôt sur un joli
quai de canal, le D'Theeboom offre
un accueil cordial dans un décor
recherché. Son chef et propriétaire,
le Français Georges Thubert, réussit
à concilier tarifs raisonnables et
cuisine et vins excellents. Un menu
typique pourra inclure une salade
de la mer, de l'agneau en chemise
de verdure et une glace à la
cannelle aux cerises tièdes.
Éclectique, la cave satisfera tous les
gourmets et en particulier les
amateurs de côtes-du-rhône.

Bordewijk

Noordermarkt 7. **Plan** 1 C3. 🅒 *624
3899.* 🄸🄸 🄴 ★ 🄴 *AE, MC, V.*
🄾 *de 18 h 30 à 22 h 30 du mar. au
dim.* 🄵🄵🄵

Ce restaurant au beau décor
moderne est l'un des meilleurs
d'Amsterdam et mieux vaut
réserver tôt pour y obtenir une
table. La carte varie selon les
saisons, mais un personnel
compétent saura vous aider à
trouver un cru adapté à votre
choix de plats. Un Moulins de
Citran (bordeaux rosé)
accompagnera ainsi à merveille
des couteaux farcis à l'ail et au
basilic ou des rougets à l'oseille.

Chez Georges

Herenstraat 3. **Plan** 7 A1. 🅒 *626
3332.* 🄸🄸 🄴 ★ 🄴 *AE, DC,
MC, V.* 🄾 *de 18 h à 23 h.* ● *dim. et
mer.* 🄵🄵🄵

Derrière une modeste façade, voici
une des adresses les plus cotées
d'Amsterdam, car son chef belge,
Georges François, y propose des
mets toujours raffinés, qu'il s'agisse
de la salade au foie de canard ou
de la mousse aux trois chocolats et
son coulis de caramel. La carte des
vins est impressionnante, et la
famille de Georges assure un
accueil affable. Le restaurant est
cependant petit et il faut parfois
réserver deux semaines à l'avance
pour pouvoir obtenir une table le
week-end.

Toscanini

Lindengracht 75. **Plan** 1 C3. 🅒 *623
2813.* 🄸 🄴 🄾 *de 18 h à 22 h 30
t.l.j.* 🄵🄵🄵

Installé dans une ancienne usine, ce
restaurant italien offre une
impression d'espace rare à
Amsterdam. La cuisine, où règne
une fièvre toute méditerranéenne,
ouvre sur la salle et vous pourrez
assister à la préparation de vos plats
choisis sur une carte étendue. Bien
que le service soit parfois long, la
qualité de sa nourriture, son
atmosphère conviviale et la richesse
de sa carte des vins valent au
Toscanini une grande popularité. Il
est prudent de réserver.

Christophe

Leliegracht 46. **Plan** 7 A2. 🅒 *625
0807.* 🄸🄸 🄴 🄴 ★ 🄴 *AE,
DC, MC, V.* 🄾 *de 19 h à 23 h du lun.
au sam.* 🄵🄵🄵🄵

Originaire de Toulouse, Jean-
Christophe Royer renouvelle avec
art la cuisine traditionnelle du Sud-
Ouest, sans hésiter à nourrir son
inspiration d'autres influences
méditerranéennes. L'éclectisme de
sa cave vous permettra, si vous le
souhaitez, d'accompagner d'un
madiran ou d'un jurançon des
mets tels que du jarret de veau, de
la galette d'aubergine aux anchois
frais ou des figues cuites servies
avec de la glace au thym.

DU BIJBELS MUSEUM
À LEIDSEPLEIN

Café Cox

Marnixstraat 429. **Plan** 4 D1. 🅒 *620
7222.* 🄴 🄴 *AE, DC, MC, V.* 🄾 *de
12 h 30 à 14 h 30, de 17 h 30 à
23 h 30 t.l.j.* 🄵

Situé près du Leidseplein, le Cox
est l'endroit idéal où se restaurer
avant ou après un film ou une
pièce de théâtre. L'ambiance est
particulièrement animée en fin de
soirée. Le restaurant du 1er étage
offre un grand choix de plats
européens.

De Expressionist

Runstraat 17d. **Plan** 4 E1. 🅒 *627
0618.* 🄸🄸 🄴 🄴 *AE, DC, MC, V.*
🄾 *de 18 h à 22 h 30 du dim. au jeu.,
de 18 h à 23 h ven. et sam.* 🄵

Ce restaurant moderne et sans
prétention, où la cuisine ouvre sur
la salle, propose des mets à
commander au menu ou à la carte
tels que pâtes aux champignons et
au foie de canard, sole en sauce à
la crevette ou agneau à la mangue.
Service décontracté mais efficace.

Lulu

Runstraat 8. **Plan** 4 E1. [624 5090.
♥[☺] V ★ ☎ AE, DC, MC, V. ◯
de 18 h à 23 h t.l.j. Ⓕ

Malgré le nom de son propriétaire
et chef, Erwin Debye, voici
l'endroit où guérir une crise de mal
du pays. Son amour de la France
est en effet tel que c'est en
écoutant des chanteurs comme
Édith Piaf ou Charles Aznavour
que vous dégusterez confit de
canard, salade paysanne ou glace
aux pruneaux à l'armagnac.

Mayur

Korte Leidsedwarsstraat 203.
Plan 4 E2. [623 2142. ♥[☺] V &
☎ AE, DC, MC, V. ◯ de 12 h 30 et
14 h 30 sam. et dim., de 17 h à 23 h
t.l.j. Ⓕ

Les Néerlandais commencent tout
juste à découvrir la cuisine
indienne et ce restaurant spacieux
situé près du Leidseplein attire
encore une clientèle
essentiellement composée de
touristes. Dans un décor sobre et
confortable et une ambiance
conviviale, le Mayur propose
d'excellentes spécialités tandoori
d'une grande authenticité.

Swaagat

Lange Leidsedwarsstraat 74. **Plan** 4 E2.
[638 4702. ♥[☺] V & 📷 ★
☎ AE, DC, MC, V. ◯ d'avril à sept. :
de 12 h 30 à 15 h, de 17 h à 23 h t.l.j.
Ⓕ

Dans ce restaurant indien au décor
moderne et agréable, de grandes
photos du Taj Mahal, de danseurs
ou d'éléphants, invitent au voyage.
Populaire auprès de la
communauté indienne
d'Amsterdam, le Swaagat ne sert
pas de plats de bœuf ou de porc,
toutefois son propriétaire vous
aidera avec enthousiasme à faire
votre choix entre plusieurs menus
ou sur une carte proposant un
large éventail de recettes *tandoori*
et de currys tel que le *roghan josh*,
la spécialité de la maison. D'un
bon rapport qualité/prix, tous les
plats sont préparés avec des
ingrédients d'excellente qualité.

Tout Court

Runstraat 13. **Plan** 4 E1. [625
8637. ♥[☺] V ☎ AE, DC, MC, V.
◯ de 12 h à 23 h 30 du lun. au ven.,
de 13 h à 23 h 30 sam. et dim. Ⓕ Ⓕ

Le chef du Tout Court, John Fagel,
appartient à l'une des plus
prestigieuses familles de chefs des
Pays-Bas et mieux vaut réserver
plusieurs jours à l'avance pour
obtenir une table. La cuisine reste
ouverte tard et vous pourrez y
venir après un spectacle déguster

ses spécialités régionales françaises
et les vins d'une carte composée
avec soin. Peut-être reconnaîtrez-
vous dans la salle quelques
célébrités amstellodamoises.

Zomer's

Prinsengracht 411. **Plan** 4 E1.
[638 3398. V 📷 ★ ☎ AE, DC,
MC, V. ◯ de 17 h 30 à 22 h 30 du
mar. au dim. Ⓕ Ⓕ

Voici un endroit où passer une
excellente soirée sans ruiner votre
bourse. Dans un cadre et un
service agréables, la carte associe
plats traditionnels hollandais et
mets plus exotiques pouvant
satisfaire aussi bien végétariens
qu'amateurs de poisson ou de
viande. Les portions généreuses et
des vins à des prix très
raisonnables font du Zomer's un
établissement d'un excellent
rapport qualité/prix.

Dynasty

Reguliersdwarsstraat 30. **Plan** 7 B5.
[626 8400 et 627 9924. ♥[☺] V
📷 ★ ☎ AE, DC, MC, V. ◯ de
18 h à 23 h. ● mar. Ⓕ Ⓕ Ⓕ

Ce restaurant chic, au décor raffiné
et inventif, sert une cuisine
extrême-orientale de très bonne
qualité. Des menus à prix fixe et
une carte d'une grande richesse
offrent la possibilité de choisir
dans un large éventail de
spécialités thaïlandaises,
vietnamiennes ou chinoises. La
sélection rigoureuse des vins de la
carte permettra de les
accompagner d'un cru en
harmonie avec leurs saveurs
épicées. En été, une vaste terrasse
offre derrière la salle de restaurant
un cadre idéal à un tête-à-tête
romantique. Mieux vaut cependant
réserver.

Gauguin

Leidsekade 110. **Plan** 4 D1. [622
1526. ♥[☺] V 📷 ☎ AE, DC, MC, V.
◯ de 18 h à 22 h 30 du mer. au dim.
Ⓕ Ⓕ Ⓕ

Le slogan de l'établissement est :
« où l'Orient rencontre l'Occident ».
Ce restaurant possède en outre
une des décorations intérieures les
plus spectaculaires d'Amsterdam.
Évoquant les mers du Sud, elle
illustre la philosophie de son jeune
chef qui s'emploie avec succès à
élaborer une cuisine au carrefour
des continents. Des plats tels que
le poulet thaï au citron et au
piment ou la crème brûlée aux
fruits exotiques offrent une
occasion rare d'explorer de
nouveaux mariages de saveurs.
Une riche carte des vins et une
belle terrasse au bord de l'eau
ajoutent au plaisir de cette
découverte.

Sichuan Food

Reguliersdwarsstraat 35. **Plan** 7 B5.
[626 9327. ♥[☺] V ☎ AE, DC,
MC, V. ◯ de 17 h à 23 h t.l.j.
Ⓕ Ⓕ Ⓕ

Rares sont les restaurants chinois à
obtenir une étoile au Michelin et
ils méritent toujours attention.
Malgré son nom, la carte du
Sichuan se compose pour moitié
de plats d'autres provinces,
notamment de classiques comme
le canard à la pékinoise ou les *dim
sum* cantonais. Généralement
moins connues, les spécialités du
Sichuan, la région la plus peuplée
de Chine au pied de l'Himalaya,
s'avèrent souvent pimentées. Le
personnel vous aidera avec
amabilité et compétence à
effectuer votre choix.

Het Tuynhuys

Reguliersdwarsstraat 28. **Plan** 7 B5.
[627 6603. ♥[☺] V & 📷 ▮
★ ☎ AE, DC, MC, V. ◯ de 12 h à
14 h du lun. au ven. ; de 18 h à
22 h 30 t.l.j. Ⓕ Ⓕ Ⓕ

Au Siècle d'Or (p. 24-27), cet
ancien relais de poste proche du
Bloemmarkt appartenait à un
riche marchand néerlandais. Le
bâtiment a connu depuis une
superbe rénovation et présente
une décoration intérieure associant
styles hollandais et portugais. Avec
ses carreaux et son mobilier en fer
forgé, le magnifique jardin possède
une atmosphère un peu démodée
et constitue un cadre parfait où
profiter d'une belle soirée d'été.
Éclectique, la carte propose un
agréable assortiment de recettes de
terroir hollandaises et françaises
régulièrement renouvelées en
fonction des produits frais
disponibles.

Hosokawa

Max Euweplein 22 (près de
Leidseplein). **Plan** 4 E2. [638 8086.
♥[☺] V & ☎ AE, DC, MC, V. ◯ de
12 h à 14 h 30 du lun. au ven. ; de 18 h
à 23 h t.l.j. Ⓕ Ⓕ Ⓕ Ⓕ

Si ce restaurant japonais propose
aussi *sashimi* (poissons crus),
yakitori (brochettes de poulet) ou
tempura (beignets de fruits de mer
ou de légumes), ce sont surtout ses
repas « *teppan* » qui lui valent
d'attirer une importante clientèle
d'Amstellodamois. Le cuisinier
prépare en effet les mets devant
vous, à votre table, sur un grill
portatif (le teppan). Il faut des
années d'expérience pour maîtriser
avec art cette forme de cuisson et
seuls des établissements aussi bien
établis que l'Hosokawa peuvent se
permettre d'engager des chefs au
talent éprouvé. Bien entendu, les
tarifs qu'ils pratiquent s'en
ressentent.

't Swarte Schaep

Korte Leidsedwarsstraat 24. **Plan** 4 F2.
622 3021. 🍽 **V** 🍷 🇪 AE,
DC, MC, V, JCB. 🕐 de 12 h à 23 h
t.l.j. Ⓕ Ⓕ Ⓕ Ⓕ

Installé dans un bâtiment datant de
1687, le Mouton Noir propose une
excellente cuisine française dans
une chaude ambiance hollandaise.
Sa carte change constamment mais
ses plats associent avec art
tradition et approche moderne de
la gastronomie, qu'ils apprêtent
viandes rouges, gibier, crustacés
ou foie gras. La carte des vins est
d'une richesse étonnante et
l'apéritif mariant champagne et
liqueur de litchis renouvelle
agréablement le classique kir royal.

DU MARCHÉ AUX FLEURS AU SINGELGRACHT

An

Weteringschans 199. **Plan** 5 A4.
627 0607. 🍽 **V** ★ pas de licence
de vente d'alcool. 🕐 de 18 h à 22 h
du mer. au dim. Ⓕ

Outre un rapport qualité/prix
extraordinaire, ce restaurant
japonais offre la particularité de
servir une cuisine de famille,
l'occasion de découvrir ce que
mangent chez eux les Japonais,
notamment des plats *yakiniku*
(viande grillée), *tonkatsu* (porc
mariné pané et frit) et *tempura*
(beignets de crevettes ou de
légumes). Tous sont accompagnés
de riz et de soupe *miso*.

Indrapura

Rembrandtplein 42. **Plan** 7 C5.
623 7329. 🍽 **V** 🍴 ★
🇪 AE, DC, MC, V. 🕐 de 17 h à 23 h
t.l.j. Ⓕ Ⓕ

La myriade d'îles qui compose
l'Indonésie a donné naissance à
une grande variété de styles
gastronomiques et l'Indrapura
vous permettra de découvrir ceux
de Java (saveurs sucrées, pas de
porc), de Sumatra (piment et
influence indienne) et d'îles plus
petites dont la cuisine s'inspire de
celle de la Thaïlande. Les mets les
plus épicés trouveront un vin
adapté dans la sélection de la carte
et il ne faut pas manquer le dessert
au riz noir fermenté.

Kort

Amstelveld 12. **Plan** 5 A3. 626
1199. 🍽 **V** 🍴 ★ 🇪 AE, DC,
MC, V. 🕐 de sept. à avril : de 12 h à
14 h 30, de 18 h à 22 h t.l.j. (23 h du
ven. au sam.). ● mar. (de sept. à
juin). Ⓕ Ⓕ

Bien qu'installé dans l'Amstelkerk
(p. 119) sur une vaste place pavée
au bord de la rivière, le Kort n'est
pas véritablement une adresse
touristique et offre l'occasion de
découvrir une cuisine créative
associant influences françaises et
hollandaises. Le choix d'un vin
peut toutefois s'avérer délicat
lorsqu'il doit accompagner des
mets tels que la pintade en sauce
citronnée. La cave, qui inclut une
bonne sélection de demi-
bouteilles, réussit cependant à
proposer des crus adaptés aux
saveurs les plus riches de la carte.

Tempo Doeloe

Utrechtsestraat 75. **Plan** 5 A3.
625 6718. 🍽 **V** ★ 🇪 AE,
DC, MC, V. 🕐 de 18 h à 23 h t.l.j.
Ⓕ Ⓕ

Si vous souhaitez goûter une
cuisine véritablement
indonésienne, alors sonnez à la
porte de ce restaurant pour
accéder au domaine du chef Don
Hao. La carte indique les plats
pimentés et, authenticité oblige, ils
sont réellement pimentés. Pour les
palais sensibles, elle comprend
également un large assortiment de
mets moins violents. Cordial et
accueillant, le personnel vous
aidera à effectuer votre choix.

Le Zinc … et les Dames

Prinsengracht 999. **Plan** 5 A3.
622 9044. 🍽 **V** 🍴 🇪 MC.
🕐 de 17 h 30 à 23 h du mar. au sam.
Ⓕ Ⓕ

Le décor rustique de cet entrepôt
récemment rénové offre, dans le
restaurant du premier étage, un
cadre idéal à la dégustation d'une
solide cuisine française de famille
qui, du saucisson de Lyon à la tarte
Tatin, ne vous dépaysera pas. La
carte est concise mais comprend
un menu du jour. Servis au verre,
en carafe ou en bouteille, dix vins
sélectionnés avec soin restent d'un
prix raisonnable. Ils sont aussi
disponibles au bar du rez-de-
chaussée où vous pourrez
agréablement commencer la soirée
avant de passer à table. Il est
conseillé de réserver.

Van Vlaanderen

Weteringschans 175. **Plan** 5 A4.
622 8292. 🍽 **V** 🍴 🍴 ★
🇪 AE; MC, V. 🕐 de 18 h 30 à
22 h 30 du lun. au sam. Ⓕ Ⓕ Ⓕ

L'une des tables les plus récentes
d'Amsterdam promet d'en devenir
aussi l'une des plus intéressantes.
Dans un cadre lumineux et
moderne, le chef belge Marc
Philippart y propose un répertoire
classique de recettes françaises
telles que la salade gourmande
que complètent des spécialités du

jour ou des plats de saison plus
audacieux. Le rouget au boudin ou
le foie de canard en bouillabaisse
en offrent de bons exemples.
L'attention apportée au choix des
ingrédients et à l'équilibre des
saveurs vous assurera un repas
mémorable. Un personnel
compétent et une cave
intéressante, du vin de la maison
aux bouteilles les plus onéreuses,
ajouteront au plaisir du dîner.

LE QUARTIER DES MUSÉES

Overakker

Overtoom 160-162. **Plan** 4 D2.
683 3552. 🍽 ♿ 🇪 AE, DC,
MC, V. 🕐 de 18 h à 23 h du mar. au
dim. Ⓕ

Une carte séduisante de plats
internationaux et français et des
tables joliment dressées dans un
décor moderne et clair, agrémenté
de touches japonaises, peuvent
donner l'impression que cet
établissement pratique des prix
élevés. Vous serez cependant
surpris de la modicité des tarifs, en
particulier de celui du menu qui
peut comprendre un confit de
pintade aux aromates chinois et
indonésiens et se conclure sur une
crème glacée à l'avocat en coulis
de caramel. Une bonne adresse
près du Leidseplein où dîner avant
un spectacle.

Brasserie Bark

Van Baerlestraat 120. **Plan** 4 D4.
675 0210. **V** 🍴 🇪 AE, DC,
MC, V. 🕐 de 12 h à 15 h du lun. au
ven. ; de 17 h 30 à 0 h 30 t.l.j. Ⓕ Ⓕ

Située près du Concertgebouw
dans un des quartiers de la ville
comptant le plus de restaurants, la
Brasserie Bark est l'une des rares
adresses d'Amsterdam spécialisées
dans les produits de la mer. La
vigueur de la compétition concourt
cependant à y maintenir une
qualité élevée et des prix
raisonnables. Parmi les classiques
toujours disponibles figurent les
huîtres, de Zélande ou de France,
la bisque de homard et le saumon
grillé. La carte comprend
également des plats végétariens et
de viande. Bark présente
l'avantage de servir
inhabituellement tard.

Bartholdy

Van Baerlestraat 35-37. **Plan** 4 D4.
662 2655. 🍽 **V** 🇪 AE, DC,
MC, V. 🕐 de 17 h 30 à 23 h t.l.j.
Ⓕ Ⓕ

Initiative originale, le menu de
concert du Bartholdy s'adresse aux
gourmets mélomanes. Il permet en
effet de déguster les deux premiers

plats du repas avant de filer au Concertgebouw *(p. 128)* pour la représentation puis de revenir terminer ensuite les deux derniers. D'inspiration française, la cuisine incorpore des ingrédients méditerranéens et nord-africains. Un personnel cordial, des mets intéressants et des prix raisonnables font de ce restaurant une adresse digne d'une visite, même sans intention de se rendre au concert.

Zabar's

Van Baerlestraat 49. **Plan** 4 D4.
🎧 679 8888. **V** 🍽 MC. ⏰ de 11 h à 23 h du lun. au ven., de 17 h 30 à 23 h le sam. €€

Cet établissement fut l'un des premiers à proposer aux Pays-Bas la cuisine métissée que l'on trouve dans les restaurants en Californie et en Australie. S'appuyant sur des classiques méditerranéens, elle joue d'une large palettes d'ingrédients du monde entier pour donner de nouvelles saveurs à des mets tels que pâtes, soupe de courgettes, thon grillé ou ris d'agneau. Cette liberté par rapport aux traditions se retrouve dans la sélection de vins bien adaptés aux arômes des plats.

Le Garage

Ruysdaelstraat 54-56. **Plan** 4 E4.
🎧 679 7176. 🎧 🍽 ★ AE, DC, MC, V. ⏰ de 12 h à 14 h du lun. au ven., de 18 h à 23 h t.l.j. €€€

Cette brasserie animée attire sur ses banquettes de peluche rouge une clientèle branchée qui surveille dans les miroirs ornant les murs les dernières évolutions de la mode. Connu pour ses émissions culinaires à la télévision, son chef, Joop Braakheken, professe un enthousiasme pour la cuisine qui se retrouve dans le choix de plats régionaux français de la carte. Celle-ci inclut un menu minceur et un souper. Richement fournie, la cave comprend quelques bonnes affaires et une suggestion de digestif ou de vin de dessert accompagne tous les gâteaux. Mieux vaut réserver tôt.

Raden Mas

Stadhouderskade 6. **Plan** 4 D2.
🎧 685 4041. 🎧 **V** 🍽 🎵 ★ 🍽 AE, DC, MC, V. ⏰ de 17 h à 23 h t.l.j. €€€

Après un accueil chaleureux à l'entrée, vous jouirez au Raden Mas d'un service attentif et de l'ambiance créée par un pianiste dans un luxueux décor oriental. La carte propose une vaste sélection de spécialités indonésiennes allant d'un choix de *rijsttafel (p. 227)* jusqu'au homard en sauce douce.

Presque aussi étendue, la carte des vins contribue à nourrir la tentation de s'offrir un véritable festin gastronomique. À condition de rester sage, il reste cependant possible de manger dans cet excellent restaurant pour un prix raisonnable.

Beddington's

Roelof Hartstraat 6-8. **Plan** 4 E5.
🎧 676 5201. 🎧 **V** 🍽 ★ 🍽 AE, DC, MC, V. ⏰ de 12 h à 14 h du mar. au ven., de 18 h à 22 h 30 du lun. au sam. €€€€

Le cadre très design qu'elle a donné à son restaurant reflète les ambitions novatrices de la chef Jean Beddington. Si elle trahit ses origines anglaises en incluant fromage de Stilton et porto dans sa carte, elle propose une cuisine où se marient des saveurs du monde entier. Comme le revendique fièrement sa spécialité, de la lotte tandoori et accompagnée d'une sauce au cumin, ses recettes originales, préparées avec des ingrédients de première qualité, jettent des ponts entre de multiples traditions culinaires. Mieux vaut réserver tôt pour les découvrir.

De Trechter

Hobbemakade 63. **Plan** 4 E4.
🎧 671 1263. 🎧 **V** 🍽 🍽 AE, DC, MC, V. ⏰ de 18 h à 22 h 30 du mar. au sam. €€€€

L'art du chef Jan de Wit s'enracine dans la tradition gastronomique française, et ses créations, toujours préparées avec les meilleurs ingrédients, qu'il s'agisse de caviar Sevruga, de foie gras, de homard ou d'une humble morue, lui ont valu les faveurs du guide Michelin. Ses spécialités comprennent le ris de veau aux girolles et la soupe à la chicorée, aux noix et au roquefort. Les vins sont chers pour la plupart en dehors d'une sélection de crus du Sud-Ouest.

LE QUARTIER DE PLANTAGE

La Rive

Prof. Tulpplein 1. **Plan** 5 B4. 🎧 622 6060. 🎧 **V** 🍽 🍽 🍽 ★ 🍽 AE, DC, MC, V. ⏰ de 12 h à 14 h du lun. au ven., de 18 h 30 à 22 h 30 t.l.j. €€€€

Comme son nom l'indique, le restaurant du luxueux Amstel Inter-Continental *(p. 223)* domine la rivière. La cuisine française raffinée de son chef Robert Kranenborg en a fait une des tables les plus réputées d'Amsterdam. À midi, un menu de deux plats permet d'y goûter sans

se ruiner, mais l'idéal reste de s'offrir un grand dîner, notamment sur la terrasse, pour tirer tout le suc de recettes où la raie, poêlée dans de l'huile de sésame, s'accompagne de jeunes carottes, où les cœurs d'artichauts et les blancs de poulet sont servis avec une sauce à la cerise et où les croquettes de pomme marient leur saveur avec celle d'un sorbet au gingembre.

EN DEHORS DU CENTRE

Beau Bourg

Emmalaan 25. **Plan** 3 B4. 🎧 664 0155. 🎧 **V** 🍽 AE, DC, MC, V.- ⏰ de 12 h à 15 h du lun. au ven., de 18 h à 23 h t.l.j. €€

Proche du Vondelpark et à quelques minutes en tram des musées, cette brasserie-restaurant, au décor associant plusieurs styles contemporains, propose une carte éclectique où voisinent huîtres, gaspacho et coq au vin. Un personnel cordial contribue à en faire un lieu agréable où venir déjeuner ou dîner pour un prix raisonnable.

Kaiko

Jekerstraat 114. 🎧 662 5641. 🎧 🚹 ★ 🍽 AE, DC, MC, V. ⏰ de 18 h à 22 h 30 du lun. au mer., ven. et sam. €€

Les amateurs de cuisine japonaise devront sortir du centre pour trouver les meilleurs *sushi* d'Amsterdam. Le Kaiko propose un menu économique permettant d'en déguster huit accompagnés d'un rouleau de riz, d'une soupe, d'une salade et d'un dessert, mais offre aussi la possibilité de savourer *sashimi* (poissons crus) et *tempura* (beignets de crevettes ou de légumes). Installez-vous au comptoir pour admirer l'adresse avec laquelle le chef, Kobayashi, prépare la nourriture.

Mangerie de Kersentuin

Dijsselhofplantsoen 7. **Plan** 4 D5.
🎧 664 2121. 🎧 **V** 🚹 🚹 🍽 AE, DC, MC, V. ⏰ de 18 h à 23 h du lun. au sam. €€

Alors que certains restaurants prétextent le rustique pour négliger la qualité, la Mangerie de Kersentuin propose pour un prix modique une cuisine traditionnelle délicieuse et recherchée dans un cadre détendu. Un service sincèrement chaleureux et une sélection variée de plats préparés avec imagination permettant de tirer le meilleur parti d'ingrédients de premier choix en font un lieu où passer une agréable soirée.

Repas légers et snacks

L es Hollandais mangent en général légèrement à midi et, de la *haringkar* (charrette à harengs) aux cafés, « bruns » ou « grands » *(p. 48-49)*, en passant par les crêperies et les inévitables fast-foods et marchands de pizzas, le visiteur trouvera partout en ville où caler un petit creux. Certains cafés connus sous le nom d'*eetcafés* proposent non seulement snacks et sandwichs, mais aussi quelques plats simples et même parfois des repas complets. Qualité de la nourriture et prix raisonnables en font des lieux très populaires, même si peu d'entre eux servent après 21 h. Vous trouverez en pages 46-47 une sélection de quelques-uns des meilleurs cafés d'Amsterdam.

BARS ET ÉCHOPPES DE RUE

L a plupart des bars servent en-cas et snacks. Parmi les plus typiques figurent les *brootjes* (savoureux sandwichs), les *vlammetjes* (beignets), les *bitterballen* (boulettes de viande frites) et l'*osseworst* (saucisse de bœuf).

Le hareng *(haring)* est une véritable institution aux Pays-Bas et, dans les rues, de nombreux kiosques et charrettes en proposent, accompagné d'oignon et de cornichons. Si nous avons le beaujolais nouveau, les Néerlandais ont le *nieuwe haring*, en mai-juin, le moment où le hareng est délicieux cru.

Pizzas, sandwichs et hamburgers à emporter sont également partout disponibles, mais le snack le plus répandu reste la portion de *patat frites* vendue avec de la mayonnaise *(p. 226)*.

CRÊPERIES

L a tradition rapporte que les Néerlandais adoptèrent la crêpe pendant l'occupation napoléonienne *(p. 28-29)* comme support pour accommoder leurs restes. Elle demeure aujourd'hui un moyen économique de prendre un repas léger.

Les crêperies d'Amsterdam ne l'utilisent cependant plus pour accommoder leurs restes et il n'est pas rare de pouvoir choisir entre 70 *pannekoeken* différentes. La plupart des établissements offrent en outre à leurs clients la possibilité d'assortir les accompagnements pour créer la crêpe de leurs rêves. **Bredero, De Carrousel,**

Meerzicht, The Pancake Bakery et **Het Pannekoekhuis** comptent parmi les meilleures.

CAFÉS BRUNS ET *EETCAFÉS*

L e terme *eetcafé* s'applique traditionnellement à des cafés bruns *(p. 48)* servant, à côté des en-cas et coupe-faims, des plats simples ou même de véritables menus. Ils offrent généralement un meilleur rapport qualité/prix et une ambiance plus chaleureuse que la majorité des petits restaurants.

Pour la plupart, les *eetcafés* proposent des mets consistants et rustiques tels que soupes, tartines, salades et omelettes. Parmi les plus typiques figurent l'*uitsmijter* (tartine de jambon ou de rôti de bœuf accompagnée d'un œuf au plat) et l'*erwtensoep* (épaisse soupe de pois cassés au lard). Très appréciés des étudiants, **De Doffer**, qui comprend une salle de billard, et l'**Aas van Bokalen**, qui jouit de la réputation d'être une des adresses les moins chères de la ville, restent ancrés dans cette tradition de cuisine peu variée mais nourrissante, bien préparée et bon marché.

Avec leur carte plus étendue, le **De Prins**, l'**Het Molenpad**, le **Carel's**, le **De Reiger** et le **Frascati** font partie des meilleurs cafés bruns d'Amsterdam et il se révèle parfois difficile d'y trouver une table libre, en particulier le week-end.

L'évolution actuelle tend cependant à rendre les *eetcafés* plus ambitieux dans leurs choix culinaires. Installé dans

le Stadsschouwburg *(p. 111)*, le **Café Cox** en offre un bon exemple tandis que le **Van Puffelen** dispose derrière son café brun d'une salle à manger où déguster, sous un plafond décoré de fresques, une cuisine recherchée d'inspiration française.

GRANDS CAFÉS

L es grands cafés, ouverts à partir du XIXe siècle, ou les designer cafés aux décors très modernes *(p. 49)* offrent également pour certains la possibilité de se restaurer. Les tarifs de ce type d'établissement sont cependant toujours plus élevés que ceux des autres cafés et dans la plupart des cas la qualité de la nourriture ne justifie pas cette différence de prix.

Sur le Rembrandtplein, le **Café Schiller**, au superbe cadre Art déco, constitue néanmoins une exception et vous pourrez y déguster un choix de plats d'un bon rapport qualité/prix sous le regard des vedettes de cabaret peintes par Frits Schiller dans les années trente. Le **Het Land van Kasteel van Walem** et le **De Balie** servent également tous deux une cuisine de qualité dans un décor élégant. Voisin du Het Land van Walem, le **Morlang** est moins chic mais aussi moins onéreux. Le **Café Esprit** présente l'avantage de se trouver à la fois proche du Béguinage et de la Kalverstraat animée.

CAFÉS SPÉCIALISÉS

A ttaché au centre culturel flamand (Vlaams Cultureel Centrum), le **De Braake Grond** propose une savoureuse cuisine belge. Vous y trouverez un vaste choix de bières comme au **De Zotte**, où les mets sont toutefois d'une qualité moins exceptionnelle bien que servis en portions généreuses.

Qu'il s'agisse de pâtes ou de chili con carne, le plat préparé chaque soir au **Terzyde**, moderne, en fait un des cafés les plus économiques d'Amsterdam compte tenu des assiettes copieusement servies.

CARNET D'ADRESSES

CRÊPERIES

Bredero
Oudezijds Voorburgwal.
244. **Plan** 7 C3.
📞 *622 9461.*

De Carrousel
HM van Randwijckplant-
soen 1 (près de Wetering-
schans).
Plan 4 F3.
📞 *627 5880.*

Meerzicht
Koenenkade 56.
Amstedamse Bos.
📞 *679 2744.*

The Pancake
Bakery
Prinsengracht 191.
Plan 1 B4.
📞 *625 1333.*

Het Pannekoekhuis
Prinsengracht 358.
Plan 1 B4.
📞 *620 8448.*

CAFÉS BRUNS ET
EETCAFÉS

Aas van Bokalen
Keizersgracht 335.
Plan 1 B5.
📞 *623 0917.*

Carel's Cafe
Voetboogstraat 6.
Plan 7 B4.
📞 *622 2080.*

Café Cox
Marnixstraat 427.
Plan 4 D1.
📞 *620 7222.*

De Doffer
Runstraat 12.
Plan 4 E1.
📞 *622 6686.*

't Doktertje
Rozenboomsteeg 4.
Plan 7 B4.
📞 *626 4427.*

Frascati
Nes 59.
Plan 7 B4.
📞 *624 1324.*

Het Molenpad
Prinsengracht 653.
Plan 4 E1.
📞 *625 9680.*

De Pieper
Prinsengracht 424.
Plan 4 E1.
📞 *626 4775.*

De Prins
Prinsengracht 124.
Plan 1 B4.
📞 *624 9382.*

De Reiger
Nieuwe Leliestraat 34.
Plan 1 B4.
📞 *624 7426.*

De Tuin
2e Tuindwarsstraat 13
(près de Westerstraat).
Plan 1 B3.
📞 *624 4559.*

Van Puffelen
Prinsengracht 377.
Plan 1 B4.
📞 *624 6270.*

PROEFLOKALEN
ET BARS DE
DÉGUSTATION
MODERNES

De Drie Fleschjes
Gravenstraat 18.
Plan 7 B2.
📞 *624 8443.*

Gollem
Raamsteeg 4.
Plan 7 A4.
📞 *626 6645.*

Henri Prouvin
Gravenstraat 20.
Plan 7 B2.
📞 *623 9333.*

In De Wildeman
Kolksteeg 3.
Plan 7 C1.
📞 *638 2348.*

L&B Limited
Korte Leidsedwarsstraat 82.
Plan 4 E2.
📞 *625 2387.*

GRANDS CAFÉS
ET DESIGNER
CAFÉS

De Balie
Kleine Gartman-
plantsoen 10.
Plan 4 E2.
📞 *624 3821.*

De Blincker
Sint Barberenstraat 7.
Plan 2 D5.

Café Américain
American Hotel,
Leidseplein 28-30.
Plan 4 E2.
📞 *624 5322.*

Café Esprit
Spui 10.
Plan 7 B4.
📞 *622 1967.*

De Jaren
Nieuwe Doelenstraat 20.
Plan 7 C4.
📞 *625 5771.*

De Kroon
Rembrandtplein 17.
Plan 7 C5.
📞 *625 2011.*

Het Land van
Walem
Keizersgracht 449.
Plan 7 A5.
📞 *625 3544.*

Café Luxembourg
Spui 22.
Plan 7 B4.
📞 *620 6264.*

Morlang
Keizersgracht 451.
Plan 7 A5.
📞 *625 2681.*

Café Schiller
Rembrandtplein 26.
Plan 7 C5.
📞 *624 9846.*

Vertigo
Nederlands Filmmuseum,
Vondelpark 3
Plan 4 D7.
📞 *612 3021.*

Hegeraad
Noordermarkt 34.
Plan 1 C3.

Café Osterling
Utrechtsestraat 140.
Plan 5 A3.

Papeneiland
Prinsengracht 2.
Plan 1 C3.
📞 *624 1989.*

Café 't Gasthuys
Grimburgwal 7.
Plan 7 B4.
📞 *684 8230.*

Café De
Karpershoek
Matelaarsgracht 2.
Plan 2 D3.
📞 *624 7886.*

Entredok
Entrepotdok 64.
Plan 6 D2.
📞 *623 2356.*

De Blaffende Vis
Westerstraat 118.
Plan 1 B3.
📞 *625 1721.*

Café Hans et Grietje
Spiegelgracht 27.
Plan 4 F2.
📞 *624 6782.*

COFFEE-SHOPS ET
SALONS DE THÉ

Arnold Cornelis
Van Baerlestraat 93.
Plan 4 D4.
📞 *662 1228.*

Back Stage
Utrechtsedwarsstraat 67.
Plan 5 A3.
📞 *622 3638.*

Berkhoff
Leidsestraat 46.
Plan 4 E1.
📞 *624 0233.*

Café Françoise
Kerkstraat 176.
Plan 4 F2.
📞 *624 0145.*

Metz & Co
Keizersgracht 455.
Plan 4 F1.
📞 *624 8810.*

PC
PC Hooftstraat 83.
Plan 4 D3.
📞 *671 7455.*

Pompadour
Huidenstraat 12.
Plan 7 A4.
📞 *623 9554 .*

CAFÉS
SPÉCIALISÉS

De Brakke Grond
Nes 43.
Plan 7 C3.
📞 *626 0044.*

Terzyde
Kerkstraat 59.
Plan 4 E1.
📞 *626 2301.*

De Zotte
Raamstraat 29.
Plan 4 E1.
📞 *626 8694.*

BOUTIQUES ET MARCHÉS

Amsterdam est surtout réputée pour les diamants et les antiquités, mais vous y trouverez, quels que soient vos moyens, un bien plus vaste choix de cadeaux et souvenirs typiques ou originaux. Le Nieuwe Zijde renferme la plupart des grands magasins et la plus connue des artères commerçantes, la Kalverstraat *(p. 72)*, tandis que le Jordaan et les rues de la ceinture de canaux, telles l'Herenstraat et l'Hartenstraat, abondent en boutiques spécialisées ou insolites. La PC Hooftstraat et la Van Baelerstraat occupent le cœur du quartier de la mode et du luxe. Nombreux, animés et souvent spécialisés, les marchés jouent un rôle important dans la vie sociale de la ville. Et même si vous n'arrivez pas à dénicher la bonne affaire dans leurs étals de fripe, de brocante ou de produits orientaux, ils constituent un agréable but de promenade.

Atrium de la Magna Plaza dans l'ancienne Postkantoor

HORAIRES D'OUVERTURE

Les magasins sont habituellement ouverts de 9 h à 18 h du mardi au samedi, et de 13 h à 18 h le lundi *(p. 256)*. Certains restent ouverts jusqu'à 21 h le jeudi. La législation autorise cependant les points de vente du centre-ville à rester ouverts de 7 h à 22 h sept jours par semaine s'ils le souhaitent, une possibilité surtout exploitée pendant la période de Noël et celle précédant Sinterklaas *(p. 53)*.

COMMENT PAYER ?

Le liquide reste le moyen de paiement le plus répandu et si vous comptez utiliser une carte bancaire mieux vaut vérifier d'abord qu'elle sera acceptée. Beaucoup de petites boutiques les refusent, notamment pour les articles en solde ou ceux coûtant moins de 100 FL. Dans les grands magasins, il vous faudra le plus souvent vous rendre à une caisse spéciale pour les cartes bancaires. La plupart des établissements prennent en revanche Eurochèques et chèques de voyage. Dans les quartiers touristiques, certains magasins acceptent les monnaies étrangères mais à un taux de change désavantageux.

EXEMPTION DE TAXE

Les personnes ne résidant pas dans l'Union européenne ont droit au remboursement de la TVA (BTW) qui s'élève sur la plupart des articles à 17,5 %. La boutique doit vous remettre un formulaire, le *certificaat van uitvoer OB90*, qu'il vous faudra faire remplir à la frontière puis renvoyer pour obtenir votre remboursement. Une procédure suffisamment complexe pour ne se justifier qu'en cas de gros achats.

Stoeltie Diamonds *(p. 242)*

LES SOLDES

Les soldes ont principalement lieu en janvier et en juillet, mais certaines boutiques peuvent en proposer à tout moment de l'année. *Korting* désigne des soldes classiques, généralement en fin de saison, tandis qu'*uitverkoop* correspond aux liquidations de stocks ou de fermeture.
En fin de période de soldes, de nouvelles remises, calculées à la caisse, viennent se déduire du prix marqué. Attention toutefois aux étiquettes indiquant dans un rayon, par exemple, *VA 40* ou *Vanaf 40*, car elles signifient « À partir de 40 FL » et non que tous les articles valent 40 FL.

GRANDS MAGASINS ET GALERIES MARCHANDES

Dominant la place du Dam, **De Bijenkorf**, le plus connu des grands magasins d'Amsterdam, offre un immense choix de parfums, de vêtements, de jouets ou d'articles domestiques. En décembre, il consacre un étage entier aux décorations de Noël. **Metz & Co** et **Maison de Bonneterie** sont plus chics tandis qu'**Hema** pratique les prix les plus bas, en particulier sur les articles domestiques, la mode enfantine et les sous-vêtements. Populaire enseigne, **Vroom & Dreesman** s'efforce de maintenir au goût du jour ses lignes de prêt-à-porter.
Le centre de la capitale néerlandaise ne renferme qu'une galerie marchande, la Magna Plaza, aménagée dans la Postkantoor construite par Cornelis Peters en 1895 *(p. 78)*. L'ancienne poste abrite désormais, sur quatre niveaux, de très nombreux magasins dont un Virgin Megastore.

MARCHÉS

C'est le 30 avril, le Jour de la Reine *(p. 50)*, que se manifeste avec le plus d'exubérance le goût des Amstellodamois pour les échanges en plein air. La ville devient alors le plus grand marché aux puces du monde, chacun déballant les objets dont il veut se débarrasser. Une telle foule se presse alors dans les rues, sur les places et au bord des canaux, alors que tout le centre est fermé à la circulation.

Même si vous manquez cette fête, vous pourrez toute l'année jouir du plaisir de faire vos courses au marché, et comme la capitale néerlandaise ressemble encore à une juxtaposition de villages, chaque quartier possède le sien. Le plus connu, et le plus vaste, est l'Albert Cuypmarkt *(p. 122)* qui se tient dans le quartier De Pijp. Ses 325 éventaires proposent vêtements, fleurs et aliments néerlandais ou exotiques.

À côté des marchés locaux, Amsterdam compte de nombreux marchés spécialisés, tels le pittoresque Bloemenmarkt *(p. 123)* et ses barges couvertes de fleurs ou le marché aux puces du Waterlooplein *(p. 63)* où, malgré l'affluence, il reste possible de dénicher la perle rare dans le bric-à-brac exposé. Les amateurs de brocante se doivent également de visiter le Looier Kunst Antiekcentrum *(p. 113)*, tandis que les numismates se rendront les mercredis et samedis de 13 h à 16 h sur le Nieuwezijds Voorburgwal. Les gourmets apprécieront les produits diététiques vendus le samedi sur le Noordermarkt *(p. 92)*.

Les meilleures affaires se concluent cependant à 25 km au nord-ouest de la ville. À Beverwijk, le **Zwarte Markt**

MEXX, une des boutiques chic de la PC Hooftstraat *(p. 126)*

(marché noir), organisé le samedi, est un des plus grands marchés aux puces couverts d'Europe. À côté, l'**Oosterse Markt** (marché oriental) propose des marchandises orientales telles que tapis, poterie, objets artisanaux et aliments.

Poissons fumés à l'Albert Cuypmarkt

BOUTIQUES SPÉCIALISÉES

Parmi les très nombreuses boutiques spécialisées que compte Amsterdam, l'une des plus originales est sans conteste **Condomerie Het Gulden Vlies**. Installée dans un ancien squat, elle propose des préservatifs du monde

entier. **Christmas World** vend toute l'année des décorations de Noël et **Party House** des guirlandes en papier. **Hot Shop** et **Capsicum Natuurstoffen** offrent un vaste choix de soieries et de tissus exotiques. **Copenhagen 1001 Kralen** et son millier de perles différentes méritent également une visite ainsi que Stilett pour ses tee-shirts peints à la main, **Vliegertuig** pour ses cerfs-volants et **Koffie Keizer** pour son assortiment de thés et de cafés. Ne pas manquer non plus **Hooy & Co** pour les senteurs de ses plantes aromatiques.

LIVRES, QUOTIDIENS ET MAGAZINES

La plupart des points de vente diffusent les journaux étrangers, mais c'est la librairie **Atheneum Boekhandel** qui propose, derrière une belle façade Art nouveau, la plus vaste sélection de littérature et de magazines internationaux. Vous trouverez également des livres en français chez **Allert de Lange** ou, avec de la chance, dans les rayons de magasins de livres d'occasion comme **De Slegte**. Les collectionneurs de bandes dessinées se doivent de ne pas manquer **Lambiek**. Pour les anglophones, l'*Het Financieel Daghlad* publie une rubrique financière quotidienne dans la langue de Shakespeare.

Étal de fleurs à l'Albert Cuypmarkt

Qu'acheter à Amsterdam ?

Sabots traditionnels

D es centaines de boutiques touristiques vendent des souvenirs à Amsterdam, mais le visiteur trouvera en général des articles plus authentiques dans un magasin spécialisé ou même un simple supermarché. Chocolats, fromages ou jenevers vous permettront d'emporter avec vous un parfum de la ville tandis que quelques bulbes recréeront sur votre balcon les couleurs de la campagne hollandaise. La véritable faïence de Delft est rare, presque plus rare que les diamants vendus sous toutes les formes, de la pierre brute au bijou ancien.

Céramique
Ces délicates maisons de canal s'achètent à la pièce ou par rang.

Pastilles de chocolat Droste

Pastilles de réglisse sucrées et salées

Confiseries
Belge ou néerlandais, le chocolat est délicieux, mais la réglisse salée surprend au premier abord.

Chocolats artisanaux belges

Fleurs
Bulbes et fleurs sont disponibles toute l'année grâce à la production en serre.

Bulbes de tulipes

Bouquet de tulipes

Fromage de Gouda
Le Gouda se vend à divers stades de maturité (p. 242). Un bon fromager vous laissera goûter avant d'acheter.

Deux marques populaires

Bières
Vous trouverez à Amsterdam un immense choix de bières en bouteille, brassées sur place ou importées (p. 242).

En bouteille de grès, *Jonge* et *oude jenevers* (p. 48-49) sont aussi disponibles aromatisés.

Estampes de moulins

Cartes et gravures anciennes
La cartographie est une tradition séculaire à Amsterdam, et bouquinistes et boutiques spécialisées proposent un large choix d'originaux ou de reproductions.

Reproductions d'anciennes cartes d'Amsterdam et de Russie

Broche

Bracelet incrusté de diamants

Diamants
La taille de diamants se pratique à Amsterdam depuis le XVIe siècle, et la ville reste un des grands centres mondiaux de la joaillerie.

Diamants de couleurs différentes

FAÏENCE DE DELFT
Plus de 30 faïenceries virent le jour à Delft au XVIIe siècle, produisant une céramique aux motifs bleus sur fond blanc inspirés de la porcelaine de Chine *(p. 195)*. Seule, De Porceleyne Fles fabrique encore de la véritable faïence de Delft vendue avec un certificat d'authenticité.

Carafe polychrome aux couleurs de la majolique du XVIIe siècle

Pot à tabac influencé par la céramique Japonaise Imari

Plat peint dans les tons traditionnels de Delft

Initiales du peintre

Année - DB signifie 1982

rque déposée depuis 1876

Numéro de l'objet

Faïence de De Porceleyne Fles

Assiette d'une famille bourgeoise du XVIIe siècle

Carreau décoratif du XVIIe siècle

Vase de Delft

Faïence ancienne
Très recherchées, les pièces historiques sont hors de prix. Les carreaux sont toutefois un peu moins onéreux.

Où acheter à Amsterdam ?

Chaque quartier d'Amsterdam possède des boutiques qui reflètent son caractère. Élégant et résidentiel, le quartier des musées abrite ainsi les magasins de luxe, tandis que le Nieuwe Zijde s'adresse à une clientèle plus populaire. L'esprit bohème du Jordaan apparaît dans ses boutiques d'artisanat, et c'est autour du Spiegelgracht conduisant au Rijksmuseum que se trouve la plus forte concentration d'antiquaires.

VÊTEMENTS ET ACCESSOIRES DE MODE

C'est sur la Van Baerlerstraat et la PC Hooftstraat que se trouvent les boutiques de mode les plus chic comme **MEXX**, qui propose de grandes griffes italiennes et françaises, ou **Hobbit**, défenseur, comme les magasins **Pauw**, d'une élégance décontractée.

Dans le Nieuwe Zijde, **Agnès B** a ouvert une succursale sur le Rokin où son classicisme contraste avec les créations plus audacieuses de **Puck en Hans**. Sur la Kalverstraat, **Mac & Maggie** vendent une mode jeune et moins chère, tandis que **Sissy Boy** se spécialise dans des ensembles plus sophistiqués.

Les amateurs de vêtements d'occasion trouveront de belles sélections à prix raisonnables dans des boutiques comme **Zipper**. La qualité et la solidité des chaussures et des bottes vendues par **Dr Adams** en ont quasiment fait une institution nationale.

ANTIQUITÉS ET AMEUBLEMENT

À moins d'espérer dénicher la perle rare aux marchés aux puces du Waterlooplein (p. 63) ou du Noordermarkt (p. 92), le meilleur quartier où chercher de belles antiquités est celui entourant le Spiegelgracht. Association de douze antiquaires, l'**Amsterdam Antiques Gallery** jouit d'une bonne réputation pour le choix qu'elle propose, des carreaux de Delft aux icônes et aux poupées. Songez aussi aux ventes aux enchères, **Sotheby's** et **Christie's** ont tous deux des succursales à Amsterdam. Si vous trouverez de tout au Looier Kunst en Antiekcentrum (p. 113), **De Haas** et **Object Art Deco** se sont spécialisés dans les meubles et les objets du XXe siècle et **Tut Tut** dans les jouets anciens.

FLEURS ET BULBES

Il ne viendrait pas à l'esprit d'un Néerlandais de rendre visite à des amis sans un bouquet à offrir et Amsterdam abonde en fleuristes. Parmi les plus intéressants figurent **Riviera** pour son vaste assortiment de fleurs locales et **Gerda's Bloemenwinkel** pour ses fleurs tropicales.

Si c'est à l'Albert Cuypmarkt (p. 122) que les prix sont les plus bas, le Bloemenmarkt (p. 123) offre un plus large choix, notamment de bulbes. Il s'y vend aussi de superbes plantes en pot.

DIAMANTS

Il se taille des diamants à Amsterdam depuis le XVIe siècle et, outre dans les nombreuses bijouteries de la ville, il vous sera possible d'acheter des pierres nues ou serties dans des fabriques organisant des visites guidées comme **Stoeltie Diamonds** ou Coster Diamonds (p. 128).

Pour des bijoux anciens, le mieux est d'explorer les boutiques d'antiquités du quartier entourant le Spiegelgracht.

FROMAGES

Les magasins d'alimentation et les supermarchés comme **Albert Heijn** proposent généralement un rayon de fromage important.

Le Gouda se consomme non seulement jeune (*meikaas*), doux et moelleux, ou vieilli (*overjarige kaas*), sec et plus âpre, mais aussi parfumé au cumin (*leidsekaas*) ou aux clous de girofle (*nagelkaas*).

CHOCOLATS

Verkade et Droste sont les deux marques les plus réputées des Pays-Bas, mais n'hésitez pas non plus à goûter les chocolats faits main de **Pompadour** ou d'une des succursales du chocolatier belge **Leonidas**.

BIÈRES ET SPIRITUEUX

Vous trouverez de nombreuses marques de bières dans des boutiques spécialisées offrant à la fois choix et conseil comme **De Bierkoning**. Parmi les spécialités locales figure la Zatte, une bière fermentée en bouteille et Wieckse Witte, une bière blanche.

Jeune, vieillie ou aromatisée, l'eau-de-vie de genièvre, ou *jenever*, fera un excellent souvenir non seulement pour son goût, mais aussi pour sa bouteille traditionnelle en grès (p. 240).

CÉRAMIQUE ET VERRERIE

De nombreuses boutiques pour touristes vendent de la faïence dite de Delft, mais elle ne saurait être authentique sans un certificat l'attestant. **Rinascimento** et **Focke & Meltzer** commercialisent la production de De Porceleyne Fles.

Le choix de belles céramiques d'**Het Klei Kollektief** change en permanence, mais rien ne vaut une promenade dans le Jordaan pour chercher de la poterie moderne. La **Glasgalerie Kuhler** propose de la verrerie contemporaine.

AFFICHES ET GRAVURES

Art Unlimited et les boutiques des musées vendent des reproductions de tableaux. Les amateurs d'estampes anciennes chercheront leur bonheur à **Old Prints** et sur les étals de l'Oudemanhuispoort (p. 61).

CARNET D'ADRESSES

GRANDS MAGASINS

De Bijenkorf
Damrak 1.
Plan 7 B2.
621 8080.

Hema
Reguliersbreestraat 22.
Plan 7 C5.
624 6506.
Nieuwendijk 174.
Plan 7 B2.
623 4176.

Maison de Bonneterie
Rokin 140-142.
Plan 7 B4.
626 2162.

Metz & Co
Keizersgracht 455.
Plan 7 A5.
624 8810.

Vroom & Dreesman
Kalverstraat 201.
Plan 7 B5.
622 0171.

MARCHÉS HORS DE LA VILLE

Oosterse Markt and Zwarte Markt
Industriegbied aan de Buitenlanden, Beverwijk Oost (près de Haarlem).
(025) 126 2626.

BOUTIQUES SPÉCIALISÉES

Capsicum Natuurstoffen
Oude Hoogstraat 1.
Plan 7 C3.
623 1016.

Christmas World
Nieuwezijds Voorburgwal 137-139. **Plan** 7 B3.
622 7047.

Condomerie Het Gulden Vlies
Warmoesstraat 141.
Plan 7 C2. *627 4174.*

Copenhagen 1001 Kralen
Rozengracht 54.
Plan 1 B4.
624 3681.

Hooy & Co
Kloveniersburgwal 12.
Plan 8 D3.
624 3041.

Hot Shop
Nieuwe Hoogstraat 24.
Plan 7 C3.
625 5850.

Koffie Keizer
Prinsengracht 180.
Plan 1 B4.
624 0823.

Party House
Rozengracht 93b.
Plan 1 B4.
624 7851.

Stilett
Damstraat 14.
Plan 7 B3.
625 2854.

Vliegertuig
Gasthuismolensteeg 8.
Plan 7 A3.
623 3450.

LIVRES, JOURNAUX ET MAGAZINES

Atheneum Boekhandel
Spui 14-16.
Plan 7 B4.
623 3933.

Lambiek
Kerkstraat 78.
Plan 7 A5.
626 7543.

De Slegte
Kalverstraat 48–52.
Plan 7 B3.
622 5933.

Allert de Lange
Damrak 62.
Plan 7 C2.
624 6744.

VÊTEMENTS ET ACCESSOIRES

Agnès B
Rokin 126.
Plan 7 B4.
627 1465.

Dr Adams
Oude Doelenstraat 5.
Plan 7 C3.
622 3734.

Hobbit
Van Baerlestraat 44.
Plan 4 D3.
664 0779.

Mac & Maggie
Kalverstraat 6 et 172.
Plans 7 B3 et 7 B5.
628 1039.

MEXX
PC Hooftstraat 118.
Plan 4 D3.
675 0171.

Pauw
Leidsestraat 16. **Plan** 7 A5.
626 5698.

Puck en Hans
Rokin 66. **Plan** 7 B4.
625 5889.

Sissy Boy
Kalverstraat 210.
Plan 7 B4.
626 0088.

Zipper
Huidenstraat 7.
Plan 7 A4.
623 7302.

ANTIQUITÉS ET AMEUBLEMENT

Amsterdam Antiques Gallery
Nieuwe Spiegelstraat 34.
Plan 4 F2.
625 3371.

Christie's
Cornelis Schuytstraat 57
Plan 3 C4.
575 5255.

De Haas
Kerkstraat 155.
Plan 4 F2.
626 5952.

Object Art Deco
Leliegracht 4. **Plan** 7 A2.
627 1622.

Sotheby's
Rokin 102. **Plan** 7 B4.
627 5656.

Tut Tut
Elandsgracht 109, Looier Markt. **Plan** 1 A5.
627 7960.

FLEURS ET BULBES

Gerda's Bloemenwinkel
Runstraat 16. **Plan** 4 E1.
624 2912.

Riviera
Herenstraat 2–6.
Plan 7 A1.
622 7675.

DIAMANTS

Stoeltie Diamonds
Wagenstraat 13-17.
Plan 8 D5.
623 7601.

FROMAGES

Albert Heijn
Waterlooplein 129-131.
Plan 8 E4. *624 1249.*
Nombreuses succursales.

CHOCOLATS

Leonidas
Damstraat 11. **Plan** 7 B3.
625 3497.

Pompadour
Huidenstraat 12.
Plan 7 A4.
623 9554.

BIÈRES ET SPIRITUEUX

De Bierkoning
Paleisstraat 125.
Plan 7 B3.
625 2336.

CÉRAMIQUE ET VERRERIE

Focke & Meltzer
PC Hooftstraat 65-67.
Plan 4 E3.
664 2311.

Galleria d'Arte Rinascimento
Prinsengracht 170.
Plan 1 B4.
622 7509.

Glasgalerie Kuhler
Prinsengracht 134.
Plan 1 B4.
638 0230.

Het Klei Kollektief
Hartenstraat 19.
Plan 7 A3.
622 5727.

AFFICHES ET GRAVURES

Art Unlimited
Keizersgracht 510.
Plan 7 A5.
624 8419.

Old Prints
Spiegelgracht 27.
Plan 4 F2.
628 8852.

SE DISTRAIRE À AMSTERDAM

Des milliers de manifestations et de concerts ont lieu à Amsterdam chaque année dans des salles aussi variées que le majestueux Concertgebouw *(p. 128)* et l'Ijsbreker, café du XVIIᵉ siècle au bord de l'Amstel *(p. 248)*. Les plus grands musiciens et chanteurs de jazz viennent se produire dans des festivals comme le Blues Festival et le Drum Rhythm Festival *(p. 50)*, tandis que le Festival de Hollande *(p. 51)*, qui se tient en juin, a acquis une réputation internationale. L'été voit se multiplier les spectacles en plein air et, tout au long de l'année, les cinémas projettent des films étrangers, notamment français, en version originale. Pour quelques florins, ou même gratuitement, vous pourrez en outre apprécier les prestations d'innombrables artistes de rue et celles des orchestres de rock ou de jazz jouant dans bars et cafés.

RENSEIGNEMENTS PRATIQUES

Mensuel gratuit disponible dans les librairies, les cafés et les offices du tourisme, *Uitkrant (p. 256)* est le magazine offrant l'aperçu le plus complet des manifestations organisées à Amsterdam. Bien qu'écrit en néerlandais, son programme jour par jour est facile à déchiffrer.

L'office du tourisme de la ville, le **VVV** *(p. 56)*, publie aussi deux fois par mois un magazine de programme en anglais, *What's on in Amsterdam*, vendu pour un prix modique dans les bureaux du VVV et chez certains marchands de journaux et distribué gratuitement dans quelques hôtels et restaurants. Autre publication en anglais, le mensuel *Time Out Amsterdam* offre une présentation plus critique des films, expositions ou spectacles annoncés. Bien que s'adressant à un lectorat plus jeune, *Agenda* suit, en néerlandais, une démarche similaire.

Enseigne d'un bar du quartier rouge

Les quotidiens tels que *De Volkskrant, Het Parool, NRC Handelsblad* et *De Telegraaf* proposent le jeudi une rubrique spectacle.

RÉSERVER SA PLACE

Les concerts de musique classique, les opéras et les ballets les plus prestigieux affichent souvent complet des semaines à l'avance, mais pour la plupart des spectacles, il est souvent possible de prendre son billet jusqu'au début de la représentation.

C'est l'**AUB** (Amsterdam Uitburo), principal bureau de réservation de la ville installé près du Stadsschouwburg *(p. 111)* sur le Leidseplein, qui offre la meilleure source de renseignements, y compris par téléphone. Vous pouvez également y retirer vos places à moins que vous ne préfériez effectuer vos réservations auprès des billetteries des salles, dans les bureaux du VVV, ou, pour les théâtres, au **Bureau d'information touristique néerlandais**.

Les billets pour les grands concerts de rock s'achètent auprès du VVV, à l'AUB, au **Nieuwe Muziek Handel** et dans les principaux magasins de disques. Il n'est, en général, pas nécessaire de réserver pour entrer dans des lieux comme le Paradiso ou le

Le complexe du Stopera, siège de l'opéra et des ballets nationaux

Fronton néo-classique du Concertgebouw *(p. 128)*

De Melkweg *(p. 110-111)*. Les Amstellodamois adorent le cinéma et, pendant la semaine de sortie d'un film à succès, mieux vaut acheter sa place l'après-midi pour être sûr d'assister à la projection du soir, en particulier le week-end.

Les bureaux et guichets de location sont, dans leur grande majorité, ouverts du lundi au samedi et de 9 h à 18 h. Ils acceptent rarement les paiements par carte de crédit et si vous n'avez pas retiré un billet réservé une heure avant la représentation, il risque d'être remis en vente.

Théâtre de la rue Nes *(p. 74)*

RÉDUCTIONS

Toute personne de moins de 26 ans peut acquérir pour 20 FL le *Cultureel Jongeren Passport* (CJP), valable un an, qui donne droit à un tarif réduit pour certaines manifestations. Quelques hôtels proposent des séjours comprenant des réductions pour certains événements culturels, renseignez-vous auprès des agences de voyage. Les billets de cinéma coûtent en général 30 % moins cher du lundi au jeudi. Enfin, plusieurs salles comme le Concertgebouw *(p. 128)* ou la Westerkerk *(p. 90)* organisent, à l'heure du déjeuner, des concerts gratuits annoncés dans l'*Uitkrant*.

SPECTATEURS HANDICAPÉS

Presque tous les principaux théâtres, cinémas et salles de concert sont accessibles sans restriction en fauteuil roulant et offrent une assistance disponible en permanence. Les grands cinémas disposent en outre d'équipement pour les malentendants et les malvoyants. En revanche, les petits lieux de spectacle occupent souvent des bâtiments anciens inadaptés aux besoins des handicapés. Certains, comme l'Ijsbreker *(p. 248)*, prendront des dispositions spéciales s'ils sont prévenus à l'avance. Dans tous les cas, mieux vaut se renseigner par téléphone avant de se déplacer.

SPECTACLES EN PLEIN AIR

Le temps est rarement clément à Amsterdam et ses habitants s'efforcent de tirer le meilleur parti de la belle saison, notamment en assistant en extérieur à des manifestations culturelles. Au cœur de la ville, le théâtre de verdure du Vondelpark *(p. 128)* propose ainsi tout l'été des représentations théâtrales et des concerts gratuits. Installé dans le pavillon du parc, le Nederlands Filmmuseum *(p. 129)* organise également en été des projections en plein air gratuites, notamment de films muets. Des musiciens assurent parfois l'illustration sonore.

Sur le Prinsengracht, un grand concert symphonique se tient en août sur une structure flottante *(p. 51)*, tandis qu'à la périphérie de la ville le théâtre de verdure de l'Amsterdamse Bos *(p. 155)* sert de cadre à la représentation de pièces du répertoire classique. De nombreux artistes de rue animent les lieux les plus fréquentés comme le Leidseplein *(p. 110)*.

ADRESSES UTILES

AUB
Leidseplein 26. **Plan** 4 E2.
📞 *621 1211*.

Bureau d'information touristique néerlandais
Damrak 35. **Plan** 7 C2.
📞 *638 2800*.

Nieuwe Muziek Handel
Leidsestraat 50. **Plan** 7 A5.
📞 *623 7321*.

VVV
Stationsplein 10. **Plan** 8 D1.
📞 *06 3403 4066*.
Leidseplein 106. **Plan** 4 E2.
📞 *06 3403 4066*.

Une soirée animée sur le Thorbeckeplein

Théâtre, danse et cinéma

L e théâtre et la danse tiennent une grande place dans la vie culturelle d'Amsterdam et, à côté d'institutions prestigieuses comme le Felix Meritis, le Meervaart, le Stadsschouwburg et le Muziektheater, de nombreuses salles plus petites proposent tout au long de l'année des créations de qualité sortant souvent des sentiers battus. La rue Nes *(p. 74)* est ainsi célèbre pour ses théâtres expérimentaux. Certaines pièces sont données en anglais, mais vous pouvez aussi surveiller la venue de compagnies francophones. Amsterdam compte peu de complexes multisalles, mais une cinquantaine de cinémas y offrent un large choix aux cinéphiles, d'autant que films d'art et d'essai ou superproductions récentes y sont projetés en version originale.

THÉÂTRE ET CABARET

S iège de la compagnie Toneelgroep Amsterdam, le **Stadsschouwburg** *(p. 111)* accueille aussi les représentations de troupes en tournée, entre autres internationales, à l'instar du **Theater Bellevue** et du **Felix Meritis** *(p. 113)*.

Pour les anglophones, **De Stalhouderij**, installé dans une ancienne écurie dans le Jordaan, propose les spectacles en anglais de sa troupe à demeure qui regroupe acteurs et metteurs en scène néerlandais, anglais, américains et australiens. C'est par ailleurs le plus petit théâtre d'Amsterdam (il n'y a que 40 places !).

De nombreux autres lieux présentent des créations expérimentales, notamment la **Westergasfabriek** et un ancien bain public, **De Bochel** (le Bossu). Fondée en 1988, De Trust est une petite compagnie spécialisée dans l'adaptation d'auteurs allemands et autrichiens, tandis que le théâtre musical Orkater se produit souvent au Stadsschouwburg et au Theater Bellevue. Attaché au Tropenmuseum *(p. 152-153)*, le **Soeterijn Theatre** propose une intéressante programmation de théâtre et de danse de pays non occidentaux.

Près du luxueux Amstel Inter-Continental *(p. 223)*, le **Koninklijk Theater Carré** accueille des spectacles musicaux aussi prestigieux que *Les Misérables* ou *Cyrano* et sert souvent de cadre à d'élégantes premières auxquelles assistent des membres de la famille royale. Plus près du Muziektheater mais bordant aussi l'Amstel, **De Kleine Komedie** occupe un édifice du XVIIᵉ siècle. Fermée en été, cette salle de 500 places offre un cadre idéal à des représentations de cabaret, et sa réputation est telle qu'il faut réserver au moins trois mois à l'avance.

Chaque année, le Festival de Hollande *(p. 51)* propose une remarquable sélection de spectacles d'opéra, de théâtre et de danse par les plus grands talents internationaux. À la fin juin, l'International Theatre School Festival permet de découvrir des productions novatrices dans plusieurs salles de la rue Nes *(p. 74)*, en particulier le **Frascati** et le **De Brakke Grond**.

Les amateurs de théâtre en plein air apprécieront le programme estival des théâtres de verdure du Vondelpark *(p. 128)* et de l'Amsterdamse Bos *(p. 155)*. Dans ce vaste parc, une allée bordée de répliques de statues grecques conduit à l'amphithéâtre de 1 800 places où sont jouées des pièces de Shakespeare ou Tchekhov. Dans l'Amstelpark *(p. 154)* situé au sud de la ville, c'est une véritable cité de toile qui accueille fin juillet les prestations des danseurs, acteurs et artistes de cirque venus du monde entier pour la De Parade. La fête continue souvent jusqu'au petit matin.

DANSE

L es Pays-Bas possèdent deux compagnies de danse de réputation mondiale : le Ballet national néerlandais et le Nederland Dans Theater (NDT) basé à La Haye. La première est installée au **Muziektheater** *(p. 163)* en bordure de l'Amstel et présente dans sa salle de 1 600 places, inaugurée en 1988, un répertoire classique ou moderne.

Le NDT se produit régulièrement dans différentes salles d'Amsterdam, interprétant pour l'essentiel les chorégraphies de son directeur artistique tchèque, Jiri Kylian. Deux compagnies, NDT2 et NDT3, complètent le corps de ballet principal. Âgés de 18 à 21 ans, les jeunes danseurs de NDT2 mettent leur talent aussi bien au service d'œuvres de chorégraphes reconnus comme Hans van Manen qu'au service de celles de créateurs plus jeunes, tels Lionel Hoche et Paul Lightfoot. NDT3 regroupe d'anciens membres du Nederlands Dans Theater. Ayant tous plus de 40 ans, ils donnent des spectacles d'une incomparable maîtrise technique.

Parmi les théâtres accueillant des représentations de danse figurent le Stadsschouwburg, le Felix Meritis et la Westergasfabriek, une ancienne usine de production de gaz. Le petit Soeterijn Theater permet d'apprécier ou de découvrir les formes qu'ont données à la danse des cultures très éloignées de la nôtre.

Ville ouverte au monde et à toutes les avant-gardes, Amsterdam sert de laboratoire à une danse expérimentale et métissée. Des magazines de programmes comme *Uitkrant* et *Time Out Amsterdam* *(p. 256)* indiquent les lieux comme le Meervaart où se tiennent les représentations. Parmi les compagnies les plus accessibles figurent Introdans, qui associe jazz, flamenco et apports de diverses cultures non occidentales et Opus One dont les chorégraphies marient jazz, ballet classique et claquettes.

En juin, le National Dans Theater et le Ballet national néerlandais présentent en avant-première leurs nouvelles productions au Festival de Hollande tandis que l'International Theatre School Festival, organisé par les théâtres bordant l'une des plus vieilles rues de la cité, la Nes *(p. 78)*, accorde une place de plus en plus importante à la danse.

CINÉMA

Sauf mention spéciale *(Nederlands gesproken)* ou pour les matinées enfantines, tous les films étrangers sont projetés à Amsterdam en version originale sous-titrée en néerlandais. Dans la plupart des cafés, des affiches donnent le programme de la semaine. Il change le jeudi, jour où les rubriques spectacles des quotidiens présentent les nouveautés à l'écran. Plus pratique, bien qu'écrit lui aussi en néerlandais, le mensuel gratuit *De Filmkrant* propose un programme complet aisé à comprendre.

Hormis pour certains films qu'une longueur exceptionnelle soumet à un léger supplément, le prix des billets varie entre 12 FL et 18 FL selon le jour et l'heure de la projection. Dans certains cinémas, la première séance en soirée débute à 20 h mais l'horaire le plus répandu est soit 18 h 30 puis 21 h, soit 19 h puis 21 h 30. En semaine, les complexes les plus importants proposent des projections l'après-midi, le plus souvent à 14 h. L'horaire est plus variable pendant le week-end. C'est pendant le week-end également, ou en période de vacances scolaires, que des cinémas comme le **City** ou l'**Alhambra** présentent des films plus spécifiquement destinés à une audience enfantine. Ils sont parfois doublés en néerlandais.

Premier cinéma d'Amsterdam, le Cinéma Parisien ouvrit ses portes en 1910 et sa salle Art déco, reconstituée dans le pavillon du Vondelpark, sert aujourd'hui de cadre aux projections du Nederlands Filmmuseum *(p. 129)*, la cinémathèque néerlandaise. Datant de 1913, le **Bioscope de Uitkijk** est le plus ancien cinéma d'Amsterdam encore en activité. Il diffuse dans une petite salle de 158 places des classiques du septième art et offre l'avantage d'épargner aux spectateurs le rite presque partout pratiqué de la pause, cet entracte de quinze minutes coupant le film au milieu et de préférence au moment le plus palpitant. Le plus beau cinéma historique de la ville reste néanmoins le Tuschinsky *(p. 123)* bâti de 1918 à 1921. Avec son rang de baignoires, sa grande salle de 1 400 places a gardé beaucoup de cachet. Des premières se déroulent régulièrement au Tuschinsky. Elles offrent l'occasion de voir vedettes néerlandaises ou internationales fouler le superbe tapis de son foyer au décor somptueux.

Si l'envie d'aller au cinéma vous prend subitement sans que vous ayez une idée précise en tête, vous trouverez le plus grand choix dans le quartier du Leidseplein *(p. 110)*. Sur la place même, le **City** comprend sept salles. Dans une rue adjacente, le Cinecenter en propose quatre en face du De Melkweg *(p. 110)*, et à deux minutes à pied se dressent côte à côte, sur la Marnixstraat, les complexes multisalles du **Calypso** et du **Bellevue Cinerama**. Ils partagent la même billetterie. Le quartier renferme aussi des cinémas d'art et d'essai, notamment l'**Alfa** – prendre l'allée entre la banque et le café De Bailie *(p. 49)* –, un ancien dancing caché derrière la banque ABN bordant le Leidseplein.

Musique classique et opéra

D u majestueux Concertgebouw inauguré en 1888 jusqu'à l'Ijsbreker, petit café spécialisé dans les créations contemporaines, Amsterdam offre aux mélomanes une grande variété de lieux où apprécier un répertoire très éclectique. De nombreuses églises proposent ainsi, entre autres, des concerts de carillon et des récitals d'orgue tandis qu'en été les plus beaux parcs de la ville servent de cadre à des concerts en plein air.

CONCERTS CLASSIQUES ET MUSIQUE DE CHAMBRE

R enommé dans le monde entier pour la qualité de son acoustique, le **Concertgebouw** *(p. 128)* est le siège de l'Orchestre royal néerlandais, mais l'Orchestre de musique baroque d'Amsterdam et l'Orchestre de musique du XVIIIᵉ siècle, ainsi que les plus grands solistes et ensembles internationaux, s'y produisent régulièrement. Chaque année, les concerts d'été Robeco permettent de découvrir de jeunes talents.

Résidence de l'Orchestre philharmonique néerlandais et de l'Orchestre national de musique de chambre, l'ancienne bourse dessinée par **Berlage** *(p. 79)* accueille également les représentations de nombreuses autres formations. Malgré sa vocation commerciale, le **RAI** *(p. 151)* sert aussi de cadre à des concerts et opéras tandis que le **Tropenmuseum** *(p. 152-153)* invite à l'occasion des musiciens traditionnels de culture non occidentale.

Magasin de pianos, **Cristofori** organise des récitals et concerts auxquels participent souvent des interprètes de renommée internationale. Un débat précède ou suit parfois la représentation.

Au bord de l'Amstel, L'**Ijsbreker**, où se retrouvaient au XVIIᵉ siècle les briseurs de glace, attire aujourd'hui les amateurs de musique contemporaine. Bien que plutôt tournés vers le rock, le Paradiso *(p. 251)* et le De Melkweg *(p. 110-111)* incluent parfois dans leur programme des créations modernes de musique vocale ou classique.

MUSIQUE DANS LES ÉGLISES

A msterdam s'enorgueillit de posséder 42 orgues historiques et ceux de l'**Oude Kerk** *(p. 68-69)* et de la **Nieuwe Kerk** *(p. 76-77)* sont particulièrement beaux. À l'Oude Kerk ont aussi lieu des concerts de carillon. D'autres sont donnés à la **Westerkerk** *(p. 76-77)* les mardis midi. Parmi les nombreuses églises accueillant des concerts, l'**Engelse Kerk** propose dans le Begijnhof (p. 75) une programmation allant du baroque au contemporain. En été, de jeunes interprètes s'y produisent gratuitement à l'heure du déjeuner. Des concerts gratuits ont également lieu à la même heure un mardi sur deux à la **Thomaskerk**, sanctuaire moderne des quartiers sud.

OPÉRA

I nauguré en 1988, l'édifice surnommé Stopera *(p. 63)* regroupe le nouvel hôtel de ville et le **Muziektheater** dont la grande salle compte 1 600 places. Il est le siège du Nederlands Opera, la compagnie nationale d'opéra des Pays-Bas dont le répertoire comprend grandes œuvres classiques et créations moins connues.

D'autres salles accueillent des représentations d'art lyrique, notamment le Stadsschouwburg *(p. 111)* sur le Leidseplein et la **Westergasfabriek** qui propose des productions plus expérimentales. Le programme du Festival de Hollande *(p. 51)* inclut également de l'opéra.

CONCERTS EN PLEIN AIR

L e concert du Prinsengracht *(p. 51)* a lieu fin août sur une structure flottante en face du Pulitzer Hotel *(p. 221)*. Ce sont les théâtres de verdure du Vondelpark et de l'Amsterdamse Bos *(p. 155)* qui proposent la programmation la plus riche, mais des concerts en plein air se tiennent aussi dans d'autres parcs de la ville.

CARNET D'ADRESSES

CONCERTS CLASSIQUES ET MUSIQUE DE CHAMBRE

Beurs van Berlage
Damrak 243. **Plan** 7 C2.
627 0466.

Concertgebouw
Concertgebouwplein 2-6.
Plan 4 D4.
671 8345.

Cristofori
Prinsengracht 579.
(près de Molenpad)
Plan 4 E1.
626 8485.

IJsbreker
Weesperzijde 23.
Plan 5 C4.
668 1805.

RAI
Europaplein.
549 1212.

Tropenmuseum
Linnaeusstraat 2.
Plan 6 E3.
568 8215.

MUSIQUE DANS LES ÉGLISES

Engelse Kerk
Begijnhof 48.
Plan 7 B4.
624 9665.

Nieuwe Kerk
Dam.
Plan 7 B2.
628 8168.

Oude Kerk
Oudekerksplein 23.
Plan 7 C2.
624 9183 ou
625 8284.

Thomaskerk
Prinses Irenestraat 36.
676 7587.

Westerkerk
Prinsengracht 281.
Plan 1 B4. 624 7766.

OPÉRA

Muziektheater
Waterlooplein 22.
Plan 8 D5.
625 5455.

Westergasfabriek
Haarlemmerweg 10.
Plan 1 A1. 581 0425.

Pop, rock et boîtes de nuit

Des musiciens de rue, partout présents en été à Amsterdam, jusqu'aux innombrables clubs et cafés où se produisent groupes débutants ou confirmés, les amateurs de rock, jazz, reggae ou musiques folkloriques trouveront aisément à animer leurs soirées dans la capitale néerlandaise, et ce jusque dans les auberges de jeunesse. Le choix est riche et hormis pour les concerts les plus importants, les billets d'entrées coûtent rarement plus de 15 FL. Il est, en outre, souvent possible d'écouter d'excellents orchestres pour le simple prix d'une consommation. En dehors de quelques valeurs sûres, les bonnes adresses changent cependant plus vite que ne circulent les trams de la ville. Disponible à l'AUB et aux bureaux du VVV (p. 245), la publication gratuite *Pop Uitlijst* vous tiendra informé des dernières évolutions. Surveillez également les affiches dans les rues ou consultez *Uitkrant*, *What's On* et *Time Out in Amsterdam (p. 244)*.

POP ET ROCK

Si les stars de la scène mondiale ont tendance à oublier Amsterdam pour se produire au stade Ahoy de Rotterdam ou au Vredenburg d'Utrecht, de grands concerts ont cependant lieu de temps en temps au RAI (p. 151), tandis que des têtes d'affiche attirant un public intermédiaire jouent dans de grandes salles comme le Theater Carré (p. 145), le **Nieuwe de la Mar** et le Theater Bellevue (p. 247). Les boîtes de nuit Marcanti Plaza et Escape (p. 251) sont deux hauts lieux de la dance-music.

Pour de nombreux Amstellodamois et étrangers de tous âges, le **Paradiso**, installé dans une église désaffectée proche du Leidseplein, et le **De Melkweg**, proposant plusieurs salles dans une ancienne laiterie (p 110-111), restent en ville les deux temples du rock. Tous deux ont une programmation extrêmement variée de rock, pop, dance, rap ou world-music. Selon les soirs, ce sont des groupes prestigieux ou des espoirs locaux qui s'y produisent.

Plus rangé, le **Naar Boven** offre la possibilité de siroter un cocktail dans un décor sophistiqué tout en écoutant pop, rock, blues ou jazz. Non loin, même éclectisme au **Parker's** mais dans cadre un peu moins luxueux. Le café brun **De Korte Golf** manifeste un faible pour les groupes à guitaristes et attire surtout une clientèle d'étudiants. Les adeptes du bon vieux rock'n roll devraient passer au **Cruise-Inn**.

L'auberge de jeunesse **Arena** (p. 223) organise régulièrement des concerts, notamment d'orchestres anglais, américains ou d'Europe de l'Est, attirant un public qui dépasse largement celui de ses hôtes. D'autres lieux d'hébergement bon marché, tels l'**Hotel Kabul** et **The Last Waterhole**, dans le quartier rouge (p. 60), en font autant, mais leur sélection est plus inégale.

Blues et rock alternent au **De Kroeg** dont l'atmosphère enfumée et bruyante peut paraître au premier abord rébarbative mais se révèle en fait conviviale. Juste à côté, la discothèque **Korsakoff** affiche une révolte un peu datée et accueille des groupes certains soirs.

Les squats (ou anciens squats) restent des lieux vivants à Amsterdam et certains d'entre eux, en particulier le **PH31** et le **Vrankrijk**, organisent de temps en temps des soirées spéciales annoncées généralement par affiches. L'accent porte surtout sur des musiques revendicatrices, punk, rap ou rock expérimental.

De mai à septembre, des concerts gratuits ont lieu tous les dimanches après-midi au théâtre de verdure du Vondelpark (p. 128-129). Ils sont souvent donnés par certaines des vedettes les plus populaires du pays.

JAZZ

Le jazz connaît une grande popularité aux Pays-Bas, sans doute parce qu'il se marie bien à l'atmosphère intime des cafés bruns (p. 46-49). C'est toutefois une ambiance plutôt sérieuse qui règne au **Bimhuis**, le plus réputé des clubs de jazz de la ville et l'endroit où se produisent les plus grands artistes internationaux. Les *jam sessions* qui s'y déroulent plusieurs fois par semaine, comme dans de nombreux autres clubs, s'avèrent souvent d'un très haut niveau.

Partout à Amsterdam, de nombreux cafés où se produisent des formations de jazz n'exigent pas de droit d'entrée et ne majorent que faiblement le prix des consommations. C'est le cas de l'**Alto Jazz Café** où se retrouvent tous les soirs des musiciens de qualité, mais où l'ambiance est particulièrement animée le mercredi quand Hans Dulfer, vieille figure de la scène amstellodamoise, mène la danse. Sa fille Candy est régulièrement à l'affiche du **De Heeren van Aemstel**. Situés comme l'Alto dans le quartier du Leidseplein, le **Bourbon Street** propose jazz et blues et le **Bamboo Bar** une programmation plus variée.

Le **De Engelbewaarder** organise tous les dimanches après-midi des jam sessions appréciées et **'t Heerenhuys** mérite également une visite. Sur le vieux port, le **Joseph Lam Jazz Club** s'adresse aux amateurs de Dixieland. Les samedis soir et dimanches après-midi, des musiciens de jazz ajoutent à l'atmosphère de grands cafés comme le **Café Zilver** et le **Café du Lac**.

En été, des concerts gratuits ont lieu au Vondelpark (p. 128-129). Des festivals dans tout le pays, notamment à La Haye, attirent certains des plus grands musiciens de jazz du monde.

WORLD MUSIC ET FOLK

De nombreuses communautés immigrées cohabitent à Amsterdam, et les autorités municipales encouragent l'expression de traditions aussi variées que celles des Antilles, de l'Indonésie, du Maghreb, de l'Afrique de l'Ouest, du Surinam et de la Turquie. La programmation du Soeterijn (*p. 246*) permet ainsi de découvrir des musiciens classiques et populaires du monde entier. Elle met surtout l'accent sur les cultures orientales, tandis que le centre culturel **Akhnaton** s'attache plus particulièrement aux musiques arabes, africaines et des Caraïbes. Des groupes de salsa, de rap ou de reggae s'y produisent également.

Le De Melkweg et dans une moindre mesure le Paradiso et l'Arena proposent aussi de la world music. Le De Melkweg organise notamment en juin le World Roots festival (*p. 51*). Des groupes de salsa jouent tous les soirs au **Caneção Rio** et le week-end au foyer du théâtre **Iboya**.

Pour des oreilles étrangères, la musique folklorique hollandaise semble associer flonflons et vieilles ballades de marins. Celle que vous entendrez dans de grands cafés du Rembrandtplein comme le **Rembrandt** et l'**Hof van Holland** s'adresse surtout à une clientèle touristique. Pour plus d'authenticité, essayez le Jordaan. Dans des cafés comme le **De Twee Zwaatjes** ou le **Café Nol**, les habitués se mettent parfois eux aussi à chanter.

Le **De String**, qui propose également du blues, et des pubs irlandais comme le **Mulligan's** et **The Blarney Stone** accueillent des joueurs de musique celtique.

BOÎTES DE NUIT

Si la plupart des clubs ouvrent à 23 h, ils ne commencent réellement à s'animer qu'après la fermeture des cafés, vers 1 h. Les nuits finissent en général à 4 h en semaine et à 5 h les vendredis et samedis soir. Les prix d'entrée sont relativement modiques et ceux des consommations raisonnables. Peu d'établissements exigent une tenue particulière, mais tous se réservent le droit de refuser l'accès. La coutume veut qu'on laisse en partant un pourboire d'environ 5 FL au portier. Amsterdam a été une des premières villes du continent à adopter la house music à la fin des années 80, et ce genre reste dominant même si le choix offert tend à s'élargir. De plus en plus de boîtes de nuit proposent notamment des soirées différentes selon les jours de la semaine.

Si l'**Escape** et le **Marcanti Plaza** sont les deux plus grandes discothèques de la ville, c'est au **Roxy**, occupant un ancien cinéma, que la fine fleur d'Amsterdam vient se dépenser en espérant côtoyer les célébrités qui pourraient se trouver de passage. Des queues se forment le week-end et il faut une carte de membre pour entrer. Cette mesure s'applique toutefois surtout aux moments d'affluence.

Le **Richter** voisin, au décor évoquant un tremblement de terre, attire le trop-plein du Roxy et propose le même cocktail de house, de garage et de techno. Autre discothèque en vogue, le **Seymour Likely 2** mérite une visite ne serait-ce que pour l'aménagement que lui a donné le groupe d'artistes qui le dirige.

Installé sous le Holland Casino, le **Lido** est l'endroit le plus chic où aller danser. Les robes de soirée sont de rigueur, mais l'ambiance devient électrique les week-ends. Visant une clientèle similaire, l'**Hollywood** est un peu moins classe.

Bien plus décontracté, le **Mazzo** attire une foule jeune pour des soirées dont la tonalité dépend du D.J. aux platines. Les étudiants possèdent leur propre boîte, le **Dansen Bij Jansen**. S'il faut théoriquement une carte d'étudiant pour entrer, paraître d'âge universitaire suffit et les deux pistes de danse sont bondées le week-end.

Si vous voulez échapper à la house music, essayez le **Soul Kitchen** et son cocktail de soul, de funk et de jazz-dance. Et si vous souhaitez pouvoir changer dans la soirée, l'**Odeon** passe de la house au rez-de-chaussée, de la disco des années 60-80 à l'étage et du jazz-dance au sous-sol. Cette élégante maison du XVIIe siècle renferme également un bar au beau plafond peint.

Les boîtes autour du Leidseplein comme le **Cash** et le **Bunnies** attirent surtout des touristes et de jeunes banlieusards et diffusent rarement autre chose que des tubes.

LIEUX GAY

Grande discothèque proche du Rembrandtplein, le **iT**, avec sa vaste piste de danse et son ambiance house, constitue le pôle des nuits gay d'Amsterdam. Soirées mixtes le jeudi et le dimanche.

Sur la Reguliersdwarsstraat, l'**April's Exit** offre une version plus réduite du iT tandis que le **Havana**, petit designer café (*p. 49*), possède une piste de danse à l'étage ouverte jusqu'à 1 h en semaine et 2 h le week-end. Pas de droit d'entrée exigé à cette adresse agréable où faire des rencontres.

À quelques rues du Leidseplein, le **Homolulu** comprend également un restaurant. Installé dans le sous-sol d'un ancien squat, le **De Trut** possède un décor miteux mais attire le dimanche soir, sur sa vaste piste de danse, de jeunes homosexuels des deux sexes. La discothèque du **COC Amsterdam**, antenne de la fédération homosexuelle des Pays-Bas, propose des soirées masculines le vendredi soir et féminines le samedi. Le dimanche après-midi est réservé aux personnes âgées. Les femmes pourront également se renseigner, y compris en français, auprès du **Gay and Lesbian Switchboard** sur les événements spécifiquement destinés à leur intention, telle la fête Mona Lisa qui a lieu chaque mois à la **Vrouwenhuis** (maison des femmes).

CARNET D'ADRESSES

POP ET ROCK

Arena
's-Gravesandestraat 51.
Plan 6 D4.
📞 694 7444.

Cruise-Inn
Zeeburgerdijk 272.
Plan 6 F2.
📞 692 7188.

Hotel Kabul
Warmoesstraat 38-42.
Plan 8 D2.
📞 623 7158.

Korsakoff
Lijnbaansgracht 161.
Plan 4 D1.
📞 625 7854.

De Korte Golf
Reguliersdwarsstraat 41.
Plan 7 B5.
📞 626 5435.

De Kroeg
Lijnbaansgracht 163.
Plan 4 D1.
📞 420 0232.

The Last Waterhole
Oudezijds Armsteeg 12.
Plan 8 D2.
📞 624 4814.

De Melkweg
Lijnbaansgracht 234.
Plan 4 E2.
📞 624 1777.

Naar Boven
Reguliersdwarsstraat 12.
Plan 7 B5.
📞 623 3981.

Nieuwe de la Mar
Leidsekade 90.
Plan 4 D1.
📞 623 3462.

Paradiso
Weteringschans 6-8.
Plan 4 E2.
📞 623 7348.

Parker's
Voetboogstraat 5a.
Plan 7 B4.
📞 420 1711.

PH31
Prins Hendriklaan 31.
Plan 3 B4.
📞 673 6850.

Vrankrijk
Spui 216. **Plan** 7 B4.

JAZZ

Alto Jazz Café
Korte Leidsedwars-
straat 115. **Plan** 4 E2.
📞 626 3249.

Bamboo Bar
Lange Leidsedwars-
straat 66. **Plan** 4 E2.
📞 624 3993.

Bimhuis
Oudeschans 73.
Plan 8 E3.
📞 623 1361.

Bourbon Street
Leidsekruisstraat 6–8.
Plan 4 E2.
📞 623 3440.

Café du Lac
Haarlemmerstraat 118.
Plan 1 C3.
📞 624 4265.

Café Zilver
Rembrandtplein 19.
Plan 7 C5.
📞 623 8101.

**De Engel-
bewaarder**
Kloveniersburgwal 59.
Plan 8 D3.
📞 625 3772.

't Heerenhuys
Herengracht 114.
Plan 7 A1.
📞 622 7685.

**De Heeren van
Aemstel**
Thorbeckeplein 5.
Plan 7 C5.
📞 620 2173.

**Joseph Lam
Jazz Club**
Van Diemenstraat 8 (near
Houtmankade). **Plan** 1 B1.
📞 622 8086.

WORLD MUSIC ET FOLK

Akhnaton
Nieuwezijds Kolk 25.
Plan 7 C1.
📞 624 3396.

The Blarney Stone
Nieuwendijk 29.
Plan 7 C1.
📞 623 3830.

Café Nol
Westerstraat 109.
Plan 1 B3.
📞 624 5380.

Caneçao Rio
Lange Leidsedwars-
straat 68. **Plan** 4 E2.
📞 626 1500.

Hof van Holland
Rembrandtplein 5.
Plan 7 C5.
📞 623 4650.

Iboya
Korte Leidsedwars-
straat 29.
Plan 4 E2.
📞 623 7859.

Mulligan's
Amstel 100.
Plan 7 C5.
📞 622 1330.

Rembrandt
Rembrandtplein 3.
Plan 7 C5.
📞 623 0688.

De String
Nes 98.
Plan 7 B3.
📞 625 9015.

De Twee Zwaantjes
Prinsengracht 114.
Plan 1 C3.
📞 625 2129.

BOÎTES DE NUIT

Bunnies
Korte Leidsedwars-
straat 29. **Plan** 4 E2.
📞 622 6622.

Cash
Leidseplein 12.
Plan 4 E2.
📞 627 6544.

Dansen Bij Jansen
Handboogstraat 11.
Plan 7 B4.
📞 620 1779.

Escape
Rembrandtplein 11
Plan 7 C5.
📞 622 3542.

Hollywood
Singel 447. **Plan** 7 B5.
📞 623 3984.

Lido
Max Euweplein 62 (près
de Leidsekruisstraat).
Plan 4 E2.
📞 620 1006.

Marcanti Plaza
Jan van Galenstraat 6-8.
Plan 1 C1.
📞 682 3456.

Mazzo
Rozengracht 114.
Plan 1 A5.
📞 626 7500.

Odeon
Singel 460.
Plan 7 C5.
📞 624 9711.

Richter
Reguliersdwarsstraat 36.
Plan 7 B5.
📞 626 1573.

Roxy
Singel 465.
Plan 7 C5.
📞 620 0354.

Seymour Likely 2
Nieuwezijds Voor-
burgwal 161.
Plan 7 B2.
📞 420 5062.

Soul Kitchen
Amstelstraat 32.
Plan 8 D5.
📞 620 2333.

LIEUX GAY

COC Amsterdam
Rozenstraat 14.
Plan 1 B5.
📞 623 4079.

April's Exit
Reguliersdwarsstraat 42.
Plan 7 B5.
📞 625 8788.

**Gay and Lesbian
Switchboard**
📞 623 6565.

Havana
Reguliersdwarsstraat 17.
Plan 7 B5.
📞 620 6788.

Homolulu
Kerkstraat 23.
Plan 7 A5.
📞 624 6387.

iT
Amstelstraat 24.
Plan 8 D5.
📞 625 0111.

De Trut
Bilderdijkstraat 165.
Plan 3 C1.
📞 612 3524.

Vrouwenhuis
Nieuwe Herengracht 95.
Plan 8 E5.
📞 625 2066.

AMSTERDAM DES ENFANTS

Avec ses canaux, ses maisons flottantes colorées et le spectacle offert par les artistes de rue en été, Amsterdam est un monde magique à explorer avec des enfants, en particulier en tramway, en pédalo ou en bateau. Partout dans la ville, kiosques ou pâtisseries permettent d'assouvir une gourman-

dise, et la plupart des cafés et des restaurants bon marché proposent des menus pour enfants. Les parcs de la ville se prêtent à un large éventail d'activités en plein air et si le temps se gâte, plusieurs musées et théâtres présentent expositions ou spectacles adaptés à un jeune public.

CONSEILS PRATIQUES

Amsterdam se découvre pour l'essentiel à pied, et si vous voyagez avec un très jeune enfant, vous aurez besoin d'un sac kangourou ou d'un sac à dos pour le transporter. Les poussettes s'avèrent en effet peu pratiques dans les rues pavées et il est quasiment impossible de les hisser le long des escaliers notoirement raides de la ville ou de les glisser dans un tram ou un Canabus bondé. Certains musées les interdisent.

Les enfants circulent gratuitement dans les transports publics jusqu'à 4 ans et à moitié prix jusqu'à 12 ans. La plupart des sociétés proposant des promenades en bateau (*p. 276-277*) pratiquent les mêmes réductions. Les tramways (*p. 272*) offrent également un moyen distrayant de se déplacer, mais ils sont souvent bondés aux heures de pointe.

La majorité des hôtels (*p. 212*) accueillent avec plaisir les familles, et les plus grands disposent d'un service de baby-sitting. Dans le cas contraire, **Babysit Centrale Kriterion** est efficace et bon marché. Si on peut

garder vos enfants à toute heure, il faut mieux réserver entre 17 h 30 et 19 h.

SERVICE DE BABY-SITTING

Babysit Centrale Kriterion
Roetersstraat 170.
C 624 5848.

THÉÂTRES ET MUSÉES

Plusieurs théâtres, tels le **Kindertheater Elleboog** et le **De Krakeling**, proposent des représentations pour enfants le mercredi. En été, des spectacles en plein air pour jeune public ont lieu chaque semaine au Vondelpark (*p. 128*). Pensez également au Marionetten Theater (*p. 246-247*). Parmi les manifestations saisonnières figure le cirque de Noël au Koninklijk Theater Carré (*p. 145*). Publié par le VVV, le mensuel gratuit *Uitkrant*, aisé à comprendre bien qu'écrit en néerlandais, vous donnera le détail des

Rangda, sorcière balinaise, au Kindermuseum

programmes (*p. 246*).

Les enfants ont droit à de substantielles réductions dans la plupart des musées. Avec ses expositions interactives, le Technologie Museum NINT (*p. 150*) offrira un but de sortie distrayant et instructif pour les plus âgés, tandis que le Nationaal Luchtvaartmuseum Aviodome (*p. 155*) ravira tous ceux que font rêver avions et voyages dans l'espace. Les explorateurs de 6 à 12 ans se confronteront à des cultures exotiques au Kindermuseum du Tropenmuseum (*p. 152-153*). Une visite de l'*Amsterdam*, réplique d'un trois-mâts du XVIIIe siècle amarrée près du Nederlands Scheepvaart Museum (*p. 146-147*), inspirera les pirates en herbe.

THÉÂTRES POUR ENFANTS

Kindertheater Elleboog
Passeerdersgracht 32. **Plan** 4 E1.
C 626 9370.

De Krakeling
Nieuwe Passeerderstraat 1. **Plan** 4 D1.
C 624 5123.

ZOOS ET FERMES

Comprenant des sections couvertes, dont un superbe aquarium, un planétarium et plusieurs musées, le parc zoologique Artis (*p. 154-155*) sera un excellent but de visite quel que soit le temps. Vous pouvez emmener également vos enfants voir les bisons de l'enclos de l'Amsterdamse Bos

Crocodiles au parc zoologique Artis (*p. 142-143*)

L'*Amsterdam* du Scheepvaart Museum *(p. 146-147)*

(p. 155), les ânes et lamas du Vondelpark *(p. 128)* et le bétail en liberté de l'Amstelpark *(p. 154)*, des sorties moins chères.

SPORTS ET ACTIVITÉS DE PLEIN AIR

L e Vondelpark *(p. 128)* renferme des terrains de jeu et propose en été des séances de maquillage au Milk Bar et des spectacles de marionnettes gratuits. L'Amstelpark *(p. 154)* offre entre autres aux enfants la possibilité de faire des promenades à poney, tandis que l'on peut rejoindre l'Amsterdamse Bos *(p. 155)*, qui comprend un camping *(p. 213)*, dans un des trams historiques de l'Electrische Museumtramlijn *(p. 155)*.

La périphérie de la ville compte plusieurs piscines couvertes dont le **Miranda Bad**, paradis tropical avec chutes d'eau, plage et machine à vagues. Elles ferment souvent en été au profit des piscines découvertes comme la piscine municipale de Twiske au nord de l'IJ. Des kilomètres de dunes et de plages de sable s'étendent en bord de mer à vingt minutes en train du centre-ville.

Une promenade en pédalo *(p. 277)* constitue probablement le moyen le plus amusant d'explorer le réseau de caneaux d'Amsterdam et, si votre séjour a lieu pendant un hiver rigoureux, vos enfants n'oublieront jamais leur plaisir à patiner à travers la ville sur ses voies d'eau gelées.

PISCINE

Miranda Bad
De Mirandalaan 9.
📞 *644 6637.*

AU RESTAURANT

C ertains des établissements parmi les plus chic n'accueillent pas volontiers les enfants, mais la plupart des cafés et des établissements bon marché proposent des menus spéciaux à leur intention tels que poulet, frites et *appelmoes* (compote de pommes). Ne manquez pas le goûter organisé le mercredi après-midi au **Kinderkoek Kafe**. Des enfants y font la cuisine et le service, et les adultes n'y sont admis qu'accompagnés. Amsterdam compte également de nombreuses crêperies *(p. 236)* offrant un large choix

de gourmandises. Pains d'épices variés ou tartines saupoudrées de *hagelslag* (granulés de chocolat) combleront agréablement eux aussi une petite faim… À moins qu'on ne cède devant une portion de frites avec de la mayonnaise comme en proposent des kiosques partout en ville *(p. 236)*.

CAFÉ POUR ENFANTS

Kinderkoek Kafe
Oudezijds Achterburgwal 193.
Plan 2 D5. 📞 *625 3257.*

LES BOUTIQUES POUR ENFANTS

À côté de magasins de jouets offrant la gamme classique, il existe de petites boutiques vendant des jouets artisanaux. Les meubles de maisons de poupées de **De Kleine Nicolaas** feront rêver toutes les petites filles.

La plupart des grands magasins vendent des vêtements d'enfants de qualité, mais si vous cherchez quelque chose sortant de l'ordinaire, essayez **Oilily**, boutique chic de mode enfantine ouverte en 1993.

BOUTIQUES POUR ENFANTS

De Kleine Nicolaas
Bilderdijkstraat 61. **Plan** 3 C1.
📞 *616 2694.*

Oilily
PC Hooftstraat 131-133. **Plan** 4 D3.
📞 *672 3361.*

Une petite pause sur la terrasse du café Kort *(p. 225)*

RENSEIGNEMENTS PRATIQUES

AMSTERDAM MODE D'EMPLOI

Amsterdam est une capitale cosmopolite et tolérante, et ses habitants se montrent en général amicaux et serviables envers les visiteurs. Beaucoup maîtrisent de surcroît au moins une langue étrangère, l'anglais ou l'allemand le plus souvent, mais parfois également le français. Les organismes d'information touristique se révéleront aussi efficaces pour

Amsterdam à pied

vous renseigner sur un spectacle que, par exemple, vous diriger vers un service d'urgence. L'un des plaisirs qu'offre la ville est l'absence relative de voitures. Tramways (*p. 272*) et transports publics sur les voies d'eau (*p. 276-277*) permettent d'y circuler facilement, mais c'est encore à pied (*p. 270-271*) ou à bicyclette (*p. 274-275*) qu'il est le plus agréable de découvrir la cité.

Bureau du VVV sur le Stationsplein, en face de la Centraal Station

INFORMATION TOURISTIQUE

Avant de partir, n'hésitez pas à contacter l'Office néerlandais du tourisme (NBT) de votre pays, ou à consulter son service Minitel en France. Il tient à disposition de nombreuses brochures gratuites, notamment sur les diverses possibilités d'hébergement.

Logo du VVV

Sur place, adressez-vous de préférence aux bureaux du *Vereniging Voor Vreemdelingenverkeer*, ou VVV (prononcer fai-fai-fai). Certaines agences touristiques qui n'y sont pas affiliées proposent parfois des hébergements chers, de piètre qualité et mal situés.

LE VVV

Cet organisme national compte plus de 350 bureaux aux Pays-Bas dont 3 à Amsterdam. Vous y trouverez plans et brochures d'information, et un personnel polyglotte à même de vous

renseigner efficacement sur les monuments, les manifestations, les transports ou les visites guidées.

Vous pourrez également changer de l'argent et, pour un faible surcoût, effectuer des réservations de chambres d'hôtel ou de places de spectacles. La plupart des publications du VVV sont également disponibles auprès des marchands de journaux et dans les musées.

ARENA

Réservé aux voyageurs au budget serré quel que soit leur âge, outre environ 600 lits en dortoirs (*p. 223*), il propose un centre d'information pour la jeunesse, un café, un restaurant et une salle de concert et d'exposition bénéficiant d'une excellente programmation.

SPECTACLES

Les affiches placardées dans les rues, les cafés et les bars offrent le moyen le plus simple d'avoir un aperçu de ce qui se passe en ville. Le VVV publie un magazine de programmes en anglais, *What's on*, mais il n'est pas aussi complet que *Time Out Amsterdam*, en vente chez la plupart des marchands de journaux, ou le mensuel gratuit *Uitkrant* qui, bien qu'écrit en néerlandais, est aisé à comprendre (*p. 244*). Le mensuel gratuit en anglais *Arena* intéressera surtout les jeunes.

Vous pourrez aussi vous renseigner auprès de l'Amsterdam Uitburo (AUB) et y acheter vos places pour les représentations théâtrales et les concerts donnés en ville. Brochures et programmes de cinéma sont disponibles dans les bibliothèques et les salles de spectacles.

Magazines de programmes en anglais et en néerlandais

Museumjaarkaart et tickets d'entrée

LA CARTE-MUSÉES

La *Museumjaarkaart* connaît de plus en plus de succès malgré un prix qui peut sembler élevé. Valable un an, bon marché pour les moins de 18 ans, elle donne accès à plus de 400 musées dans tous les Pays-Bas (hors expositions spéciales), notamment les plus importants d'Amsterdam, et s'amortit au bout d'une dizaine de visites. Elle s'achète auprès des Offices néerlandais du tourisme, des bureaux du VVV et des musées participant à l'opération.

VISITEURS HANDICAPÉS

Pour une grande capitale moderne, Amsterdam manque parfois d'égards envers les handicapés. Si les musées, les cinémas, les théâtres et maintenant les églises disposent souvent d'un accès réservé aux fauteuils roulants et de toilettes adaptées, se déplacer d'un lieu à l'autre peut réellement poser problème dans les rues pavées, et ce d'autant plus qu'il n'existe quasiment pas de toilettes publiques dotées d'un accès aisé. Un effort est toutefois fait en ce qui concerne l'information sur les hébergements *(p. 213)*.

HORAIRES D'OUVERTURE

Les horaires d'ouverture des magasins varient grandement à Amsterdam, mais chaque point de vente affiche les siens sur sa porte. Dans le centre, le jeudi est *koopavond*, jour de nocturne, et les boutiques restent ouvertes jusqu'à 21 h. Pour plus de détails, reportez-vous à la page 238.

Du lundi au vendredi, les bureaux de poste ouvrent de 9 h à 17 h, les pharmacies de 8 h à 17 h 30 (hormis celles de garde) et les banques de 9 h à 16 h ou 17 h bien que certaines dans le centre ne ferment qu'à 19 h le jeudi. À la Centraal Station, un bureau du GWK, organisme national de change *(p. 260)*, permet de changer de l'argent 24 h sur 24.

La plupart des musées d'État ferment le lundi et ouvrent de 10 h à 17 h du mardi au samedi et de 13 h à 17 h le

Shopping sur la Kalverstraat

dimanche. Ils adoptent l'horaire du dimanche les jours fériés *(p. 53)* hormis pour le Nouvel An où tous les sites d'exposition sont fermés.

COMMUNICATION ET USAGES

Sauf exception, vous trouverez toujours quelqu'un parlant français dans les bureaux d'information. Ailleurs, l'anglais est le plus répandu. Les Néerlandais apprécieront vos efforts pour maîtriser quelques formules de politesse dans leur langue et ce guide propose un lexique en pages 311-312.

Comme en France, il est d'usage de se présenter lors d'une première rencontre.

Stationnement réservé aux handicapés

Santé et sécurité

Amsterdam a connu pendant un temps une vague de petite délinquance liée à la consommation de drogue, mais un renforcement de la présence policière en fait aujourd'hui une des capitales les plus sûres d'Europe. Assurez vos biens de valeur avant votre départ reste cependant une sage précaution. En cas de problème, de sécurité comme de santé, la ville possède des services d'urgence efficaces et il existe, de **SOS sida** au **Bureau d'aide juridique**, un large éventail de services d'assistance.

Policier à vélo

Membres armés de la police néerlandaise

Le Damrak vers la Centraal Station, un lieu fréquenté par les pickpockets

LA SÉCURITÉ DES BIENS ET DES PERSONNES

Bien qu'Amsterdam soit une ville sûre, le vol y reste un problème. Les précautions usuelles devraient cependant suffire à vous protéger : évitez de transporter de grosses sommes en liquide (mieux vaut prendre des chèques de voyage), ne gardez pas votre portefeuille dans une poche arrière de pantalon et surveillez votre sac à main. Les pickpockets opèrent généralement dans les sites les plus touristiques et dans les tramways aux heures d'affluence. Si vous circulez en vélo, n'oubliez pas à l'arrêt de fermer votre antivol. Il est déconseillé de prendre en photo les prostituées du quartier rouge.

En cas de vol ou d'agression, adressez-vous au poste de police le plus proche. En cas d'accident, contactez les services d'urgence.

SOINS MÉDICAUX ET SERVICES D'URGENCE

Pour obtenir le remboursement des soins médicaux dont vous pourriez avoir besoin aux Pays-Bas, retirez avant votre départ le formulaire E 111 auprès de votre caisse d'assurance maladie. Souscrire une assurance médicale prévoyant notamment la prise en charge d'un éventuel rapatriement est également une sage précaution.

Pour un problème sans gravité, vous trouverez dans une droguerie *(drogist)* des médicaments de base vendus sans ordonnance. Pour les autres, il vous faudra vous rendre dans une pharmacie *(apotheek)*. Elles ouvrent du lundi au vendredi de 8 h 30 à 17 h 30, mais affichent en vitrine les coordonnées d'officines de garde. Le quotidien du soir *Het Parool* en donne également la liste.

Camion de pompiers

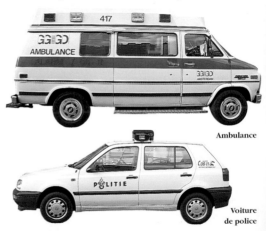

Ambulance

Voiture de police

Par téléphone, le **service de permanence médicale** *(Centraal Doktersdienst)* vous indiquera la pharmacie ouverte la plus proche, vous dirigera vers un généraliste de garde ou vous donnera le nom d'un dentiste.

Les petits accidents sont traités dans des services externes hospitaliers ouverts 24 h sur 24. Les bureaux du VVV *(p. 256)* pourront vous renseigner. En cas de trouble ou de blessure graves, allez dans un hôpital doté d'un service d'urgences ou appelez une ambulance.

MOUSTIQUES

Une sélection d'armes anti-moustiques

Malgré leur charme, les canaux d'Amsterdam ont le défaut d'attirer de nombreux moustiques. Pour s'en prémunir, grandes pharmacies et supermarchés proposent un vaste assortiment de spirales et de plaquettes insecticides, de moustiquaires et de pommades antihistaminiques. Hormis en camping, les petits appareils électriques à recharge liquide ou sous forme de plaquettes s'avèrent très pratiques en voyage.

DROGUES

Bien que la consommation de toute forme de drogue soit illégale aux Pays-Bas, les autorités tolèrent la possession de faibles quantités de cannabis ou leur vente dans certains « coffee-shops » *(p. 49)*. Cette politique ne s'applique en aucun cas aux autres drogues et la répression s'est

Enseigne du Hash Marihuana Museum

considérablement durcie ces dernières années.

LES OBJETS PERDUS

Signalez vol ou perte au poste de police le plus proche pour obtenir l'attestation nécessaire à un remboursement par une assurance. En cas de perte dans un transport public, adressez-vous au bureau de la Centraal Station ou au siège du GVB *(p. 273)*.

CARNET D'ADRESSES

PHARMACIES

Dam
Damstraat 2.
Plan 7 C3.
624 4331.

Jordaan
Westerstraat 180.
Plan 1 B3.
624 9252.

Koek Schaeffer & van Tijen
Vijzelgracht 19.
Plan 4 F3.
623 5949.

Proton
Utrechtsestraat 86.
Plan 5 A3.
624 4333.

Het Witte Kruis
Rozengracht 57.
Plan 1 A5.
623 1051.

HÔPITAUX

Academisch Medisch Centrum
Meibergdreef 9.
566 9111 or
566 3333.

Lucas Ziekenhuis
Jan Tooropstraat 164.
510 8911.

Onze Lieve Vrouwe Gasthuis (service d'urgence)
1e Oosterparkstraat 279.
Plan 6 D4. 599 9111.

VU Academisch Ziekenhuis
De Boelelaan 1117.
444 4444.
Assistance 24 h sur 24 :
444 3636.

SERVICES D'URGENCE

Ambulance, pompiers et police
06 11.

ASSISTANCES DIVERSES

SOS sida
06 022 2220.
de 14 h à 22 h du lun. au ven.

Service médical d'urgence
06 3503 2042.

SOS Amitié
675 7575.
9 h-15 h lun.-jeu., 24 h sur 24 ven.-dim.

HIV Positive Line
G1G G242.
13 h-16 h lun., mer., ven. ; 20 h-13 h 30 mar., jeu.

Bureau d'aide juridique
Bureau voor Rechtshulp, Spuistraat 10. **Plan** 7 B1.
626 4477 (sur r.d.v.).

ABUS SEXUELS

De Eerste Lijn
612 7576.
de 10 h 30 à 23 h 30 du lun. au ven., de 15 h 30 à 23 h 30 sam. et dim. (si vous avez subi des violences).

TOSG
612 7576.
de 10 h 30 à 23 h 30.
(En cas de menaces, d'attaques ou de viols.)

Blijf-van-m'n-lijf-huis
(Maison Pas-touche-à-mon-corps) 638 7636.
24 h sur 24.

POLICE

Quartier général
Elandsgracht 117.
Plan 1 B5.
559 9111.

Principaux postes de police
Lijnbaansgracht 219.
Plan 4 E2.
559 2310.

Warmoesstraat 44.
Plan 7 C2.
559 2210.

OBJETS TROUVÉS

Centraal Station
NS Bureau des objets trouvés, Stationsplein 15.
Plan 8 D1.
557 8544.
de 7 h à 23 h t.l.j.
(Dix jours après leur découverte dans un train, les objets sont envoyés au NS Afdeling Gevonden Voorwerpen, Daalsedijk 4, 3500 HA Utrecht.)

Police
Stephensonstraat 18.
559 3005.
de 12 h à 15 h 30.

Banques et monnaie

Si de plus en plus d'hôtels, restaurants et boutiques acceptent les cartes de crédit, leur usage n'est pas encore aussi répandu à Amsterdam que dans la majorité de l'Europe et les règlements en liquide restent la première forme de paiement. Garantis par l'Eurocard, les Eurochèques sont devenus très courants. Largement acceptés eux aussi, les chèques de voyage poseront moins de problèmes de monnaie, lors d'un achat par exemple, s'ils sont émis en florins. Ce sont les banques et les bureaux de change nationaux du GWK qui offrent les meilleurs taux de change, les agences privées prélevant une commission élevée.

Distributeur de billets de l'ABN-AMRO

Bureau de change du GWK à l'aéroport de Schiphol

LES CHÈQUES

Les chèques de voyage restent un moyen sûr de transporter des sommes importantes. S'ils sont émis dans une autre monnaie que le florin, il vaut toutefois mieux s'en servir pour changer de l'argent que pour payer, le taux de change risquant d'être désavantageux. Les Eurochèques s'avèrent souvent plus pratiques pour régler achats ou notes de restaurants. Ils permettent aussi de retirer de l'argent dans les banques.

CHANGER OU RETIRER DE L'ARGENT

Vous avez intérêt à effectuer vos opérations de change dans les banques, les agences de l'**American Express**, les bureaux de poste, et les bureaux de change du **GWK** (*grenswisselkantoorbureaux*)

Enseigne de banque

qui pratiquent les meilleurs taux. Le GWK possède notamment des succursales ouvertes 24 h sur 24 à l'aéroport et à la Centraal Station.

Les hôtels, les campings et les nombreux bureaux de change privés qui existent en ville prélèvent des commissions beaucoup plus élevées. Dans les bureaux du GWK, vous pourrez également acheter des chèques de voyage et retirer de l'argent avec votre carte bancaire (Access, Mastercard, Eurocard, Visa, American Express, Diner's Club) à un taux légèrement plus avantageux que si vous changiez du liquide.

La plupart des banques et bureaux de poste proposent en outre des distributeurs automatiques de billets. Ceux-ci ne fonctionnent pas avec toutes les cartes. La carte Visa, que n'acceptent notamment pas les distributeurs de la poste, est beaucoup moins répandue qu'en France. Avant votre départ, renseignez-vous auprès de votre banque ou consultez sur Minitel le 3616 CBVISA.

LA MONNAIE

L'unité monétaire néerlandaise est le florin ou *gulden*, d'une valeur d'environ 3 FF, qui se divise en cent *cents*. Les pièces de 1 c ou 2 c ont disparu, mais il arrive encore que des prix ne soient pas des multiples de 5 c, ils sont alors automatiquement arrondis. Un gaufrage des billets permet aux personnes malvoyantes d'en identifier le montant au toucher.

Les commerçants manquent souvent de monnaie et mieux vaut en conserver pour pouvoir faire l'appoint. Les coupures de 250 FL et 1 000 FL s'avèrent tout particulièrement difficiles à utiliser et vous avez intérêt à en demander de plus petites lors de vos opérations de change.

Les billets
Colorés et ornés de motifs inspirés de l'histoire et de la culture néerlandaises, les billets valent 10 FL, 25 FL, 50 FL, 100 FL, 250 FL et 1 000 FL. Il existe deux versions du billet de 100 FL, celle reproduite ci-contre et une coupure dans les tons bruns décorée d'un oiseau.

1 000 FL

250 FL

100 FL

50 FL

25 FL

10 FL

2,50 FL

1 FL

5 FL

25 cents

Les pièces
Représentées ici grandeur nature, les pièces valent 5 c (stuiver), 10 c (dubbeltje), 25 c (kwartje), 1 FL, 2,50 FL (rijksdaalder) et, depuis 1992, 5 FL. Les pièces de 25 c se révèlent particulièrement utiles pour les appels téléphoniques locaux (voir p. 262).

10 cents

5 cents

Le téléphone à Amsterdam

Assurés jusqu'en 1989 par la même société d'État, les services postaux et téléphoniques dépendent maintenant de deux structures indépendantes, bien que cabines téléphoniques et bureaux de poste aient conservé l'enseigne PTT. Depuis octobre 1995, la majorité des numéros de téléphone possèdent 10 chiffres (y compris les indicatifs locaux) commençant par un zéro. Il ne faut pas le composer pour un appel depuis l'étranger. Si vous téléphonez depuis votre chambre d'hôtel, gardez à l'esprit que les communications reviennent souvent beaucoup plus cher.

Enseigne de centre téléphonique

CENTRES ET CABINES TÉLÉPHONIQUES

Vous trouverez des téléphones publics partout dans Amsterdam, en particulier dans les gares et bien entendu les postes. Parmi ceux fonctionnant avec des pièces, certains acceptent celles de 5 FL, plus pratiques pour les longues communications avec l'étranger. Au **Telecenter**, vous pourrez passer vos appels avant de les payer, en liquide ou par carte bancaire, chèques de voyage ou Eurochèques. Ce centre offre également la possibilité d'envoyer des télégrammes, des télécopies et des télex. Il propose un service de photocopies et vend timbres et cartes postales.

Telecenter
Raadhuisstraat 48. **Plan** 7 A2. 📞 484 3654. ◯ de 8 h à 2 h t.l.j.

Intérieur du Telecenter

UTILISER UN TÉLÉPHONE À CARTE

1 Décrochez le combiné.

2 Insérez une carte téléphonique ou bancaire. Attendez la tonalité : un bourdonnement.

3 Composez le numéro et attendez la connexion. Comme en France, tonalité plus rapide lorsque la ligne est occupée. Les instructions sont également disponibles en anglais.

4 Reposez le combiné à la fin de l'appel et retirez votre carte.

Les cartes téléphoniques coûtent 5 FL, 10 FL ou 25 FL

UTILISER UN TÉLÉPHONE À PIÈCES

1 Décrochez le combiné.

2 Insérez des pièces. Attendez la tonalité : un bourdonnement.

3 Composez le numéro et attendez la connexion. Comme en France, tonalité plus rapide lorsque la ligne est occupée. Les instructions sont également disponibles en anglais.

4 Reposez le combiné à la fin de l'appel et récupérez les pièces inutilisées.

25 c　　　　1 FL　　　　2,50 FL

PCV ET SERVICE FRANCE DIRECT

Mis en place récemment, le service sans abonnement France Direct permet aux détenteurs de la carte France Télécom d'appeler depuis n'importe quel poste à touches (y compris celui d'un ami par exemple) des Pays-Bas (valable également dans d'autres pays) n'importe où dans le monde, la communication étant facturée en France. Il faut pour cela appeler un serveur vocal *(voir ci-dessous)* offrant le choix entre un appel automatique ou par opérateur. Cette dernière option donne lieu à un surcoût. Si vous ne possédez pas la carte France Télécom, ce serveur vous permettra, en passant par l'opérateur, d'effectuer un appel en PCV en France ou dans les D.O.M. Votre conversation, ou votre télécopie, reviendra cependant cher à votre correspondant puisqu'une redevance de plus de 40 FF s'ajoutera au prix de la communication qu'il acquittera. Depuis un téléphone public, il vous faudra introduire une pièce ou une carte pour joindre le serveur.

Cabine téléphonique

OBTENIR LE BON NUMÉRO

• Appeler Amsterdam depuis la France : 19 31 20 + numéro d'abonné (7 chiffres)
• Renseignements (Pays-Bas) : 06 8008
• Renseignements internationaux : 06 0418
• Opérateur : 06 0410
• Appeler en France : 0033
• Appeler en Belgique : 0032
• Appeler en Suisse : 0041
• Appeler au Canada : 001
• Serveur vocal France Direct (aux Pays-Bas) : 06 022 2033
• Renseignements France Direct (numéro vert en France) : 05 06 19 19

Les services postaux

Amsterdam compte de nombreux bureaux de poste reconnaissables à leur logo PTT. On peut y acheter des timbres ou recevoir du courrier en poste restante, et également changer argent liquide et chèques de voyage et envoyer télégrammes, télécopies ou télex. Les bureaux les plus importants offrent même un service de photocopie.

ENVOYER UNE LETTRE

Si quelques-uns ouvrent plus tôt ou ferment plus tard, les bureaux de poste sont en général ouverts de 9 h à 17 h du lundi au vendredi. Les boîtes aux lettres d'Amsterdam possèdent deux fentes, l'une pour la ville même et l'autre, marquée *overige*, pour les autres destinations. Les tarifs d'affranchissement ont augmenté depuis la privatisation des services postaux, mais celui d'une lettre jusqu'à 20 g est le même pour tous les pays d'Europe, y compris ceux n'appartenant pas à l'Union européenne. Acheter vos timbres *(postzegels)* en même temps que vos cartes postales vous fera gagner du temps, des files d'attente se forment souvent aux guichets des bureaux de poste.

POSTE RESTANTE

Pour récupérer votre courrier expédié en poste restante à l'adresse d'un bureau de poste, il vous faudra une pièce d'identité.

Un assortiment de timbres postaux néerlandais

CARNET D'ADRESSES

Poste principale
Hoofdpostkantoor PTT,
Singel 250–256.
Plan 7 A2.
█ 556 3311.
◯ de 9 h à 18 h du lun. au ven., de 9 h à 13 h sam.
Poste restante ◯ de 8 h à 19 h du lun. au ven., de 9 h à 12 h sam.

Centre de tri principal
Oosterdokskade 3.
Plan 8 F1. █ 523 8111.
◯ de 9 h à 21 h du lun. au ven., de 9 h à 12 h sam.

Renseignements postaux
█ 06 0417.
◯ de 9 h à 18 h du lun. au ven., de 10 h à 13 h sam.

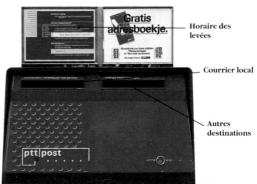

Horaire des levées

Courrier local

Autres destinations

Boîte aux lettres

Informations complémentaires

Bulbes de tulipes au Bloemenmarkt

VISAS ET DOUANES

Mis en application par tous les pays signataires hormis, pour le moment, la France, les accords de Schengen instaurent la libre circulation des personnes entre le Portugal, l'Espagne, la France, l'Allemagne, la Belgique, le Luxembourg et les Pays-Bas.

Diamants

Concrètement, cela signifie que si vous arrivez d'un de ces pays vous ne serez pas soumis à un contrôle aux frontières néerlandaises. Les ressortissants de l'Union européenne doivent cependant pouvoir produire une

Suivez la flèche

carte d'identité en cours de validité ou un passeport périmé depuis moins de cinq ans. Les mineurs de moins de 16 ans doivent posséder une pièce d'identité et, éventuellement, une autorisation parentale de sortie du territoire, à moins d'être inscrits sur le passeport d'un adulte de même nationalité les accompagnant. Pour un séjour de moins de trois mois, aucun visa n'est exigé pour les citoyens suisses ou canadiens. Ces derniers ont droit, pour des achats importants, au remboursement de la TVA. Pour tous renseignements, le **Service d'information douanière** met à disposition un numéro d'appel gratuit depuis les Pays-Bas.

Sortir de France certains produits tels qu'armes ou objets d'art est réglementé. En cas de doute contactez les douanes françaises.

Si vous voyagez avec un chat ou un chien, vous devez pouvoir produire un certificat de vaccination antirabique.

FRANCHISE DE DOUANE

On peut se procurer en duty free : 200 cigarettes ou 50 cigares ou 250 g de tabac ; 1 l de spiritueux ou 2 l de vin ; 50 g de parfum ; 500 g de café et 100 g de thé. Les autres biens ou cadeaux ne doivent pas dépasser une valeur de 125 FL.

Au rayon des alcools dans une boutique duty free de l'aéroport de Schiphol

TOILETTES PUBLIQUES

Amsterdam manque de toilettes publiques et les visiteurs, en particulier les femmes, se voient souvent contraints d'utiliser celles d'un hôtel, d'un musée ou d'un café. Cette pratique est parfaitement acceptée bien qu'il faille payer de 25 c à 50 c dans quelques bars, qu'on soit client ou non. Il vous faudra également payer dans les grands magasins, y compris pour utiliser les installations permettant de changer un bébé. Il est de rigueur de laisser un pourboire au personnel d'entretien dans les gares. Le seul café équipé de toilettes pour handicapés est le 't Nieuwe Café sur la place du Dam.

L'HEURE

Amsterdam a une heure d'avance sur l'heure GMT. De la fin mars à la fin septembre, période où l'heure d'été est appliquée, cette avance passe, comme en France, à deux heures.

Prise électrique néerlandaise

ADAPTATEURS ÉLECTRIQUES

Comme en France, le courant est au Pays-Bas de 220 volts. Selon le diamètre des broches de vos appareils électriques, prenez la précaution d'emporter un adaptateur qui peut toutefois s'avérer utile.

TÉLÉVISION

Sauf exception, les films et programmes étrangers sont en version originale sous-titrée sur les chaînes généralistes néerlandaises. Hilversum II, orientée vers la variété, et Hilversum III, plus culturelle pourront retenir votre attention. Raccordés au câble, de plus en plus d'hôtels proposent en outre un large éventail de chaînes thématiques, notamment françaises ou belges francophones. Les amateurs de clips vidéo pourront également regarder MTV, et les anglophones CNN, la chaîne américaine d'informations.

RADIOS

La majorité des grandes radios françaises, notamment Radio-France Internationale, peuvent être captées à Amsterdam.

Parmi les radios nationales néerlandaises, Radio 3 (96,8 MHZ) est celle de la variété et Radio 4 (98,9 MHZ) celle de la musique classique. De nombreuses stations locales proposent des programmes musicaux variés.

LA PRESSE

La plupart des quotidiens et de nombreux magazines européens sont disponibles dans de multiples points de vente à Amsterdam, dès l'heure du déjeuner, le jour de leur publication. Vous en trouverez une très large sélection à l'**Athenaeum Nieuwscentrum** et, sur la Kalverstraat, chez **WH Smith**.

AMBASSADES ET CONSULATS

La plupart des ambassades se trouvent à La Haye (Den Haag) *(p. 186-187)*, le siège du gouvernement, qu'un trajet

Quelques-uns des quotidiens disponibles à Amster*

de quarante-cinq minutes en train permet de rejoindre depuis la Centraal Station. Certains pays, notamment la France, la Belgique et la Suisse, possèdent en outre des services consulaires à Amsterdam. La liste complète figure dans l'annuaire à la rubrique *Consulaat*.

CARNET D'ADRESSES

AMBASSADES ET CONSULATS DES PAYS-BAS

France
Ambassade des Pays-Bas
7, rue Éblé 75009 Paris.
[(1) 40 62 33 00.
(Le consulat se trouve 9, rue Éblé.)

Belgique
Consulat des Pays-Bas
Hermann Debrouxlaan 48
1160 Bruxelles.
[(02) 679 17 11.

Suisse
Ambassade des Pays-Bas
Kollerweg 11
3006 Berne.
[(031) 44 70 63.
Consulat de Bâle
[(061) 22 32 77.
Consulat de Genève
[(022) 73 56 611.

Canada
Consulat des Pays-Bas
La Tour Scotia, bureau
2201, 1002 Sherbrooke
Ouest, Montréal
Qué H3A 3L6
[(514) 849 42 47.

AMBASSADES ET CONSULATS ÉTRANGERS

Belgique
Ambassade de Belgique Lange
Vijverberg 12, 25313 AC
Den Haag
[(070) 364 49 10.
Consulat de Belgique
Solvaygebouw
Vlaardingenlaan 11,
1062 HM Amsterdam-
Sloten
[(020) 615 48 78.

SERVICES RELIGIEUX

ÉGLISE CATHOLIQUE ROMAINE
Saint-Jean-et-Ursule
Begijnhof 30.
Plan 1 C5.
[622 1918.
○ de 10 h à 18 h
du lun. au sam. Services :
9 h et 17 h du lun. au
ven., 9 h sam., 10 h dim.
Service en français :
11 h 15 le dim.

ÉGLISE RÉFORMÉE NÉERLANDAISE
Oude Kerk *(p. 68-69)*,
Oudekerksplein 1.
Plan 7 C2.

[625 8284 or 624 9183.
○ de mars à oct. : de
11 h à 17 h t.l.j. ; de nov. à
fév. : de 13 h à 17 h du
ven. au dim. Service : 11 h
le dim.
Westerkerk *(p. 90)*,
Prinsengracht 281.
Plan 1 B4.
[624 7766.
○ de 10 h à 16 h.
Service : 10 h 30 le dim.

ÉGLISE RÉFORMÉE PRESBYTÉRIENNE
Begijnhof 48 *(p. 75)*.
Plan 1 C5.
[624 9665.
○ de juin à sept. :
de 14 h à 16 h du lun.
au ven.
Service en anglais :
10 h 30 dim.
Service en néerlandais :
19 h le dim.

ÉGLISE ANGLICANE
Groenburgwal 42.
Plan 5 A2.
[020 624 8877.
Services en anglais :
10 h 30 et 19 h 30 dim.

SYNAGOGUES
Orthodoxe
PO Box 7967, Van der
Boechorstraat 1008.
[646 0046.
○ de 9 h à 17 h du lun.
au ven.

Libéral
Jacob Soetendorpstraat 8.
[642 3562.
○ de 9 h à 17 h du lun.
au jeu., de 9 h à 15 h ven.
Services : 8 h le ven., 10 h
le sam.

RITE MUSULMAN
Centre culturel THAIBA,
Kraaiennest 125.
[698 2526.
Prières : t.l.j.

QUAKER
Religious Genootsch der
Vrienden,
Vossiusstraat 20.
Plan 4 D3. [679 4238.
Rencontres : 10 h 30 dim.

INFORMATIONS DOUANIÈRES

Aux Pays-Bas
[06 0143 (appel
gratuit).
En France
[(1) 40 40 39 00.

PRESSE

Athenaeum Nieuwscentrum
Spui 14-16. **Plan** 7 B4.
[623 3933.

WH Smith
Kalverstraat 152.
Plan 7 B3. [638 3821.

ALLER À AMSTERDAM

S a situation, à 210 km de Bruxelles et 550 km de Paris, rend Amsterdam aisément accessible depuis toute l'Europe du Nord en voiture, en train ou en autocar. Si vous optez pour la première solution, songez toutefois que votre automobile

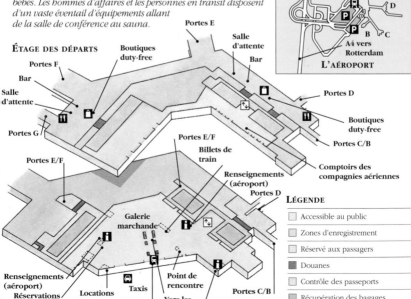

Bus KLM à destination du centre

se révélera peu pratique pour circuler en ville et difficile à garer. L'avion reste le moyen de transport le plus rapide et plusieurs compagnies aériennes assurent des liaisons régulières reliant Amsterdam à toutes les capitales européennes et aux principales villes de province. Quel que soit votre choix, renseignez-vous sur les tarifs spéciaux ou les offres de séjours proposés au moment de votre départ par les compagnies de transports ou des agences de voyages.

Tableau des départs à l'aéroport de Schiphol

ARRIVER EN AVION

A ir France assure des liaisons quotidiennes directes avec Amsterdam au départ de Paris, de Nice et de Lyon (sauf, pour cette ville, le dimanche).

Compagnie néerlandaise, la KLM propose quatre vols quotidiens depuis Paris, des liaisons tous les jours de semaine depuis Mulhouse, Bordeaux et Lyon, et plusieurs vols hebdomadaires depuis Marseille et Toulouse. Elle dessert également Bruxelles et Zurich.

La Sabena assure plusieurs liaisons quotidiennes depuis Bruxelles, et la Swissair depuis Zurich et Genève.

La KLM est la seule compagnie à assurer des rotations directes entre le Canada et Amsterdam. Au

PLAN DE L'AÉROPORT DE SCHIPHOL

Tous les panneaux de l'aéroport obéissent à un code de couleur : jaune pour les comptoirs de correspondances et portes d'embarquement, vert pour les commodités telles que cafés, restaurants, aires de jeu pour enfants ou salles où changer les bébés. Les hommes d'affaires et les personnes en transit disposent d'un vaste éventail d'équipements allant de la salle de conférence au sauna.

A4 vers Amsterdam

G F E

D

A4 vers Rotterdam

B C

L'AÉROPORT

ÉTAGE DES DÉPARTS

Portes E

Salle d'attente

Bar

Boutiques duty-free

Portes F

Bar

Salle d'attente

Portes G

Portes E/F

Portes E/F

Billets de train

Renseignements (aéroport)

Portes D

Galerie marchande

Renseignements (aéroport)

Réservations hôtelières

ÉTAGE DES ARRIVÉES

Locations de voitures

Taxis

Sortie principale

Point de rencontre

Vers les trains

Portes C/B

Bureau de l'office du tourisme

Portes D

Boutiques duty-free

Portes C/B

Comptoirs des compagnies aériennes

LÉGENDE

- Accessible au public
- Zones d'enregistrement
- Réservé aux passagers
- Douanes
- Contrôle des passeports
- Récupération des bagages
- Accès interdit

Avion de la KLM, la compagnie aérienne royale néerlandaise

départ de Montréal, les départs ont lieu tous les jours sauf le lundi et le mercredi. Le vol dure environ six heures et demie. Cette solution est la plus confortable, mais un vol avec escale offre un choix beaucoup plus vaste et des solutions plus économiques. Vous pouvez notamment prendre un vol charter jusqu'à une autre grande ville européenne puis de là rejoindre la capitale néerlandaise. Si c'est à destination de Londre que les vols transatlantiques sont généralement les moins chers, Bruxelles offre l'avantage de ne se trouver qu'à trois heures de train d'Amsterdam.

Panneau d'une porte d'embarquement

Toutes les compagnies proposent des tarifs spéciaux (jeunes, couples, APEX, etc.) liés pour certains à des conditions de séjour ou de réservation. Le meilleur moyen pour découvrir le plus adapté à votre situation reste de comparer leurs offres au moment de votre départ.

Les agences de voyages proposent également des tarifs parfois très avantageux. Ils peuvent correspondre à des places « bradées » par de grandes compagnies sur des lignes régulières (imposant éventuellement un changement d'avion) ou à des vols charter. Certaines organisent aussi des séjours aux prix très intéressants incluant trajet, chambre d'hôtel et parfois visites ou animation particulière. Vérifiez toutefois la situation de l'hôtel par rapport au centre-ville.

L'AÉROPORT DE SCHIPHOL

Situé à 18 km au sud-ouest du centre d'Amsterdam, Schiphol ne possède qu'un terminal mais reste un des aéroports les plus modernes, les plus pratiques et les plus propres d'Europe. Vous trouverez dans son hall d'arrivée un bureau d'information touristique, une poste, un bureau de change et des consignes. Les distributeurs automatiques de billets n'acceptent pas les cartes VISA.

Il existe trois moyens de rejoindre le centre-ville. Le bus KLM dont l'arrêt se trouve devant la sortie principale n'est en rien réservé aux voyageurs ayant emprunté un vol de cette compagnie ou désireux de dormir dans l'un des six hôtels qu'il dessert. Les départs se succèdent toutes les demi-heures de 6 h 30 à 15 h. Le dernier a lieu à 17 h.

Les taxis en attente devant le hall des arrivées ne manquent pas. Ils pratiquent toutefois des tarifs élevés.

Économique, le train constitue le meilleur moyen de gagner le centre d'Amsterdam.

Comptoir des correspondances

REJOINDRE LE CENTRE EN TRAIN

Après l'achat de votre billet dans la galerie marchande, un fléchage très lisible vous conduira jusqu'au quai que vous pourrez atteindre avec votre chariot à bagages (gratuit).

Les départs s'effectuent 24 h sur 24, tous les quarts d'heure de 6 h à minuit et toutes les heures de 1 h à 5 h. Le trajet dure environ vingt minutes.

De la gare de Schiphol partent également des trains à destination des principales villes des Pays-Bas.

Quai de la gare de l'aéroport - destination Amsterdam

Affiche publicitaire des années 50 des vols de la KLM

Entrée de la gare centrale d'Amsterdam

ARRIVER EN TRAIN

Il existe à l'heure actuelle de nombreuses réductions applicables sur les trajets en train vers les Pays-Bas et à l'intérieur du pays. La carte inter-Rail est une des formules les plus intéressantes, permettant une libre circulation dans plusieurs pays d'Europe, elle est toutefois réservée aux jeunes de moins de 26 ans. L'éventail proposé devrait vous permettre de trouver un tarif avantageux adapté à votre situation. Pour plus de renseignements, contactez la SNCF et l'Office néerlandais du tourisme *(p. 257)*.

Six trains directs pour Amsterdam partent tous les jours de Paris, gare du Nord. En chemin, ils desservent entre autres Bruxelles, Rotterdam et La Haye. Le trajet dure environ six heures. D'autres liaisons imposent un changement à Bruxelles. De nombreuses rotations quotidiennes existent également entre Amsterdam et la Suisse. Depuis Bâle, le trajet dure environ huit heures.

Tous les trains, y compris ceux en provenance de l'aéroport de Schiphol, arrivent à la Centraal Station *(p. 79)* qui offre toutes les commodités d'une grande gare moderne : cafés, toilettes publiques, bureau des objets trouvés, consignes, location de bicyclettes… La foule qui s'y presse en fait toutefois un

pôle d'attraction pour les pickpockets. Mieux vaut, en particulier, éviter la sortie arrière où racolent parfois des prostituées. Pour cela, suivez les panneaux du VVV *(p. 256)* qui vous conduiront sur le Stationsplein par l'issue principale. Sur la place, des rabatteurs d'hôtels risquent de vous aborder. Si vous n'avez pas réservé d'hébergement, plutôt que de vous fier à leurs arguments, adressez-vous au bureau de l'office du tourisme (VVV) installé dans un pavillon blanc sur votre gauche. Le bureau du GVB, organisme gérant les transports publics de la ville, se dresse à sa droite.

Les arrêts de tramway ne sont qu'à quelques mètres de l'entrée de la gare, les arrêts de bus se trouvent de l'autre côté de la place à gauche.

Logo des chemins de fer

ARRIVER EN AUTOCAR

Le car est probablement le moyen le plus économique mais aussi le moins confortable de rejoindre Amsterdam (il faut compter plus de huit heures de trajet au départ de Paris). Le voyage s'effectue généralement de nuit dans des véhicules dotés de toilettes et de sièges au dossier inclinable.

Eurolines est la société assurant le plus de liaisons, en particulier depuis la province, mais vous pouvez également vous adresser à des agences de voyages comme **Nouvelles Frontières**. Certaines proposent des forfaits comprenant un hébergement sur place, le plus souvent en dortoir.

Autocar d'Eurolines

ARRIVER EN VOITURE

Accessible par autoroute depuis la majeure partie de l'Europe, Amsterdam se trouve à un peu plus de 500 km de Paris par le trajet le plus court (*via* Lille et Anvers) et à environ 750 km de Bâle (par l'Allemagne).

Sur la Noorder Dijk entre la mer du Nord et l'IJsselmeer

Le vélo est plus pratique en ville

Bien que l'**ANWB** (automobile-club néerlandais) et certaines agences de location de voitures préfèrent un permis international, un permis national en cours de validité suffit pour conduire aux Pays-Bas. Vous devrez pouvoir présenter la carte grise du véhicule (qui doit porter une plaque de nationalité), la carte verte d'assurance et un certificat de contrôle technique conforme aux exigences du pays d'origine.

Les routes principales (marquées « N ») sont bien entretenues, mais les autoroutes (marquées « A ») ne disposent pas toujours de bandes d'arrêt d'urgence et la circulation y est parfois interrompue par des feux de croisement. Comme en Belgique, elles sont gratuites.

Trois limitations de vitesse s'appliquent dans tout le pays : 120 km/h sur autoroute, 80 km/h sur route et 50 km/h en zone urbaine. Sur l'A10, qui ceinture d'Amsterdam, des panneaux bleus indiquent les routes marquées « S » qui conduisent au centre-ville.

Il est possible d'adhérer temporairement à l'ANWB qui propose un service de dépannage gratuit aux membres d'un automobile-club affilié.

CONDUIRE À AMSTERDAM

Plus qu'aux voitures, la ville appartient aux cyclistes et aux tramways. Ces derniers ont d'ailleurs priorité. Les rues du centre sont pour la plupart à sens unique. Dans le quartier des canaux, si vous longez une voie d'eau, celle-ci doit se trouver à gauche. Hormis sur les artères prioritaires signalées par un panneau blanc et jaune, c'est la règle de la priorité à droite qui s'applique.

Panneaux bleus indiquant la direction du centre-ville

CIRCULER À AMSTERDAM

La marche à pied reste le meilleur moyen de découvrir Amsterdam. Bien que la disposition de la ville paraisse claire, vue sur un plan, avec ses canaux concentriques formant la *grachtengordel* et les rues qui les relient, elle se révèle plus déconcertante sur place. L'*Atlas des rues (p. 278-291)* vous aidera à vous orienter. Plus simple encore, souvenez-vous qu'à

**Panneau indiquant
l'arrondissement**

partir du Singel, les principaux canaux, Herengracht, Keizersgracht, Prinsengracht et Singelgracht, se succèdent dans l'ordre alphabétique. La numérotation des immeubles commence à la Centraal Station pour finir, avec les numéros les plus élevés, à l'Amstel. Amsterdam n'est pas une ville adaptée à la circulation automobile et stationner y est difficile et coûteux.

Passage protégé, place du Dam

AMSTERDAM À PIED

Avant d'entamer une longue promenade en ville, assurez-vous que vous portez de bonnes chaussures, le pavage des rues peut s'avérer fatigant et traître pour les chevilles. Bien que l'architecture d'Amsterdam incite à lever les yeux, les crottes de chien obligent malheureusement à regarder où l'on marche.

Attention également aux vélos, très nombreux y compris la nuit, et aux trams qui peuvent être presque silencieux.

La plupart des passages protégés sont régulés par des feux. Les autres ne vous donnent pas priorité sur la circulation automobile.

VISITES À PIED

Ce guide propose trois promenades guidées. Celle des pages 94-105 offre un aperçu de l'architecture des grands canaux, celle des pages

158-159 permet d'apprécier le charme du Jordaan et des îles occidentales et l'itinéraire des pages 160-161 fait revivre le passé commercial d'Amsterdam.

Plusieurs organismes proposent également des visites à pied dont le détail est disponible dans les bureaux du VVV *(p. 256-257)*. Avec **Yellow Bike Tour**, vous sillonnerez la ceinture de canaux et le Jordaan, tandis que **Camilles Pleasure Tours** entraîne ses clients dans une exploration du quartier rouge *(p. 60)*, de jour pour découvrir certains des plus anciens édifices de la ville, de nuit pour emprunter des rues moins connues. Les circuits d'**Amsterdam Travel & Tours** concernent aussi le quartier rouge, ceux de **Mee in Mokum** l'Amsterdam historique. **Archivisie** présente les quartiers médiévaux et l'école d'Amsterdam *(p. 97)*.

Véhicule immobilisé par un sabot

AMSTERDAM EN VOITURE

Amsterdam se prête si peu à la circulation automobile que le VVV déconseille ce moyen de transport aux visiteurs, à moins que la ville ne soit pour eux qu'une étape dans leur voyage. Si c'est votre cas, rappelez-vous que stationner dans le centre est difficile et coûteux.

Mieux vaut donc réserver un hôtel disposant d'un parking et y laisser votre véhicule pour vous promener. Si vous résidez à l'extérieur, vous pourrez vous garer gratuitement en périphérie dans une des aires « P&R »

Zone piétonne

Passage protégé

**Virage à droite obligatoire
Cédez le passage**

**Pont levé - coupez
votre moteur**

Fin de voie prioritaire

desservies par les transports publics.

Dans le centre, il est préférable d'utiliser un parking même payant, plutôt que de se garer dans la rue. Plusieurs parkings, tels le **De Kroon and Zn Parking** et le **Byzantium**, sont couverts et accessibles 24 h sur 24.

Si vous optez malgré tout pour la rue, ne laissez rien de précieux dans votre véhicule. Rares aux heures de bureau, les places de stationnement sont toujours payantes (tickets à prendre souvent à un distributeur automatique et à disposer derrière le pare-brise (de 4 FL à 5 FL l'heure). Le stationnement est en outre généralement limité à deux heures. Si le parcmètre est en panne, ne vous arrêtez pas, vous seriez tout de même passible d'une amende.

La législation est appliquée avec une rigueur draconienne et en cas d'infraction, vous risquez fort de voir votre voiture immobilisée par un sabot ou mise en fourrière. Adressez-vous alors au plus proche bureau du **Dienst**

Glissez les pièces

Appuyez sur le bouton vert

Prenez votre ticket

Distributeur de tickets

Parkeerbeheer ou téléphonez à **Klem-hulp**. Tous les bureaux de Parkeerbeher et certains hôtels proposent, pour 50 FL, des cartes de stationnement valables trois jours.

LOUER UNE VOITURE

Pour louer une voiture il faut avoir au moins 21 ans et présenter une pièce d'identité et un permis de conduire. Certaines compagnies exigent que celui-ci date de plus d'un an.

La plupart des grandes agences internationales ont une succursale à l'aéroport de Schiphol.

LES TAXIS

Le moyen le plus simple d'obtenir un taxi consiste à rejoindre à pied ou à appeler une station. Vous pouvez également téléphoner à **Taxicentrale**. Hormis les vendredis et samedis soir, vous aurez rarement à attendre. Les tarifs sont élevés et il est d'usage de laisser un petit pourboire au chauffeur.

Chauffeurs de taxi attendant une course

Amsterdam en transports publics

Pratiques, fiables et bon marché, les transports publics d'Amsterdam ont pour point focal la Centraal Station. Les tickets s'achètent à bord des bus et des tramways ou à des distributeurs automatiques. Le **GVB**, régie des transports urbains, propose également des cartes à la journée et des *strippenkaart*, cartes à trajets multiples. L'**OVR** est un centre d'information sur toutes les formes de transports publics dans l'ensemble des Pays-Bas, mais il n'assure pas de réservations.

Attention aux tramways

un pied sur la marche la plus basse les empêche de se refermer, le temps, par exemple, de hisser un bagage ou d'aider un enfant à monter. Acheter son billet au chauffeur est difficile aux heures de pointe. Les trams se révèlent d'un usage peu pratique pour les personnes âgées ou celles avec une poussette, et d'un accès impossible pour les personnes souffrant de problèmes de mobilité. En descendant, rappelez-vous que de nombreux arrêts se trouvent au milieu de la rue.

Terminus d'une ligne de tramway à la Centraal Station

CIRCULER EN TRAMWAY

Le GVB met à disposition une carte gratuite des 17 lignes de tramway parcourant la ville. Les trams commencent à circuler à 6 h en semaine et un peu plus tard les week-ends. Ils s'arrêtent avant minuit quand débute le service des bus de nuit. À chaque arrêt, des panneaux jaunes indiquent le nom de l'arrêt, le numéro de la ligne et les autres arrêts qu'elle dessert. Si les plans affichés dans les abris ne suffisent pas à vous éclairer, renseignez-vous auprès du conducteur, du receveur ou des autres passagers.

Les voitures possèdent trois portes servant aussi bien à la montée qu'à la descente, sauf quand un receveur est à bord, celle de l'arrière étant alors réservée à la montée. Garder

LES AUTOBUS

La majorité des lignes d'autobus, comme celles des tramways, ont leur terminus à la Centraal Station. Elles desservent cependant plutôt la périphérie que le centre et sont rarement

Le bus nᵒ 35 dessert le nord de la ville au départ de la gare

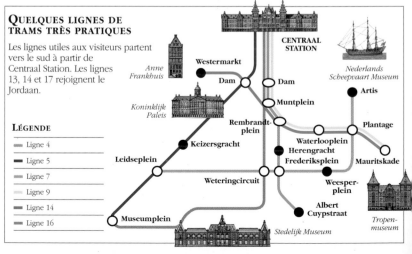

QUELQUES LIGNES DE TRAMS TRÈS PRATIQUES

Les lignes utiles aux visiteurs partent vers le sud à partir de Centraal Station. Les lignes 13, 14 et 17 rejoignent le Jordaan.

LÉGENDE

— Ligne 4
— Ligne 5
— Ligne 7
— Ligne 9
— Ligne 14
— Ligne 16

CENTRAAL STATION

Westermarkt

Anne Frankhuis

Dam — Dam

Muntplein

Koninklijk Paleis

Rembrandt-plein

Keizersgracht

Leidseplein

Waterlooplein
Herengracht
Frederiksplein

Weteringcircuit

Museumplein

Albert Cuypstraat

Weesper-plein

Nederlands Scheepvaart Museum

Artis

Plantage

Mauritskade

Tropen-museum

Stedelijk Museum

UTILISER UNE STRIPPENKAART

Horloge   **Insérez la strippenkaart ici**

Poinçonneuse

1 Si vous effectuez seul un trajet dans une seule zone d'Amsterdam, repliez le 1er coupon en partant du haut pour poinçonner le 2e. Le cachet indique l'heure et la zone de poinçonnage. Vous avez le droit de circuler une heure dans cette zone.

2 Pour une 2e personne, toujours dans une seule zone, poinçonnez 2 coupons supplémentaires.

3 Si vous refaites un trajet, dans 2 zones cette fois, par exemple du Dam au quartier olympique *(p. 154)*, validez 3 coupons supplémentaires (4 pour 3 zones, etc.).

utilisées par les visiteurs en dehors de celles passant par le Scheepvart Museum *(p. 146-147)* où ne s'arrête pas le tram.

Les autobus de nuit circulant après l'arrêt des tramways constituent l'autre exception. Un carré noir portant un numéro entre 71 et 77 signale leurs arrêts. Ils interrompent malheureusement leur service entre 2 h et 4 h du matin.

Les mêmes tickets de transport servent pour les autobus et les tramways. Il faut emprunter la porte de devant pour monter dans les bus.

CIRCULER EN MÉTRO

Amsterdam ne possède que trois lignes de métro ayant toutes pour terminus la Centraal Station. Ne comptant que quatre stations dans le centre (dans sa moitié est), Centraal Station, Nieuwmarkt, Waterlooplein et Weesperplein, elles servent principalement aux liaisons avec la banlieue.

En semaine, le métro, pour lequel on peut utiliser les mêmes tickets que les tramways, offre cependant l'avantage de circuler environ une demi-heure plus tard que ces derniers.

Enseigne d'une station de métro

Lecture d'un horaire de trains

LES TRAINS

Les chemins de fer néerlandais (Nederlandse Spoorwegen) assurent un service fiable à des prix raisonnables. Le bureau de l'OVR (Openbaar Vervoer Reisinformatie) vous renseignera sur le vaste éventail de trajets et de tarifs proposés aux touristes, notamment les billets ouverts permettant de faire étape en chemin. Il ne vend cependant pas de billets.

Pour des voyages à l'étranger, vous pourrez vous renseigner et prendre vos réservations au **Nederlandse Spoorwegen Internationale** qui se trouve sur le Stationsplein.

LES TICKETS DE TRANSPORT

Les titres de transport urbain sont valables à Amsterdam pour tous les transports publics. Les tickets à l'unité, valides une heure après leur poinçonnage, se révèlent coûteux. Des cartes à la journée *(dagkaart)* s'achètent, comme les tickets, à l'intérieur des véhicules ou aux distributeurs installés aux arrêts, et on peut en acheter pour neuf jours. Plus économiques encore, les cartes forfaitaires valables plus longtemps s'achètent aux guichets du GVB.

La *strippenkaart*, vendue également dans

Dagkaart de trois jours

les débits de tabac et chez les marchands de journaux, comporte 15 coupons permettant d'effectuer des trajets multiples, éventuellement à plusieurs. Un parcours dans une seule zone exigera au moins deux coupons.

CARNET D'ADRESSES

GVB (Gemeente Vervoer Bedrijf)
Stationsplein 14. **Plan** 2 E3.
06 9292. de 7 h à 21 h du lun. au ven., de 8 h à 21 h le sam.

Siège du GVB
Prins Hendrikkade 108-114.
8 h 30-16 h 30 du lun. au ven.

Nederlandse Spoorwegen Internationale
Stationsplein 15.
Plan 2 E3. 620 2266
de 6 h 30 à 10 h 15 t.l.j. (renseignements et réservations ferroviaires internationaux).

OVR (Openbaar Vervoer Reisinformatie)
Stationsplein 13a.
Plan 2 E3.
06 9292.
de 6 h 30 à minuit du lun. au ven., de 7 h à minuit sam. et dim. (renseignements sur tous les transports publics des Pays-Bas).

Amsterdam à bicyclette

Casque pour cycliste

Ville plate dont le centre a conservé ruelles et ponts étroits, Amsterdam se prête idéalement à la circulation à bicyclette. Plus d'un demi-million de ses habitants possèdent d'ailleurs un vélo qu'ils utilisent aussi bien pour se rendre au travail que pour sortir le soir. Les autorités favorisent ce mode de transport non polluant et ont aménagé un excellent réseau de pistes cyclables *(fietspaden)* et mis en place une signalisation routière spécifique. Vous pouvez apporter votre propre vélo, en louer un sur place ou vous joindre à une promenade organisée.

Affiche publicitaire

Visite guidée traversant le Nieuwe Herengracht

CODE DE LA ROUTE

La place accordée à la petite reine à Amsterdam peut sembler grisante à un cycliste français habitué à circuler dans des villes uniquement conçues en grande partie pour la voiture. Cette sensation de liberté ne doit toutefois pas vous amener à négliger les règles de sécurité, même si les Amstellodamois paraissent d'une grande décontraction sur leurs deux-roues. N'oubliez pas que vous ne possédez pas leur expérience des dangers de la cité.

En particulier, n'imitez pas ceux qui grillent les feux rouges. Même si

beaucoup d'Amstellodamois ne l'allument pas la nuit, un éclairage à l'avant et à l'arrière est obligatoire une demi-heure avant le coucher du soleil et une demi-heure avant son lever. Votre vélo doit en outre posséder une sonnette en état de marche, des bandes réfléchissantes sur les roues et un garde-boue arrière blanc ou jaune d'au moins 30 cm de long.

La priorité à droite s'applique pour tous les véhicules, et mieux vaut considérer que les tramways

ont une priorité absolue, ne serait-ce que parce qu'ils ne peuvent pas sortir de leurs rails pour éviter un cycliste imprudent. Ces rails sont souvent une cause de chute, notamment si l'on oublie leur présence en contournant un obstacle.

Rouler à deux de front est autorisé à condition de ne pas gêner le reste du trafic et vous avez le droit de transporter à l'arrière un enfant de moins de dix ans dans un siège de sécurité. Un panneau rond portant une bicyclette blanche sur fond bleu signale une piste cyclable obligatoire. Le mot *fiestpad* inscrit sur un petit panneau rectangulaire indique une piste facultative. En cas de crevaison ou de problème mécanique, la ville compte de nombreux réparateurs *(fietsenmaker)*.

La bonne manière de traverser des rails

ACHETER UNE BICYCLETTE

Pour un séjour de plusieurs semaines, acheter un vélo peut s'avérer plus rentable que de le louer. Méfiez-vous toutefois d'une trop bonne affaire proposée dans la rue, il s'agira probablement d'une bicyclette volée. Mieux vaut s'adresser à un vendeur de cycles d'occasion établi. La plupart des vélos néerlandais freinent par rétropédalage, une pratique qui demande de l'expérience, et vous aurez sans doute intérêt à préférer un freinage au guidon.

Feux de croisement

Piste obligatoire

Sens interdit sauf aux vélos et vélomoteurs

LOUER UNE BICYCLETTE

Plus de 100 gares des Pays-Bas proposent des locations de vélo à un tarif intéressant pour les détenteurs d'un billet de train valide. Il existe également à Amsterdam de nombreux loueurs privés. La plupart, comme les gares, exigent une caution, mais certains se contentent de la remise en dépôt d'un passeport. Les prix sont peu élevés et plus avantageux à la semaine qu'à la journée.

Bicyclettes à louer

LES VOLS DE BICYCLETTES

Ils sont fréquents à Amsterdam et mieux vaut verrouiller son vélo. Le procédé le plus efficace consiste à attacher la roue avant et le cadre à un poteau ou une rambarde à l'aide d'un antivol à anse. Les loueurs le fournissent généralement sans surcoût.

Antivol à anse

Un vélo bien emballé

APPORTER SA PROPRE BICYCLETTE

Renseignez-vous auprès de la SNCF sur les trains que vous pouvez prendre avec votre bicyclette, ou consultez le *Guide du train et du vélo* disponible dans les gares. Aux Pays-Bas, en juillet et août, vous pourrez l'emporter avec vous dans n'importe quel train et à n'importe quelle heure pour une somme modique. Les autres mois, il vous faudra éviter les heures de pointe.

En avion, il faut prévenir la compagnie au moins une semaine à l'avance et soigneusement emballer votre vélo. Même si vous n'avez pas d'autres bagages, vous devrez, sauf exception, payer un supplément.

LES VISITES GUIDÉES

Découvrir Amsterdam à vélo devient de plus en plus populaire et plusieurs compagnies proposent des visites guidées de la ville dont le prix comprend généralement la location de la bicyclette.
Yellow Bike organise également des promenades dans un parc naturel. Les inscriptions se prennent d'avril à octobre dans leur bureau ou auprès des VVV *(p. 256)*.

Si vous préférez partir seul à l'aventure, le VVV et l'auberge de jeunesse Arena *(p. 223)* fournissent des plans d'itinéraires à l'intérieur et hors d'Amsterdam. Les promenades en ville durent environ trois heures, en campagne il faut compter sept heures.

Guide de promenades en vélo proposé par MacBike

Amsterdam en bateau

Bien que les canaux d'Amsterdam aient été à l'origine percés pour le transport des marchandises plutôt que celui des personnes, ils offrent aujourd'hui un moyen extraordinaire de découvrir aussi bien ses monuments que sa vie quotidienne. Les navettes du Canalbus ou du Museumboot permettent ainsi de se déplacer à travers la ville tandis que plusieurs sociétés de bateaux-promenades proposent un vaste choix de croisières sur les voies d'eau, un mode de visite particulièrement agréable et pratique pour les personnes qui ne peuvent faire de longs trajets à pied.

Une barque originale

LE CANAL BUS

Le Canalbus effectue toutes les vingt-cinq minutes des navettes entre le Rijksmuseum (*p. 130-133*) et la Centraal Station en s'arrêtant au Leidseplein, à l'intersection de la Leidsestraat et du Keizersgracht et près de l'Anne Frankhuis (*p. 90-91*) et de la Westerkerk. Le trajet, qui n'est pas commenté, dure environ une heure et vous pouvez monter ou descendre à n'importe lequel des arrêts. Le billet est valable pour la journée. Les vendredis et samedis soir, le Canalbus propose également des croisières avec dégustation aux chandelles de fromage et de vin. Le départ se fait au Rijksmuseum et mieux vaut réserver à un kiosque **Canal Bus**.

Embarcadère de P Kooij

LES BATEAUX-PROMENADES

Les sociétés proposant des croisières sur les canaux ont pour la plupart leurs embarcadères en face de la Centraal Station sur la Prins Hendrikkade, le long du Damrak et du Rokin ainsi que sur la Stadhouderskade. Les vedettes ont généralement un toit vitré et un commentaire en plusieurs langues, dont le français, accompagne la promenade. Mieux vaut réserver pour les déjeuners ou dîners-croisières. Les croisières nocturnes peuvent inclure une dégustation de fromage et de vin, un arrêt dans un café ou un repas aux chandelles.

Lovers pratique des tarifs parmi les plus accessibles tandis que **P Kooij** est sans doute la société la plus haut de gamme. **Artis Express** assure une liaison au départ de la Centraal Station desservant le parc Artis (*p. 142-143*), le Scheepvaart Museum (*p. 146-147*) et le Tropen-museum (*p. 152-153*). P Kooij possède plus de vedettes découvertes que ses concurrents, un atout important quand il fait chaud.

Brochures et billet pour des croisières

Le *Riverside*, bateau de **Roell Watersport**, effectue deux fois par jour un aller-retour entre l'arrêt proche de l'Amstel-Intercontinental (*p. 223*) et la Centraal Station. Sur réservation effectuée à l'avance, il peut s'arrêter en chemin à d'autres hôtels.

Un bateau-promenade, ou *rondvaartboot*, sur l'Oude Schans

Le Museumboot sur le Singelgracht

LE MUSEUMBOOT

M is en service récemment, le bateau des Musées part toutes les demi-heures de 10 h à 15 h 30 en face de la Centraal Station et dessert des arrêts proches d'une vingtaine de musées. Vous pouvez choisir entre deux types de billets, l'un vous offre simplement un libre accès au bateau pendant une journée, l'autre comprend une réduction sur l'entrée de trois grands musées. Ils s'achètent aux bureaux du VVV *(p. 256)* et aux embarcadères du **Museumboot**. Le plan des transports de ce guide indique la localisation de ces embarcadères.

L'intérieur d'un Water taxi

LES WATER TAXIS

P our prendre un de ces bateaux-taxis possédant jusqu'à 8 places, il vous suffit de le héler au passage ou de téléphoner à la **Water Taxi Centrale**. Les tarifs sont élevés, environ 2 FL la minute.

Ce même tarif s'applique

pour la principale utilisation des Water-taxis : des croisières privées sur les canaux. Le tarif triple pour les bateaux de 35 places. Il est possible de réserver à l'avance nourriture, boissons ou guide.

En pédalo sur un canal

LES PÉDALOS

L es pédalos *(Canal Bike)*, à 2 ou 4 places, offrent un moyen d'autant plus agréable de se promener sur les canaux que l'on peut rendre celui que l'on a loué à un autre embarcadère que celui d'où l'on est parti. Ouverts tous les jours de 9 h 30 à 19 h et jusqu'à 22 h 30 en juillet et août, ces embarcadères sont au nombre de quatre et situés en face de la Westerkerk sur le Prinsengracht, près de la Leidsestraat sur le Keizersgracht, entre l'American Hotel et le Marriott sur le Leidseplein et devant le Rijksmuseum sur le Singelgracht. Entre novembre et mars, seul celui du Singelgracht est ouvert.

Une brochure, fournie, comprend un plan de la ville et des propositions d'itinéraires. Un écran protège les passagers les jours de pluie.

Logo des bateaux-taxis

ATLAS DES RUES

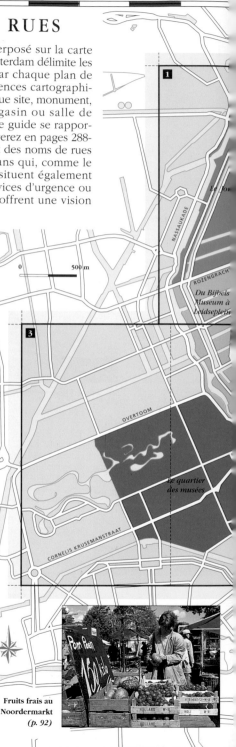

Un quadrillage superposé sur la carte des quartiers d'Amsterdam délimite les zones couvertes par chaque plan de l'*Atlas des rues*. Les références cartographiques données pour chaque site, monument, hôtel, restaurant, magasin ou salle de spectacle décrits dans ce guide se rapportent à ces plans. Vous trouverez en pages 288-291 un répertoire complet des noms de rues et des lieux indiqués sur les plans qui, comme le signale la légende ci-dessous, situent également arrêts de transports publics, services d'urgence ou lieux de culte. Les plans 7 et 8 offrent une vision agrandie du cœur d'Amsterdam.

LÉGENDE DES PLANS

▮	Site exceptionnel
▮	Site intéressant
▮	Édifice intéressant
M	Station de métro
🚃	Gare ferroviaire
🚌	Gare routière
🚋	Ligne de tramways
🚍	Ligne d'autobus
⛴	Embarcadère des bateaux
⛴	Embarcadère du Canal Bus
⛴	Embarcadère du Museumboot
🚕	Station de taxis
P	Parc de stationnement
i	Centre d'information touristique
✚	Hôpital de garde
🏛	Poste de police
✝	Église
✡	Synagogue
C	Mosquée
⊠	Bureau de poste
=	Voie ferrée
–	Rue à sens unique
▬	Rue piétonne

ÉCHELLE DES PLANS 1 À 6

0   250 m
           1:12 000

ÉCHELLE DES PLANS 7 ET 8

0   100 m
           1:7 000

Fruits frais au
Noordermarkt
(p. 92)

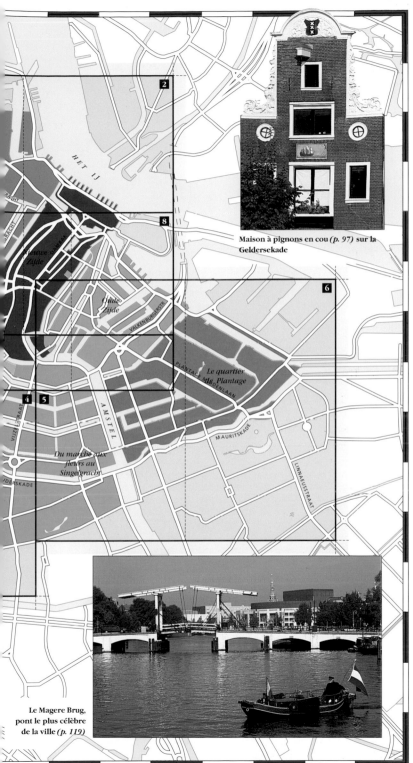

HET IJ

Nieuwe
Zijde

Oude
Zijde

VALKENBURGERSTR

AMSTEL

PLANTAGE MIDDENLAAN

Le quartier
Plantage

MAURITSKADE

LINNAEUSSTRAAT

VIJZELSTRAAT

JDERSKADE

Du marché aux
fleurs au
Singelgracht

Maison à pignons en cou *(p. 97)* sur la
Geldersekade

Le Magere Brug,
pont le plus célèbre
de la ville *(p. 119)*

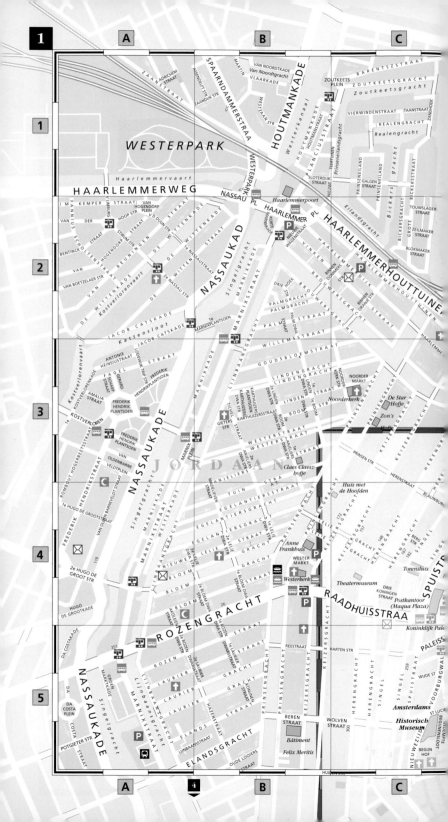

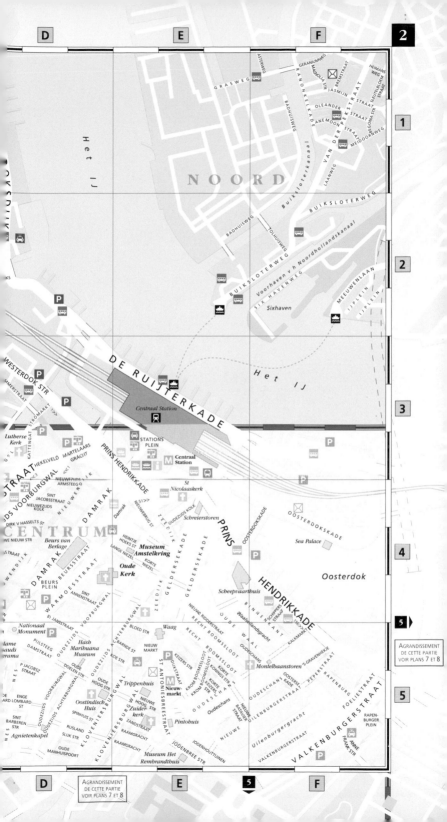

NOORD

Het IJ

ASTERWEG
GRASWEG
GERANIUMWEG
MAGNOLIASTR
BREMSTRAAT
HEIMANS WEG
JASMIJN
OLEANDER
ANEMOON
VAN DER PEKSTRAAT
BADHUISWEG
BUIKSLOTERKANAAL
KANONKELKADE
LAANWEG
MEIDOORNWEG
SLEUTELBOSCH STRAAT

BUIKSLOTERWEG

BADHUISWEG
TOLHUISWEG
Voorhaven v h Noordhollandskanaal
SIX HAVENWEG
Sixhaven
BUIKSLOTERWEG
MEEUWENLAAN
IJPLEIN

DE RUIJTERKADE

Het IJ

Centraal Station

STATIONS PLEIN
M Centraal Station

PRINS HENDRIKKADE

Lutherse Kerk
KATTENGAT
HEKELVELD
MARTELAARS GRACHT
NIEUWEZIJDS VOORBURGWAL
STROMARKT
NIEUWEZIJDS KOLK
NIEUWENDIJK
ARMSTEEG
SINT JACOBSSTRAAT

St Nicolaaskerk

DAMRAK
Damrak
NIEUWEBRUG ST

ZEEDIJK
OUDEZIJDS KOLK
Schreierstoren

OOSTERDOKSKADE
OOSTERDOKSKADE

CENTRUM

Beurs van Berlage
DAMRAK
BEURSSTRAAT
HEINTJE HOEKS ST
LANGE NIEZEL
KORTE NIEZEL
Museum Amstelkring

Oude Kerk

Sea Palace

Oosterdok

BEURS PLEIN
SINT ANNENSTRAAT
WARMOESSTRAAT

OUDEZIJDS VOORBURGWAL

GELDERSEKADE
GELDERSEKADE

Scheepvaarthuis

PRINS HENDRIKKADE

Nationaal Monument
dame sauds orama
PIJLSTEEG
DAMSTRAAT
P JACOBSZ
Hash Marihuana Museum
OUDE DOELENSTR
ANTERBURGWAL
BLOED STR
Waag
NIEUW MARKT
NIEUWE BODENSTRAAT
RECHT BOOMSSLOOT
OUDE WAAL
Waalseilandsgracht
BINNENKANT
SCHIPPERSSTR
KALKMARKT
'S GRAVENHEKJE
PEPERSTRAAT
RAPENBURG STRAAT

ENGE LOMBARD ST
SINT BARBEREN STR
OUDEZIJDS ACHTERBURGWAL
KLOVENIERSBURGWAL
BARNDE ST
KOE STR
KEZERS STR
DUKSTRAAT
Trippenhuis
M Nieuwmarkt
KROM BOOMSSLOOT
KONINGS STR
KORTE KEIZERS STR
KROM BOOMSSLOOT
Montelbaanstoren
OUDESCHANS KADE
OUDESCHANS
NIEUWE UILENBURGERSTRAAT
OUDESCHANS
FOELIESTRAAT
ANNE FRANK STR

Oostindisch Huis
NIEUWE HOOG STR
Zuider kerk
ZANDSTRAAT
Pintohuis
RUSLAND
SPINHUIS ST
Agnietenkapel
SLIJK STR
OUDE MANHUISPOORT
RAAMGRACHT
RAAMGRACHT
Museum Het Rembrandthuis
JODENBREE STR
JODENHOUTTUINEN
NIEUWE UILENBURGERGRACHT
UILENBURGERSTRAAT
VALKENBURGERSTRAAT
VALKENBURGERSTRAAT

RAPEN BURGER PLEIN

AGRANDISSEMENT DE CETTE PARTIE VOIR PLANS 7 ET 8

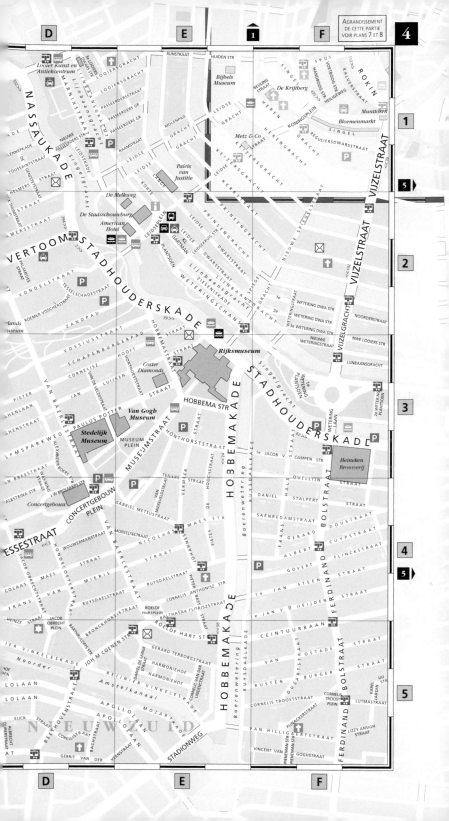

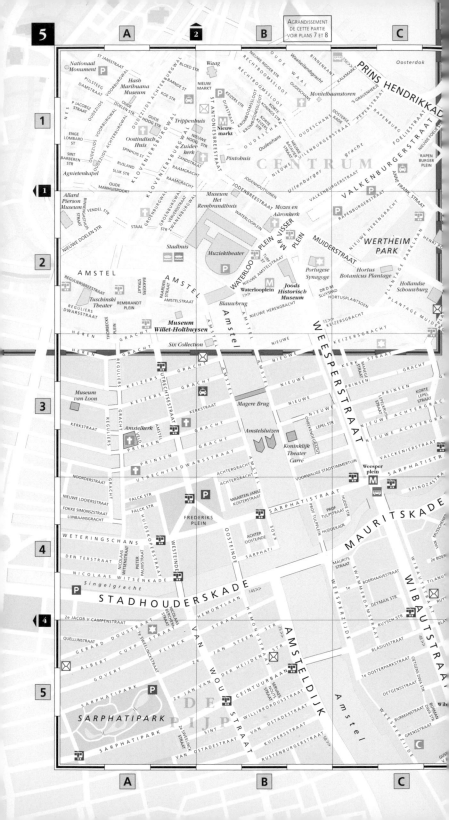

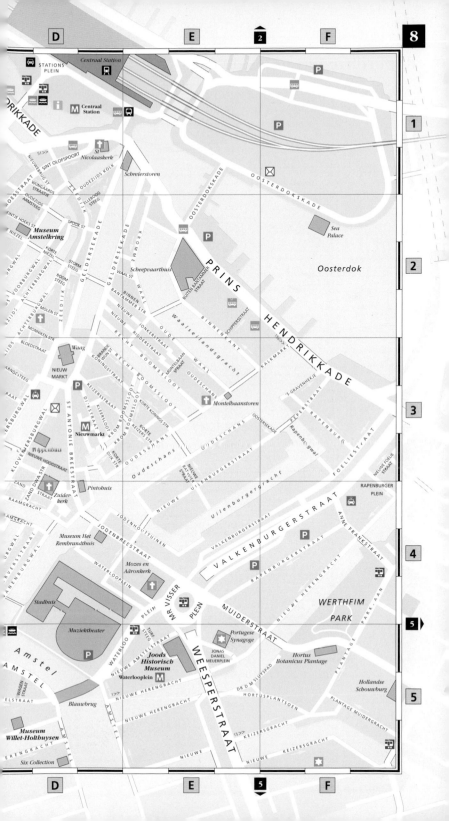

Répertoire des noms de rues

Index général

Les numéros de page en gras
renvoient aux principales entrées.

Remerciements

L'éditeur remercie les organismes, les institutions et les particuliers suivants dont la contribution a permis la préparation de cet ouvrage.

AUTEURS PRINCIPAUX
Robin Pascoe vit depuis quinze ans à Amsterdam où elle écrit dans différents journaux néerlandais. Elle travaille aussi pour la BBC, l'ANP, agence de presse des Pays-Bas, et l'IPS, agence de presse internationale.

Christopher Catling se rend régulièrement aux Pays-Bas depuis qu'il a écrit son premier guide de voyages d'affaires en 1984. Il a depuis rédigé quatre autres guides sur Amsterdam et les Pays-Bas. Il a aussi contribué aux guides *Voir* sur la Florence et la Toscane, Venise et la Vénétie, la Grande-Bretagne et l'Italie.

PHOTOGRAPHIES D'APPOINT
Steve Gorton, Clive Streeter

ILLUSTRATIONS D'APPOINT
Arcana (Graham Bell), Richard Bonson, Stephen Conlin, Roy Flooks, Mick Gillah, Kevin Goold, Stephen Gyapay, Chris Orr, Ian Henderson, Philip Winton, John Woodcock

COLLABORATION ÉDITORIALE
Susan Churchill, Debbie Scholes, Seán O'Connell, Caroline Radula-Scott

COLLABORATION ARTISTIQUE
Martin Cropper, Anthea Forlee, Annette Jacobs

INDEX
Hilary Bird

AVEC LE CONCOURS SPÉCIAL DE :
Greet Tuinman, Charlotte van Beurden, Poppy

AUTORISATIONS DE PHOTOGRAPHIER
L'éditeur remercie les entreprises, les institutions et les organismes suivants d'avoir accordé leur autorisation de photographier :
Airborne Museum, Arnhem ; Allard Pierson Museum ; Amstelkring Museum ; Amsterdams Historisch Museum/Willet-Holthuysen Museum ; Artis Zoo ; Aviodrome ; Beurs van Berlage ; Boerhaave Museum, Leiden ; Carré Theater ; Concertgebouw ; Coster Diamonds ; Domkerk, Utrecht ; Electrische Museumtramlijn ; Europoort, Rotterdam ; Filmmuseum ; Frankendael ; Anne Frankhuis ; Grote Kerk, Alkmaar ; Grote Kerk, Edam ; Hash Marihuana Museum ; Heineken Museum ; Hollandse Schouwburg ; Hortus Botanicus, Leiden ; Joods Historisch Museum ; Justitie Hall ; Koninklijk Paleis ; Krijtberg ; Kröller-Müller Museum et National Park, Otterlo ;

Nederlands Scheepvaart Museum ; Madurodam, Den Haag ; Musée de la Marine, Rotterdam ; Monnickendam ; Nieuwe Kerk ; Nieuwe Kerk et Oude Kerk, Delft ; Oude Kerk ; Paleis Het Loo, Apeldoorn ; Peace Palace, Den Haag ; Portugese Synagoge ; Prince William V Gallery, Den Haag ; Prinsenhof, Leiden ; Gevangenpoort, Den Haag ; RAI International Exhibition Centre ; Rijksmuseum ; Rijksmuseum, Utrecht ; Rijksmuseum van Oudheden, Leiden ; Rijksmuseum van Speelklok Tot Pierement, Utrecht ; St Bavo, Haarlem ; St Nicolaaskerk ; SAS Hotel ; Scheveningen Sea Life Centre ; Sint Janskerk, Gouda ; Stadhuis-Muziektheater ; Stedelijk Museum ; Stedelijk Molenmuseum, Leiden ; Technologie Museum ; Teylers Museum, Haarlem ; Theater Museum ; Tropenmuseum ; Vakbonds Museum ; Van Gogh Museum ; Van Loon Museum ; Verzetsmuseum ; Werf 't Kromhout Museum ; Westerkerk ; Westfries Museum, Hoorn ; Zuiderzee Museum.

CRÉDITS PHOTOGRAPHIQUES
h = en haut ; hg = en haut à gauche ; hc = en haut au centre ; hd = en haut à droite ; chg = centre haut à gauche ; ch = centre haut ; chd = centre haut à droite ; cg = centre gauche ; c= centre ; cd = centre droit ; cbg = centre bas à gauche ; cb = centre bas ; cbd = centre bas à droite ; bg = bas à gauche ; b = en bas ; bc = bas au centre ; bd = bas à droite ; (d) = détail.

Malgré tout le soin que nous avons apporté à dresser la liste des auteurs des photographies publiées dans ce guide, nous demandons à ceux qui auraient été involontairement oubliés ou omis de bien vouloir nous en excuser. La correction appropriée serait effectuée à la prochaine édition de cet ouvrage.

Les œuvres d'art ont été reproduites avec l'autorisation des organismes suivants :
© ABC/MONDRIAAN ESTATE/HOLTZMAN TRUST, LICENSED BY ILP 1995 : 136 bd ; © ADAGP, PARIS AND DACS, LONDON 1995 : 136 cg, 200 h ; © DACS, LONDON 1995 : 38 bg, 136 bg, 201 hg ; © JASPER JOHNS/DACS LONDON/VAGA NEW YORK : 137 cb.

L'éditeur remercie les musées, photographes et les agences de photos suivants qui l'ont autorisé à reproduire leurs clichés :
AKG, LONDON : 20 cgb, 22 cg, 23 c, 24 cg, 26 bd, 27 h, 101 hd, 130 hc, 185 hd, 209 c ; Niklaus Strauss 137 bd ; AMSTELKRING MUSEUM : 84 bg, 85 cd, 85 bd ; AMSTERDAMS HISTORISCH MUSEUM : 16, 21 bc, 22-23 c, 23 hc, 23 cdb, 23 bg, 24-25 c, 25 cgb, 28 cg, 29 h, 29 cb, 30 cg, 31 cd, 38 cg, 81 h, 81 hd, 81 cd, 81 bd, 82 hg, 82 b, 83 h, 83 b,

90 b, 94, 120 cg, 120 c, 120 bg, 121 cd ; ANP
PHOTO : 35 hc, 35 cdb, 35 bg.

B&U INTERNATIONAL PICTURE SERVICE : 35 hg, 35 hd,
51 cd, 53 b, 101 bg, 105 bd, 180 cg, 203 h ;
BOYMANS-VAN BEUNINGEN MUSEUM, ROTTERDAM :
200 cg, 200 b, 201 hc, 201 cd, 201 bd ; © ADAGP
Paris et DACS London 1995 *La Méditerranée*
Aristide Maillol 1905 200 h ; © DACS London 1995
Mère et enfant Constant 1951 201tl; BRIDGEMAN ART
LIBRARY: Christie's London *Grote Markt, Haarlem*
Gerrit Berckheyde v.1668 176 h ; Giraudon/Musée
Crozatier Le Puy-en-Velay France *Louis XIV* 27 bd ;
Musées du Kremlin Moscou 28 bg ; Collection
privée *L'Oudezijds Voorburgwal* Cornelius
Springer 44 cg ; Collection privée *Autoportrait de
Malevich* 137 cd ; Stapleton Collection Carreau de
Delft du XIXᵉ siècle 192 hg.

CAMERA PRESS : Karsh of Ottawa 137 hd ; JEAN-
LOUP CHARMET : Musée de l'Armée 28 bd ;
COLORSPORT : 34 cgh.

JAN DERWIG : 99 hd, 151 b, 224 b, 266 cg, 267 cd ;
DRENTS MUSEUM, ASSEN : 18 bg.

MARY EVANS PICTURE LIBRARY : 9c, 19 cdh, 19 bc,
21 bg, 23 bd, 24 bg, 25 bd, 27 bg, 29 bd, 30 cb,
30 bc, 31 bg, 33 cdb, 55 c, 163 c ; Louis
Raemaehois 32 bc ; Jean Veber 31 bd.

FOTO NATURA : Fred Hazelhoff 205 cb.

GAUGUIN RESTAURANT : 224 cg ; GEMEENTEARCHIEF,
AMSTERDAM : 19 hg, 21 ch, 21 cb, 22 hg, 22 bc,
29 cd, 45 b, 99 hg, 99 cg, 100 cgb, 101 bd, 102 bg,
103 hd, 103 cd, 104 hd, 105 hd, 105 cd ;
GEMEENTEARCHIEF, KAMPEN : 21hg.

FRANS HALS MUSEUM, HAARLEM : 25hg, 28-29 c,
178 h, 178 bg, 178 bd, 179 hg, 179 hd, 179 bg,
179 bd ; VANESSA HAMILTON : 97hg, 101 cd,
104 cd ; ROBERT HARDING PICTURE LIBRARY : 58hd ;
Peter Scholey 116 h ; Adam Woolfitt 11 bd ;
HULTON-DEUTSCH COLLECTION : 38 h.

ICONOGRAFISCH BUREAU : 103 hg ; THE IMAGE BANK :
Bernard van Berg 52 cd ; Fotoworld 50 b ;
INTERNATIONAL FLOWER BULB CENTRE : 24 bc, 180 bc,
181 hg, 181 cgh, 181 cg, 181 cgb, 181bg ;
INTERNATIONAL INSTITUTE OF SOCIAL HISTORY : 32 hg.

JOODS HISTORISCH MUSEUM : 64 cg.

KRÖLLER-MÜLLER MUSEUM : 204 hg ; MAURITSHUIS, DEN
HAAG : 188 h, 188 c, 188 bg, 189 h, 189 cd, 189 bd,
189 bg, 193 hg ; MGM CINEMAS BV : 33 cd ; MUNICIPAL
MUSEUM DE LAKENHAL, LEIDEN : 184 b ; MUSEUM HUIS
LAMBERT VAN MEERTEN, COLLECTION RBK : 195 h.

NATIONAL FIETSMUSEUM VELORAMA, NIJMEGEN :
31 hg, 274 hd ; NETHERLANDS ARCHITECTURE
INSTITUTE ARCHIVE : 98 cg ; Isaac Gosschalk
105 cg ; De Klerk 33 h, 97 cdh.

PICTURE BOX : Lee Auteur 156 ; © PHOTO RMN,
PARIS : 8-9 ; PRENTENKABINET DER RIJKSUNIVERSITEIT,
LEIDEN : 30 bd.

RANGE PICTURES : 26 hd ; MUSEUM HET
REMBRANDTHUIS : 59 b ; RETROGRAPH ARCHIVE LTD :
267 bg ; Martin Breese 30 hg ; FONDATION DU
RIJKSMUSEUM, AMSTERDAM : 24 hg, 26 hg, 28 cgh,
38 c, 40 b, 130 cg, 130 b, 131 h, 131 c, 131 bd,
132 h, 132 b, 133 h, 133 b ; RIJKSMUSEUM PALEIS
HET LOO, APELDOORN : E Boeijinga 206 hd, 206 cg,
207 hg ; AAW Meine Jansen 206 bg ; R Mulder
206 cgb ; ROYAL PALACE, AMSTERDAM : Erik
Hemsmerg 25 hd, 37 cd, 70, 74 h.

SCHEEPVART MUSEUM : 17 b, 26 cd, 27 c,146 hg ;
SCIENCE PHOTO LIBRARY/Earth Satellite
Corporation : 10 cg ; HARRY SMITH HORTICULTURAL
COLLECTION : 34 b ; SPAARNESTAD FOTOARCHIEF :
33 c, 97 hd, 99 cb ; STEDELIJK MUSEUM, ALKMAAR :
32 c ; STEDELIJK MUSEUM, AMSTERDAM : 136 hd,
137 hg, 137 hc ; © ABC/Mondriaan
Estate/Holtzmann Trust, licenced by ILP 1995
Composition rouge, noir, bleu, jaune, gris Piet
Mondriaan 1920 136 bd ; © ADAGP Paris et DACS
London 1995 *Autoportrait aux sept doigts* Marc
Chagall 1912-1913 136 cg ; © DACS London 1995
Chaise bleue et rouge Gerrit Rietveld 1918 136 bg ;
© DACS London 1995 *Chaise Steltman* Gerrit
Rietveld 1963 38 bg ; © Jasper Johns/DACS
London/VAGA New York 1995 *Untitled* Jasper
Johns 1965 137 cb ; STEDELIJK MUSEUM DE
LAKENHAL, LEIDEN : 104 bd ; TONY STONE IMAGES :
173 cg, 268 bg ; Kim Blaxland 181 hd ; David
Hanson 208-209 ; John Lamb 2-3 ; Manfred Mehlig
162-163 ; Rohan 100 h.

HANS TULLENERS : 99 cd, 100 cd, 102 c.

UNIVERSITEITSBIBLIOTHEEK VAN AMSTERDAM : 96 hd ;
VINCENT VAN GOGH (FONDATION), VAN GOGH
MUSEUM, AMSTERDAM : 38 bd, 134 h, 134 c, 134 bg,
134 bd, 135 h, 135 cd, 135 cdb.

WESTERN AUSTRALIAN MARITIME MUSEUM : 26 ch ;
WORLD PICTURES : 95 cd.

ZEFA : CPA 52 b ; Steenmans 53 c ; Streichan 45 h.

Pages de garde : toutes photos excepté ROYAL
PALACE AMSTERDAM Erik Hemsmerg hdc.

Couverture : toutes photos excepté TELEGRAPH
COLOUR LIBRARY/Masterfile h.

Lexique

EN CAS D'URGENCE

Au secours !	**Help!**	help
Arrêtez !	**Stop!**	stop
Appelez un médecin	**Haal een dokter**	hâl én **doc**-teur
Appelez une ambulance	**Bel een ambulance**	bel én ahm-bu-**lans**-e
Appelez la police	**Roep de politie**	roup de po-**lit**-si
Appelez les pompiers	**Roep de brandweer**	roup de **brahnt**-vér
Où est le téléphone le plus proche ?	**Waar is de dichtsbizijnde telefoon ?**	vâr iss de **dikhst**-beil-zeiln-de te-le-**fôn**
Où est l'hôpital le plus proche ?	**Waar is het dichtsbijzijnde zickenhuis ?**	vâr iss het **dikhst**-beil-zeiln-de zi-keun-hoeiss

L'ESSENTIEL

Oui	**Ja**	iä
Non	**Nee**	né
S'il vous plaît	**Alstublieft**	alst-tu-**blïft**
Merci	**Dank u**	dahnk u
Excusez-moi	**Pardon**	par-**don**
Bonjour	**Hallo**	hallo
Au revoir	**Dag**	dag
Bonsoir	**Slaap lekker**	slâp **lek**-ker
matin	**Morgen**	**mor**-g'heun
après-midi	**Middag**	**mid**-dag
soir	**Avond**	A-vohnd
hier	**Gisteren**	**G'his**-tern
aujourd'hui	**Vandaag**	vahn-**dâg**
demain	**Morgen**	**mor**-g'heun
ici	**Hier**	hír
là	**Daar**	dâr
Quoi ?	**Wat ?**	vat
Quand ?	**Wanneer ?**	van-**ér**
Pourquoi ?	**Waarom ?**	vâr-**om**
Où ?	**Waar ?**	vâr
Comment ?	**Hoe ?**	hou

QUELQUES PHRASES UTILES

Comment allez-vous ?	**Hoe gaat het ermee ?**	hou g'hât het er-**mé**
Très bien, merci.	**Heel goed, dank u**	hél g'houd, dahnk u
À bientôt.	**Tot ziens**	tot zins
C'est parfait.	**Prima**	**pri**-ma
Où est… ?	**Waar is… ?**	vâr iss…
Où sont… ?	**Waar zijn… ?**	vâr zeïln…
À quelle distance est-ce… ?	**Hoe ver is het naar… ?**	hou veur iss het nar…
Comment aller à… ?	**Hoe kom ik naar… ?**	hou kom ik nâr…
Parlez-vous français ?	**Spreekt u Frans ?**	spékt u **frahns**
Je ne comprends pas.	**Ik snap het niet.**	ik snap het nït
Pourriez-vous parler plus lentement, SVP ?	**Kunt u langzamer praten ?**	kunt u **lahng**-zameur pra-teun
Pardon	**Sorry**	sori

QUELQUES MOTS UTILES

gros	**groot**	grôt
petit	**klein**	kleïn
chaud	**warm**	vharm
froid	**koud**	kaod
bon	**goed**	g'houd
mauvais	**slecht**	slerh't
assez	**genoeg**	g'he-**noug**
bien	**goed**	g'houd
ouvert	**open**	opeun
fermé	**gesloten**	g'he-**slo**-teun
à gauche	**links**	lïnks
à droite	**rechts**	rerh'ts
tout droit	**rechtdoor**	rerh'ts-dôr
près	**dichtbij**	dirh't-beil
loin	**ver weg**	veur veug
en haut	**omhoog**	om-**hôg**
en bas	**naar beneden**	nâr be-**né**-deun
tôt	**vroeg**	vroug
tard	**laat**	lât
entrée	**ingang**	**ïn**-g'hahng
sortie	**uitgang**	**oeit**-g'hahng
les toilettes	**wc**	vé cé
occupé	**bezet**	be-**zett**
libre	**vrij**	vreil
gratuit	**gratis**	**grâ**-tis

AU TÉLÉPHONE

Je voudrais l'interurbain.	**Ik wil graag interlokaal telefoneren.**	ik vil g'hrâg **inter**-lo-kâl tèlefe-**ne**-reun
Je voudrais téléphoner en PCV	**Ik wil « collect call » bellen**	ik vil collect col **bel**-eun
Je rappellerai plus tard.	**Ik probeer het later nog wel eens.**	ik pro-**bér** het lateur nog vel éns
Puis-je laisser un message ?	**Kunt u een boodschap doorgeven**	kunt u én **bôd**-srhap **dôr**-gue -veun
Pourriez-vous parler plus fort SVP ?	**Wilt u wat harder praten ?**	vhilt u vhat **hard**-eur **pra**-teun
Appel local	**Lokaal gesprek**	lo-**kâl** g'he-**sprek**

LES ACHATS

Combien cela coûte-t-il ?	**Hoeveel kost dit ?**	hou-**vél** kost ditt
Je voudrais…	**Ik wil graag…**	ik vhil g'hrâg
Avez-vous… ?	**Heeft u… ?**	héft u
Je ne fais que regarder.	**Ik kijk alleen even.**	ik keilk allén è-veun
Acceptez-vous les cartes bancaires ?	**Neemt u credit cards aan ?**	némt u creditt cards ân
Acceptez-vous les chèques de voyage ?	**Neemt u reischeques aan ?**	némt u **reiss**-cheks ân
À quelle heure ouvrez-vous ?	**Hoe laat gaat u open ?**	hou lât g'hat u opeun
À quelle heure fermez-vous?	**Hoe laat gaat u dicht ?**	hou lât g'hât u dirh't
celui-ci	**Deze**	**dè**-ze
celui-là	**Die**	di
cher	**duur**	dûr
bon marché	**goedkoop**	goud-**kôp**
taille	**maat**	mâtt
blanc	**wit**	vhit
noir	**zwart**	zvhart
rouge	**rood**	rôd
jaune	**geel**	guèl
vert	**groen**	groun
bleu	**blauw**	bla-ou

LES MAGASINS

antiquaire	**antiekwinkel**	ahn-**tîk**-vhin-keul
boulangerie	**bakker**	**ba**-keur
banque	**bank**	bahnk
librairie	**boekwinkel**	**bouk**-vhïn-keul
boucher	**slager**	slag'heur
pâtisserie	**banketbakkerij**	bahnk-**èt**-bak-eur-eil
fromagerie	**kaaswinkel**	**kâs**-vhïn-keul
kiosque à frites	**patatzaak**	pa-**tat**-zâk
pharmacie	**apotheek**	a-po-**ték**
charcuterie fine	**delicatessen**	déli-ka-**tés**-seun
grand magasin	**warenhuis**	**vhar**-eun-hoeiss
poissonnerie	**viswinkel**	**vis**-vhïn-keul
maraîcher	**groenteboer**	**groun**-te-bour
coiffeur	**kapper**	**ka**-peur
marché	**markt**	markt
vendeur de journaux	**krantenwinkel**	**krahn**-teun-vhïn-keul
bureau de poste	**postkantoor**	**post**-kahn-tour
marchand de chaussures	**schoenenwinkel**	**chou**-neun-vhïn-keul
supermarché	**supermarkt**	**su**-per-markt
bureau de tabac	**sigarenwinkel**	si **g'hâ**-reun-vhïn-keul
agence de voyages	**reisburo**	**reiss**-buro

LE TOURISME

galerie d'art	**gallerie**	galeri
gare routière	**busstation**	**bus**-sta-sion
ticket	**strippenkaart**	**stri**-peun-cârte
cathédrale	**kathedraal**	ka-te-**drâl**
église	**kerk**	keurk
fermé les jours fériés	**op feestdagen gesloten**	op **fést**-da-gueun gue-**slo**-teun
aller-retour valable un jour	**dagretour**	**dag**-retour
jardin	**tuin**	toeïn
bibliothèque	**bibliotheek**	bi-bli-o-**ték**
musée	**museum**	mu-**zé**-eum
gare	**station**	sta-**sion**
billet de retour	**retourtje**	re-**tour**-tieu
aller simple	**enkeltje**	**enk**-eul-tieu
office du tourisme	**VVV**	fè fè fè
hôtel de ville	**stadhuis**	stat-**hoeiss**
train	**trein**	treïln

À L'HÔTEL

Avez-vous une chambre libre ?	**Zijn er nog kamers vrij ?**	zeiln eur nog **kameurss** vreil
une chambre à lit double	**een twee persoonskamer met een twee persoonsbed**	én **tvhé** peur-**sônnss**-ka-meur mett én **tvhé** peur-**sônnss** béd
une chambre pour deux personnes à deux lits	**een kamer met een lits-jumeaux**	én **ka-meur** mett én li-ju-**mo**
chambre individuelle	**eenpersoons-kamer**	én peur-**sônnss-ka-meur**
chambre avec bains	**kamer met bad**	**ka-meur** mett bad
douche	**douche**	douche
portier	**kruier**	**kru**-yeur
J'ai réservé.	**Ik heb gereserveerd**	ik heub g'heu-ré-ser-**vérd**

AU RESTAURANT

Avez-vous une table ?	**Is es een tafel vrij ?**	iss eur én **ta**-feul vreil
J'aimerais réserver une table.	**Ik wil ee tafel reserveren.**	ik vhil én **ta**-feul ré-ser-**vér**-eun
L'addition s'il vous plaît.	**Mag ik afrekenen.**	mag ik **af**-ré-ke-neun
Je suis végétarien.	**Ik ben vegetariër**	ik bén fé-g'heu-**tar**-i-eur
serveuse/garçon	**serveester/ober**	seur-**vér**-steur./**o**-beur
carte	**de kaart**	de kârt
supplément couvert	**het couvert**	hett cou-**vér**
carte des vins	**de wijnkaart**	de **vheiln**-kârt
verre	**het glas**	hett glass
bouteille	**de fles**	de fless
couteau	**het mes**	hett mess
fourchette	**de vork**	de fork
cuillère	**de lepel**	de **lé**-peul
petit déjeuner	**het ontbijt**	het ont-**beilt**
déjeuner	**de lunch**	de leunch
dîner	**het diner**	hett di-**né**
plat principal	**het hoofdgerecht**	hett **hôfd**-g'he-rérh't
entrée	**het voorgerecht**	hett **vôr**-g'he-rérh't
dessert	**het nagerecht**	hett **na**-g'he-rérh't
plat du jour	**het dagmenu**	hett **dag**-menu
bar	**het cafe**	hett ka-**fé**
café	**het eetcafe**	hett **ét**-ka-fé
saignant	**rare**	rére
à point	**medium**	médieum
bien cuit	**doorbakken**	dôr-**ba**-keun

LIRE LE MENU

aardappels	**ârd**-appeuls	pommes de terre
azijn	a-**zeiln**	vinaigre
biefstuk	**bîf**-stuk	steak
bier, pils	bir, pils	bière
boter	boteur	beurre
brood/broodje	brôtt/**brôtt**-yeu	pain/petit pain
cake, taart, gebak	kék, târtt, g'he-**bak**	gâteau, pâtisserie
carbonade	kar-bo-**na**-de	côte de porc
chocola	cho-ko-**la**	chocolat
citroen	si-**troun**	citron
cocktail	kok-tel	cocktail
droog	drôg	sec
eend	énd	canard
ei	eil	œuf
garnalen	g'har-**na**-leun	crevettes
gebakken	g'he-**ba**-keun	frit
gegrild	g'he-**g'hrild**	grillé
gekookt	g'he-**kôkt**	bouilli
gepocheerd	g'he-poch-**érd**	poché
gerookt	g'he-**rôkt**	fumé
geroosterd brood	g'he-**rôs**-teurd brôt	pain grillé
groenten	**groun**-teun	légumes
ham	ham	jambon
haring	**ha**-ring	hareng
hutspot	hut-spot	pot-au-feu
ijs	eilss	glace, crème glacée
jenever	ieu-**né**-veur	liqueur de genièvre
kaas	kâs	fromage
kabeljauw	ka-beul-**iao**	morue
kip	kip	poulet
knoflook	knof-**lôk**	ail
koffie	kofi	café
kool, rode of witte	kôl, **ro**-de of **vhit**-e	chou, rouge ou blanc
kreeft	kréft	homard
kroket	kro-**kètt**	croquette

lamsvlees	**lams**-fléss	agneau
lekkerbekje	**lék**-keur-bec-ieu	filet de haddock frit
mineraalwater	mineur-**âl**-vhateur	eau minérale
mosterd	**moss**-teurd	moutarde
niet scherp	nitt skerp	doux
olie	**o**-li	huile
paling	**pa**-líng	anguille
pannekoek	**pa**-ne-kouk	crêpe
patat frites	pa-**tatt** frite	frites
peper	**pé**-peur	poivre
poffertjes	**poffeur**-tieuss	petites crêpes au blé noir
rijst	reilst	riz
rijsttafel	**reilst**-ta-feul	table de riz
rode wijn	**ro**-de vheiln	vin rouge
rookworst	**rôk**-vhorst	saucisse fumée
rundvlees	**rund**-fléss	bœuf
saus	sauss	sauce
schaaldieren	**skâl**-dî-reun	coquillage
scherp	skerp	pimenté
schol	sghol	sole
soep	soup	soupe
stamppot	**stam**-pott	ragoût
suiker	**soei**-keur	sucre
thee	té	thé
tosti	**toss**-ti	toast au fromage
uien	**oei**-eun	oignons
uitsmijter	**oeit**-smeil-teur	œuf au plat sur une tartine de jambon
varkensvlees	**var**-keuns-fléss	porc
vers fruit	fers-froeitt	fruit frais
verse jus	**fers**-se-zjhew	fruit frais
vis	fiss	poisson/fruits de mer
vlees	fléss	viande
water	**vha**-teur	eau
witte wijn	**vhi**-te vheiln	vin blanc
worst	vhorst	saucisse
zout	zaott	sel

LES NOMBRES

1	**een**	én
2	**twee**	tvhé
3	**drie**	dri
4	**vier**	fîr
5	**vijf**	feilf
6	**zes**	zéss
7	**zeven**	**zé**-veun
8	**acht**	arh't
9	**negen**	**né**-g'heun
10	**tien**	tînn
11	**elf**	elf
12	**twaalf**	tvhâlf
13	**dertien**	**deur**-tînn
14	**veertien**	**fér**-tînn
15	**vijftien**	**feilf**-tînn
16	**zestien**	**zess**-tinn
17	**zeventien**	**zéveun**-tînn
18	**achtien**	**arh'**-tînn
19	**negentien**	**né-g'heun**-tînn
20	**twintig**	**tvhin**-teug
21	**eenentwintig**	**éneun**-tvhin-tig
30	**dertig**	**deur**-tig
40	**veertig**	**fîr**-tig
50	**vijftig**	**feilf**-tig
60	**zestig**	**zess**-tig
70	**zeventig**	**zé**-veun-tig
80	**tachttig**	**tarh'**-tig
90	**negentig**	**nég'heun**-tig
100	**honderd**	**hohn**-deurd
1 000	**duizend**	**doei**-zeund
1 000 000	**miljoen**	mil-**ioun**

LE JOUR ET L'HEURE

une minute	**een minuut**	én mïn-**ûtt**
une heure	**een uur**	én ûr
une demi-heure	**een half uur**	én half ûr
une heure et demie	**half twee**	half tvhé
un jour	**een dag**	én dag
une semaine	**een week**	én vhék
un mois	**een maand**	én mânnd
une année	**een jaar**	én iâr
lundi	**maandag**	**mân**-dag
mardi	**dinsdag**	**dîns**-dag
mercredi	**woensdag**	**vhouns**-dag
jeudi	**donderdag**	**dondeur**-dag
vendredi	**vrijdag**	**vreil**-dag
samedi	**zaterdag**	**zateur**-dag
dimanche	**zondag**	**zon**-dag

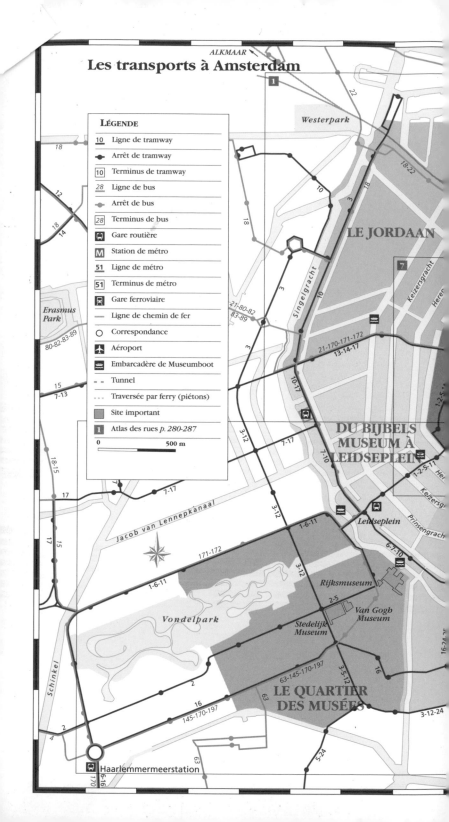